Original published in France under the title ;
   Le vouloir et le faire. by Jacques Ellul

Published by Editions Labor et Fides, Geneva: 1964, 2013

Uesd and translated by the Daejanggan Publisher.
Korea Edition Copyright © 2018, Daejanggan Publisher. in Nonsan, South Korea

자끄엘륄총서 30
원함과 행함

지은이	자끄 엘륄
역자	김 치 수
초판발행	2015년 10월 23일

펴낸이	배용하
책임편집	배용하
등록	제364-2008-000013호
펴낸곳	도서출판 대장간
	www.daejanggan.org
등록한곳	대전광역시 동구 우암로 75-21 (삼성동)
편집부	전화 (042) 673-7424
영업부	전화 (042) 673-7424 전송 (042) 623-1424

분류	기독교	윤리
ISBN	978-89-7071-458-5 03230

 값 18,000원

원함과 행함

기독교윤리에 관한 신학적 비판

자끄 엘륄 지음

김 치 수 옮김

아내 이베뜨에게

Le vouloir et le faire

Jacques Ellul

차례

한국어판 서문

프레데릭 호뇽 Frédéric Rognon[1]

　자끄 엘륄의 저작 목록은 대략 58권의 저서들과 천여 개의 논문으로 구성된다. 그 엄청난 양의 저서들은 법학 저술을 제외한다면 거의 비슷한 규모로서 크게 두 가지 측면으로 분류된다. 하나는 사회학적인 비판에 관한 측면이고 다른 하나는 기독교 윤리에 관한 측면이다. 엘륄은 자신의 저서들의 전반적 구조는 이 두 개의 측면이 변증법적으로 펼쳐지는 것으로 이해될 필요가 있다고 밝힌 바 있다. 그리고 그 두 개의 측면은 각각 삼부작을 중심으로 유기적인 배열을 이루고 있다. 사회학적인 측면의 삼부작은 『기술 혹은 시대의 쟁점*La technique ou l'enjeu du siècle*』, 『기술 체계*Le système technicien*』[2], 『기술담론의 기만*Le bluff technologique*』이다. 그리고 윤리적 측면의 삼부작은 『원함과 행함*Le vouloir et le faire*』, 『자유의 윤리*Éthique de la liberté*』[3], 『자유의 투쟁*Les combats de la liberté*』[4]이다. 그러므로 이 책 『원함과 행함』은 윤리적인 측면의 삼부작에서 첫 번째 작품이 되는 셈이다.

　그런데 사실은 그렇게 단순하지 않다. 두 개의 삼부작이 형성하는 대칭 구조에 영향을 미치는 두 가지 변수가 존재한다. 그 첫 번째 변수는 윤리적 측면에서 엘륄이 저술한 첫 번째 책은 『세상 속의 그리스도인*Présence au monde moderne*』[5]으로서 『원함과 행함』 보다 16년 먼저 나왔다는 사실이다. 이 책의 내용은 하나님의 나라와 인간 역사의 단절성, 수단과 목적의 상관관계, 세속화의 윤리, 새로운 삶의 양식이 주는 혁명적 영향력, 그리스도인의 행위방식에 대한 율법주의적인 규정의 거부 등과 같이 나중에 발전시킬 커다란 주제들을 담고 있다. 그뿐만 아니라, 이 책은 하나의 일정한 구도에 따라 제시된 최초의 책으로서 중요한 비중을 차지할 수밖에 없다. 엘륄은 자신이 저술한 모든 저서들을 단 한 권의 책으로 구상하면서, 『세상 속의 그리스도인』을 서론으로 삼으면서, 『존재의 이유 *La raison d'être*』6를 결론으로 본다.

그 두 번째 변수는 하나의 윤리를 수립하고자 하는 엘륄의 시도가 완결되지 못한 데에 있다. 엘륄은 윤리적인 삼부작의 연장선상에서 나중에 『거룩의 윤리 *Éthique de la sainteté*』와 『사랑의 윤리 *Éthique de l'amour*』를 쓰려는 계획을 세웠다. 엘륄이 주요 부분의 집필을 마칠 수 있었던 『거룩의 윤리』는 아직 간행되지 않았지만, 멀지않은 장래에 출간될 수 있을 것이다. 그러나 『사랑의 윤리』에 관해서는 엘륄은 아예 시작도 할 수 없었다. 그러므로 윤리적인 저술에 관한 원래의 구상은 5부작이었다. 이와 같이 엘륄이 저술한 모든 책들은 건축물과 같은 구성으로 서로 밀접하게 연관되어 있다. 이 사실은 『요한계시록, 움직이는 건축물 *L'Apocalypse: architecture en mouvement*』7의 부제인 '움직이는 건축물' 이라는 말에서도 나타난다. 따라서 이 『원함과 행함』은 이미 건물의 토대는 분명히 완성했지만 마지막 층은 결코 완공되지 않을 건축물의 입구와 같은 것으로 이해될 수밖에 없다.

1964년에 출간된 엘륄의 저서로서, 이 『원함과 행함』은 윤리가 수립될 수 있는 가능성과 윤리가 수립되어야 할 필요성과 윤리가 수립되어서는 안 되는 불가능성을 아주 치밀하고도, 아주 일관적인 방식으로 가장 훌륭하게 기술한 책으로 볼 수 있다. 엘륄의 걸작이라고 할 수 있는 『자유의 윤리』는 기본 윤리만이 아니라 정치적 윤리 문제도 다루면서 그 논조가 한층 더 시대에 충실하게 전개되어서 더더욱 폭넓고 상세하며 다각적이다. 특히 신학과 윤리가 정치성을 띠는 데 대한 비판적 어조가 많이 발견될 것이다.

엘륄의 출발점은 명백하게 성서 계시에 근거한다. 그런 자신의 관점 탓에 야기되는 주석학적 문제나 체계적인 문제에 대해 크게 관심두지 않으면서, 엘륄은 자신이 가진 사상의 준거와 사상의 내용과 방법론은 성서계시에 근거한다고 분명하게 선포한다. 엘륄은, 다른 데서도 밝히듯이[8], 성서 계시에는 특히 변증법적인 특성이 나타난다고 지적한다.

이 책『원함과 행함』의 제1부는 '도덕morale'과 '윤리éthique'의 기원을 다룬다. 1장의 제목은 '선에 대한 지식'이다. 엘륄은 분명하게 유명론적이고 결정론적인 입장을 취한다. '선'이 하나님의 뜻을 결정하는 것이 아니고, 하나님의 뜻이 '선'을 결정한다. 그리고 하나님의 뜻은 우리를 기독교 윤리의 유일한 준거인 구체적인 계명으로 인도한다. '선'을 행한다는 것은 다름 아니라 이 하나님의 뜻을 따르고 하나님과 살아있는 관계를 유지하는 것을 의미한다. 그런데, 아담과 이브는 '하나님과 같이'되어서, 하나님과 상관없이 독립적으로 자기 자신들이 선과 악을 정하는 무서운 능력을 얻게 된다. 타락은 자주성을 확보하고, 하나님과의 관계를 단절하는 것이다. 따라서 도덕은 그런 상황에서 비롯된 결과이다. 도덕의 기원이 불순종에서 연유하는 것이라면, 도덕은 인간의 마음을 전적으로 관장하는 죄의 질서에 속하는 것이다. 인간 존재의 전적인 타락이라는 이 교리를 취함으로써, 엘륄은 자유주의나 기독교 사회주의와 유사한 일체의 신학을 거부한다. 왜냐하면 자유주의와 기독교 사회주의는 인간의 도덕적 개선 가능성이나 인간 역사와 하나님의 나라의 연속성을 기대하기 때문이다.

'도덕'이 그렇게 결정적으로 실추되어버리면, '윤리'는 어떻게 되는가? 이 책에서 '도덕'과 '윤리'의 개념 구분은 그렇게 명확하지 않다. 엘륄은 여기서 대부분의 윤리학자의 경우처럼 '도덕'과 '윤리'를 '규범성 régulation'과 '합당성légitimation'으로 대비시켜 구분하지는 않는다.『자유의 윤리』에 가서 비로소 '도덕'과 '윤리'의 개념상의 확실한 구분이 명시된다. 거기서 '도덕'은 필연성의 영역에 속하는 것이고, '기독교 윤리'의 결정적 준거는 '자유'가 된다.[9] '자유'는 소외에서 벗어나고, 자기 자신에게서 해방되며, 하나님의 뜻을 알고 그 뜻을 실천하는 것으로서 규정된다.

엘륄은 자신이 신학자도 아니고 전문가도 아니며, 단지 신학과 윤리라는 위험스러운 분야에서 모험을 감수하는 한 평신도라고 밝혔다. 물론 그런 외면적인 솔직성은 탁월한 법학자이자 기술 비평가이며 신학적, 윤리적 문헌을 섭렵한 한 지식인에게서 나오는 솔직성이기도 하다. 엘륄이 폴 리쾨르Paul Ricœur와 아주 직접적으로 대립각을 세우는 사례가 그 사실을 입증한다. 철학자 폴 리쾨르는 1960년에 출간된『의지의 철학 2권, 유한성과 죄의식Philosophie de la volontéII, Finitude et culpabilité』에서 "죄는 자의식의 증대를 나타낸다"[10]는 말을 하지 않았는가? 여기서 엘륄은 성서 계시에 근거하는 자신의 입장을 견지하면서, 그는 칼 바르트보다 더 바르트적으로 철학적인 유형의 사고에 우위를 두는 것을 거부한다. 한편 리쾨르가 위의 책에서 표명하는 입장은 자신은 전혀 신학적인 것을 말하고 싶지 않았다는 것이다.

2018년인 지금에 와서 반세기가 지난 엘륄의 저서를 읽으면서 놀라게 되는 사실은 엘륄이 동시대의 학자들과 함께 논쟁을 펼친다는 점이다. 엘륄은 철학의 분야에서는 방금 거론한 폴 리쾨르와 논쟁을 하는가 하면, 신학의 분야에서는 칼 바르트, 디트리히 본회퍼, 라인홀드 니버 등과 같이 세계적으로 유명한 학자들과 논쟁을 전개한다. 사실 엘륄은 본회퍼가 미처 완성하지 못한 『윤리』에 관해 깊은 관심을 보이는 프랑스어권의 최초의 학자들에 속하기도 한다. 그는 1960년대 초반부터 10년간에 걸쳐서 『옥중 서간』에 집중하여 본회퍼의 사상을 이해한다. 엘륄은 본회퍼의 『윤리 Ethik』를 독일어로 읽고 나서, 그 내용을 아주 뜻깊게 원용한다. 엘륄은 본회퍼의 사상에서 특히 "종말의 일"과 "종말 이전의 일"의 변증법을 중요하게 부각시킨다. 거기서 엘륄은 우리가 "종말의 일"에 역점을 둔다 하더라도 "종말 이전의 일"을 무력화시킬 수 없다는 점을 강조한다. 더 나아가 엘륄은 인간본성적인 자연적인 삶에 대한 부분에서 본회퍼와 같이 "종말 이전의 일"이 이상적인 세계나 천국과 같은 영역에 속하지 않으며, 죄의 표지 아래에 있다고 주장한다.

이 책의 제2부에서 엘륄은 '기술적 도덕'을 겨냥하면서, 다양한 여러 가지 도덕들에 관해 대략적으로 설명한다. 우리가 경도되어있는 '기술적 도덕'은 선을 효율성과 동일시하고, 도덕을 '정상'이라는 기준으로 변환시킨다. 그 현상을 명확하게 규명하는 가운데, 엘륄은 우선적으로 세상 도덕과 기독교 윤리의 근본적인 대립을 지적한다. 세상 도덕은 기독교 도덕에 관심을 가질 이유가 전혀 없다. 더군다나 세상 도덕은 기독교 윤리를 통합시키지 않고도 보편적인 도덕으로 작용할 수 있다. 또한 세상 도덕은 기독교 도덕의 존재를 관대하게 인정함으로써 보편적인 도덕으로 작용할 수 있다. 이 세상 도덕은 아무 거리낌 없이 스스로 자율성을 주장할 수 있다. 엘륄은 자율적인 기독교 도덕에 대해서나 자율적인 윤리에 대해서 그 자율성을 언급하는 것을 싫어한다. 이는 계속해서 수십 년간 제네바의 에릭 푸크 Eric Fuchs나 혹은 미국의 스탠리 하우얼바스Stanley Hauerbas와 같은 다양한 바르트주의 저자들이 다함께 근본적으로 거부하는 입장이기도 하다.

여기서 엘륄이 강조하는 주제이면서『뒤틀려진 기독교』에서 자세히 설명되는 주제는 기독교와 도덕 사이에 되돌릴 수 없는 대립이라는 주제이다. 그는 "실제로 기독교 도덕이란 없다. 기독교는 반反도덕이다"[11]라고 주장한다. 하지만 도덕을 부정하는 것은 있을 수 없는 일이다. 왜냐하면 도덕을 부정하는 것은, 도덕이 세상을 살만한 곳이 되게 하는 까닭에, 인간의 상황과 인간 자체를 부정하는 것이 될 수 있기 때문이다. 그렇지만 도덕을 성서계시와 혼동하지 않는 것이 중요하다. 성서는 규율과 규범과 의무와 금지를 강요하지 않는다. 하지만 성서는 생명과 구원의 길을 보여주고, 죽음으로부터 해방되는 길을 보여준다. 성서 계시는 규범과 규율의 족쇄가 아니라, 삶과 자유의 원천이다. 기독교를 이루는 것은 예수 그리스도의 인격이다. 또한 사람으로 하여금 그리스도인이 되게 하는 것은 그리스도가 곧 자신의 구주라는 고백이지, 도덕이 아니다. 바꾸어 말하자면, 그리스도인의 삶은 도덕이 아니라 신앙이고, 신앙의 중심에 있는 것은 선이 아니라 예수 그리스도인 것이다.

『원함과 행함』의 마지막 제3부에서는 엘륄 특유의 엄청난 역설이 펼쳐진다. 여기서 기독교 윤리의 본래적인 불가능성과 절박한 필요성은 많은 긴장을 야기하면서 수용되고 용인된다. 결국 아주 키르케고르적인 방식으로, 엘륄은 그리스도인에게 윤리는 불가능하다는, 모순적이진 않지만 역설적인 주장을 견지한다. 여기서 엘륄이 기피하고 부정하는 것은 하나의 완전한 일관적 윤리 체계라는 개념 자체이다. 엘륄은 다시 한 번 자신의 논거에 충실한 말을 전한다. 세상의 도덕은 세상에 대한 자율적이고 합리적인 지식을 통해서 존속할 수 있고, 그리스도인은 세상 도덕을 없애려고 하거나 혹은 싸워 무너뜨리려고 하지 말아야 한다. 그러나 신앙의 관점에서 이 세상 도덕은 아무 쓸모가 없고, 그래서 세상 도덕을 인정하고 확인해 줄 기독교 윤리를 예비하는 역할을 감당하지 못할 것이다.

그렇지만 하나의 체계적 기독교 윤리는 불가능하더라도, 성령의 영감이 이끌어준다는 것을 전제로, 하나의 "그리스도인을 위한 윤리"는 필요한 것으로 보인다. 성령은 우리로 하여금 모든 도덕적 규범과 규율을 넘어서서 행동하게 한다. 이는 키르케고르가 "윤리의 신학적 정지"라고 불렀던 것이다. 윤리체계는 하나님의 뜻에 대한 자유로운 윤리적 순종과 신앙을 위해 정지된다. 왜냐하면 하나님이 우리 안에 '원함과 행함'을 불러일으키기 때문이다.

여기까지 우리는 엘륄의 윤리적 저서가 지니는 역사적 영향과 시사성을 살펴보았다. 20세기에 방황한 21세기의 사상가라고 불리는 엘륄은 너무 일찍 옳은 판단을 한 것이 잘못이었다는 평가를 받는다. 그 평가는 비단 그의 사회학적 저서와 기술 사회에 대한 비판 때문만이 아니라, 그의 윤리적 사상이 지닌 영향력 때문이기도 하다. 왜냐하면 그의 윤리적 사상의 포부는 옅은 것이 아니기 때문이다. 그 포부는 효율성이라는 제단 위에 모든 것을 희생한 기술 세계 안에서, 예수 그리스도에 대한 참되고 충성된 믿음을 온전히 삶으로 구현해갈 수 있도록 그리스도인을 돕는 것이다.

1) 프랑스 스트라스부르그대학교 신학대학 교수로서 자끄 엘륄을 연구하여 『자끄 엘륄, 대화의 사상*Jacques Ellul, Une pensée en dialogue*』(2011, 대장간 역간)을 저술한 바 있다.

2) 『기술 체계』, 2013, 대장간 역간.

3) 전 2권 중 제1권 『자유의 윤리 1』 2018년 7월 대장간 역간.

4) 『자유의 투쟁』, 2008, 솔로몬 역간.

5) 『세상 속의 그리스도인』, 2010, 대장간 역간.

6) 『존재의 이유』, 2016, 대장간 역간.

7) 『요한계시록 주석』, 2000, 한들 역간.

8) 그 점에 관해서는 특히 앞에 언급한 『존재의 이유』를 참조하라.

9) 『자유의 윤리 1』, 대장간 역간, 2018, p. 208.

10) Paul Ricoeur, *Philosophie de la volonté*. Ⅱ, *Finitude et culpabilité*, Paris, Aubier, 1960, pp. 237-238.

11) 자끄 엘륄, 『뒤틀려진 기독교*La subversion du christianisme*』(1984), Paris, La Table Ronde (coll. La petite Vermillon), 2011, pp.108-147. 『뒤틀려진 기독교』, 2012, 대장간 역간.

서문

패를 숨김없이 다 내보여야 한다. 도덕[1]에 관한 글을 쓰기 위해서는 처음부터 지적으로나 인격적으로나 겸허한 태도를 취해야 한다. 약간의 기만이라도 있으면 글의 신뢰성은 떨어질 것이다. 왜냐하면, 인생의 의미를 찾는 연구는 결국 어떻게 살 것인가를 연구하는 것이기에 단순히 지적인 이론을 수립하는 것으로 끝날 수 없기 때문이다. 거기서 전제 설정이 없이 도덕을 연구한다는 구실을 내세우는 것은 별로 의미가 없다. 우리는 전제의 설정이 없는 연구가 실제로 불가능하다는 사실을 보여줄 것이다. 전제 설정이 없다며 무지나 거짓에 불과한 주장을 펼치는 것보다는 차라리 명확하게 전제를 설정하고 숨김없이 털어놓는 것이 더 낫다.

스탕달은 "나는 여기서 가면을 쓸 수 있다면 좋겠다."라는 말을 했다. 자신의 삶을 엮는 아주 은밀한 실타래와 같은 삶의 행적에 관해 사실대로 진실하게 쓰는 사람이라면 그 누구나 동일한 말을 할 것임에 틀림없다. 하지만 가면을 쓰는 것은 어디까지나 소원에 그쳐야 하는 것이지 실제로는 허용될 수 없는 것이다. 단지 맨얼굴로 솔직하게 기술해야 한다.

그러므로 나는 고백하고자 한다. 이 연구에서 내 사상의 기준과 내용은 성서 계시이다. 그 출발점은 성서의 계시로 나에게 주어진 것이다. 방법은

---

[1] [역주] 이 책에서 저자 엘륄은 '도덕(morale)'과 '윤리(ethique)'를 개념적으로 구분하지 않는다. 그러므로 이 책에서 도덕과 윤리는 동일한 의미로 사용되면서 다만 같은 단어의 반복적인 사용을 피하려는 목적으로 변갈아 쓰이고 있다고 볼 수 있다.

변증법으로서 성서 계시는 이 변증법을 통해서 우리에게 임한다. 이 연구의 목적은 윤리에 관해서 성서의 계시가 전하는 의미를 탐구하는 것이다. 그런데 이와 같은 명확한 전제가 있다고 해서 이 책이 오로지 그리스도인만을 대상으로 하는 것은 아니다. 역으로 나는 이 책의 아주 중요한 가치는 상반된 시각들이 서로 맞부딪치는 데서 나온다고 믿는다. 그리고 이 책은 그리스도인의 고유한 관심사와도 관계가 없다. 퇴폐적인 서구 문명에 속하는 사람이라면 그 누구라도 자신의 삶의 규범에 관해 스스로 자문하게 된다. 더구나 성서 계시는 좁은 범위의 선택된 사람들에게 한정되는 것이 아니다. 성서 계시는 먼저 타인들에 관해 얘기한다. 따라서 우리는 세상 사람들의 삶과 도덕에 관해 얘기해야 할 것이다.

지금까지 나는 내가 가진 애초의 선입견을 분명히 밝혔고, 어떤 오해도 있을 수 없도록 내가 취한 입장도 정확하게 규명하였다. 그런데 아직 내게 할 말이 하나 남아 있다. 그것은 내가 이 책을 쓸 자격이 없다는 사실이다. 나는 전문적인 신학자도 철학자도 아니다. 철학이 우리 시대에는 하나의 전문기술이 된 탓에, 나는 전문가로서 하등의 자격도 없다. 대학 과정에서 체계적인 단계를 밟지 않았다면, 자격이 주어지지 않는다. 다만 나는 사람답게 되려고 노력하면서, 이 시대에 충실히 살아가려고 한다. 나는 내 주변 사람들의 불안을 느낀다. 체계도 규범도 없는 사회 속에서 나는 우리의 공통된 방임적 태도를 인지하고 있다. 나의 일은 깊이 성찰하는 것이다. 나는 다만 한 인간으로서 내가 맡은 일을 하고자 했다. 나는 전문가들이 수없이 연구한 수많은 문제와 마주칠 것이다. 그 문제들에 대해 나는 무자격자의 독창적인 시각과 순수함으로 접근할 것이다. 나는 윤리에 대한 정의를 내리는 일을 삼갈 것이다. 독자들은 현존하는 수천 가지 정의 중에서 한 가지를 택할 수 있을 것이다. 그 모든 정의는 각기 타당한 측면이 부분적으로 있다. 그러나 단지 부분적으로만 타당할 뿐이다. 전문가들은 한번 어깨를 으쓱하며 내 말을 무시하고 말 것이다. 그래도 누군가 한사람쯤은 귀를 기울이리라.

제1부 기원

1장 선에 관한 지식

뱀이 이브에게 말한다. "너희는 선과 악을 알게 되어 하나님과 같이 될 것이다." 이것이 시발점이었다. 이 뱀의 말을 따르는 인간의 결정이 있기 전에는, 아담은 선악의 문제를 스스로 제기한 적이 없었다. 아담은 선과 악에 관해 알지 못했고, 선과 악이 존재한다는 사실을 알지 못했다. 아담은 창조주 하나님과의 사랑의 관계 가운데 직접 알게 된 하나님의 뜻과 일치를 이루고 있었다. 아담의 심장은 하나님의 심장 박동에 맞추어 뛰고 있었다. 아담의 얼굴은 끊임없이 하나님의 얼굴을 향하고 있었고 또한, 하나님의 얼굴을 세상과 창조세계에 반영하기도 했다. 아담은 하나님 앞에서 자유로웠다. 다시 말해서 아담은 하나님을 사랑할 수도 있었고 사랑하지 않을 수도 있었다. 아담은 하나님 앞에서 자유로웠지만, 아담의 자유는, 힘겹도록 깊은 생각을 한 뒤에 행하거나 행하지 않거나, 긍정하거나 부정하거나 선택하는 것이 아니었다. 자유를 그와 같이 인식하는 것은 자유에 관한 무지를 나타내며 자유를 왜곡하고 훼손하고 무력화하는 것이다. 자유는 자유이기 때문에 선택의 미결정 상태로 정의될 수 없다. 자유는 이성의 올바른 행사나 의지의 자율성에서 비롯된 결과가 아니다. 더군다나 자유의 여부를 시험하는 과정은 결코 존재하지 않았다. 왜냐하면, 자유로운 인간인 아담에게 있어서, 스스로는 모르고 있었지만, 자유는 끊임없이 자기 자신에게 스스로 시험하고 스스로 입증하는 것으로서, 자신에게 주어진 생명의 선물에 응답하여 기쁨이 가득한 삶을 사는 것이었기 때문이다.

그런데 사단이 개입하여 아담을 하나님에게 매어놓은 사슬이 얼핏 모습을 드러내면서 그 '잃어버린 고리'에 대한 자각, 어떤 부재와 결핍에 대한 자각이 일어난다. 모를 때는 아무 일도 아니었던 것이 알고 나자 문젯거리가 되었다. 금지된 영역에 대한 자각은 행복을 결핍의 불행으로 만들었다. 그 이전에는 도덕적 의식이나 윤리적인 것이 없었다. 인간에게 제의된 것은, 마치 이브가 맘대로 처분하는 물건과 대상처럼 선과 악을 소유하는 것이 아니었다. 아담과 이브는 선과 악을 점유한 것이 아니고, 하나님Elohim의 지식에 비유할 수 있는 하나의 지식과 같은 것을 수용한 것이었다. 그들은 선과 악, 순종과 불순종, 사랑과 미움 등이 존재하는 것을 알게 된다. 그들은 자신들이 긍정이나 부정으로 응답할 수 있고, 또 사람들이 자신들에 대해 그렇게 응답할 수 있다는 사실을 알게 된다. 그런데 이 지식이 선의 내용과 악의 내용에 관한 것도 포함하는가? 성서의 계시 전체가 그와 같은 해석은 불가능하다는 사실을 말한다. 성서에서 선은 하나님보다 앞서 존재하는 것이 아니며 하나님 자신이 아니고 하나님의 뜻이다. 하나님이 원하는 모든 것은 하나님이 선에 예속되어 선을 추종하기 때문이 아니라 하나님이 원하기 때문에 선이 된다. 선이 하나님의 뜻을 결정하는 것이 아니고 하나님의 뜻이 선을 결정짓는다.[2] 이렇게 결정지어지는 것 말고는 따로 선이 있을 수

---

2) 따라서 우리는 사람들이 유명론이라고 부르는 태도를 취한다. 계명은 신적인 본질이 아니라 하나님의 주권적인 의지에 기초하는 것이다. 따로 떼어서 보면 계명 그 자체는 아무 의미도 없다. 하나님이 계명에 하나의 의미를 선포하고 부여하는 까닭에 계명은 의미를 갖게 된다. 그러나 전통적인 신학적 유명론이 빠져들게 된 오류들을 조심해야 한다. 예를 들어, 요구되는 유일한 덕목이 결국 단순한 순종(하나님의 말씀이 우리를 일깨워 자유를 향하게 하는 것은 어떻게 설명할 수 있는가?)이라는 말은 단순한 도덕적 완벽주의(선행적으로 수립된 도덕이 존재하지 않으면 불가능하다)와 '지금 여기서'의 율법주의(계명의 개념과 맞지 않는다)에 불과한 것이다. 그렇다고 이와 같은 오류들이 반드시 유명론에 포함된 것은 아니다. 오히려 정반대이다. 유명론에 따라올 수 있는 오류는

없다. 우리는 이 주제에 관해 2장3)에서 자세히 다룰 것이다.

이것은 단순한 신적 의지론volontarisme의 문제가 아니다. 그런데 선은 오로지 하나님이 결정하는 것, 즉 하나님의 계명일 수밖에 없다는 말은 인간에게 선은 인간이 결정하거나 또 결정할 수 있는 것이 아니라는 것을 의미한다. 왜냐하면, 여기서 선은 독립적으로 실재하는 것이기 때문이다. 선은 하나님이 제시하고 부여하는 것이다. "하나님은 사람에게 선한 것이 무엇인지 이미 말씀하셨다."미6:8 인간이 스스로 선한 것을 찾는 것은 금지되었다. 인간은 하나님의 말씀을 들을 때에 비로소 선하게 행동할 수 있다. "하나님이 인간에게 말씀한 것은 명확하다. 그것은 예수 그리스도 안에서 하나님의 값없는 은총이라는 복음이다. 인간의 선한 행동은 전적으로 하나님의 선한 행동에서 연유한다. 그것은 예수 그리스도에 의해 결정된다. 선을 행하는 것은 오로지 신적인 은총의 계시에 순종하는 것을 뜻한다." 이 모든 것은 형이상학에서 나온 것도 아니고, 선의 초월성을 가리키는 것도 아니고, "오직 하나님만이 선하다."막10:13는 말을 할 수 있게 하는 하나님의 말씀의 역사, 복음의 선포에 기인한 것이다. 하나님은 스스로 행함으로써 선을 규정하고, 자신을 희생함으로써 선을 제시한다. 하나님이 우리에게 원하는 것은 하나님이 우리를 위해 원하고 행하는 것과 언제나 동일하다. 이

불합리성이다. "하나님의 계명이 불합리할수록 그만큼 더 그 계명은 하나님의 순수한 의지의 표현이 된다." 그런데 우리는 여기서 체계적인 오류를 목격한다. 선이 아무것에나 하나님에 의해 외부에서 붙여지는 단순한 라벨이라는 주장은 말도 안 되는 것이다. 하나님의 말씀은 창조적이고, 하나님이 말씀할 때, 선은 선으로 존재하는 것이다. 하나님은 조정자도 아니고 독재자도 아니다. 하나님은 사랑이다. 하나님이 자신의 의지를 표현할 때 그것은 사랑의 의지이다. 그러므로 하나님이 부여한 선은 우리에게 좋은 것이다. 이 두 개의 계시된 진리는 유명론을 그 적합한 자리에 세운다. 모든 다른 태도(헤링은 차이를 두지만)에 의하면, 선은 본래의 사물의 자연적인 질서에 맞는 내재적인 근거를 지니고 독립적인 지위를 누리며, 하나님의 의지를 측정하는 영원한 지혜의 기준들을 제시하는 것이 된다. 그런데 성서는 우리에게 하나님의 자유와 위엄이라는 또 다른 관점을 제시하는 것으로 보인다. (B. Häring, *La loi du Christ*, 3 vol., 1959.)

3) D. Bonhoeffer, *Ethik*, p. 129 및 그 이하.

처럼 선이 하나님의 뜻이라는 사실을 입증하는 것은 오직 '예수 그리스도의 이름'일 뿐이다. "오직 하나님이 우리에게 그 뜻을 명확하게 알리려고 하나님의 뜻에 대한 주장과 이론의 장막을 찢어버린 곳에서 우리는 하나님의 계명을 찾아야 한다. 거기서 하나님은 스스로 은총의 하나님임을 알렸다."[4]

또한, 그것은, 의지론과 다른 점으로서, 일반적이고 추상적인 하나님의 요구는 존재하지 않고 아주 구체적인 요구만이 존재한다는 사실을 알 수 있게 한다. 그런데, 아담은 자신이 처해 있는 상황 속에서 바로 이 선에 대해 알 수 없다. 그렇게 된다면 그것은 하나님의 뜻이 객관적으로 인지할 수 있는 내용으로 고정적이고 불변적이며 영원히 아무 변동이 없는 것이라는 의미가 되기 때문이다. 그렇다면 시간 속에서 살아가는 인간에게는 결국 하나님은 과거에 원했던 것을 자신의 뜻으로 정해놓은 과거의 하나님이 되고 말 것이다. 나는 선이라는 이 하나님의 뜻을 알고 선을 안다. 이제 하나님은 마치 같은 홈을 계속 돌아가는 레코드 음반처럼 동일한 선을 끊임없이 다시 원하는 것이다. 바꾸어 말해서, 인간이 스스로 선의 내용을 알게 되었다면 이것은 하나님이 자유롭지 않다는 걸 뜻하게 된다. 불순종의 결과로 인간이 선에 대한 지식을 가지게 되었다고 말하는 것은 인간에게 뛰어난 능력을 부여하고 하나님에게서 자유를 박탈하는 것이 된다. 그러나 좀 더 나아가 보자. 이 말의 의미가 정말 그렇다면, 이것은 불순종하기 이전에 아담은 하나님의 뜻이 무엇인지 몰랐다는 걸 의미하게 된다. 아담은 자발적인 사랑으로 하나님의 뜻을 실천했고, 하나님의 마음의 깊은 내용이나 비밀을 알지 못했다. 그리고 나서 타락 이후에 아담은 하나님의 결정의 비밀을 통찰하는 훌륭한 능력을 부여받아서, 어떻게 하나님이 선을 결정하는지 알게 된다. 아담은 사랑과 교제 가운데 알지 못했던 것을 이제 불순종과 관계단

---

4) K. Barth, *Dogmatique II*, 2, 2, pp. 29-70(이 책에서는 예외적인 경우를 제외하고 프랑스어 역본을 사용한다).

절 가운데 알게 되는 것이다.

하나님의 얼굴에서 돌아섰기 때문에 이제 아담은 하나님의 뜻의 비밀을 알게 된다는 것이다. 아담은 스스로에게 부여한 능력 탓에 자주적으로 자신의 힘으로 본성적으로 그 비밀을 알게 된다는 것이다. 정말 어처구니없는 말이다.

하여튼 하나님의 뜻이 성서 전체에서 거룩한 뜻으로 규정되어 있다는 사실을 상기하자. 다시 말해서 이 거룩한 뜻은 친밀하고 독자적이고 구별된 것으로서 거룩하지 않은 인간과 철저하게 분리된 것이라는 의미이다. 이 뜻이 거룩하다는 말은 아담이 그걸 전혀 알 수 없다는 걸 의미한다. 거룩한 존재만이 이 거룩한 뜻에 함께할 수 있는 까닭에, 아담은 그럴 수 없었다. 나중에 예수 그리스도가 강림했을 때 비로소 우리는 어떤 사람만이 거룩한 하나님에게 합당하게 되는지 알게 되었다. 예수 그리스도는 인간이 하나님의 뜻과 거룩함에 합당한 존재가 되는 유일한 길은 인간이 스스로 자부하던 모든 것을 다 잃고 나서 은총을 받는 길밖에 없음을 우리로 하여금 깨닫게 한다. 그와 같이 합당한 존재가 되어야만 인간은 그 뜻을 알 수 있다. 왜냐하면, 그것은 거룩한 뜻이기 때문이다.[5]

---

5) 인간본성의 자연적 도덕 현상에서 타락 이외의 또 다른 기원을 찾으려는 것은 성서가 우리에게 말해주는 모든 것에 반한다. 비非기독교인들은 자유롭게 아주 다른 주장을 내놓을 수 있다. 그러나 그리스도인이 세상에서 행해지는 선에 너무나 매료되어서 하나님 안에서 근거를 찾으려고 시도하거나, 자연적 선과 계시된 선을 절충하려고 시도하는 것은 경악할 만한 것이다. 자연적 도덕(하나님 앞에서 선한)이란 계속되는 혼란을 불러온다. 예를 들자면, 생명의 법과 사랑의 법(James H. Nichols, *Primer for Protestants*, p. 107), 협동과 사랑(Francis G. Peabody, *Jesus−Christ and the Social question*), 이상과 자연과 선(Bois, *Probl mes de morale chrétienne*) 등이 있다. 또는 이 도덕들을 서로 연장시키는 학자들도 있다. 최근의 예로는 보스가 있다(H. de Vos, "Zur Frage der naturlichen Sittlichkeit," *Zeitschrift für Evangelische Ethik*, 1958, no 6). 라이너(Reiner)는 인류학이 그 둘 사이의 다리 역할을 한다는 점을 입증하려고 했다(Reiner, "Ethnik und Menschenbild," ZEE, 1958, no 5). 성서 어디에서도 하나님의 선이라고 인정할 수 있는 자율적인 도덕이라는 개념을 허용하는 것 같지 않다. 자연적인 도덕과 자연적인 법(제한적으로 이해해야 하지만)에 대한 칼뱅의 글들에 관해서 보면, 칼뱅은 거기서 인간이 하나님 앞에서 내세울 수 있는 선이나 자율적인 도덕을 정당화하려는 것 같지 않다. 그렇지만 칼뱅은 그 주제에 관해서는 당대의 영

얼마나 많은 성서 본문들이 타락 이후의 인간의 상황은 그런 것이 아니라고 우리에게 말하고 있는가. 인간은 하나님의 뜻을 전혀 알지 못한다. 인간은 하나님의 사랑의 결정이라는 비밀을 전혀 알지 못한다. 사도 바울은 그 비밀은 천사들조차도 알고 싶어 했던 것이라고 우리에게 말한다. 오직 예수 그리스도 안에서 우리는 그 비밀을 알게 된다. 아담이 천사들도 없는 그 능력을 어떻게 가질 수 있을까? 아담이 선악과를 먹은 덕분에 그런 것인가? 어떤 마법적인 일이 일어나서 아담에게 보이지 않는 것을 보는 눈을 열어주어서, 계시를 파악할 수 있게 했을까? 그런데 에덴동산에는 마법이 존재하지 않았다. 그렇다면 아담이 하나님의 뜻에 불순종하고 멀어진 덕분에 그런 것인가? 그러나 우리는 하나님의 뜻은 그 뜻을 완전히 성취한 존재만이 깨닫게 된다는 사실을 알고 있다. 그래서 오직 예수 그리스도만이 그 뜻을 아는데, 그렇다면 어떻게 되는가? 아담이 무엇이 선이고 무엇이 악인가를 알고 있었고, 모세 이전에 이미 자신이 해야 할 모든 내용이 기록된 돌판을 받았다는 식의 너무나 단순하고 뻔한 해석을 뒷받침하는 근거는 하나도 존재하지 않는다.

선악에 관한 지식은 인간으로 하여금 진리에 대한 무지 속에서 살아갈 수밖에 없는 무서운 상황에 빠지게 했다. 물론 이 무지는 지적인 지식의 영역에 관한 것이 아니고, 하나님의 신비의 진리에 관한 것이다. 그런데 하나님의 신비는 하나의 지식이 아니고, 인간의 존재 전부와 관련되는 것이다. 아

향을 강하게 받고 있었다. 기독교 세계에서 당대의 철학 사상들, 특히 인간 본성에 관한 사상들을 접하면서, 칼뱅은 자신의 신학에서 자연 도덕과 자연법 체계에 영향을 주는 결론을 도출하는 것을 꺼리게 되었다. 그러나 오늘날 인간의 영원한 본성의 존재를 받아들이면서 거기서 출발하여 인간이 본성적으로 선에 대한 지식을 가질 수 있는 가능성과 부분적인 타락의 교리를 세우고 자신들의 이론을 성서 텍스트에 적용하는 그리스도인들은 곤란한 상황에 직면할 것이다. 왜냐하면, 과학적으로 확인된 사실에 의하면 사회적이기도 한 그와 같은 인간본성의 존재가 부정되기 때문이다. 우리는, 현재로서는 더는 확실하지 않은 그 자연적인 인간본성의 전제들을 배제하고서, 성서 텍스트를 해석할 수밖에 없는 노릇이다. [*Zeitschrift für Evangelische Ethik*는 이하 ZEE로 약칭함.]

담이 취한 지식은 아담에게 하나님의 신비를 감추면서 세상에서 쓸 수 있는 뛰어난 행동수단들을 제공한다. 그런데 크레스피[6]는 이것을 아주 정확하게 지적한다. "이 무지는 지식의 결핍이 아니라 생명의 결핍이다." 이 무지는 인간의 삶의 활동 전체에 결부되어 있기 때문에 결국 어렴풋한 자발적인 의지처럼 보이게 된다.

성서 전체에서 나타나는 심판하지 말라는 계명을 선은 오로지 하나님의 뜻을 의미한다는 아주 확고한 명제에 결합시켜야 한다. 인간은 자신의 형제를 심판할 수 없다. 왜냐하면, 인간은 선이 무엇인지 알 수 없고 스스로 선한 것을 결정할 수 없기 때문이다. 하나님의 뜻과 선이 동일한 까닭에 오직 하나님만이 심판할 수 있는 것이다. 인간이 자신의 형제를 심판하려고 할 때마다 또다시 선을 판단하려고 하면서 아담의 잘못을 반복하게 된다.[7] 심판은 하나님의 존재와 분리된 선으로서 선 그 자체를 소유한 인간과 선을 박탈당한 인간을 분리하는 것이다. 그러나 성서가 우리에게 끊임없이 증언하는 사실은, 하나님은 남들에게 심판당하고 버림받는 사람을 받아들이고 사랑하며 구원하고 반대로 남들을 심판하려는 사람을 버린다는 것이다.

타락 이후 아담의 상황

창세기 본문은 진정한 아담의 상황을 우리에게 밝혀준다. "너희는 하나님과 같이 될 것이다." 만약에 하나님의 뜻을 벗어난 선이 존재한다면, 하나님의 뜻은 이 선을 따라야 할 것이다. 이 선을 아는[8] 아담은 역시 이 선을

---

6) Georges Crespy, *Christianisme social*, 1957, p. 830.
7) ▲자신의 형제는 선이 무엇인지 알지 못하는 사람이 된다.
8) 훔버트(Humbert)의 해석은 우리가 받아들일 수 없는 것이다. 훔버트에 따르면, '안다'는 것은 문제의 대상이지 선이 아니므로, 도덕적인 의미는 배제된다. 도덕에 관한 전통적 의미라면 맞는 말이다. 그러나 선의 문제는 성서적인 관점에서 보면 도덕적인 것이 아니다. 선은 생명과 관계가 있고, 악은 죽음과 관계가 있다는 사실을 기억해야 한다. 그러

알고 행하는 하나님과 실제로 같은 상황이라고 볼 수 있을 것이다. 그러나 이것은 하나님이 하나님이 아님을 뜻한다. 여기서 하나님은 자신보다 우위에 있는 위대한 선에 의해 결정되기 때문에 주권자가 아니다. 하나님이 하나님이라면, 선을 결정하는 것은 하나님이다. 타락한 아담은 하나님이 결정한 선을 아는 데 그친다면, 하나님은 선의 주인이고 아담은 단지 선을 탐색할 수 있을 뿐이라면[9], 사단의 약속 중에서 또 다른 반쪽은 성사되지 않을 것이다. 그런데 그 둘은 충실히 지켜진다. 선악의 분별은 바로 하나님에게 속하는 능력이다. 이제 사단의 약속 전체가 실현된다. 다름 아닌 하나님

───────────────

므로 이 지식은 생명을 부르는 것과 죽음을 부르는 것에 관한 것이라고 말할 수 있다. 여기서 하나님은 생명을 부르는 존재임을 기억해야 한다. 그렇다면 가장 중요한 것은 '선과 악'의 이해보다 '선과 악' 그 자체이다. 결국 여기서 이해란 그 선과 악 모두를 대상으로 하는 것이기 때문이다. 불순종의 사건 이전에는 아담에게 지식이 없었다는 주장은 아무 근거도 없는데(성서 텍스트를 해체하여 분석하지 않는다면), 어떻게 문제가 숙련과 능력과 신중성을 갖게 하는 모든 것과 분별과 지식의 문제라고 말할 수 있겠는가? 성서 전체에서 문제는 하나님이 말씀한 선인데, 어떻게 문제가 선이 아니라고 할 수 있겠는가? 훔버트의 해석은 엄격하게 엘로힘 문서와 야훼 문서를 대립시킬 때만 옹호될 수 있다. 리쾨르(Ricoeur)의 취약점은, 훔버트의 해석이 자신의 재구성론에 상응하기 때문에 그 해석을 채택했다는 사실임이 분명하다. 그러나 적어도 두 가지 질문은 꼭 해야 했다.

첫째로, 이 두 문서들이 어떻게 하나로 붙여졌는가? 어떻게 바보가 아닌 유대교 랍비들이 그 두 문서를 조화롭게 조정하려고 하지 않았을까? 어떻게 그 문서는 이스라엘과 예수에 의해서 하나님의 말씀으로 우리에게 전해질 수 있었을까?

둘째로, 어쩌면 두 문서의 대립적인 관계는 각 진리의 한 측면을 밝혀주면서 하나의 진리와 교훈을 담고 있는 것은 아닐까? 그렇다면 중요한 것은 훔버트처럼 두 문서를 분리하여 대립시키는 것이 아니라 두 문서의 다양성을 인정함으로써 단일한 하나의 계시의 상호보완적인 측면들을 파악하는 것이 된다.

여기서 신화의 개념이 가지는 위험성에 주목하자. 텍스트를 신화로 규정하는 순간부터 사람들은 텍스트를 조작하여 마음에 드는 것은 취하고 신화의 의미라고 여겨지지 않는 것은 버리는 기민함을 발휘한다. 이것이 리쾨르가 한 작업의 내용이다. 그가 이 텍스트에서 채택하는 것은 아담의 행위의 중요성을 축소시키는 것, 이 신화가 인간을 향한 비판적인 예언에 따라 구성된 것임을 입증하는 것, 인간의 문명과 죄의 연관성을 제거하는 것 등이다. 특히 리쾨르가 바벨탑의 파괴와 가인의 정죄와 아담의 에덴 추방을 '비극적인 신적 질투의 퇴행적인 형태'로 규정하고, '근면한 인간의 영웅적인 위대성에 대한 제사장들의 반감'으로 설명할 때, 우리는 아무 정당한 근거도 없는 그런 구분이 유감스럽고, 다른 데서 수립한 모든 이론에 대한 문제제기를 하나의 주석으로 제외시키는 그 안이함이 안타깝다. (Paul Ricoeur, *Finitude et culpabilité*, 2 vol., 1960, vol. II, 2, chapt, III.)

9) ▲우리는 그것이 아담에게 불가능한 것임을 이미 알고 있다.

이 그것을 증언한다. "보아라, 이제 사람이 우리 중 하나 같이 되었다."창 3:22 이것은 무슨 의미일까? 정확히 하나님과 같이 선과 악을 결정할 능력을 이제 아담이 가지게 된다는 말이다.[10]

지금까지 우리는 선악의 지식이 서구인이 의도하는 바와 같은 지적인 차원에 속하는 것처럼 추론했다. '안다'는 것은 선이 무엇이고 악이 무엇인지 지적으로 이해하는 것이다. 우리는 선 자체가 실체적으로 존재한다고 상정할 수 있었다. 그러나 히브리어에서 '안다'는 말에 그런 의미는 없다. 거기서 '안다'는 것은 삶과 연결되는 적극적인 의미를 띠면서, 아는 '지식'은 존재 전체가 참가하는 것이고 참여하는 것이고 개입하는 것이다. 지식은 '안다'는 행위 자체 안에 있는 일종의 창조행위를 전제로 한다. 지식의 기원은 하나의 결정이다. 창세기가 우리에게 이 지식에 관해 말할 때, 그 지식은 이제 아담이 선과 악에 대한 결정권을 가진다는 의미이다. 아담은 어떤 의미에서 행동하면서 선과 악을 창조한다. 하나님과 같아지게 하는 아담의 지식은 바로 그런 것이다.

아담이 원하는 뜻은 하나님의 뜻이 그러듯이 선의 내용을 규정할 것이다. 그러나 그 내용은 동일하지 않다. 선도 동일하지 않다. 아담이 선이라고 부르는 것은 하나님이 선이라고 부르는 것이 아니다. 여기서 뱀의 약속은 성취된다. 하지만 이 성취는 진리 안에서가 아니라 단지 거짓의 아비인 뱀의 거짓 안에서 이루어진다. 아담은 선이 존재하는 것을 알고 자신의 뜻에 따라 선을 규정하려고 할 것이다. 그런데 거짓은 더 이상 하나님과의 교제가

---

10) 아담은 말 그대로 자율적인 인격으로 스스로를 정의한다. 아담은 자신 안에 자신에 의한 자신의 고유한 법을 가지게 된다. 이것은 아담의 행위는 더 이상 하나님과 관계가 없다는 걸 뜻한다. 아담은 하나님의 말씀과 관계없이 자신 안에 있는 선을 알게 되었다. 계시에 관한 모든 윤리적인 관점은 사랑의 관계에 기초하는데, 선을 아는 지식(인간에게 내재하는)이 있는 인간에 기초한 윤리는 필연코 그런 관계가 없는 단절의 윤리가 될 것이다. 창세기도 그와 같은 사실을 우리에게 보여준다. 인간은 하나님과 거리를 두고, 남자와 여자 사이에는 단절이 일어난다. 그러나 이처럼 이해하는 것은 동시에 도덕의 전통적인 범주들을 부인하는 것이다.

없다는 데서 연유한다. 그래서 이 선은 하나님의 선이 아니다. 하나님이 아담에게 생명나무에 접근하지 못하도록 결정한 것은 은총이다. 왜냐하면, 이런 상황이 아담에게 영원하다면 해결책은 있을 수 없고, 악마들이 처한 상황과 같게 될 것이다. 아담은 하나님과 같이 되었지만 하나님과 단절되었다. 아담은 하나님의 얼굴에서 멀어져 있었고 더 이상 하나님의 뜻과 일치를 이루지 못했다. 아담은 홀로 존재한다. 아담은 홀로 선이 무엇이고 악이 무엇인지 표명한다.

성서 텍스트는 우리에게 이 지식의 의미에 관해 밝혀준다. 성서는 우리에게 이후에 일어나는 일에 대해 묘사해준다. 이 지식의 결과로서 아담과 이브는 무엇을 알아가게 될까? '먹음직하고 보기에 좋고 지혜롭게 할 만큼 탐스럽기도 한' 선악과를 통해서, 이 지식의 열매를 통해서 무슨 좋은 일이 일어날까? 먼저 그들은 자신들이 벌거벗은 것을 알게 되었다. 그들은 상대방 앞에서 서로 수치심[11]을 느꼈다. 다시 말해서 하나님을 향한 사랑이 멈추는 것과 동시에, 진정한 사랑이 그들 사이에 멈추었다. 수치심은 도덕의 단적인 특징으로서 적극적인 동시에 소극적인 면이 있다. 적극적인 면에서 수치심은 더 이상 허용되지 않은 것에 대한 질책이다. 소극적인 면에서 수치심은 잃어버린 최초의 순수성을 기억하는 것이다. 물론 그것은 정욕과 무질서의 세계에서 예방책으로 무익하지 않다. 그러나 또한, 그것은 인간의 마음에 들어온 경멸스러운 악의 표지이기도 하다.

곧이어 하나님의 발걸음 소리를 들으면서 그들은 하나님의 얼굴을 피해 멀리 숨었다. "나는 두려웠습니다."창3:10 바로 이것이 지식의 두 번째 결과이다. 두려움은 양심의 가책에서 나오는 것이다. 여기서 우리는 또한, 도덕에 빠져 들어간다. 지금 불순종한 것을 알고 나니 양심의 가책이 따라온다. 사랑의 법이었던 것이 이제 속박의 법이 된다. 이 양심의 가책도 역시

---

11) D. Bonhoeffer, 앞의 책, p. 131(수치심의 의미에 관해서).

적극적인 면이 있는 동시에 소극적인 면이 있다. 이것은 반역을 저지른 가운데 자기 자신과 대화하는 것이고 합당한 경고를 하는 것이다. 그러나 동시에 이것은 인간의 마음을 암세포와 같이 갉아먹으면서 결코 온전한 용서를 받을 수 없는 무력감에 의해서 인간을 해치고 괴롭히며 파멸시킨다. 그리고 두려움이 있다. 이 도덕적인 지식은 본능적으로 얻은 징벌에 관한 지식이다. 예전에는 창조세계를 지배했었고 창조주 하나님과 상호 신뢰했었던 아담이 어디서 이 두려움을 얻었는가? 이제 아담은 하나님이 무서운 복수의 하나님이라는 걸 알게 되었다. 하나님이 아담에게 던진 질문은 선악과가 낳은 고양된 지식을 조롱하듯 드러나게 한다. "네가 벌거벗은 것을 누가 알려주었느냐? 내가 네게 먹지 말라고 한 그 나무의 열매를 네가 먹었느냐?"창3:11 그러므로 선악의 지식은 자신이 벌거벗은 것을 알고 수치심을 알고 자신의 고독12)과 연약함과 가난을 아는 것이다. 자신을 덮어주었던 아름다운 옷, 하나님의 사랑의 옷이 찢겨진 뒤, 아담의 벌거벗음은 정말 참담한 것이었으리라!

왜 이 연약함이 그렇게도 비극적일까? 왜냐하면, 아담은 이제부터 스스로 선과 악을 결정해야 하기 때문이다.13) 이제 아담의 연약함은 무서운 것

---

12) ▲자신의 창조주와 더 이상 함께하지 않는 인간은 절대적으로 고독하다.

13) 우리가 결코 리쾨르의 해석(P. Ricoeur, 앞의 책, pp. 237-238)을 받아들일 수 없다는 것은 분명하다. 리쾨르는 불순종의 사건에 의해서, "인간은 자신의 순진무구함 속에 잠들어 있던 하나님과 유사한 본성을 실현하게 되었다."고 한다. "죄는 일종의 고양된 자의식을 나타낸다." "말씀을 어기는 것을 통해서 신들과 유사하게 되는 것은 무언가 아주 심오한 것이다. 한계성이 주는 창조적인 효력이 더 이상 없을 때, 인간은 실존 원리의 무제한성을 자신의 자유로 다시 취한다. 범죄로 시작한 자유는 무한을 향한 소망이 된다." 이렇듯이 하나님과의 관계단절을 인간을 위한 결정적인 진보라고 해석하는 것은 계시 전체에 거스르는 것이다. 인간은 하나님과 같이 되려다가 파멸에 이른다. 인간은 하나님과 같은 자유를 누리려 하다가 죽음과 악의 지배를 받게 된다. 거기에 인간성의 향상이나 발전은 없다. 리쾨르가 '악한 무한'을 운운하면서 주장한 것처럼 미묘한 차이를 표명하는 것은 적합하지 않다. 왜냐하면, 문제가 되는 것은 하나님과의 교제 가운데 있었던 것보다 이제 좀 더 낫게 된다는 주장이기 때문이다. 그와 같이 감행된 모험은 '은총이 얼마나 더 큰지'라는 말씀에 근거한다는 주장과 '죄가 많은 곳에 은혜가 더 넘쳤다'는 말씀에 의거하여 죄를 이해한다는 주장도 적합하지 않다. 왜냐하면, 칼 바르트의 해석

이 된다. 하나님의 주권적인 분별능력이 아담의 손에 들어와 있다. 그러나 아담의 손은 하나님의 손이 아니다. 아담과 함께 창조세계 전체가 정처 없는 여정을 시작한 가운데, 의와 불의를 판단하는 것이 바로 아담의 몫이 되었는데, 아담은 의로운 존재가 아닌 것이다. 그러므로 약속된 지식 전체의 핵심이 먼저 아담 자신의 벌거벗음을 발견하는 것으로 축소된다. 눈이 열리자 아담이 보게 된 것은 무엇일까? 그것은 자신이 소유하게 될 전체적인 선의 영원한 절대성이 아니라, 벌거벗은 자신의 아연실색할 참담한 모습이었다. 이 창세기 기사 안에서 도덕의 발견은 결국 서로를 탓하는 것으로 끝맺는다. 남자는 여자를 탓하고 여자는 뱀을 탓한다. 사랑의 법이 그만 무너진 것이다. 그러나 도덕적인 법이 등장한다. 이 법의 특징은 책임을 전가하고 죄인과 죄의 정도를 구분해내는 능력이다. 이 법은 자신이 비난받을 때 사람들이 세우는 방패막이다. "주여, 나는 의인입니다. 죄인은 내가 아니고 다른 사람입니다." 창세기의 첫 부분에 따르면, 바로 이것이 타락한 가운데 인간이 선과 악을 알게 되어 다다른 최종 결과이다.[14]

그 때부터 우리는 아주 낯선 여정에 들어서게 된다. 왜냐하면, 인간이 선

과는 달리 리쾨르의 해석은 죄인이 아니라 죄를 정당화하고 있기 때문이다. 아담의 불순종과 그 신화에 묘사된 죄 덕분에, "정당성을 입증하는 최종 절차를 통해서만 도달하게 되는 '성숙한 인간이 되는' 계기로서 돌이킬 수 없는 모험이 시작된다"고 하는 리쾨르의 주장에 우리는 놀라지 않을 수 없다. 그 주장 속에 나타난 리쾨르의 생각은 하나님이 창조한 인간이 참된 인간이 아니고, 오로지 불순종과 용서와 부활을 통해서, 인간 역사의 종국에 가서 비로소 참된 인간이 된다는 것이다. 두 번째의 창조가 첫 번째(우리는 전혀 모르는)보다 우월하다면, 그것은 하나님의 값없는 은총의 행위에 의한 것이지 역사에 축적된 인간의 행위에 의한 것이 아니다. 또한, 우리가 하나님에게 순종하는 가운데 예수 그리스도 안에서 가지는 하나님의 사랑에 관한 완전한 지식을 하나님이 창조한 인간이 가졌었는지 여부를 우리는 알 수 없다. 아무튼 어떤 면에서도 하나님의 역사는 인간 조건과 불순종에 의해 필연적으로 초래되거나 좌우되지 않는다. 만약 그렇게 된다면 우리는 죄인인 아담을 숭배했던 1세기의 이단들과 같은 길에 들어서게 되는 것이다. 왜냐하면, 그 이단들에 따르면 아담의 불순종 덕분에 우리가 예수 그리스도에 의해 구원받을 수 있는 전대미문의 기회를 얻게 된 것이기 때문이다. 하나님이 하나님의 아들을 희생해야 했던 사건을 하나의 기회로 보는 것은, 정말이지 역사에 대한 아주 과도한 애정과 함께 인간이 이룬 업적을 아주 드높이 평가해야 가능한 일일 것이다.
14) D. Bonhoeffer, 앞의 책, p. 129 및 그 이하.

을 결정하려고 하고 스스로 선을 알려고 하는 것 자체가 죄이기 때문이다. 그러므로 죄는 도덕에 대한 불순종이 아니고, 하나님과 무관하게 독립적으로 이 도덕을 결정하려는 인간의 의지이다. 동시에 이 의지는 정욕이자 권력욕이다. 아주 오랫동안 금욕을 한 아주 덕망 있는 사람이 "이것이 선이다"라고 제시한다면, 그것은 개개인이 각기 스스로 아담의 죄를 재현하는 것과 똑같은 것이다.[15)]

하나님의 심판과 인간의 선악에 관한 지식

성서 텍스트들을 밀어붙일 필요 없이, 전도서의 마지막 구절은 아마도 인간이 설정한 선과 악을 겨냥하는 것으로서 하나님이 그것을 심판한다는 것을 말한다는 뜻일 것이다. 우리에게 가장 충실한 것으로 보이는 네헤르 Neher의 번역을 보자. "선한 것이든 악한 것이든, 영원성이 부여된 모든 일은 하나님이 다 심판하실 것이다."^{전12:14} 이 말은 일이 선하거나 악하다는 것이 아니고 인간이 행한 일이 선과 악이라는 뜻인 듯하다. 이것은 이사야서의 구절과도 정확히 들어맞는다. "선한 일이든 악한 일이든 해보아라. 그러면 우리는 너희가 신인지 알게 될 것이다."^{사41:23} 여기서는 정말로 선을 행하는 신적 성품을 말하는 것이다. 인간은 이 선과 악을 영원에 이르게 하

---

15) 도덕과 종교의 굳건한 관계를 가장 잘 설명해주는 것은 신화적인 측면에서 인간 도덕의 기원을 바라보는 이러한 명확하고 사실적인 관점이다. 이 관계를 부정하는 사람들조차도 도덕이 적용되어야 할 때 우회적으로 이 관점으로 되돌아간다. 그래서 도덕의 적용은 때때로 구소련과 같이 탈종교적인 체제나 사회에서 종교적인 성격의 신념들과 신화들을 고안하게 한다. 소에가 아주 탁월하게 밝혀준 바와 같이 자율적인 윤리는 언제나 위장된 종교를 은폐한다(N. H. Soë, *Christliche Ethik*, 1957, §6). 그러나 성서 해석에 따르면, 도덕을 고취하고 수립하거나 명분으로 삼는 이 종교적인 것은 전혀 하나님의 뜻의 발현이 아닌 것으로 보인다. 이것은 인간적인 의미에서 종교적인 것으로서 하늘에 오르기 위한 일반적인 인간의 시도이다. 이것은 하나님을 지배하고 종속시키며 인간 스스로 신격화되기 위한 것이다. 아무튼 이것은 하나님의 뜻을 다른 것으로 대체하려는 것이다.

고자 하고 거기에 영원성을 부여하려 한다. 하나님은 인간이 만든 이러한 것을 심판의 자리에 올려놓는다. 하나님의 심판은 인간이 설정하고 선택한 기준들에 따라 선과 악을 차별화하는 것이 아니다. 이 심판은, 악과 마찬가지로, 선에 대해서도, 인간이 선이라고 부르는 것에 대해서도 내려진다. 심판은 하나님의 뜻을 통해 표명된 선과 대조하여 판단하는 것이다.

사정은 그러했다. 인간은 선이 존재한다는 걸 안다. 인간은 이제 선택을 해야 한다는 걸 안다. 불순종하여 하나님과 관계가 단절된 가운데, 인간이 이 선의 존재를 파악하는 것은 죄의 고발을 통한 것이다. 인간은 이 선을 열망한다. 왜냐하면, 자신이 죄의 고발로부터 구원받는 길이 거기에 있기 때문이다. 그러나 인간은 이 선을 모른다. 왜냐하면, 그는 하나님이 정한 뜻이 무엇인지 모르기 때문이다. 인간은 하나님의 영원한 결정을 모르는 동시에 자신을 위한 하나님의 '지금 여기에서'의 뜻을 모른다. 인간은 선을 알기 위해서 믿고 신뢰할 만한 절대적인 존재를 전혀 찾을 수 없다. 그러나 인간은 자기 자신이 스스로 선한 것이 무엇인지 말할 수 있는 엄청나고도 가소로운 선물을 받았다. 이처럼 인간은 투쟁의 무기를 갖추었다. 그는 이 투쟁을 통하여 자신의 불안에서 벗어나는 동시에 스스로 헛된 욕구에 시달린다.

우리는 이 성서의 이야기를 상기함으로써 우리가 얼마나 과거의 신학자들의 해석으로부터 멀어졌는지 알게 된다. 그 신학자들은 타락한 인간은 자신의 선악의 지식을 온전히 보존해왔으며, 의식과 지성의 모든 영역이, 오직 의지만 타락한 채로, 보존되어왔다고 한다. 그들은 인간은 정해진 선을 알지만 그 선을 행할 능력은 없다고 한다. 이러한 해석은 물론 철학적 전제 하에서 정당화될 수 있다. 그래서 그들의 철학의 근거는 토마스 아퀴나스가 체계화한 철학적인 이론들이다. 거기서는 형이상학적인 관점에 따라 아주 다양한 모든 해석들이 다 가능하지만, 성서적인 근거는 전혀 찾을 수

없다.16)

성서가 우리에게 전하는 것은 훨씬 더 근본적이다. 우선적으로 관계 단절 이전에, 아담은 선에 대한 아무런 지식도 없었다. 바로 이 지식을 가지기 위해서, 아담은 눈에 좋아 보이는 선악과 열매를 따먹은 것이다. 이전에 아담은 선과 실존적으로 일치를 이루고 있었다. 그것은 전적으로 다른 것이다. 이제 아담은 이중적인 의식을 가진다. 그는 이제 대상이 된 동시에 낯설게 된 존재와의 관계단절 속에서 지식을 가진다. 그러므로 아담은 불순종을 통해서 예전에 가졌던 무엇인가를 가지지 않게 된 것이다. 더욱이 우리는 아담이 진정한 유일한 선인 하나님의 은밀한 뜻을 전혀 알지 못한다는 사실을 발견했다. 그 사실은 신학자들이 문제의 실상을 감추어서 회피해왔던 어처구니없는 모순적인 문제들을 보게 한다.

선을 어떤 다른 대상으로 보고, 이미 알고 있는 많은 것들 중의 하나로 평가하는 데서 오류를 범했다는 것은 확실하다. 인간이 우주의 별들과 자신의 존재를 알 수 있는 능력이 있었고, 그와 같은 인간의 지식이 정확하고 타당한 행동으로 이어졌던 까닭에, 인간이 자신의 인지 능력을 보존한 것은 확실한 사실이 되었다. 왜 인간이 자신의 이성으로 간파하는 모든 다양한 대상들 가운데 선이라는 것을 알지 못하겠는가? 소크라테스의 체험은 분명히 인간이 자신의 이성에 의지하여 선을 인식할 수 있었다는 사실을 밝혔다. 우리 각자의 체험은, 우리 자신이 스스로 지칭한 선의 필요성을 느낄 수 있었으며, 그 선의 실현에 부족한 것은 오로지 우리 자신의 의지였다는 사실을 알게 해주었다.

그러나 그 모든 것은 성서의 계시에 대한 무지에 기인했다. 아니 오히려

---

16) 우리 생각에는, 칼뱅(Calvin)이 전적인 타락에서 이성을 제외한 것은 인간이 자신의 이성에 의해 진리와 선을 분간할 능력이 있다거나 이성이 계시를 받아들이기에 알맞은 수신처가 된다는 의미가 아니었다고 본다.

그것은 경험이나 철학을 우선시하여 계시된 기록에 덧칠을 한 사실에 기인했다. 성서의 증거는 풍족하다. 하나님이 하나님의 백성에게 하나님의 뜻을 계시하며 "내가 오늘날 너희 앞에 선과 악을 두니, 너희는 생명을 얻도록 선을 행하라."는 결론을 내린 본문들이 수없이 많다. 모든 인간이 선에 관한 지식을 가졌다면, 어떻게 하나님이 하나님의 계시된 뜻을 따르도록 요청할 수 있었을까? 모든 사람들이 임의적으로 다 가졌는데, 하나님이 하나님의 백성에게 선에 관한 지식을 어떻게 선물로 주겠는가? 선이 이미 본성에 있었다면 계시가 왜 필요한가? 타락한 이후, 그리고 타락 이전에조차도 인간이 그런 선택 앞에 놓여 있었다면, 과연 그 '오늘날'은 무엇을 의미하는 것일까?

하나님이 선에 관한 지식을 인간 본성에 포함시켰을 가능성에 대한 논쟁거리는 정말 셀 수 없을 정도로 많다. 모든 것은 우리가 무엇을 근거로 삼느냐에 달려 있다. 엄격한 성서적인 준거기준을 택한다면, 인간 본성으로는 하나님을 알 수 없다는 칼 바르트의 견해를 따를 수밖에 없을 것이다. 그것은 선에 관한 지식의 불가능성으로 이어진다.[17] 그것과 다른 관점을 취한다면 모든 주장들이 가능해진다. 예컨대 인간이 선을 파악하기 위해서는 중간 매개체를 통할 필요성이 있다는 주장이 존재한다. 토마트 아퀴나스나 아우구스티누스는 양심과 이성을 통해서 인간이 선을 파악한다고 한다. 또는 선에 의거하는 인간의 실재를 인정하는 이론이 있다. 그것은 인간이 선을 알고 있음을 암시한다.[18] 또는 기독교적인 인류학을 기반으로 하는 이론이 있다. 거기서 인간이 스스로 선에 관해 알 수 있는 잠재적 가능성이 나온다. 또는 선이 인간에 대한 명백한 악의 효력에 대한 보상으로서 나타난다

---

17) 참조: N. H. Soë, 앞의 책, §6. Olivier Prunet, *La morale chrétienne d'après les écrits johanniques*, 1957, chap. IV.

18) 예를 들자면, 인간이 스스로 자신의 한계를 뛰어넘어 거룩함을 찾는 것(Pierre Blanchard, *Sainteté aujourd'hui*, 1954)이나, 선을 찾는 것(선의 기능에 관한 Henri Baruk의 견해)이 있다.

는 주장이 있다.19) 또는 브루너Emil Brunner와 같이, 사람들이 공동의 삶을 가지게 하는 자연적인 '질서들'의 법이 우리로 하여금 이웃 사랑의 기독교적 진리를 발견하게 한다는 이론이 있다. 왜냐하면, 바로 사랑의 하나님이 우리로 하여금 그런 '질서들' 속에서 살아가게 하기 때문이라는 것이다. 아무튼 인간이 그런 질서들 속에서 자신의 본성에 따라서 정당하다고 인정한 것은 하나님의 뜻과 일치한다는 것이다. 이 모든 이론들의 기저에는, 결국 선을 규정할 수 없고 파악할 수 없는 스스로의 무능함을 수용하지 않고, 선과 악을 판단하려는 인간의 불의가 존재한다. 성서에 따르면, 예수 그리스도와의 개인적인 살아있는 관계를 벗어나서 선에 대한 지식을 얻는 것은 불가능하다.20)

그러나 사실 인간은 선에 대해서 모르는 만큼이나 진정한 악에 대해서도 모른다. 하나님의 뜻으로 선이 계시될 때, 정죄의 정의가 아니라 사랑의 정의로서 계시가 주어질 때, 비로소 인간은 악이 무엇인지 알고, 자신이 죄인임을 발견하게 된다. 오직 계시가 주어지는 때만 그렇다. 자연스레 본성적으로 경험하게 되는 일은 있을 수 없다. 왜냐하면, 악에 관한 모든 인간본성적인 경험은 반드시 양면성을 띠고, 일반적으로 인간이 규정한 선에 대비되는 것이라서 더더욱 기만적이기 때문이다. 추상적인 원리나 도덕이나 선과 부닥칠 때 인간은 자신이 죄인임을 받아들일 수 없다. 오직 하나님과 마주할 때 비로소 인간은 자신의 죄를 인정할 수 있게 된다.21) 인간의 범죄는 너무나 커서, 하나님이 계시를 통해 개입하여 가로막지 않는다면, 인간은 도덕과 하나님의 계명을 설명하는 수많은 이론들에 끌려다닐 수밖에 없다.

그러므로 우리는 리쾨르의 견해에 동의할 수 없다. 리쾨르는 죄의식과 죄

---

19) Reiner, "Ethik und Menschenbild", in *ZEE*, 1958, p. 284.
20) 참조: Alfred de Quervain, *Die Heiligung*, 1946, p. 25 및 그 이하.
21) K. Barth, *Dogm. II*, 2, 2, p. 247.

와 죄의식에서 나온 신화적인 구성체계 등의 모든 개념들과 상징들에 대한 기원으로서 이스라엘의 속죄의 경험을 설정한다. 그는 이 경험을 인간적인 차원에서 일어난 인간의 경험으로 제시한다. 지극히 거룩한 하나님에 대한 두려움을 초월성에 대한 소극적인 태도와 동일시하거나[22], "현실적인 고통 속에서 더 이상 보응의 법의 실현을 발견하지 못한 양심은 다른 방면에서 보상적인 만족을 찾았다"[23]거나, "죄의식은 역사의 불안정성이 확장됨에 따라 무한하게 확대된다"[24]는 것은 인간 본성에 의한 경험과 심화된 체험에 귀결시키는 말이다. 그러나 그것은 오직 계시의 결과로서 선정의와 은총의 계시 앞에서 이루어지는 것이다. 그런 경우 죄는 더 이상 경험을 이해하는 상징이 아니라 객관적으로 실재하는 실체가 된다. 그것은 오직 계시에 의해서, 하나님 앞에 있는 인간의 상황에 의해 발견되는 것이다.

하나님과 관계가 단절되고 그런 가운데 스스로 선을 규정하기 때문에, 인간은 근본적으로 하나님의 선을 인식하고 사랑하고 원할 수 없게 되는 것이다. 그러므로 인간은 선을 행하고자 할 때 죄를 범하게 되고, 신앙적으로 경건하고자 할 때 우상숭배자가 되는 것이다. 내려야 할 결론은 둘 중 하나로서, 하나님의 계시는 아무 의미가 없다는 것이거나, 아니면 인간은 선에 관해 본성적으로 알지 못한다는 것이다. 하나님의 위대한 증인들은 그걸 잘 알고 있었다.

하나님의 백성을 향한 하나님의 말씀이 있은 뒤에, 하나님의 종이 하나님에게 드리는 기도를 상고해보자. 권좌에 올라서 하나님에게 기도할 때 솔로몬은 하나님에게 무엇을 구했을까? "나에게 지혜로운 마음을 주셔서 선악을 잘 분별할 수 있게 하소서."왕상3:9 솔로몬이 날 때부터 이 분별력을 지

---

22) ▲P. Ricoeur, *Finitude et culpabilité II*, 2, p. 38.
23) ▲위의 책, p. 47.
24) ▲위의 책, p. 61.

녔다면, 선악과 열매가 정말 선의 빛을 볼 수 있는 눈을 열어주었다면, 이 기도가 무슨 의미가 있겠는가? 그런데 솔로몬은 바로 이 분별력을 구한 것이다. 왜냐하면, 솔로몬은 하나님의 백성을 인도해야 하기 때문이다. 이 백성은 진정 참된 선, 즉 이 땅을 향한 하나님의 뜻은 알려주도록 요구했다. 바로 솔로몬이 이것을 하나님에게 간구한 것이다. 선물이요 은총으로서 이 비상한 분별력을 얻은 솔로몬은 지혜와 정의의 왕이 되었다. 한 인간이 이처럼 선을 알게 된 것은 기적이었다. 우리는 다른 사람보다 이 솔로몬의 경우에서 인간의 의지가 인간이 아는 지식을 따르지 않는다는 사실을 더 잘 확인하게 된다. 지혜의 왕은 선에 대해 얼마나 많은 불순종을 행했는가. 그런데 솔로몬에게 문제는 비단 의지의 문제만이 아니었다. 솔로몬이 스스로 이행하지 않은 선을 알게 된 것은 하나님의 계시가 그에게 밝혀져서 그의 영을 깨워 눈을 뜨게 하고 선에 관한 지혜와 깨우침을 얻게 되었기 때문이다.

그러나 거기에 기도와 응답이 있어야 했다. 인간은 순종하는 태도로, 선을 안다고 주장하는 대신에, 하나님 앞에서 자신은 선을 알지 못하고 선악을 분별할 수 없다고 인정해야 한다. 자신의 무능력을 인정할 때 비로소 인간은 선에 관한 하나님의 계시를 얻을 수 있게 된다. 인간이 스스로 선을 안다고 주장하는 한, 자신이 이 지혜의 주인으로 자처하는 한, 하나님의 계시는 다만 대립되는 상황을 낳을 뿐이다. 하나님이 계시한 선은 인간이 선언하는 선과 다르다. 그렇게 되면, 죄의 본성이 분출한다. 바로 이것이 성서에서 도덕 문제를 직접적으로 죄성에 결부시키는 이유가 된다. 그 순간에 죄의 원천인 탐욕이 눈에 보이도록 분출한다. 창세기에 나오는 이 탐욕은 금지된 열매를 가지려는 욕망이라기보다 선악의 지식을 소유함으로써 하나님과 같아지려는 욕구이다. 탐욕은 선악의 지식의 소유를 노리는 것이었다. 인간이 이 분별력을 가지는 순간부터 동시에 자신을 정당화하는 능력을 가지게 된다.

　인간이 선악을 판단하는 주인이 된 까닭에 인간은 스스로에게 정당성을 부여하려고 한다. 정당성에 대한 인간의 갈망은 스스로 선을 규정할 수 있는 인간의 능력에 기인한 것이다. 그런데 이 정당성의 갈망이 하나님의 심판[25])을 피하고자 하는 의지와 다르지 않은 것과 같이, 인간이 선을 규정하는 것은 하나님과의 교제를 거부하는 것과 다름이 없다. 그것은 하나의 동일한 반역이자 타락에서 나타나는 두 가지 양상들이다. 그런 까닭에 인간은 그렇게도 선을 알려고 한 것이다. 죄에 의해 부추겨져서, 인간은 선을 내세우면서 스스로 정당화할 수 있다. 유대인이나 그리스도인이라면 율법을 내세우며, 스스로 정당화할 있다. 여기서 하나님과의 대립이 가장 명백하게 나타난다. 그것이 또한, 선악을 알 수 없음을 스스로 인정한 인간만이 하나님 앞에서 은총을 얻을 수 있는 이유가 된다. 하나님은 실제로 솔로몬의 기도에 응답했다. 솔로몬은 지혜로운 사람으로서 이미 그만큼 자신을 낮추고 기도할 정도로 지혜로웠고, 장래에 임할 빛의 조명을 받아서 그 빛이 장래에 임하는 것인 까닭에 현재 자신은 어둠에 있을 뿐이라는 사실을 이미 깨닫고 있었다. 지혜로운 사람으로서 그는 이미 모든 지혜가 다 헛되다는 사실을 알고 있었다. 전통적으로 솔로몬의 이름을 전도서의 저자로 삼은 것은 우연이 아니었다. 지혜자는 자신이 지혜가 없다는 사실을 안다. 그는, 하나님이 계시를 통해서 자신에게 선에 관한 지식을 주지 않는다면, 자신은 아무 것도 알 수 없고 어리석음 가운데 살 수 밖에 없다는 사실을 안다.

---

25) 이 주제에 관해서는 반 퓌르센의 글(Van Peursen, "Ethik und Ontologie in der heutigen Exis-tenzphilosophie", *ZEE*, 1958, 2)을 참조하라. 그는 이 관점에서 실존주의에 대한 비판을 전개하고 있다.
　칼 바르트에 따르면 인간은 모든 관점에서 하나님의 법을 어긴 범죄자이자 범죄의 핵심이다(K. Barth, *Dogm. II*, 2, 2, p. 241). 인간이 범죄자라는 증거는 인간이 언제나 변명하려고 하고 스스로를 변호하려는 한다는 사실에 있다. 그것이 바로 죄이다.

2장 선

성서에서 말하는 선

　그렇다면 성서에서 말하는 선은 무엇인가? 이 주제에 대해서 신학자들이 수많은 저서들을 내놓았다. 여기서 우리는 우리의 주장을 펼치기 위해서 그 저서들에 나와 있는 아주 다양한 이론들을 분석하지 않을 것이다. 그래서 순수하게 신앙적인 것만은 아닌 이유로 뒤얽혀버린 그 미로에 들어가는 일은 없을 것이다. 성서적인 교훈은 상대적으로 단순해 보인다.

　우선적으로 한 가지 점을 지적하고자 한다. 끝에 가서 살펴볼 예정인 극소수의 텍스트들을 제외하고는 거의 모든 성서 텍스트들은 하나님의 백성[26]을 향해 말하는 것이거나 하나님의 백성에 대해 얘기하는 것이다. 따라서 성서는 하나님의 계시를 받은 사람들과 관계된 것이다. 그들에게 하나님의 말씀은 생명의 말씀이자 살아있는 말씀이다. 그들은 선은 하나님과 관계되어 있다는 사실을 이미 알고 있는 사람들이다. 따라서 성서 텍스트들이 언급하는 '선'은 추상적이고 불확실한 말일 수 없다. 오늘날 신학자는 아니지만 살아있는 신앙을 가진 평범한 그리스도인들에게 "선을 행하라"는 말은 곧바로, 물론 제각기 다양하고 불명확하기도 하겠지만, 어찌됐든 간에 예

---

26) ▲구약에서는 이스라엘 백성이고 신약에서는 교회 구성원들이 된다.

수 그리스도와 관련된 생각과 이미지들을 떠올릴 것이다. 그러므로 우리는 그 성서 텍스트들을 그 수신자들과 연관시켜서 해석해야 한다. 왜냐하면, 그 텍스트들은 철학이나 우주 생성 이론이 아니라, 반드시 개인적인 계시를 담은 것이고, 하나님의 의지를 믿고 받아들이는 사람들에게만 의미가 있는 것이기 때문이다.

성서에서 선의 문제가 대두될 때면 언제나 하나님이 말한다.[27] 가인에게 "선을 행하라"고 한 말씀은 객관적이고 개인과 무관한 말이 아니다. 하나님이 "선을 행하라"는 말씀을 해서 대화를 시작하고, 그 대화를 통해서 가인은 자신에게 선이 무엇인지 알고 또 선을 행할 수 있는 자신의 가능성을 알게 된다. 왜냐하면, 하나님은 하나님의 말씀을 통해 현존하면서 그 시점에서 가인에게 주어진 가능성에 하나님의 권능을 부여하기 때문이다. "악행을 그치고 선행을 배우라"사1:15-17는 것과 유사한 수많은 텍스트들에서도 그 주된 내용은 동일하다. 하나님이 그 백성에게, 하나님의 백성에게 그 말씀을 한 것이다. 그 백성은 하나님에 의해 선택되었기에 이제 선을 행할 가능성을 가지는 것이다. 그리고 그 말씀에 의해 '지금 여기서' 그 가능성에 눈을 뜬 것이다. 오직 하나님의 말씀이 전해질 때 선은 내용을 가지게 되는

---

27) 선의 문제는 역사 안에서 제기된다. 선은 하나님이 계명을 표명하는 구체적인 상황 가운데 확립된다. 성서 전체가 우리에게 이 관계를 보여준다. 그러므로 '규범'과 '예외'와 같은 것들은 존재하지 않는다. 본회퍼는 이것을 정확하게 지적한다. "선은 생명의 한 특성이 아니다. 선은 생명 그 자체이다."(그런데 그리스도만이 생명이다.) "선하다는 것은 살아있다는 것이다."(그러나 하나님만이 창조주이다.) (Bonhoeffer, *Ethik*, p. 166 및 그 이하.) 하나님의 뜻인 선과 성서 속 하나님의 계시의 관계는 칼 바르트에 의해 다음과 같은 말로 강조되었다(K. Barth, *Dogm. II*, 2, 2, p. 203). 하나님과 성서는, 각각 명령하고 요구하면서, 실제적으로 분리될 수 없다. 성서의 추상적인 권위가 존재하지 않는다면, 하나님의 추상적인 권위도 존재하지 않는다. 성서는 하나님을 증언할 때 비로소 하나님의 살아있는 말씀이 된다. 하나님의 살아있는 모든 말씀은 성서에 의해 우리에게 증언된 내용과 다를 수가 없다는 것은 명백하다. 그래서 우리는 단지 성서적 상황에 비견하여 행동하도록 요청받은 데 그치지 않는다. 성서적 인물들에게 말한 하나님이 그들의 증언 덕분에 직접적으로 우리의 하나님이 되는 것이다. 그들에게 계시된 선은 우리에게도 선이 된다. 우리는 그들에게 맡겨진 임무를 다시 반복해서 확실히 성취하도록 행동해야 하는 것이다.

것이다. 성서적으로 하나님이 말씀으로 알려주는 까닭에 선의 내용이 존재한다. "사람아, 주께서 선이 무엇인지 너에게 알려주셨다."미6:8 그러므로 그것은 선험적인 직관적 본성적 지식이 아니다. 아담이 얻은 지식과는 정반대인 이 지식을 인간이 갖기 위해서는 하나님이 개입하여 알려주고 밝혀주며 스스로 계시해야 한다. 또한, 인간은 자신의 힘으로 이 지식[28]을 얻지 못한다. "주께서 너에게 알려주셨다." 이는 인간 너머의 외부에서 오는 것으로 인간을 향한 것이다.

　하나님은 말씀할 때 그 말씀 자체로 인간에게 역사한다. 하나님은 "선을 말한다."민24:13 예언자 발람은 하나님이 말하는 선과 악을 전할 수밖에 없다. 선악의 지식은 이처럼 하나님의 뜻에 관한 지식과 연결된다. 그 두 가지 지식은 항구적으로 연결되고 일체화되기까지 한다.[29] "주께서 선이 무엇인지 너에게 알려주셨다. 그것은 하나님이 네게 구하는 것이다."미6:8 이 개념은 유대 민족 안에서는 선과 율법이 일치한다는 의미로 발전되었다. 율법은 계시되고 확정된 하나님의 뜻 전부가 된다. 성서적으로 하나의 행동이 선하다는 이유는 그 행동이 가치를 실현했다거나 도덕규범에 적합한 것이었다거나 선한 동기로 행해졌다는 것이 아니다. 그 이유는 그 행동이 하나님

---

28) 성서의 어디에서도 선에 대한 인간본성적인 지식은 거론되지 않는다. 헤링(Häring)은, 도덕적인 자유가 어떻게 선에 관한 지식의 전제가 되는지, 선에 관한 지식이 어떻게 진리에 관한 지식의 전제가 되는지 밝혀주면서, 정반대의 가톨릭 입장을 보여준다(B. Häring, *La loi du Christ I*, p. 169 및 그 이하). 헤링의 글에는 처음 창조되었던 인간과 현재의 인간과 그리스도 안에서 새로 중생한 인간의 구분이 전혀 없다. 그와 반대로, 유감스럽게도 '보통의' 인간이 암시되고 있다. 여기서 우리는 타락이 그리 커다란 변화를 가져오지 않았다든가 혹은 하나님의 나라는 이미 성취되었다든가 하는 아주 불분명한 신념에 근거한 형이상학적인 인류학을 본다. 그러므로 인간은 본성적으로 선을 관조하고 인식하지만, 간혹 가다 느닷없이 알지 못하게 되기도 한다는 것이다(위의 책, p. 178 및 그 이하). 그렇지만 우리가 보기에, 계시에 따르면 인간은 본성적으로 선을 알지 못하지만, 은총에 의해 알 수 있게 되기도 한다. 은총의 시간에 인간은, 인간의 죄에 기인하여 만든 선들이 아닌, 하나님의 선을 발견한다.

29) 이에 반하는 견해는 보와의 글에서 찾아볼 수 있다(J. Bois, "La crise de la morale et le christianisme," in *Le problème de la morale chrétienne*, 1948). 거기서 전개된 주장은 결국 하나님의 뜻과 선이 일치하는 것의 의미를 잘 모르는 데서 나온 것 같다.

이 행한 일이기 때문이다. 소에Soë는 말한다. "인간은 결코 빛을 발하는 항성이 아니고, 자신의 고유한 빛이 없이 빛을 반사하는 행성이다." 인간은 하나님으로부터 오는 선을 반사할 뿐이다. 물론 선이 하나님의 뜻과 구별된 것이었다면, 인간은 스스로 선을 실현하고 익힐 수 있을 것이다. 그런데 성서 어디에서도 그런 가망성을 찾을 수 없다. 예수가 "너희는 세상의 빛이라"고 제자들에게 말한 것은 "나는 세상의 빛이라"는 말을 했기 때문이다. 어떤 제자라도 그 관계를 뒤집어서 "나는 세상의 빛이라"고 말할 수 없다. 마찬가지로 칼 바르트는 하나님의 말씀에 의해 거룩하게 될 때 인간의 행위는 선한 것이 된다"고 말한다.[30]

우리는 여기서 아주 잘 알려진 이 주제를 더 개진하지는 않을 것이다. 호세아서 8장에서와 같이 율법의 포기는 선을 포기하는 것이라거나, 신명기 1장 39절에서와 같이 율법을 배우면서 아이들은 선을 배운다는 등의 내용을 이스라엘 백성에게 상기시키는 구절들은 많이 있다. 그러나 또다시 말하자면, 여기서 말하는 율법은 모든 사람들에게 해당하는 객관적인 율법이 아니다. 이 율법은 하나님의 백성에게 전달된 하나님의 말씀으로서의 율법이다. 우리는 사도 바울에게서 이런 개념을 발견한다. 예를 들자면, 로마서 2장에서 몇몇 구절들은 진정한 선에 관한 객관적인 지식을 전제로 하는 것 같다. "선을 행하는 모든 사람에게는 영광과 존귀와 평강이 있을 것이니, 먼저는 유대인에게요 다음에는 헬라인에게라."롬2:10 그러나 그 전체 맥락은 이것이 모든 사람들에게 해당되지 않고 단지 계시가 주어진 사람들에게만 해당된다는 것이다. 5절에서 '완고한 마음'이란 말은 하나님의 말씀의 계시를 저버린 사람들에게 적용되는 것이다. 7절의 "참고 선을 행하면서 영광과 존귀와 불멸의 것을 구하는 사람들"이라는 말에서 '영광과 존귀와 불멸의 것'은 사도 바울이 사용하는 언어에서는 그의 복음과 직접적으로 관

---

30) K. Barth, *Dogm. III,* 4, p. 159.

계되는 아주 정확한 내용을 담고 있다. 그 내용은 인간이 만든 개념들에 의거한 애매하고 불분명한 의미를 담고 있지 않다. 끝으로 로마서 1장 32절도 아주 명확하다. 그 모든 말은 사도 바울이 언급한 것들에 관한 하나님의 심판을 알고 있는 사람들과 연관된 것이다. 이 지식은 정확하고 엄격하고 상세한 것이지, 직관적이고 감각적인 것이 아니다. 이 지식은 하나님의 심판에 관한 것이다. 정확히 말해서 이것은 하나님의 말씀의 하나로서, 아무도 직접 감당할 수 없는 것으로 하나님과의 관계에서 가장 무섭고 비밀스러운 것이다. 단지 인간이 하나님의 사랑을 알 때에만 인간은 이 말씀을 알 수 있다. 왜냐하면, 오직 그 사랑에 근거해서 인간은 하나님이 혐오하여 폐기하는 것을 알 수 있게 되기 때문이다. 사도 바울은 우리가 구약에서 발견한 시발점을 완벽하게 확인시켜준다. 사랑으로 스스로를 계시하는 하나님은 인간에게 사랑으로 하나님의 뜻을 알려준다. 그래서 인간은 선한 것이 무엇인지 알게 된다.[31)]

다음과 같은 반론이 있다고 하자. "선이 하나님의 뜻일 수밖에 없다면, 도덕적인 삶은 완전히 모순 덩어리가 되어 아무 관계도 없는 행동들과 맹목

---

31) 본회퍼가 선과 궁극적인 실재인 하나님에 관해서 말한 것은 이 선의 개념에 정확히 부합한다(*Ethik*, p. 55. 및 그 이하). 프뤼네가 말한 것도 마찬가지이다(O. Prunet, 앞의 책, 제2장, p. 2). 그는 기독교 윤리는 오직 하나님의 의지만이 선이라는 전제를 깔고 있다는 사실을 밝혀준다. 바르트는 이에 대해 완전히 동의어인 두 가지 개념이 있다고 한다(K. Barth, *Dogm. II*, 2, 2, p. 207). 하나는 하나님과 하나님의 계명은 선하다는 것이다. 다른 하나는 선은 하나님의 계명 안에서 하나님 자신이라는 것이다. 하나님의 선과 하나님의 계명은 분리될 수 없다. 바르트에 따르면, 선의 구성요소들 중 하나를 배제하여 선의 개념을 분리하는 것은 언제나 윤리의 창시자들이 하는 것으로서 하나님과 하나님의 계명이라는 이 개념의 분리를 가져온다. 하나님의 계명이라는 선의 개념은 선의 개념에서 절대적인 중요성을 가진다는 것은 확실하다. 왜냐하면, 선은 하나님의 고유한 역할의 술부(述部)이기 때문이다. 하나님은 선하고 의로운 것의 총체이다. 이것은 선이 하나님에 대해서 어떤 우위성도 없다는 걸 의미한다. 정반대로 선을 판단하는 것은 하나님이다. 이것은 하나님이 사랑이기 때문이다. 인간을 향한 하나님의 자비심에서 하나님은 인간을 위한 선을 규정하게 된다.

적인 모순적 복종 행위들이 줄을 잇게 될 것이다." 이와 같은 반론은 하나님에 대한 이상한 관념을 만드는 것이다. 또한, 이것이, 사람들이 겉보기에 시대착오적으로 보이는 일련의 계명들과 성서를 피상적으로 읽으면서 이따금씩 가지는 생각이라는 걸 나는 아주 잘 알고 있다. 하나님은 한 분이고, 하나님 안에 분열은 없고, 변화와 모순도 존재하지 않는다. 하나님은 한 분이기에, 하나님의 뜻은 일관성을 지니고, 우리의 도덕적 삶은 일관적이 된다. 하나님이 한 분이기에, 하나님의 계명들은 모순이 없는 하나의 총체성을 지닌다. 하나님이 한 분이기에, 우리의 순종은 무분별한 것이 아니고 우리의 삶의 순간순간들이 분리되지 않는다. 우리의 경험적인 지각으로는 알지 못할지라도, 이 모든 것은 사실이다.32)

선에 내용을 부여하는 이 하나님의 뜻은 추상적인 것이 아니다.33) 하나님은 우리의 죄를 용서하면서 악을 선이라고 부르지 않는다. 왜냐하면, 하나님은 거짓말을 할 수 없기 때문이다. 그러나 하나님은 그 자체로는 악한 것을 선하게 하고, 그 자체로는 병든 것을 건강하게 하고, 그 자체로는 비천한 것을 영예롭게 하고, 그 자체로는 죽은 것을 살아있게 한다. 우리는 하나님 앞에 악한 모습으로 나오지만 하나님은 우리를 선하게 변화시키는 것이다. 이것이 죄의 용서이다. 그러나 하나님은 결코 악한 것을 선하다고 말하지 않는다.

하나님이 결정하는 것은 일시적인 변덕과 같은 것이 결코 아니다. 하나님이 인간에게 할 것과 하지 말 것을 명하는 것은 권력이 곧 법인 독재자의 일시적 욕망에서 나오는 것이 아니다. 하나님이 인간과의 관계를 규정하는 것은 하나님이 신실하고도 항구적으로 지키는 은총의 언약의 역사이다. 그러

---

32) 이 주제에 대해서는 바르트와 케르뱅의 글을 참조하라. K. Barth, *Dogm. III*, p. 54, p. 34 및 그 이하. Alfred de Quervain, *Die Heiligung*, p. 223 및 그 이하.

33) K. Barth, *Dogm. II*, 2, 2, p. 258.

므로 선은 결단코 무분별한 것이 아니다. 하나님의 모든 명령들은 이스라엘 백성의 역사와 예수 그리스도의 역사 안에서 이루어진 것이다. 그래서 하나님의 모든 금지 명령들은 일반화될 수 없는 것이고, 또 하나님의 뜻과 선의 일치성을 전제로 하는 것이다.[34]

하나님이 말씀할 때, 선은 말이나 개념에 머물지 않는다. 앞에서 말했다시피, 선은 하나의 내용을 받는다. 그런데 선은 하나님으로부터 그 내용을 받는다. 여기서 가인이 격분한 사건은 의미심장하다. "어찌하여 네가 화를 내느냐? 어찌하여 안색이 흐려졌느냐? 네가 선을 행하면 어찌 얼굴을 들지 못하겠는가?"^{창4:6-7} 그러므로 여기서 선을 행하는 것은 화를 그치고 낙담을 멈추며 악을 다스리는 것이다. 그러나 그것은 그 자체로는 선이 아니다. 화와 낙담은 악이 아니다. 왜 가인이 화를 내고 낙담하는가? 이것이 중요한 질문이다. 대답은 아주 쉽다. 왜냐하면, 하나님이 아벨의 제사를 기쁘게 받아들이고 가인의 제사를 돌아보지 않기로 결정한 것을 가인은 수용하지 않았기 때문이다. 가인은 그런 결정으로 표현된 하나님의 뜻을 받아들이지 않았다. 가인은 그 결정 탓에 화를 내고 낙담에 빠졌다. 가인은 그럼에도 불구하고 하나님은 자신을 사랑한다는 사실을 믿지 않았다. 가인은 하나님이 불의하다고 생각했다. 그러므로 악은 화와 낙담 자체가 아니라 하나님을 향한 가인의 태도와 관련된 것이다.

선은 하나님의 결정을 수용하고, 하나님이 그럼에도 불구하고 자신을 사랑한다는 사실을 믿으며, 어찌됐든 간에, 설사 아벨을 더 사랑하는 것이라 할지라도, 하나님의 뜻을 인정하는 것이다. 선은 그 하나님의 뜻에 동의하여 화와 낙담과 악을 극복하는 것이다. 왜냐하면, 그것은 하나님의 뜻을 판단하지 않고 오직 사랑함으로써 이루어질 수 있기 때문이다. 화와 낙담과

---

34) 위의 책, p. 174.

악은 자신이 사랑하지 않는 하나님의 결정과 상관없는 지식에서 나온 산물이다. 선에 대한 모든 다른 이론들은 그 지식에서 나온다. 신명기 30장 16절에 따르면, 선은 하나님을 사랑하고 하나님의 말씀을 따르고, 하나님의 계명을 준수하고, 오직 하나님만을 경배하는 것이다.[35] 시편 14편에서는, 하나님을 찾는 것은 기도하고 간구하는 것이고, 그렇기 때문에 사람들을 존중하고 하나님이 사랑하는 이들을 파멸시키지 않는 것이라고 한다. 선지자 아모스의 연이은 구절들은 아주 의미심장하다. "나를 찾으라."^{암5:4} "선을 찾으라."^{암5:14} 이것은 사실상 하나님을 찾는 것을 선을 행하는 의지와 동일시한 것이다. 그런데 그것은 동시에 하나님에 대한 두려움을 가지는 것^{아주 빈번하게 언급}이고, 하나님의 진리를 표명하는 것이고, 하나님과의 화평을 구하는 것^{시34:14}이고, 하나님에게 의뢰하는 것이고, 하나님을 향한 믿음과 소망을 가지는 것이고, 하나님의 사랑에 충실한 것이고, 하나님의 사랑 가운데 기뻐하며 하나님의 의지와 하나님의 임재를 즐거워하는 것^{시37:4}이다.

이처럼 선은 하나님과 관련된 것이며, 선이 규정될 수 있는 것은 전적으로 하나님과의 관계에서 비롯되는 것이다. 하나님 앞에 임하는 그와 같은 인간의 태도가 없이는 어디서도 선을 발견할 수 없다. 선이 하나님의 말씀에 의해 결정된다면, 선을 행하는 것은 이 하나님의 말씀을 믿고 그 말씀을 실천하는 것이다. 오직 하나님을 향한 이러한 태도만이 필연코 인간에 대한 행위로 연결된다. 그 행위는 믿음을 떠나서 그 자체로는 결코 인정되지 않는 것이다. 이처럼 선은 타인들을 위해 기도하고, 원수들을 위해 중보하고^{시35:13}, 이사야서, 아모스서, 미가서에서와 같이 인간을 위해 정의를 이루며, 가난하고 미천하고 억압받는 자들을 지켜주는 데 있다. 우리는 선지자들이 선포한 의무들을 알고, 또한, 사도 바울이 기술한 덕목들도 안다.

---

35) 아빌라의 테레사의 유명한 말을 기억하자. "나는 덕을 추구하지 않고, 모든 덕을 가진 주를 추구한다."

그것들은 하나님 앞에서 선한 행위와 선을 구성한다. 여기서 그것들을 강조하고 설명하는 것은 무의미하다. 중요한 것은 그러한 것이 하나님의 뜻인 선의 틀 안에서만 인정된다는 사실이다. 우리는 미가서의 놀라운 구절을 통해서 구약에 나오는 선의 개념을 요약해볼 수 있다. "사람아, 주께서 선이 무엇인지 너에게 알려주셨다. 하나님이 네게 구하는 것은 네가 정의를 실천하고 인애를 사랑하며 겸손히 네 하나님과 함께 행하는 것이다."미6:8 세 가지 요구 사항들이 모든 것을 요약한다. 첫째, 겸손히 하나님의 뜻을 따라 하나님과 함께[36] 행하는 것이고, 둘째, 이웃사랑을 실천하는 것이고, 셋째, 정의[37]를 실현하는 것이다.

신약이, 훨씬 더 신중하게 이 단어를 사용하면서, 우리에게 전해주는 것은 전혀 모순적이지 않다. 사도 바울은 거기서 자주 구약의 본문들을 응용한다. 사도 야고보는 선을 이웃사랑과 행위로 실천된 믿음으로 정의한다. 야고보는 어느 면에서는 이 개념의 윤리적인 측면을 역설한다. 실제로 구약이 주는 확고한 신학적 의미는 선이 내면적이고 신비스럽고 의향적인 것이라는 인상을 줄 수 있다. 이것은 명백하게 구약의 현실주의를 이해하지 못하는 것이고, 착각을 불러올 위험이 있다. 야고보서는 2장에서 선을 구성하는 요소들의 실천적인 차원을 강조하는 데서 도덕이라는 문제의 핵심에 다가간다. 이 모든 구절들은 우리가 이미 습득한 내용을 달리 수정하는 것이 아니다.

요한삼서는 한 걸음 더 나아가게 한다. "사랑하는 자여, 악한 것을 본받지 말고 선한 것을 본받으라. 선한 일을 하는 사람은 하나님에게서 난 사람이고 악한 일을 하는 사람은 하나님을 보지 못했다."요삼1:11 이 구절은 우리

---

36) ▲하나님의 임재 가운데 계시의 빛 안에서 믿음으로.
37) 구약의 정의에 대한 개념에 대해서는 나의 저서 *Fondement théologique du droit*(법의 신학적 기초)를 참조하라.

에게 명확한 기독교적 관점을 보여준다. "선을 본받으라"는 것은 선이 추상적인 정보나 인간의 단순한 태도가 아니라는 것을 전제로 한다. 이제 선의 모범이 존재한다. 이것은 구약에 비해 새로운 점이다. 그러나 이 모범은 방식이나 확정된 영구적인 관념이나 대상이 아니다. 본받는 것은 사도 요한이 기록한 글에서 아주 빈번하게 등장하는 "따라간다"는 개념을 전제로 한다. 본받는 것은 앞서 가는 사람을 따라가는 것이다. 여기서 우리가 이 본문을 사도 요한의 상황에 대입시켜보면, 선을 본받는다는 것은 예수 그리스도를 본받는다는 것과 동일시되어야 한다. 요한서신의 저자가 지칭하는 선이 예수 그리스도라는 사실은 이 구절의 후반부인 "선한 일을 하는 사람은 하나님에게서 난 사람이다."라는 말로 확증된다. 사도 요한은 '하나님에게서 난 사람'은 육신으로 임한 예수 그리스도를 믿음으로 고백하는 사람이라고 규정했던 것이다. 또 이 구절의 끝부분인 "악한 일을 하는 사람은 하나님을 보지 못했다."라는 말도 마찬가지이다. 사도 요한은 오직 예수 그리스도 안에서만 하나님을 볼 수 있다고 했던 것이다. 그러므로 선의 실행과 예수 그리스도의 존재 사이에 밀접한 관계가 성립된다. 이 사실은 전혀 놀라운 것이 아니다. 그러나 또한, 우리는 이것이 구약과 모순되지 않음을 알아야 한다.

우리는 이 얘기를 다음과 같이 요약해볼 수 있다. 선은 말씀을 통해 하나님이 정하는 것이다. 이어서 이 하나님의 말씀에 따른 결과로서 하나님을 향한 인간의 특정한 태도가 나온다. 그리고 나서 하나님과의 관계에 따른 결과로서 같은 인간을 향한 인간의 특정한 태도가 나온다. 그러나 한편으로 하나님의 말씀은, 오직 스스로 말씀 자체가 되는 예수 그리스도 안에서 완전히 발현되고 밝혀지고 설명되고 계시된다. 예수 그리스도는 이처럼 진정한 선이다. 다른 한편으로 하나님과 인간을 향한 인간의 특정한 태도는 구약에서는 하나의 요구이자 요청이자 언약으로 제시된다. 그런데 예수 그리스도 안에서는 이 선이 완벽하게 전적으로 구현되고 성취된다. 우리는 성취된 선 가운데로 들어가게 된다. 그렇다고 우리 각자에게 개별적으로 주어진 요구와 요청이 폐기되는 것은 아니다. 그러나 그것은 더 이상 불안과 절망을 유발하지 않는다. 우리는 더 이상 선을 이 땅위에 성취하는 데 대해 전적으로 배타적인 책임을 지지 않는다. 선은 성취되어 있다. 그러나 우리는 선을 성취한 그리스도를 따라 선의 분량을 새롭게 채우도록 언제나 독려를 받는다.

　이것은 예수 그리스도 안에서 선은 실재가 된다고 한 본회퍼의 사상과 같은 내용으로 귀결된다.[38] 선과 실재 사이에 괴리가 존재하는 것이 모든 사상에 공통된 것인데, 성육신의 사건 안에서 그 둘이 분리될 수 없고, 오직 그 사건 안에서 서로 합해진다. 인간은 다른 어디서도 선을 파악할 수 없다. 왜냐하면, 인간은 모든 곳에서 현실적인 것으로 둘러싸여 있기 때문이다. 선을 정하는 하나님의 말씀은 오로지 예수 그리스도 안에서 선포된다. 이 하나님의 말씀을 듣고 실천하는 것은 그리스도의 몸의 지체로서 거룩함을 수용하는 것이다. 거룩함은 그리스도와의 살아있는 관계이다.[39] 오직 예수 그리스도만이 참된 선이다. 여기서 우리는 하나님 앞에서 우리의 삶에 결정적인 세 가지 진리를 알게 된다.

　첫 번째 진리는 예수 그리스도의 음성은 거룩한 하나님의 음성이라는 것이다. 그러나 예수 그리스도의 음성인 까닭에, 그 음성은 아주 먼 곳에 있는 초월자로서 명령과 언약을 내릴 뿐인 하나님의 음성이 아니다. 우리는 결코 거기서 하나님의 계명을 듣고 받아들일 수 없다. 우리는 단지 허무와 절망에 직면할 뿐이다. 예수 그리스도의 음성은 하나님의 음성인 동시에 인간의

---

38) ▲D. Bonhoeffer, *Ethik*, p. 55 및 그 이하.
39) 이에 대한 다양한 관점들은 케르뱅의 책(A. de Quervain, *Die Heiligung*)에서 서론과 제1부를 참조하라.

음성이다. 그 음성은 우리의 음성과 비슷하다. 그러나 그것은 우리를 대신해서 선을 말하고 우리를 대신해서 거룩해진 인간의 음성이다. 예수 그리스도는 아담이 불순종 가운데 하고 싶었던 일을 하나님 아버지에게 순종하는 가운데 해낸다.

두 번째 진리는, 인간은 언제나 '행위'를 결정하는 선을 추구하는데 반해서, 예수 그리스도 안에서 중요한 것은 언제나 '존재'라는 것이다.[40] 그것은 우리로 하여금 신앙과 선의 딜레마에 접하게 한다. 그것은 마르크스의 영향 아래 오늘날 전파되는 모든 교훈, 즉 인간은 오로지 행위를 통해 존재한다는 것에 반한다. 그런 교훈은 주의 음성에서 나온 것이 아니다.

세 번째 진리는, 하나의 선이 인간 안에 머물 수 있거나 하나님을 떠나서 인간에 의해 실현될 수 있다면, 그 선은 예수 그리스도 안에 나타난 선일 수밖에 없다는 것이다. 그것은 인간은 선을 실현할 수 없다는 사실을 뜻한다. 그런데 하나님의 사랑은 예수 안에서도 사랑을 받을 만한 것을 하나도 찾을 수 없다.[41] 예수 그리스도조차도 하나님 앞에서 내세울 것이라곤 단지 우리 인간의 죄와 허물밖에 없다. 예수 그리스도 안에서도 인간은 단지 한 반역자로서 존재할 뿐이다. 유일한 의인인 예수는 우리 인간의 이름으로는 어떤 의도 내세울 수 없다.

성서적으로 아주 정확하게 보이는 선에 대한 이 개념은 도덕에 관한 고전적인 세 가지 질문들에 대해 아주 쉽게 답변할 수 있게 해준다.

첫 번째 질문은 사소한 행위들은 비본질적인 것이라는 논의la querelle des

---

40) 이런 식의 대비는 칼 바르트의 책에서도 언급되고 있다(K. Barth, *Dogm. II*, 2, 2, p. 100 및 그 이하). 우리는 여기서 이와 같은 대비가 존재론적으로 영원한 타당성을 지닌다고 말하려는 것은 아니다. 우리는 단지 윤리를 통해서 인간이 행위를 추구한다는 사실을 확인할 뿐이다. 그 반면에, 복음서들과 서신서들은 우리에게 존재와 존재의 변화를 말한다. 거기서 존재와 존재의 변화는 행위와 분리되지 않는다. 다만 행위는 부차적이고 결과적인 것에 그친다.

41) K. Barth, 위의 책, p. 249.

Adiaphora에 대한 문제이다. 이에 따르면 '하라'는 명령과 '하지 말라'는 명령 사이에는 구원이나 선과는 무관한 행위들이라는 광대한 영역이 존재한다는 것이다. 사실 이것은 기독교적인 관점에서는 받아들일 수 없는 것이다. 삶 전체가 순종이어야 하므로 하나님의 뜻에서 벗어난 행위란 있을 수 없다. 하나의 인생은 분리된 개별적인 행위들로 구성되어 있지만 연속성을 가진 것으로서 각각의 행위는 그 연속성을 표출한다. "좋은 나무이거나 아니면 나쁜 나무일뿐이다"라는 예수 그리스도의 말씀은 이 삶의 통일성을 가리키는 것이다. 열매들은 결과일 뿐이다. 따라서 열매들을 따로 떼어 심판하지 않는다. 그냥 무시하고 넘어갈 하찮은 열매란 없다. 사도 바울은 말한다. "먹을 때나 마실 때나 너희는 오직 하나님의 영광을 위하여 하라." 그러므로 가장 작은 행위도 의미가 있다. 이래도 좋고 저래도 좋은 행위란 있을 수 없고 긍정적으로나 부정적으로 조정하는 것도 있을 수 없다. 평화의 시대와 전쟁의 시대가 따로 없다.[42] 모든 것이 다 하나님의 뜻이 곧 선이라는 데 걸려 있다. 인간은 자신의 삶 전체가 하나님과 관계된다는 사실을 알아야 한다. 심판에 오르는 것은 총체적인 의미에서의 인간의 삶이다. "우리는 하나님의 계명에 좌우되지 않는 인간의 행위란 상상할 수도 없다. 자유롭거나 중립적인 행동은 존재하지 않는다. 이 말은 인간은 하나님의 계명 앞에서 선택의 결정을 내려야 한다는 걸 뜻한다. 인간이 중립적인 입장을 취한다는 것은 불가능하다."[43]

두 번째 질문은 "그리스도인의 삶과 무관한 자율적인 활동 영역이 존재하는가?"라는 문제에 아주 가깝다. 과학적, 기술적, 경제적 문제들은 기독교 윤리의 영역에 속하지 않는 것처럼 보인다. 그 일부분은 순전히 지적인 문제로서 어떤 도덕적인 판단도 내포하지 않는다. 경제적, 정치적, 사회적 현

---

42) 이 주제에 관해서는, 소에의 책을 참조하라(N. H. Soë, *Christliche Ethik*, 28).
43) K. Barth, 앞의 책, p. 29, p. 104.

상들이 물리적인 것과 같은 차원에 속하고, 거기에 어떤 법칙들이 존재한다면, 도덕적인 결정은 어디에 포함시킬 수 있을까? 그 영역들의 다른 일부분은 순전히 자연적인 것이어서, 거기서 선을 분별하기 위해서 '계시'에 의거할 필요는 전혀 없을 것이다. 자연 도덕이면 충분할 것이다. 자연법을 인정하는 신학이론들은 모두 다 이 문제에 대한 답을 찾으려고 노력한다. 어떤면에서 도덕적 양심을 주장하는 신학이론들도 루터를 포함해서 동일한 노력을 한다.

그러나 성서에서 선은 곧 하나님의 뜻이라는 사실을 우리가 납득하는 순간부터, 이 문제는 사라져버린다. 왜냐하면, 문제되는 모든 영역들은 하나님의 창조세계의 일부분이기 때문이다. 하나님은 경제적인 영역과 마찬가지로 정치적인 영역의 창조주이다. 따라서 아무것도 하나님의 심판이나 은총을 피할 수 없다. 그러므로 모든 것은 하나님이 결정한 선에 걸릴 수밖에 없다. 너무나 이론적이라서, 너무나 과학적이라서, 너무나 기술적이라서 하나님이 결정한 선에서 벗어날 수 있는 영역이란 존재하지 않는다. 왜냐하면, 하나님이 결정한 선은 우리의 판단에 따른 제한된 도덕적 범주들을 훌쩍 넘어서기 때문이다. "선은 곧 삶이다." 더군다나 인간본성적인 자연 도덕으로 족한 영역이란 있을 수가 없다. 왜냐하면, 자연 도덕을 규정하는 것은 바로 죄 자체이기 때문이다.[44]

세 번째 고전적인 질문은 도덕의 자율성에 관한 문제이다. 도덕은 그 자체로 하나의 영역을 가지는가? 선에 관한 성서적 관점을 채택한다면, 우리는 이 문제를 근본적으로 부정할 수밖에 없다. 한편으로 세상은 세상에 속한 도덕과 함께 자율성을 바라고, 모든 도덕 철학은 하나님의 선에 반대하는 점에서 스스로 자율성을 선언한다. 다른 한편으로, 계시가 우리에게 밝혀주는 바에 따르면, 창조세계의 조건을 진지하게 고려할 때, 인간이 스스

---

44) 이 주제에 관한 참조: N. H. Soë, 앞의 책, 29.

로 창조주이자 구세주인 하나님의 주권으로부터 독립적인 윤리의 기초를 수립하는 것이 불가능하다는 것이다. 하나님의 뜻에 따른 윤리는 그 어느 것도 자율적일 수 없다.[45]

이스라엘과 이방인

하나님의 아들이 스스로 이 선의 완전한 성취를 달성해야 했다. 왜냐하면, 인간이 결코 성취할 수 없기 때문이다. 성서의 교훈은 명확하고 준엄하다. "하나님이 지혜로운 사람이 있는지, 하나님을 찾는 사람이 있는지 찾아보니, 선을 행하는 사람은 하나도 없구나. 모두가 빗나가서 한결같이 타락하고 선을 행하는 사람이 하나도 없다."[시14:2-3] 이 무서운 심판은 성서 어디에서나 약화되기는커녕 오히려 여러 번에 걸쳐 확고해지면서 하나의 보편적인 사실로 제시된다. "이 땅 위에 선을 행하는 의인은 없다"고 전도서는 말한다. 사도 바울은 이것을 자신의 신학적 기초들 중의 하나로 삼는다. 그는 로마서 3장 10-12절에서 시편 14장의 구절들을 인용하면서, "모든 사람이 하나님 앞에서 죄인임이 확실하다"고 한다. 이처럼 근본적으로 선을 행할 능력이 없는 것은 모든 사람 간에 차이가 없다. 물론 하나님을 믿지 않는 불경건한 사람은 반드시 악을 행한다.[시36:4] 이것은 변함없는 교훈이다. 앞에서 지적한 선의 개념을 고려할 때 이것은 명백하다. 그런데 성서의 기록자들은 어리석은 바보들이 아닌 바에야 야훼 하나님이나 훗날의 예수 그리스도를 경배하지 않는 사람들도 선을 행할 수 있었다는 사실을 분명히 알고 있었을 것이다. 많은 선한 일들이 이집트, 그리스, 로마 등지에서 행해졌다. 그들은 그 사실을 알고 있었다. 인간이 말하는 선이 어느 정도라도 실현되었던 것이다. 그러므로 그들이 선포한 내용이 맹목적인 무지에서 나온

---

45) 참조: O. Prunet, 앞의 책, 3장 2절.

것이라고 할 수 없다. 더군다나 당파적인 편협한 편견이라고 할 수는 없다. 그것은 단지 선에 관한 개념이 다른 데 기인한 것이었다.

마찬가지로 선에 관한 인간적인 관념에 따르면 선에는 등급이 있다. 더 좋거나 덜 좋은 선이 있는가 하면, 더 나쁘거나 덜 나쁜 악이 있다. 그것은 실제로 인간이 자신이 설정한 개념에 근거하여 내리는 판단과 부합한다. 그런데 성서는 우리에게 그 반대의 사실을 전한다. 거룩한 것이 있고 거룩하지 않은 것이 있을 뿐, 어떤 정도 차이나 경계나 근사치는 존재하지 않다. 왜냐하면, 거룩한 것은 구분된 것이기 때문이다. 마찬가지로 예수 그리스도가 아주 작은 계명이라도 어기면 율법 전체를 어긴 것이라고 선포할 때, 그것은 크고 작은 정도의 차이를 부인한 것이다. 그것은 선이 인간 자신의 고유한 방식으로 이해할 수 있는 객관적인 실체가 아니고 절대적인 하나님의 뜻과 동일한 것임을 뜻한다.

결국 이 모든 것은 인간이 선으로 규정하고 실현한 것은 하나님이 결정하고 인정하는 선이 아니라는 말로 귀결된다. 하나님을 거부하는 불신자는 선에 관해서 전혀 알 수 없으며, 선에 관한 아주 작은 지식이라도 가지지 못하기에, 하나님 앞에서 악을 저지를 수밖에 없다. 이는 종교적인 편견에서 나온 판단이 아니다. 이는 필연코 악을 행하는 불신자들과 선을 행하거나 행할 수 있는 신자들로 인간을 구분하는 식의 문제가 아니다. 안타깝게도 계시는 훨씬 더 엄격하며 덜 단순하다. 계시를 받은 유대인들이라 할지라도 다른 사람들보다 선을 행할 수 있는 능력이 더 많은 것이 아니다. 이스라엘이 자신에게 주어진 계시를 의식하고 자신을 주체로 생각하여 그 계시를 스스로 실현시키려고 할 때마다, 이스라엘은 하나님 앞에서 죄를 범하고 만다.

하나님은 이사야서에서 이스라엘이 자신의 주인인 하나님을 떠나서 스스로 살아가고 자신의 구원자인 하나님을 떠나서 스스로 선을 행하려고 한다며 놀라운 도발을 한다. "나 여호와가 말한다. 너희는 소송을 제기하라 … 너희가 신들이 된 것[46]을 우리가 알 수 있도록 장차 일어날 일을 말해 보아라. 우리가 보고 함께 알 수 있도록 선한 일이든 악한 일이든 행해보아라. 보아라. 너희는 아무것도 아니고 너희가 행하는 일도 헛된 것이다."사41:21-24 따라서 하나님의 백성인 이스라엘은 다른 민족들과 동등한 처지에 놓인다. 선지자 예레미야는 이스라엘 백성에게 그 사실을 전한다. "구스인이 자신의 피부를 바꿀 수 있느냐? 표범이 자신의 반점을 변하게 할 수 있느냐? 만약 그럴 수 있다면 악행만을 일삼는 너희도 선을 행할 수 있을 것이다."렘13:23 그러니 선이 무엇인지 안다하더라도 이스라엘은 불신자보다 선을 행할 수 있는 능력이 더 많은 것이 아니다.

이스라엘의 처지는 믿지 않는 이방인보다 더 나쁘다고 할 수 있다. 왜냐하면, 이스라엘은 선이 무엇인지 알고 이방인은 알지 못하기 때문이다. 선을 아는 것은 그들을 구분하는 커다란 차이점이다. 그러나 선을 알기에 이스라엘은 온전한 책임을 가진다. 이스라엘은 이 선 앞에서 심판에 놓인다. 더욱이 이스라엘은 아담의 죄를 완전히 떠안게 될 수 있다. 왜냐하면, 신들과 같이 된다는 극도의 주장은 오직 이스라엘에게만 있을 수 있기 때문이다. 하나님이 선한 것을 계시했음에도 불구하고 인간이 독립적으로 선악을 판단하는 것은 이사야서의 핵심적인 구절이 지적하는 것이다. "악을 선이라 하고 선을 악이라 하며, 어둠을 빛으로 삼으며, 쓴 것을 단 것으로 삼는 사람들에게 화가 있을 것이다. 자기 스스로 지혜롭다고 하고, 자기 스스로 현명하다고 하는 사람들에게 화 있을 것이다."사5:20-21

인간은 스스로 선악을 분간하고 정의하기를 원한다. 그건 그렇다 치자. 그러나 이스라엘에게 심각한 것은 하나님이 이스라엘 앞에서 선을 계시했

---

46) ▲계시를 받았다는 이유로 스스로를 신으로 여기려는 에덴동산의 아담과 이스라엘 민족이 늘 주장하는 것이다.

음에도 불구하고 그러기 원한다는 것이다. 이스라엘은 설상가상으로 하나님의 계시에 대하여 그 계시를 이용하여서 인간인 자신이 규정한 것을 선악으로 결정하는 것이다. 따라서 하나님이 인간에게 선으로 계시한 것이 악으로 규정되는 일이 생긴다. 그것은 일어날 수 있는 일로서는 가장 심각한 것이다. 그것은 이스라엘이 하나님의 아들을 신성모독자라 하고 죄 없는 예수를 죄인이라 하고 메시아를 가짜라고 하고 선의 구현을 악이라 할 때 실현되고 성취되었다. 이것을 기독교적인 해석으로 보고 의인과 악인을 그리스도인과 비그리스도인으로 구분하는 것이라고 넘겨버려야 하는가? 그만하자. 성서에서 그리스도인은 선에 관해서는 다른 사람들보다 더 낮게 취급되지 않는다.

"나는 내가 원하는 것은 행하지 않고 내가 미워하는 것을 행한다… 내 안에 선한 것이 없다. 원하는 마음은 있지만 선을 행할 능력이 없다… 내가 내 속에서 한 법을 발견했으니, 곧 선을 행하기 원하는 나에게 악이 함께 있다는 것이다. 내가 속사람으로는 하나님의 법을 즐거워하지만, 내 지체 속에서 다른 법이 내 마음의 법과 싸워, 나를 내 지체 속에 있는 죄의 법의 포로로 만든다…. 아, 나는 곤고한 사람이로다. 누가 이 사망의 몸에서 나를 건져 주겠는가? 우리 주 예수 그리스도를 통하여 하나님께 감사하리로다."롬 7:14-25 여기서 사도 바울은 자기 자신에 대해 말하고 있다. 그러나 그가 말하는 것은 그리스도인 각자를 위한 말이 되어야 한다. 우리는 여기서 유대인의 경우에서와 같이, 계시에서 나온 선에 관한 지식과 선을 행하는 능력이 분리되는 것을 발견한다. 바로 이 점에서 하나님의 계시를 받은 인간에게 지식으로 아는 것과 능력으로 행하는 것의 구분이 인정된다. 따라서 이 구분은, 어떤 신학자들이 자연인인 모든 인간의 삶에서 일어나는 것으로 해석한 것과는 달리, 그리스도인의 삶에서 일어나는 것이다. 더욱이 이 선에 대한 지식은 그것을 성취할 수 없는 무능력을 한층 더 조명한다.

이방인은 착각할 수 있다. 이방인은 하나님의 선을 알지 못하고 스스로 선을 규정하는 까닭에 당연히 그 선에 대해 많은 착각을 할 수 있고 거기에 만족할 수 있다. 그와 정반대로 하나님의 선의 계시를 받은 사람은 더 이상 착각할 수 없다. 모든 노력에도 불구하고 그는 상대적이 아니라 절대적인 기준으로 평가하여 자신의 무능력을 인식하고, 자신이 악에 사로잡힌 것을 확인하게 될 것이다. 오직 예수 그리스도만이 완전하게 선을 성취했다는 사실은 전혀 그리스도인의 상황을 나아지게 하지 않는다. 그리스도인은 오직 예수 그리스도 안에서 선에 관한 계시와 그 선에 연관된 자신의 죄에 관한 계시를 받는다. 동시에 그리스도인은 자신에게 은총이 주어졌다는 기쁜 복음의 소식을 받는다. 그러나 그 사실은 그리스도인에게 하나님이 선포한 선을 행할 수 있는 어떤 본질적인 능력도 제공하지 않는다. 그리스도인이 자기 자신의 힘으로 하나님의 선을 행할 능력을 가질 수 있도록 존재가 영구히 변하는 일은 일어나지 않는다. 제2의 본성이 될 수 있는 어떤 본질적인 새로운 변화의 가능성은 존재하지 않는다.

인간본성과 선

그런데 선에 대한 또 다른 개념으로서 모든 인간에게 있는 자연적인 본성에 속하는 선의 개념을 거론하는 듯한 성서 구절들이 있다. 누구를 막론하고 적용될 수 있는 "악을 선으로 갚으라"는 식의 구절들이 존재한다. 창세기 44장 4절에서 요셉은 자신을 방문한 형제들에게 선을 악으로 갚았다고 비난한다. 그러나 그것은 언제나 아주 구체적인 의미를 띤다. 한 사람이 다른 사람에게 선을 베풀면, 다른 사람은 완전히 그 선을 느낄 수 있다. 내가 배고플 때 나에게 먹을 빵을 주는 사람이 나에게 선을 베푼 것이라는 사실을 알리기 위해서 계시를 할 필요는 없다. 일반적인 자연인이 선한 일을 알아보는 것을 언급하는 구약의 모든 텍스트들은 대략 아주 실제적이고 실용적이고 경험적인 이런 의미를 나타낸다. 또한, 성서에는 선에 관한 현실주의적인 관점도 존재한다. 그것이 선을 구성하는 일부분임은 의심의 여지가 없는 사실이다. 또한, 그것이 일반적인 사람이 선이라고 부를 수 있는 것이라고 볼 수도 있다.

또한, 일련의 서신서의 구절들을 동일한 의미로 해석할 수도 있지 않을까? "아무에게도 악으로 악을 갚지 말고, 모든 사람 앞에서 선한 일을 도모하라."롬12:17 "우리는 주님 앞에서만이 아니라 사람들 앞에서도 선한 일을 하려고 노력한다."고후8:21 "공권력의 집행자를 두려워하지 않으려거든 선한 일을 행하라. 그러면 그의 칭찬을 받을 것이다. 그는 너에게 선한 유익을 주려고 일하는 하나님의 일꾼이다."롬13:3-4 "이는 너희가 선을 행함으로 어리석고 무지한 사람들을 잠잠하게 하는 것이 하나님의 뜻이기 때문이다." 벧전2:15

위의 네 개의 본문들은 그리스도인들이 실천하는 선행은 비非그리스도인들에게도 선행으로 인식되고 이해된다는 공통적인 견해를 공유한다는 점에서 비슷하다. 그러나 이 본문들은 각기 다른 교훈들을 내포하고 있다. 첫 번째와 두 번째 본문은 사람들 앞에서 선한 일을 도모하라고 권고한다. 다시 말해서 하나님이 요구하는 것뿐만 아니라 주어진 문명과 주어진 시대 속에서 사람들이 선이라고 부르는 것을 행하라는 것이다. 우리는 이 교훈을 뒤에 가서 다시 살펴볼 것이지만, 두 번째 본문이 명확하게 두 가지 '선', 즉 하나님 앞에서의 '선'과 사람들 앞에서의 '선'을 대립시키고 있다는 점을 강조하는 것은 중요하다.[47] 그리스도인들은 한쪽의 선을 소홀히 함으로써 다른 한쪽의 선을 행하는 일을 그칠 수 없다. 물론 하나님의 선과 혼동되어

---

47) 5장에서 우리는 여기서 이 두 가지 '선'의 절충과 대립으로 거론하는 것과 연관된 두 가지 도덕들의 절충이나 대립을 검토해볼 것이다.

서는 안 되지만, 사람들이 선한 일이라고 여기는 선행도 행해야 한다. 이와 반대로, 이 본문들은 이보다 앞서 우리가 언급한 교훈을 확증하고 있다. 하나님의 선은 사람들이 말하는 선과 다르다. 사람들이 말하는 선에 대해서 성서는 아주 신중하다. 성서는 사람들이 말하는 선을 인지하고 인정하고 있지만, 인간의 구원과 상관없는 부분에 대해서는 별로 조명하지 않는다.

나머지 두 개의 본문들은 아주 다른 측면에 역점을 둔다. 선[48]을 행함으로써 그리스도인은 공권력의 인정을 받게 되고 어리석은 사람들을 잠잠하게 할 것이다. 두 본문들에서 중요한 것은 이방인들이 그리스도인들이 행한 선행을 인지할 수 있게 된다는 것이다. 이것은 명백히 그리스도인들이 사람들 앞에서 해야 하는 증언과 관계되는 것이다. 말로 하는 증언과 더불어서, 삶과 일과 행동을 통한 증언이 따라야 한다. 예수 그리스도가 "너희 빛을 사람들 앞에 비추어 그들이 너희 선한 행실들을 보게 하라."마5:16고 전한 바와 같이, 그 둘은 따로 떼어놓을 수 없는 불가분리의 것이다. 따로 떼어놓으면 그 둘은 각기 아무 가치가 없다.

이방인들이 그리스도인들이 실천하는 하나님의 선을 승인하고 존중할 수 있게 하는 것은 가능한 일이다. 그것은 우리가 언급했던 선에 대해 이방인들이 전반적으로 가지는 구체적인 의미에 해당하는 것이다. 또는 그것은, 인간사회가 말하는 선과 하나님의 선이 우연적으로나 의도적으로 기독교권에서 일치를 이룬 까닭에, 그 인간사회의 선의 기준들에 해당된 것이다. 이 경우에 어려움은 없다. 그러나 거기서 선에 대한 두 가지 다른 개념들이나 내용들의 대립이 생길 수 있다. 이방인들이 그리스도인들이 행한 선행을 반드시 인정한다는 법도 물론 없다. 국가가 그리스도인의 태도를 반드시 인정한다는 법도 없다. 역사는 그런 사실을 입증한다. 어찌됐든 간에

---

48) ▲이 본문에서 선에 관한 어떤 정보도 주어지지 않으므로 여기서 말하는 선은 일반적인 성서적 의미로 이해해야 할 듯하다.

여기서 우리는 아주 애매한 지점에 놓이게 된다.

일반적인 통념에 부합하는 탓에 아무런 증언도 없는데 사람들이 그리스도인이 실천하는 선을 인정한다면, 그것은 하나님이 뜻하는 선, 하나님을 위한 일이 아니다. 그것은 인간적인 관념과 뒤섞인 것이다. 사도 바울이 공권력의 집행자들에 대해 말할 때 암시하는 바가 이 사실일 가능성이 아주 높고 그럴 개연성조차도 높다. 공권력의 집행자들은 많은 부분에서[49] 하나님이 계시한 선이 그리스 로마 세계의 선에 대한 통념을 연상시키는 까닭에 그리스도인들의 행위를 승인하고 인정하게 된다. 또한, 사람들이 그들의 눈에 아주 놀랍고 충격적으로 보이는 어떤 행위에 직면하여 하나님의 선을 나타내고자 할 경우에도 아주 애매한 상황이 벌어진다. 왜냐하면, 하나님의 선이 거기에 담겨있다는 사실이 그 자체로는 아무에게도 전해질 수 없기 때문이다.

사람들은 어떤 행동을 보고 자신들 안에 "이것이 하나님의 선이다"라고 말할 만한 어떤 은밀한 지각이나 직관도 지니지 못한다. 사람들 스스로는 선한 일을 볼 수 있는 눈이 닫혀져 있다. 선한 것은 사람들에게 직접 와 닿을 수 없다. 도대체 어떻게 그 사실을 알겠냐마는 설사 사람들이 그 행위가 선하다는 것을 발견할 수 있다 해도, 그들은 거기서 하나님에 관한 증언을 직접적으로 받을 수 없다. 선에 대한 그들의 판단을 통해서 선의 출처가 그들에게 밝혀질 수는 없다. 정확히 바로 그런 이유에서 하나님의 말씀이 필수불가결한 것이다. 하나님의 말씀은 선한 일들을 밝혀주는 빛이다. 하나님의 말씀이 없이는 선은 그것을 바라보는 외부인에게는 알 수 없고 이해할 수 없는 것일 뿐이다. 선은 말씀으로 해명되어야 한다. 그 과정과 결과와 기원과 이유가 명확하게 얘기되어야 한다. 이처럼 나머지 두 개의 본문들은 선의 실천은 증언의 필수적인 일부분을 구성한다는 사실을 상기시킨다. 그

---

49) ▲살인하지 말라, 도둑질하지 말라, 간음하지 말라 등등.

러나 선의 실천은 정말 불충분한 것이다. 그것은 인간이 하나님의 계시로서 선을 곧바로 인식하게 되는 것을 고려하지 않는다.

성서적인 선, 즉 계시에서 말하는 선에 관해 우리가 이제까지 개진한 모든 내용은 도덕의 기원, 즉 선악을 결정할 수 있는 인간의 능력과 아주 커다란 대조를 이룬다. 하나님의 선은 인간의 도덕에 결코 통합될 수 없다. 뒤에 가서 살펴보겠지만, 어쩌면 하나님의 선은 결코 도덕의 대상이 될 수 없을 것이다. 도덕은 인간에게서 나온다. 도덕은 하나님의 선과 연관되지 않는다. 도덕은 타락의 질서와 필연성의 질서에 속하는 것이다.

3장 도덕과 타락의 질서

타락과 관계의 단절

우리는 관례적이고 실제적인 표현이기에 '타락'이라는 용어를 계속 쓴다. 그러나 우리는 이 용어가 거북하고 부정확한 뜻을 지니고 있음을 알고 있다.[50] 리쾨르의 비판은 의심의 여지없이 정확하다. 그러나 그 용어를 인

---

50) 타락의 심각성을 최소화하는 것은 현재의 개신교 신학에서 되풀이되고 있다. 어떻게 해서든지 언제나 인간은 자신의 고유한 존엄성을 회복하려고 하고 이 타락의 재앙 가운데서도 어떤 것은 온전히 남아 있기를 바란다. 인간은 하나님 앞에서 존엄성과 자유를 보전하고 싶어 한다. 인간은 죽을 수밖에 없는 존재가 되고 싶어 하지 않는다. 이런 왜곡된 성향은 모든 것이 하나님의 은총에 맡겨지는 것을 감내할 수 없는 인간의 교만에서 연유한다. 그러나 살아계신 하나님과의 단절을 통해서 인간이 무(無)로 던져져 생명에서 분리되어 반드시 죽는다는 사실에 대해서는 아무런 논의의 여지가 없다. 인간에 대한 하나님의 자유의 역사(役事)는 이제 인간은 죽게 될 것이라고 선포하는 것이 아니고, 죽을 수밖에 없는 인간을 살아있게 유지하는 것이다. 그렇지 않았다면, 예수 그리스도는 죽을 필요가 없었다. 인간이 죽을 수밖에 없는 존재임을 부정하는 것은 성육신과 부활의 사건을 부정하면서 다른 많은 가능성들이 있다는 것을 인정하여 예수 그리스도의 사역을 완전히 무의미한 것으로 축소하는 것이다.
타락의 심각성에 대해서 보자면, 브루너(Brunner)와 본회퍼(Bonhoeffer)조차도 각각 명령과 위임이 원래의 순수한 창조세계에 속하는 부분이 아니고 신적인 것을 내포하지 않는다고 인정한다. 명령과 위임은 단지 신앙에 의해서만 신적인 것으로 수용될 수 있다는 것이다.
이 창조계의 왜곡에 대해서는 프뤼너의 글을 보라.(Prunet, 앞의 책, p. 56 및 그 이하). 같은 책에서는 죄의 개념에 대한 차이가 정확하게 해명되어 있다(위의 책, p. 124). 사도 요한과 사도 바울에게서 죄의 개념은 스스로 의로워지려는 것(auto-justification)과 스스로 영생하려는 것(auto-vivification)으로 나타나는 인간의 근본적인 상태이다. 그 이후의 기

정하지 않더라도 거기서 적어도 인간과 하나님 간의 교제관계가 단절된 사실은 받아들여야 한다. 여기서 우리는 성서가 하나의 사건으로 기술한 이야기에 대한 수많은 해석학적 이론들에 관해 논의하고 있을 수 없다. 우리는 가장 전통적인 해석을 따를 것이다. 그 해석은 성서에 기술된 이야기와 가장 부합하는 것으로 보인다. 그리고 하나님과의 관계 단절이 삶과 존재 전부를 변화시켰다는 명약관화한 사실과도 부합하는 것으로 보인다. 하나님과의 교제관계가 존재와 삶과 선의 원천이므로, 관계의 단절은 모든 것을 변화시킨다. 만약 변화가 일부분에 그친다면, 하나님과의 관계는 부차적인 것이지 결정적인 것이 아닐 것이다.

우리는 그 사건의 중요성을 최소화하려고 하는 학자들과는 동의할 점이 하나도 없다. 여하튼 그 모든 이론들은 사실 인간에게 더 높은 가치를 부여하여 위대성과 선과 존엄성을 지니게 함으로써 결국 하나님에 대해서 자주성을 얻게 하려는 단 하나의 목적이 있을 뿐이다. 그 모든 이론들은 미묘하면서도 겉으로는 합당해 보이는 방법을 통해서 성서의 명료성을 왜곡시켜서, 현재의 인간 존재를 정당화한다. 그 이론들은 예수 그리스도의 은총을 떠나서 인간의 존재와 삶이 타당하다는 것을 전제로 한다. 거기서 가장 최근에 나온 이론은 창세기 기사는 신화적 가설이라는 그릇된 결론을 끌어내고 있다. 거기서 이전과 이후가 존재하고, 하나의 상황에서 다른 상황으로 이행하는 과정[51])이 있으며, 특정한 시간에 악이 임했다는 사실이 부인된다. 그래서 그 상황은 끊임없이 반복되는 것으로 얘기된다. 죄가 없는 상태에

독교에서 죄의 개념은 규범의 결핍, 도덕적 결함, 인간이 씻을 수 있는 허물, 상대적인 표면적 타락, 기생, 비난받을 태도, 비정상(예를 들어 아르미니우스주의에서의) 등으로 나타난다. 그 개념들은 현재의 개신교에서 다시 보이고, 심지어 정통주의 신학자들에게서도 나타난다.

51) ▲나는 죄 없는 상태에서 죄 있는 상태로 이행하는 과정이라는 리쾨르의 말을 거부한다. 왜냐하면, 성서가 말하는 것은 그게 아니기 때문이다. 그런 말은 인간중심적이고 본질론적이지만, 교제관계에서 관계의 단절로 이행하는 과정이라는 것은 확실하다.

죄가 있는 상태가 이어지는 것이 아니라 두 상태가 동시에 겹쳐지듯 일어나고, 한 순간에 내가 창조되고 한 순간에 나는 타락하는 것이다. 이전의 상태가 있고 이후의 상태가 있지 않고 두 상태가 동시에 존재한다. 그것은 인간이 근본적으로 타락하고 악한 존재가 아니라는 말이다. 그 반대로 인간은 본성적으로는 선하며, 죄 없는 순수한 상태가 원래 상태이고 죄악은 우발적인 것일 뿐이다.

그런데 그 치밀한 논리에도 불구하고 풀리지 않는 문제들이 남아있다. 성서적인 일관성을 떠나서, 그들은 이 문제들을 아주 교묘하게 분리시켜서 최소화하고 '오점', '허무', '죄의식', '신화' 등등으로 분산시켜버린다. 여기서 그 몇 가지 예들을 들어보려고 한다.

첫째, 우리가 아는 세상은 하나님이 원했던 창조세계와 같은가? 리쾨르는 인간의 타락은 존재하지 않는다고 말한다. 그러나 성서는 우리에게 무생물과 생물을 포함한 창조세계의 총체적인 타락을 얘기한다. 그런데 이 세계가 하나님이 창조한 세계가 아니라면, 분명히 이전의 상태와 이후의 상태가 따로 존재해야 한다.

둘째, 리쾨르는 인간이 스스로 악을 유입했다고 말한다. 그래서 원죄는 존재하지 않는다. 그러나 처음부터 인간은 "악이 이미 존재하고 자리 잡고 있는 것"을 보았다고 한다. 나는 이런 논의를 더 펼칠 수 없다. 사유의 변증법은 많은 걸 허용하지만, 한계는 있다. 우리는 여기서 지적으로 불가능한 것에 직면하고 있는 것 같다.

셋째, "매 순간 내가 창조되고 매 순간 내가 타락한다"는 말은 창조가 계속된다는 문제를 전제로 한다. 그렇다면 한편으로 이런 질문을 하지 않을 수 없다. 왜 반드시 내가 타락해야 하는가? 진정으로 인간이 죄가 있는 상태로 이행하는 과정이 존재하지 않는다면, 인간이 죄인이 될 수 없고 한 순간에 타락하는 일이 일어날 수 없다고 믿을 수밖에 없지 않은가?

넷째, 리쾨르의 이론 전체는, 인간의 타락과 죄악의 심각성을 최소화하는 모든 이론들과 같이, 예수 그리스도의 사역을 최소화한다. 인간이 매 순간 창조되고 타락한다면, 예수 그리스도는 그 순간에 타락하지 않은 한 사람의 인간에 지나지 않는다.

그러나 반대로 예수 그리스도가 성서가 말하는 바로 그 존재라면, 신중해야 한다. 만약에 타락과 죄악이 전적으로 심각한 상태가 아니었다면, 하나님이 아들을 희생하고 자신을 비우기까지 하는 그런 전대미문의 역사를 할 필요가 있었다고 믿을 수 있겠는가? 구원의 사역이 그렇게 엄청난 것이었다면 타락 속에서 관계의 단절이 근본적으로 일어나야 했고, 모든 것이 다시 회복되기 위해서는 모든 것이 파괴되어야 했고 은총으로 모든 것이 구원되기 위해서는 모든 것이 상실되어야 했다.

그러므로 선행적으로 죄 없는 이전의 순수한 상태는 존재할 수 없다. 왜냐하면, 이 죄 없는 순수한 상태는 하나님의 역사가 있어야 할 필요성을 없게 하는 것이기 때문이다.

도덕의 기원과 죄

성서는 우리에게 도덕의 기원은 불순종에 기인한다는 사실을 명백하게 전한다. 도덕은 이제 타락의 질서의 일부분을 구성한다.[52] 이것은 정확히

---

52) 칼 바르트가 분명히 밝히듯이, 이 관계단절의 질서 속에서, 하나님의 율법이 인간에게 알려질 때 그 율법은 탐욕의 기회가 될 뿐이다. 하나님의 계명은 죄에 의해 변화된다. 율법은 인간에게 선을 진정으로 알게 되는 출발점이 아니고, "하나님과 같이 되어 스스로 정결하게 되고 의롭게 되고 거룩하게 되도록"(K. Barth, *Dogm. II*, 2, 2, p. 83) 부추기는 역할을 한다. 타락의 세계에서 율법은 진정한 도덕의 원천이 아니고, 그 반대가 된다. 그래서 예수는 바리새인들을 향해 가장 가혹한 비판을 한 것이다. "윤리가 존재한다면, 그것은 타락의 연장선상에서 나온 것이다."(K. Barth, 위의 책, p. 9) 니버가 인간본성적인 윤리의 자율성을 강조하고 윤리 연구는 인간적인 일이라고 단언한 것은 옳은 말이다(R. Niebuhr, *The Nature and Destiny of Man*). 그런데 그것이 니버의 눈에는 긍정적인 요소로 나타나는 걸 보면, 그가 선악의 지식을 통해서 아담이 자율적이 되었다는 사실만을 본 것

무엇을 뜻하는가? 이것은 분명 질서와 관계된 것이다. 이것은 아무 것도 아닌 무無가 아니고 사리나 이치에 어긋난 것이 아니다. 이것은, 상대적으로 삶을 유지하고 역시 상대적으로 창조세계를 유지하는 데 필요한 것들을 포함하는, 질서와 체계와 안정성을 가진 것이다. 도덕은 이러한 것들의 일부분이다. 그러므로 도덕은 유용하다. 우리는 뒤에 가서 이 주제를 다시 살펴볼 것이다. 그러나 이것은 타락의 질서이다. 다시 말해 이것은 사단이 왕이고 죄악이 인간의 마음에 전적으로 군림하는 세상에서 하나님과 관계가 단절된 데서 나오는 질서인 것이다. 도덕은 그와 다른 실체나 질서나 본질을 지닐 수 없다. 죄의 질서는 없는데 기적적으로 보존된 도덕이 죄를 심판하여 죄를 고발하고 죄와 투쟁한다는 것이 말이 되는가.

사실 도덕은 죄의 질서 속에 있다. 도덕은 죄인인 인간에 관한 지식에서 나온다. 도덕은 이 세상을 구성하는 일부분이다. 도덕은 이 죄의 세상의 일부분으로서 그 내부에 속한다. 따라서 도덕은 분쟁의 조정자로서 분쟁을 뛰어넘어 죄를 심판하는 재판관이 아니다. 인간이 수립하거나 양심적으로 느끼거나 행동으로 따르는 도덕은 결국 하나님의 뜻을 반영하는 것이라고 믿는 것은 인간이 타락으로 다 상실한 것이 아니고 에덴동산에서 가진 것이 조금이라도 인간에게 남아있다고 믿는 것이다. 여기서 '하나님의 형상'이라는 문제를 다시 논하려는 것이 아니다. 그것이 인간에게 다소간 남아있는 것인지, 실재하지만 깨어지거나 흐려진 것인지 우리는 판단하지 않을뿐더러 '하나님의 형상'이 무엇인지조차도 논하지 않을 것이다. 왜냐하면, 우리가 우리의 문제를 풀기 위해서 그 문제를 풀 필요가 없기 때문이다. '하나님의 형상'에서 남아있는 것이 무엇이든지 간에, 그것이 도덕적인 감정은 아니라는 걸 지적하는 것으로 충분하다. 실제로 유혹과 타락의 계기와 원

같다. "선악을 알고 싶어 한다는 사실이 정확히 인간을 하나님과 분리시킨 원죄를 구성한다. 그것은 인간이 부인하려고 하는 것을 확실하게 할 뿐이다."(K. Barth, 앞의 책, p. 139)

인은 선악을 분간하려는 욕구와 하나님과 같이 되려는 탐욕이었다. 인간이 그것을 저지할 수 없었다는 것은 확실하다. 인간이 '하나님의 형상' 을 다 간직할 수 있었을지 모르지만, 불순종의 기점이자 핵심이었던 것53)은 확실히 보존할 수 없었을 것이다. 그렇지 않았다면 결국 하나님에 대한 인간의 승리로 끝났을 것이다.

인간은 진정한 종교적 감정도 가질 수 없고 하나님을 직접 알 수도 없고, 때 순결한 도덕적 양심을 지닐 수 없다. 그 모든 것은 불순종과 자주성에서 나오는 선이다.54) 그러므로 우리는 여기서 하나님의 형상으로 구성된 것은 무엇이었는지, 또 현재 하나님의 형상을 구성할 수 있는 것은 무엇인지 구할 필요가 없다. 다만 우리의 주제를 따라 하나님의 형상이 도덕적 양심으로 구성될 수는 없다는 점을 분명히 할 필요가 있다. 따라서 인간이 도덕적 양심이라고 부르는 것은 하나님을 반영하는 실체도 아니고 원래의 전체적

---

53) 이 말은 우리가 성서의 구절을 "하나님의 형상을 따라"가 아니라 "인간이 하나님의 형상 안에서 창조되었다"라는 해석을 받아들인다면 훨씬 더 적절한 것이 된다. 크레스피가 아주 정확하게 지적했듯이, 전통적인 해석은 창조된 인간의 본성에 그런 특성이 존재하는 것을 의미한다((G. Crespy, *Le problème d'une anthropologie théologique*). 그런데 이와 반대로, 히브리어 원문은 하나님의 형상 안에서 창조되었다는 뜻을 가진다. 다시 말해서 이는 하나의 약속이고 인간의 운명과 미래가 정해진 것을 의미한다. 그것은 인간 존재의 목적이고 하나님이 인간에 부여한 소명의 목적이다. 그런데 인간이 스스로 선악에 관한 지식을 확보하려고 하는 순간부터 그와 같이 된다면, 인간은 스스로 자신의 운명을 확보하려고 하는 것이다. 그것은 실제로 성서가 우리에게 그와 같은 인간의 의도에 관해서 계속 기술하고 있는 것이다. 하나님은 직접 강제적으로 그런 인간의 의도를 가로막지 않는다. 따라서 선악과에 손을 대는 순간부터 아담은 더 이상 하나님의 형상 안에 있지 못한다고 말할 수 있다. 언약이 계속되는 것은 이제 오직 홀로 하나님의 형상 안에 있는 예수 그리스도 안에서이다. 그러므로 예수가 구주라는 사실을 배제한 채로는 더 이상 우리와 상관없는 하나님의 형상의 개념과 연관된 인간의 현재 상황에 대해서 어떤 결론도 아직 내릴 수 없다.

54) 현대 사회가 정치와 예술과 도덕의 자율성에 도달하게 되고, 오로지 현대인만이 기독교적인 모든 것으로부터 독립된 법들을 발견했다고 평가한 것은 본회퍼의 분명한 오류이다. 사실 적어도 도덕에 관해서는, 처음부터 모든 문명들 속에 도덕의 명백한 자율성을 향한 경향은 항구적으로 존재해왔고 또 성서에 기록된 상황에도 들어맞는다는 사실을 상기할 필요가 있다. 다만 기독교의 종교적 관념에 의해 잠시 동안 인위적으로 감춰졌던 전통적인 상황을 현대에 와서 사람들이 다시 발견하게 된 것만은 정확한 사실이다.

인 형상에서 남아있는 일부분도 아니다. 반대로 그것은 죄의 세상에 속한다는 사실을 나타내는 하나의 보충적인 표지이고, 과거의 에덴동산을 기억하는 것이 아니라 지금 이 세상을 살아가는 하나의 존재양식이다. 뒤에 가서 살펴보겠지만, 인간이 선이라고 상정하고 죄악이라고 정죄하는 것은 의심의 여지없이 의미와 가치를 띤 것이다. 그러나 그것은 하나님 앞에서 전혀 생명과 구원의 가치가 없는 것이다.

인간이 말하는 선은 불순종과 죄 안에 내포된 선에 지나지 않는다. 따라서 이 선은 하나님의 선도 하나님을 위한 선도 아니다. 어떤 의미에서는 인간이 말하는 이 선은 인간이 말하는 죄악만큼이나 하나님에게서 먼 것이라고 말할 수 있다. 왜냐하면, 스스로 하나님과 같이 되려고 한 인간이 이 선을 규정했기 때문이다. 그렇게 함으로써 인간은 아담의 행위를 정확히 재현한다. 인간은 선을 알기 원한다. 즉 선을 결정하기를 원한다. 왜냐하면, 인간은 하나님 안에 있는 진정한 선을 알 수 없기 때문이다. 사실 복음서는 인간의 모든 도덕적인 행위를 부정한다. 성서 어디에서도 예수 그리스도는 도덕적인 인간을 인정하지 않는다. 그리스도 안에서 하나님의 선물은 인간 생명의 구원이고 회복이며 갱생의 삶이다. 그것은 과거의 선을 계승하는 것도 아니고 선에 관한 인간본성적인 지식을 완성하는 것도 아니다.

그리스도인들의 상황이 낯선 곳의 여행자나 유배자로 흔히 묘사되는 것은 실제로 그들을 이 세상과 연결시켜주는 것은 아무 것도 없기 때문이다. 도덕이 규정하는 선을 포함해서 세상의 모든 것이 그들에게는 낯선 것이다. 그리스도인들의 삶은 그 어느 것도 사람들이 선이라고 부르는 것에 부합하지 않는다. 그리스도인의 삶을 특징짓는 것은 선이 아니라 구원이다. 중요한 것은 행위의 선이 아니라 하나님으로부터 받는 선이다. 복음서는 어떤 도덕적인 상급도 제시하지 않고, 다만 은총의 계시를 개진한다. 선에 관한 규범적인 윤리는 없고, 윤리와는 완전히 상반된 은총의 윤리가 있다.55) 그러므로 복음서는 세상의 도덕을 인정하는 대신에 부정하고 반대한다. 인간이 선으로 규정한 것에 대해서나 악이라고 판단한 것에 대해서나 그 입장은 동일하다. 따라서 예수 그리스도 안에서의 계시에 의해서, 은총과 인간의 도덕 사이에 대립적인 긴장상태가 형성된다. 그러므로 선을 규정하는 도덕은 인간 세상과 하나님의 나라 사이에 놓인 다리가 될 수 없다.

플라톤이 초인적인 이상으로 삼을 수 있었던 선과 미덕은 인간에게서 나온 것이고 인간 안에 있는 것이다. 인간이 선이라고 부르는 것을 성취함으로써 인간이 하나님에게 가까이 갈 수 없다. 인간으로 하여금 하나님에게 가까이 나아갈 수 있게 하는 것은 아무 것도 없다. 아담은 쫓겨나서 에덴동산을 떠나고, 동산 앞에는 불칼을 든 천사들이 들어가지 못하도록 지키고 있다는 사실을 상기하자. 에덴동산을 찾는 것은 성배를 찾는 것보다 더 불가능한 일이다. 성배는 아직 이 땅위에 있었다. 그러나 아담과 에덴을 분리시키는 절대적인 공간을 뛰어넘게 할 수 있는 길은 전혀 없다. 동산을 지키는 천사들의 분노를 누그러뜨릴 수 있는 길은 결코 없다. "기억하라. 하나님은 하늘에 계시고 너는 땅위에 있다." 이 말보다 더 무자비한 말은 없다. 네가 행하는 선은 아무리 이상적이라 할지라도 이 땅의 선에 불과할 뿐이다. 그것은 하나님이 요구하는 것, 하나님이 선이라 부르는 것과는 공통점이 하나도 없다. 물론 하나님의 선은 존재하지만 네 능력 바깥에 있다.

하나님이 요구하는 것은 거룩함이다. 미덕과 선행과 고귀한 감정과 올바

---

55) "은총이 인간을 성화하고 하나님을 향하게 하고 하나님의 질서 하에 둔다는 의미에서 도덕적인 문제의 해답은 바로 은총 자체이다. 인간이 자신에 대해 하나님이 예정한 것을 스스로 결정하게 함으로써, 은총은 인간으로 하여금 하나님의 계명에 복종하도록 인도한다."(K. Barth, 앞의 책, p. 8.)
그런 의미에서 우리는 객관적으로 평가된 사회적 삶은 탈도덕적이라는 니버의 주장에 기꺼이 동의한다(R. Niebuhr, *Moral Man and Immoral Society*). 그는 기독교 윤리에서는 사회적 도덕이란 존재하지 않고 인간만이 도덕의 주제가 될 수 있다고 한다. 그러나 우리는 니버의 이 주장이 인간사회에는 도덕이 전혀 존재하지 않고 관습과 전통은 도덕을 벗어난 것이라는 의미를 내포한다면, 거기에는 동의할 수 없다.

른 의도 등을 다 쌓아놓아도 거룩함이 될 수 없다. 거룩함과 도덕적인 순수성을 뒤섞는 경향이 있는 로마 가톨릭 교회조차도 둘을 완전히 뒤섞어놓지는 않는다. 거룩함은 또 다른 질서에 속하고, 바르고 순수한 행위들의 연속이 아니다. 그런 행위들이 반드시 거룩함을 나타내지는 않는다. 인간이 행할 수 있는 모든 선은 인간에 속한 선으로서 결코 하나님의 거룩함이 되지 못한다. 그런데 하나님이 인간에게 바라는 것은 바로 하나님의 거룩함이다. 인간에게 속한 선과 하나님의 거룩함 사이에는 넘을 수 없는 심연이 존재한다. 인간이 창안한 가치는, 수없이 많다 하더라도, 하나님의 거룩함에 비길 수 없다. 하나님의 거룩함은 도덕을 절대적인 수준으로 승화시킨 것도 아니고 도덕적인 완전함도 아니며, 하나님의 삶 그 자체인 것이다.

이 사실은 선에 대한 논의를 통해서 기독교를 인정할 증거나 혹은 정죄할 근거를 찾는 사람들의 주장을 무력화시킨다. 구체적으로 말해서, 그들의 주장은 "그리스도인들은 남들보다 더 많은 선행을 한다"라는 것이나 반대로 "기독교가 대체 무슨 소용인가? 그리스도인이 되어야 선행을 한다는 법은 없다."라는 것이다. 실제로 사람들이 규정한 선을 기준으로 그리스도인의 삶을 평가하다 보면 실망할 수밖에 없다. 우리는 사람들이 가진 선에 대한 개념이 아주 다양한 것을 알 수 있다. 선의 가치를 보편적인 것으로 인정하는 개념은 기독교에 반대하는 서구인들이 내세우는 것으로서 왜곡되고 세속화된 기독교에서 나온 개념이다. 이런 개념의 선을 통해서는 결코 천국의 낙원에 슬쩍이라도 들어갈 수 없다. 하나님에게로 인간을 높이 들어 올리는 다리는 존재하지 않는다. 영광과 은총의 하나님은 우리 가운데 내려와 이 땅위에 강림하여, 그 심연을 뛰어넘었다. 하나님이 우리의 도덕의 영역에 들어오는 것을 스스로 받아들였고 그 판결에 순복했던 그 자리가, 그래서 하나님에 대한 우리의 정죄가 곧 우리의 도덕과 우리의 정의에 대한 심판이 되었던 그 자리가, 바로 우리가 하나님을 만나는 곳이다.

도덕과 인간 본성

인간은 날 때부터 도덕을 가지는가? 자연 도덕은 존재하는가?[56] 먼저 잘못된 오해를 불식시키자. 자연 도덕이 존재하는 것은 자명한 사실이다. 모든 문제는 이 자연 도덕을 하나님 앞에서의 정의로운 도덕으로 여기거나, 인간 본성nature을 하나님의 뜻의 표출이나 또는 에덴동산과의 연계 고리로 보려는 사람들이 존재한다는 사실에 기인한다. 성서에서 인간 본성이라는 말은 대개 중립적인 의미로 사용된다는 점을 주목하자. 남자와 여자 사이에는 자연적인 관계의 질서가 있다. 그것은 생물학적으로 야기된 질서이다. 마찬가지로 여자가 머리를 길게 하는 것은 인간 본성에 부합하는 것이다. 그것도 또한, 생물학적인 요인에 따른 것이다. 그런 다양한 텍스트들을 통해서는 아무 것도 얻을 수 없다.

성서가 도덕적 영적 평가를 담은 의미로서 인간 본성을 거론할 때, 성서에 나타난 성령의 뜻은 인간 본성에 대해 전혀 고무적이지 않다는 점을 인정하지 않을 수 없다. 성서 어디서도 인간 본성이 선에 부합한다거나 선행을 낳을 수 있다는 말은 없다. 사실은 그것과 정반대이다. 모든 인간은 본성적으로 '진노의 자식들' 엡2:3로서 인간 본성에 따르면 우리는 하나님의 벌과 진노를 받을 수밖에 없는 운명이다. 인간 본성과 은총은 대립한다. 이에 대해 신학적으로 논의하려는 의도는 전혀 없다. 우리의 논의는 윤리라는 문제에 꼭 필요한 것으로 엄격히 한정한다.

로마서 11장 24절에서 사도 바울은 인간 본성은 은총을 받을 만한 가치가 결코 없다는 사실을 상기시킨다. 본성이 우리로 하여금 소위 말하는 선한 일을 하게 한다 할지라도, 그것은 하나님의 은총을 받는 데는 아무 소용도

---

56) 이 자연 도덕은 바로 인간본성에 근거하는 까닭에 확실히 취약하다(R. Niebuhr, *An Interpretation of Christian Ethics*, p. 50). 보스의 연구는 자연 도덕의 보편성이나 확실성을 확립시키지 못했던 것 같다(H. de Vos, 앞의 논문, p. 347). 특히 그의 연구에서 납득할 수 없는 점은 자연 도덕과 기독교 도덕의 관계에 관한 것이다.

되지 않는다. 인간이 본성적인 자연인으로 남아 있는 한, 우리는 확실하게 인간은 하나님의 영을 받아들일 수 없다는 사실을 안다.고전2:14 그것은 또한, 베드로가 신앙고백을 할 때 예수가 그에게 한 말씀이기도 하다. 베드로는 인간 본성에 관해 "그들은 본래 잡혀서 죽을 목적으로 태어난 지각없는 짐승들과 같다"[57]라는 구절을 통해서 아주 훌륭하게 밝혀주고 있다. 우리는 그와 같은 구절들을 수없이 나열할 수 있다. 그러나 여기서는 다만 성서적 관점에서 볼 때 어떤 것을 본성적이라는 이유로 선한 것이라고 할 수 없다는 사실을 이해하는 것이 중요하다.

그것은 행동이 인간 본성에 부합하는 순간부터 그 행동은 정당한 것이라는 현대의 사고방식에 정면으로 어긋나는 것이다. 성서는 본성은 하나님이 정한 선과 아무 상관이 없다는 사실을 우리에게 밝혀준다. 어떤 도덕이 본성적이라는 사실은 그 도덕이 선을 올바르게 규정하고 확실하게 안내한다는 데 대한 어떤 보장도 될 수 없다. 사실은 정반대이다. 성서적 관점에서 본성적인 자연 도덕은 사실 우리가 말하는 타락의 도덕과 동일한 것이다. 자연 도덕은 '에덴의 동쪽'과 관련된 경이로운 지식에 의해 '타락 이전의' 선과 악을 규정하지 않는다. 자연 도덕은 타락과 불순종 속에 있는 선과 악을 규정한다. 따라서 자연 도덕은 하나님의 뜻과는 상관이 없는 것이다. 게다가 본성에 대해 거론한 성서 어디에서도 본성적인 자연 도덕을 암시하지 않고 있다는 점도 또한, 주목해야 한다. 그것은 결코 거론된 적 없는 논외의 문제로서, 신학자들과 철학자들이 지어낸 것이다.

그럼에도 불구하고 타고난 선에 관한 지식을 암시한다고 볼 수도 있는 유일한 성서 본문을 검토해 볼 필요가 있다. 가톨릭 신학과 개신교 자유주의 신학의 해석에 따르면 그 지식은 인간 본성에 속하는 것이다. 그 본문은 자

---

57) ▲벧후2:12. 이 서신서가 아마도 베드로의 것이 아닐 수 있겠지만, 그 사실은 여기서 하나도 중요하지 않다.

연 도덕과 도덕적 양심과 자연법에 관한 모든 이론들의 근거가 된다. 많은 이론들이 그 유일한 성서 본문을 근거로 삼으면서 거기에 부여하려던 의미는 그 본문 어디서도 확실하게 규명되지 않는다. 그 본문은 잘 알려진 로마서 2장 14-15절이다. "율법이 없는 이방인들이 본성으로 율법의 일을 행할 때에는 이들은 율법이 없어도 스스로 자기 자신에게 율법이 된다. 이런 사람들은 율법이 요구하는 일이 자신들의 마음에 새겨져 있음을 보여주고, 이들의 양심도 이 사실을 증언한다." 사람들은 이 본문을 단순하게 해석하여 이방인인 본성적인 인간이 본능적으로 자신의 본성을 따라 율법을 통해서 하나님이 계시한 계명대로 행할 수 있다고 본다. 거기에 따라 율법이 인간의 마음에 새겨져 있는 까닭에 이 계시가 필요 없고 인간은 자신의 양심에 귀를 기울이기만 하면 된다고 보는 것이다. 칼뱅 자신도 이 본문에 따라서 본성적인 인간이 얼마간의 정의의 제약과 얼마간의 선의 본성적인 빛과 판단력이 있어서 인간으로 하여금 잘잘못을 판별하고 정직함과 비열함을 분간할 수 있게 한다고 인정한다. 그러나 우리가 보기에 이 본문의 뜻이 그렇게 확실하고 명백하지는 않다. 내 생각으로는 이 본문이 그런 뜻으로 유일하다고 보는 것은 부당하다.

그러나 성서의 텍스트들의 일치가 정말 중요하다는 것은 분명히 할 필요가 있다. 하나의 텍스트는 다른 본문들 전체를 통해 해석되어야 하고, 신학적 역사적 맥락에서 택한 하나의 텍스트는 결정적인 비중을 가지지 않는다. 물론 다른 나머지 텍스트들과 맞추기 위해서 텍스트를 떼어놓거나 굴절시키는 것은 어림도 없는 일이다. 물론 성서 내에 모순이 있을 수 있고 상반된 흐름이 존재할 수 있다. 그러나 그런 모순이 동일한 저자에게서 발견된다는 것은 아주 의심스럽고 동일한 책에서 발견된다는 것은 거의 불가능한 일이다. 그런데 우리는 로마서 1장 18-32절에서 사도 바울이 먼저 이방인들은 전적으로 타락한 사람들이라고 천명하고 있다는 걸 발견한다. 인간은 마음의 정욕대로 살도록 내버려졌다. 아무도 예외가 없다. 그러고 나서 말씀이 이어진다. 로마서 3장 9절에 따르면 모든 사람들이 죄 아래에 있다. 계속해서 19절에 따르면 모든 세상 사람은 하나님 앞에서 심판받을 죄가 있다.

우리가 논의하는 로마서 2장 14-15절은 바로 이런 맥락에 위치해 있다. 그와 같은 모순이 있을 수 있을까. 2장에서 이방인들은 본능적으로 하나님의 뜻을 행한다고 하고서, 1장과 3장에서는 그들에게 그렇게 행할 능력이 없다는 것이다. 그것은 정말 용납하기 어렵다. 먼저 '이방인'이라는 말을 가장 자연스럽게 떠오르는 의미로 받아들이면서 이 구절을 고찰해보자. 그러면 우리는 그 구절이 모든 인간의 마음에 본성적으로 율법이 새겨져 있다는 말은 아니라는 사실을 알 수 있다.

한편으로 보면, 새겨진 것은 인간이 행한 율법의 일이지, 하나님의 뜻이 아니다. 그것은 하나의 일이고 하나의 결과이다. 율법 자체에 관한 본성적 지식은 존재하지 않고, 율법이 요구하는 일을 실행하는 것만이 있다. 아주 다양한 동기에 따라 행해진 그 일의 실행은 다만 하나님이 계시한 뜻과 인간의 행위가 우연히 일치한 것을 나타낼 뿐이다. 인간은 그 일을 실행함으로써 하나님의 뜻을 실천한다는 걸 전혀 모를 수 있다. 그러나 사람들이 그 일을 실행한 것은 자신들이 스스로에게 율법이 된다는 사실을 보여준다. 사도 바울의 말은 아주 분명하다. 사람들은 마음에 하나님의 율법을 가지고 있는 것이 아니고 자신들이 스스로에게 율법이 된다는 것이다. 간단히 말해서 그들이 행한 일은 그들 자신이 율법이 되게 한다. 그것은 모든 인간의 마음에 하나님이 본성적인 도덕을 새겼다는 것과 아무 상관이 없다.

그와 반대로 그것은 몇 가지 비유를 떠오르게 한다. 하나는 마태복음 21장 28절 이하에 나오는 비유로서 한 사람에게 두 아들이 있었는데 한 아들이 처음에는 거부했다가 나중에는 아버지가 요구한 일을 행했다는 이야기를 들 수 있다. 또 하나는 보다 정확한 것으로 마태복음 25장 37절 이하에 나오는 비유로서 의로운 사람들이 계시든 본성이든 율법적인 것을 받음이 없이 자신들이 행한 것을 모르면서 율법의 일을 성취한 이야기가 있다. 사실 그와 같은 우연의 일치가 일어날 수 있다. 본성적인 것에서 어떤 때는 아주 사악한 것에 이르기까지 아주 다양한 동기에서 출발하여, 인간은 자신의 행위 가운데 하나님의 뜻에 맞는 일이나 하나님이 사랑으로 하나님의 일로 채택한 일을 성취할 수 있다.

다른 한편으로, 거기에 인간이 자신의 본성의 일부분으로서 하나님에게서 나온 율법을 자신의 마음에 간직하고 있다는 말은 없다. 다만 우발적으로 이방인이 하나님의 뜻을 실현하게 될 때 그는 자신의 마음에 율법의 일을 새긴다. 그러나 이 본문은 두 가지의 한계가 있다. 하나는 먼저 그것이 모든 사람들이 아니라, 단지 하나님의 뜻인 율법을 실행한 사람에게만 해당된다는 점이다. 따라서 모든 사람들이, 순종하든 아니든 간에, 그 마음에 율법의 일을 새긴다는 말은 할 수 없다. 다른 하나는 이 행위가 행해질 때 그 일이 인간의 마음에 새겨진다는 사실이 밝혀진 것이다. 인간이 그 마음에 율법을 지니고 있는 것[58]이 아니라, 인간이 하나님의 뜻을 실현하는 순간부터 인간이 율법의 일을 마음에 새긴다는 것이다. 이것은 "그들은 스스로 자기 자신에게 율법이 된다."는 말씀에 부합한다. 그러므로 하나님에게서 나온 본성적인 보편적 율법이 모든 인간의 본성적인 양심에 새겨져 있다는 말은 결코 성립되지 않는다.

끝으로 사도 바울이 언급하는 율법은 어떤 도덕적인 율법이라기보다 의롭게 하는 율법이라는 사실에 주목해야 한다. 우리가 논의하는 본문은 "율법을 행하는 자는 의롭다 함을 받을 것이다"라는 2장 13절의 뒤에 나오고 "하나님이 예수 그리스도를 통해서 사람들의 은밀한 행위들을 심판하실 것

---

58) ▲율법에 대한 인간의 순종을 암시하는 것.

이다"라는 2장 16절의 앞에 위치한다. 그런데 사도 바울이 전하는 모든 교훈은 도덕적인 행위와 율법의 실천이 우리를 구원할 수 없다는 사실이다. 우리는 예수 그리스도 안에 있는 은총에 의해 구원받는다. 중요한 것은 바로 그 구원이고 그렇게 의롭게 되는 것이다. 모든 인간의 마음과 본성 안에 처음부터 회개함과 은총이 없이 의롭게 하는 율법이 새겨져 있다는 것을 우리가 어떻게 믿을 수 있겠는가?

이는 우리로 하여금 『로마서 강해Der Roömerbrief』에서 칼 바르트가 이 구절에 대해 아주 탁월하게 해석한 내용을 참조하게 한다. 여기서 문제가 되는 이방인들은 바르트에 따르면 '이방인 그리스도인들'이다. 사도 바울은 간혹 이방인 그리스도인들을 유대인들과 구분하여 이방인들이라는 단어로 간략하게 지칭하곤 했다.[59] 그러면 '마음'과 본성이라는 개념이 해명된다. 율법의 일이 새겨진 마음은 바로 변화된 마음으로 돌 같은 마음이 살아있는 마음이 된 것이다. 그 마음은 예레미야서 31장 33절과 에스겔서 11장 19절에 예언된 언약에 따라 하나님이 하나님의 뜻을 새겨놓은 마음이다. 그 마음은 더 이상 본성적인 마음이 아니고, 은총으로 죄의 뿌리가 뽑혀지고 예수 그리스도 안에 있는 생명이 심겨진 마음이다. 하나님의 뜻을 실현하는 이방인들의 본성은 육신의 본성이 아닌 새로운 본성이다. 그것은 죽음을 향해 가는 육신이 아니라 생명을 향해가는 새로운 사람이고, 선택받은 참 감람나무에 접붙여진 돌감람나무의 본성이다. 그러므로 거기에 본성적인 도덕이란 존재하지 않는다. 기독교로 개종한 이방인은 유대교의 율법을 배우거나 할례를 받을 필요가 없다.

로마서 2장 15절과 25절에서 사도 바울이 설정한 율법과 할례의 병행관계는 이 점을 아주 잘 설명해준다. 이 이방인들이 마음에 할례를 받았기 때문에 예수 그리스도 안에서 구원받기 위해 따로 할례를 받을 필요가 없는

---

59) ▲예를 들자면, 로마서 11장 13절, 15장 9절.

것과 같이, 그들의 마음에 예수 그리스도에 대한 신앙으로 율법의 일이 새겨져 있기 때문에 그들은 모세의 율법을 따로 배울 필요가 없다. 그들은 자기 자신들에게 율법이 된 것이다. 하나님은 그들에게 하나님의 성령을 주어서, 하나님의 뜻을 아는 새로운 마음을 지니게 했다. 그들은 하나님의 뜻을 따라 살 수 있게 된 것이다. 이것은 유대인들과 그리스도인들의 관계에 대한 로마서의 일반적인 주제 가운데 나타난다. 유대인들은 명백히 지적으로 율법을 알고 있지만 은총에는 저항한다. 그들은 율법의 일을 행하지 않고, 하나님의 뜻에 순종하지 않는다. 기독교로 개종한 이방인들은 율법에 대해서는 별로 아는 바가 없고 배우지도 않았지만, 율법의 일을 실천한다. 왜냐하면, 예수 그리스도가 이방인들에게 성령을 보냈기 때문이다.

이 구절들에 대한 이러한 심층적인 이해는 우리에게는 아주 설득력이 있다. 왜냐하면, 그것이 사도 바울의 사상의 전반적인 방향과 같고 로마서 1장에서 3장의 맥락에 정확히 들어맞기 때문이다. 우리는 이 점에 대해 유보하는 주장들이 있다는 사실을 알고 있다. 그러나 이런 해석을 받아들이지 않고 사도 바울의 말은 단순히 이방인을 지칭한 것으로 보려고 하는 사람이라 할지라도 거기에 본성적인 도덕이 시사되어 있다고 믿지는 않는다. 우리 주장의 첫 부분은 여전히 유효하다. 따라서 이방인이라는 단어의 의미를 어떻게 채택하든 간에, 선을 분간하고 실행하는 인간의 본성적인 능력과 본성적인 선악의 지식이라는 의미로 수립된 자연 도덕의 개념은 동일한 것이 된다.

자연 도덕과 인간의 철학

신학적으로 자연 도덕의 구성은 하나의 철학에 기초를 둔다. 그것은 세상에 속한 것들과 신학적 요소들을 일치시키고자 하는 의지이다. 이는 여러 가지 심각한 오류를 초래하거나 전제한다. 첫 번째 오류는 자연 도덕이 표명하는 모든 문구에서 예수 그리스도는 도외시된다는 점이다. 자연 도덕의 체계 가운데서 예수 그리스도 안에서 성취된 하나님의 역사가 개입될 수 있는 것은 찾아볼 수 없다. 성육신이나 죽음이나 부활은 자연 도덕과는 아무 관계가 없다. 그러므로 예수 그리스도가 없는 기독교가 등장하게 되는 것이다. 자신의 선한 행위에 의해서 본성적으로 죄를 상쇄시킬 수 있고, 타락은 다만 연약함에 불과한 것이라면, 인간은 예수 그리스도를 필요로 하지 않는다. 부처나 소크라테스나 니체도 인간 본성에 맞게 인간을 도덕적으로 종교적으로 훌륭하게 고양시킬 수 있게 된다. 이는 두 번째 오류를 불러온다.

두 번째 오류는 칭의의 교리가 무력화된다는 점이다. 이 칭의의 교리는 인간이 본성적으로 의를 알고 있고 더더욱 의를 실현할 수 있다는 모든 주장을 무너뜨리는 것이다. 오직 하나님만이 의롭고, 하나님이 인간을 의롭게 함으로써 인간에게 의로움을 부여하고, 하나님이 인간에게 계시를 통해서 의의 역사를 인간에 알게 한다는 말은, 인간이 의에 관해서 알지 못하고 인간의 본성에는 의가 하나도 없다는 걸 뜻한다. 여기서 자연 도덕론은, 끊임없이 나타나는 이단적인 양상을 띠면서, 본성의 가치를 고양시켜서 은총과 본성을 일치시키려고 한다.[60]

세 번째 오류는 방법의 오류이다. 그것은 신학적인 내용을 철학적인 것으로 바꾼 것으로, 사랑과 은총으로 생명을 살리는 사건을 이론체계의 구성과 설명의 원리로 변환시킨 것이다. 그것은 인간의 만족을 위해 계시를 이용하는 것이다. 인간은 계시를 자신의 체계 안으로 집어넣기 위해서 계시를 고정시키고 확정한다. 그래서 계시의 모든 가치를 제거해 버린다.

---

60) "자연법의 항구성은 인간 본성의 통일성에 기인한다. 또한, 그 상대적 가변성도 인간 본성의 상대적인 다양성에 기인한다."(A. G. Sertillanges, *Philosophie morale de saint Thomas d'Aquin*, p. 113.)

끝으로 거론해야 할 문제가 하나 있다. 자연 도덕의 이론가들은 인간 본성의 존재를 믿는다. 그들은 "인간의 필수불가결한 본성"을 계속 언급한다. 그러나 그 '본성'을 어디서 끌어내고 누가 알려주는가?[61] 그것이 아리스토텔레스와 스토아학파의 철학과 함께 자연법 개념의 기원이 되는 철학적 개념과 관계되는 것이라면, 실존주의와 현상학과 같은 현대철학은 그 개념을 폐기했다는 사실을 인정해야 한다. 그러면 문제를 재검토해볼 필요가 생길 수 있다. 그것이 심리학, 역사, 사회학 등과 같은 과학에서 따온 개념이라면, 그 점에도 또한, 커다란 주의를 기울여야 한다. 왜냐하면, 이 과학적 학문들은 반세기 전에 그런 인간 본성의 존재를 긍정했지만 오늘날은 부정하고 있기 때문이다. 현대 심리학은, 현대의 역사학과 함께, 인간의 계속적이고 안정적인 '본성'이라는 관념을 더 이상 인정하지 않는다. 우리는 성서에서 인간 본성의 개념을 발견하는 문제를 이미 다 검토해 보았다. 더욱이 성서 기자들의 관점에서 우리는 여기서 성서가 결정적인 잣대임을 고수할 것이다. 이는 다른 분야에서도 역시 그 점을 받아들여야 한다는 걸 뜻한다. 그러므로 도덕에 관련되는 분야에서도 마찬가지다. 그런데 성서는 우리에게 자연 도덕에 관해 아무 것도 말하지 않는다. 따라서 성서에 기초해서 인간 본성이라는 개념을 세운다면, 우리는 분명코 자연 도덕의 존재를 이끌어낼 수 없다.

여하간 자연 도덕론을 세우고자 하는 의지가 인간의 가치를 높이고 예수 그리스도의 사역을 약화시키려는 의도에 부합한다는 것은 확실하다고 할 수 있다. 계시의 긴밀한 내용과 자연 도덕 간에는 근본적인 모순이 존재한

---

61) 미묘한 뉘앙스를 띠면서도, 헤링은 이에 동조한다. 그는 말한다. "본성적인 도덕적 율법의 기본적인 원리들은 이성을 가진 모든 보통 사람이라면 다 확실하게 알 수 있는 것이다. 왜냐하면, 그것들은 그 자체로 자명한 것이기 때문이다."(B. Häring, *La loi du Christ I*, p. 374.) 여기서 중요시되는 것은 원리들로서, 예수 그리스도를 통한 하나님의 역사를 계시하는 성령의 활동과는 아무 관계가 없이 이성적으로 알 수 있는 질서들이다.

다. 교회 입장에서 자연 도덕은 언제나 세상에 순응하려는 하나의 방식이 된다.

도덕적 양심

그래도 도덕적 양심[62]은 존재하는가?[63] 사실 신약에서는 가끔, 주로 사도 바울에 의해, 양심[64]이 언급된다. 이 단어의 의미를 다시 새겨보아야 할 필요가 있다. 이 말에 해당하는 그리스어 'syneidesis'는 '사고와 행위에 관한 의식'을 뜻하는 것으로서 사람들이 의식하고 있다는 사실을 가리키는 것이다.[65] 사도 바울은 이 단어가 나오는 대부분의 본문들에서 아주 분명하게 다음과 같이 이 단어를 쓰고 있다. "내 양심이 이것을 증언한다."롬9:1 "연약한 양심."고전8:7 "내 자유는 남의 양심에 의해 판단을 받지 않는다."고전10:29 "우리가 거룩함으로 행한 것을 우리의 양심이 증언한다."고후1:12 "양

---

62) 도덕적 양심에 관한 글을 정말 많다. "선의 내적인 위임자", "인간의 행위의 재판관", "그리스도의 요청을 수신하는 기관" 등은 그 미덕들 중에 아주 작은 것들이다. 도덕적 양심은 우리로 하여금 하나님의 말씀을 듣게 하는 '감각'이다(B. Häring, 앞의 책, p. 188). 소크라테스가 자신의 다이모니온(내면의 수호신)의 존재를 언급한 까닭에, 스토아철학자들이 'syneidesis'(주로 판단하는 양심)를 조화의 영원한 법의 요소로 간주한 까닭에, 모든 민족들이 도덕적 양심의 존재를 받아들였다고 사람들은 생각한다.

63) 도덕적 양심의 형성에 관해서는 소에의 글을 참조하라(N. H. Soë, Christliche Ethik, §5, 7). 그러면서도 그는 사도 바울이 이미 그런 해석을 가졌던 것은 아닌지 스스로 묻고 있다. 우리는 그것에 대해 의구심을 갖는다. 반면에 그는 도덕적 양심이 계시와 상관없는 인간적 현상임을 지적한다. 도덕적 양심은 하나님이 말하는 '장소'가 아니라는 것이다(위의 책, 9).

64) 헤링(Häring)이 구약의 몇몇 텍스트들(창4:13, 삼하24:10)에서 양심을 거론하는 것은 텍스트들의 왜곡을 통해서 가능했다. 그는 아주 명백한 하나님의 임재 현상을 양심으로 간주한다. 양심의 가책이 아니라 하나님 앞에서 인간은 죄인임을 깨닫는다. 사도 바울이 기록한 텍스트들을 도덕적 양심의 의미로 간주하는 것은 그 텍스트들을 성급히 조잡하게 해석하는 것이다. 로마서 14장 20-23절을 근거로 믿음을 따라 행하는 것이나 양심을 따라 행하는 것이 동일한 것이라고 주장하는 것은 너무 지나친 억측이다. 왜냐하면, 그 본문에서 양심은 명백히 문제가 된 것이 아니기 때문이다.

65) 이 단어의 그리스어 동사(synoida)는 이 의미를 확실하게 해준다. 그것은 "확신한다, 다른 사람과 같이 안다"라는 의미이거나, "내면적으로 안다, 의식하고 있다"는 의미이다.

심의 동기"를 언급하는 구절들롬13:5; 벧전2:19도 '의식하고 있다'와 같은 뜻이 적용된다. 그러므로 여기서 양심은 도덕적인 성격이 아니라 내적인 가치를 지니는 것으로서 오히려 명료한 의식이라 할 수 있다.

대부분의 구절들은 신앙과 지식과 양심이 서로 연결되는 관계가 있음을 말해준다. 신앙은 우리에게 우리가 믿는 예수 그리스도에 대해 우리 스스로를 밝혀주는 빛을 선사한다. 복음의 지식은 우리에게 자각하는 의식의 방법을 제공한다. 이것은 자신이 행하는 것과 열정과 죄와 행위를 의식하고, 또한, 의도를 자각하고, 거룩함을 알아차리는 것을 말한다. 양심은 명료한 관찰을 통하여 자신의 양심도 성찰하게 한다. 연약한 양심은 선을 행하기에 연약한 성향을 말하는 것이 아니라, 복음에 대한 불충분한 지식을 말한다. 복음에 대한 불충분한 지식은 진정한 판단을 할 수 없게 한다.[66] 사도 바울이 "믿음과 선한 양심을 가지라"딤전1:19거나 "깨끗한 양심에 믿음의 비밀을 가지라"딤전3:9고 권고할 때, 그는 신앙은 의식하고 자각하는 것과 연관되고, 신앙과 대조하여 자신의 삶을 성찰하는 것과 관계되는 것임을 말하고 있다. 사도 베드로나 사도 바울이 말하는 '선한 양심' 행23:1; 딤전1:5은 선을 행하는 양심으로서 그리스도 안에 거하는 것을 뜻한다.

목회서신서들에 대한 주석[67]에서 루는 말한다. "기독교 신앙의 절대적인 특성이 인간 안에 선한 양심을 창조한다. 그리스도에 의해 그리스도 안에서 인간의 해방은 인간이 스스로 자신의 존재 전부를 다해서, 특히 사람들과의 관계에서 전적으로 새로운 양심을 가지는 것을 뜻한다. 인간은 그 새로운 양심을 통해서 먼저 자기 자신을 성찰하고 알아가고 이해하게 된다. 그리스도인에게 정말 선한 것은 자기 자신에 대한 새로운 양심이다. 왜냐

---

66) ▲예컨대 사도 바울이 우상에게 바쳐진 고기들에 대해서 말한 모든 것은 이 점에 대해 아주 명확한 실례가 된다.

67) M. H. Roux, *Les epîtres pastorales*, 1959.

하면, 그 새로운 양심은 자기 자신의 고유한 마음이나 본성적인 깨달음에서 나오는 것이 아니기 때문이다. 그 양심은 세계 안으로 들어와서 모든 인간을 비추어주는 존재에게서 나온다. 보는 눈과 빛에 관한 사도 요한의 주제는 삶의 태도를 바르게 분별하는 이 새로운 도덕적 양심과 신앙의 밀접한 관계를 자신의 방식으로 해석한 것이다. 하나님의 뜻에 대한 올바른 판단과 선택을 확실하게 해주는 선한 양심은 그리스도 안에서 신앙으로 간직할 수 있는 것이다. 신앙의 시금석이 되는 이 선한 양심은 신앙을 진실하고 위선적인 것이 되지 않도록 지켜준다. 이 선한 양심만이 선행을 부르고 사랑과 정의와 거룩함을 낳는다. 그 진정성은 그리스도가 친히 보장한다.

역으로 히브리서의 저자는 우리에게 양심은 또한, 자신의 죄를 의식하는 것으로서 만약에 구약의 희생제사가 실제로 인간의 죄를 씻게 했다면, 인간은 더 이상 죄를 의식하지 않았을 것이라고 지적한다.히10:2 또 다른 면에서도 우리는 이 서신서를 주목해야 한다. 왜냐하면, 히브리서는 아주 뛰어난 교훈을 주고 있기 때문이다. 히브리서는 우리에게 한편으로 율법에 규정된 경배와 제사와 같은 것들은 양심의 측면에서 우리를 완전하게 할 수 없다는 점을 알려준다. 경배와 같은 것들은 도덕적인 양심과는 관련이 없다는 것이다. 중요한 것은 영적인 양심이다. 중요한 것은 또한, 어쨌든 크고 더 완전한 양심에 관한 것이다. 그러므로 그것은 본성적인 양심이 아닌 것이다. 인간 본성에 그런 종류의 양심은 존재하지 않는다. 모든 서신서들이 밝히고 있듯이, 이 양심은 신앙의 열매이고 계시의 결과이다. 인간이 신앙을 상실하게 되면 이 양심도 상실할 수 있게 된다.딤1:18-19

히브리서는 우리에게 예수 그리스도는 '죽은 행실'에 대해 우리의 양심을 깨끗하게 한다고 전한다. 여기서 '죽은 행실'이란 율법에 따른 행위들을 말한다. 율법은 계시로 주어졌다. 따라서 율법은 양심을 불러일으킨다. 그러나 율법은 인간으로 하여금 행위와 관습이라는 무익한 길로 들어서게 한다. 여기서 말하는 행위와 관습은 잘못된 기준에 양심을 맞추어 잘못된 판단을 내리게 해왔다. 예수 그리스도 안에서 하나님의 온전한 계시는 온전한 빛과 참된 깨달음을 부르고 우리로 하여금 하나님의 사랑 가운데 우리 자신을 바라보게 한다. 또한, 하나님의 사랑은 우리의 마음을 기쁨과 동시에 혼란으로 가득 채운다. 우리 양심의 자각은 더 이상 율법이 강요한 우리의 행위에 근거를 두지 않고 십자가의 죽음을 당한 예수 그리스도 안에 계시된 하나님의 사랑에 근거를 둔다. 양심은 십자가 아래에서 참된 양심이 되고, 궁극적으로 선하게 된다. 십자가를 벗어나서는 어디에서나 양심은 왜곡되고 사악해질 수밖에 없다. 히브리서의 이 교훈을 요약해보자면, 이 양심이란 먼저 자기 자신을 살펴보는 의식이라고 할 수 있다. 따라서 이 양심은 인간에 관한 중립적인 성질을 갖고 있다고 할 수 있지만, 일반적으로 이 양심의 자각은 판단을 내포한다. 어쨌든 이 양심의 자각은 판단을 형성하게끔 돕는다. 양심이 행하는 판단은 오로지 양심이 적용하는 기준을 따른다.

이 대화에서 도덕적 양심은 인간적인 요소들만을 사용한다. 인간의 다양한 성향들과 다양한 영향들 간에 대립과 긴장이 존재한다고 말할 수 있다. 확실한 고정된 기준을 따라 '덜 선한 것' 을 판단하는 '더 좋은 것' 이 존재한다고 말하기는 어렵다. 현대 심리학은 그것을 와해시키는 경향이 있다.[68] 우리가 우리 자신을 스스로 판단할 때, 우리는 언제나 우리 자신이 세운 기준을 따른다. 그것은 우리에게 분명히 유리한 점이 있다. 그래서 사도 바울이 전한 말씀은 타당한 것이다. "나는 나 자신을 자책할 것을 하나도 알지 못하기에 나 스스로를 판단하지 않는다. 그러나 그 사실이 나를 의롭게 하지는 못한다. 나를 판단하시는 분은 주님이시다."고전4:4 여기서 우리는 양

---

68) 바룩의 양심에 대한 개념은 여기서 우리가 기술한 개념에 아주 가깝다. "도덕적인 양심은 계명이라기보다는 내적인 판단에 따르는 것이다."(H. Baruk, *Psychiatrie morale expéri-mentale*, 1945.)

심의 자각의 두 번째 요소를 본다. 그것은 우리가 판단하게 되는 것에 대한 기준에 관한 것이다. 말하자면 양심은 첫 번째 요소로서 현실에 적용되고, 두 번째 요소로서 진리에 적용된다. 이것이 성립되는 것은 오로지 계시에 의해 밝혀진 양심이 하나님으로부터 진리에 관한 지식을 받아들일 때이다. 양심이 이 지식을 사용하려면 인간은 거기에 신앙을 덧붙여야 한다. 그러면 양심은 스스로 '자기비판'을 행하여 계시된 진리에 따라서 자신이 한 행위와 일을 평가할 것이다. 양심은 판단의 도구로 역할을 수행하지만, 그것은 어디까지나 부차적인 것이다. 그러므로 이 사실은 양심에 관한 대부분의 개념들을 폐기시킨다. 양심은 인간 본성에 선이 새겨져 있는 곳이 아니다.

은총의 교리는 도덕적 양심이 가치를 지닐 가능성을 없애버린다. 양심은 하나님의 형상이 반영된 것도 아니고[69], 하나님이 말씀하는 장소도 아니고[70], 우리를 판단하는 음성도 아니고[71], 계시를 통해 드러나게 되는 우리 안에 감추어진 진리의 저장소도 아니다.[72] 양심은 어떤 지식도 보유하지 않는다. 우리 안에 임하는 성령은 양심의 대화와는 다른 대화를 한다. 도덕적 양심을 인정하는 주장은 결국 은총의 교리 전체를 벗어나는 것이다.

선의 소리와 동일한 양심의 소리는 존재하지 않는다. 양심의 소리는 선악을 분별하는 객관적이고 독립적인 실체가 아니다. 양심의 소리는 양심의 내용에 대해 판단하고 선을 파악할 수 있는 인간의 본성적인 능력이 아니다. 이 모든 개념들은 물론 옹호될 수 있고 또 많이 옹호되어왔고 또 존중할 만하지만, 기독교와는 아무 관계가 없는 것이다. 그러므로 기독교 신앙에 따

---

69) ▲오직 예수 그리스도 안에만 나타남.
70) ▲왜냐하면, 성서 속에서 하나님을 만나는 것과 성령을 통한 임재 가운데 만나는 것을 분리시킬 수 없기 때문이다.
71) ▲왜냐하면, 자신을 내어줌으로써 하나님은 우리에게 우리의 죄를 드러내기 때문이다.
72) ▲은총이 없이는 우리는 복음을 믿을 수도 없는데 어떻게 우리 안에 그것이 이미 선재할 수 있다는 말인가?

르면 도덕적 양심이란 존재하지 않는다. 칼 바르트는 역설한다. "양심의 개념은 인류학적인 것이 아닌 종말론적인 개념에 속한다. 다시 말하자면, 우리의 존재와 예수 그리스도의 존재가 연합되고 미래에 완전함이 성취되는 믿음의 조명 아래에서, 비로소 우리는 양심을 계시된 선에 참여하는 통로로서 수용하게 되는 것이다. 양심은 그 자체로는 아무 것도 아니다. 양심은 독자적인 하나님의 음성이 아니다. 그래서 양심은 선악의 판단을 못하고, 단지 우리가 받게 될 심판의 증인이 되는 것이다."[73]

이제까지 우리의 논의는 사실 회개한 인간의 양심에 대한 것이었다. 그것은 명백히 사도들이 가장 주의를 기울인 주제였다. 그런데 서신서들에서는 불신자의 양심을 거론하는 두 개의 본문들이 발견된다. 양심을 자각하는 능력은 당연히 그리스도인들에게만 한정된 것이 아니다! 첫 번째 본문은 아주 단호하고 엄격하다. "깨끗한 사람들에게는 모든 것이 깨끗하나, 더럽고 믿지 않는 사람들에게 깨끗한 것이 아무것도 없고, 그들의 마음과 양심은 더러워져 있다."딛1:15 여기서 말하는 '믿지 않은 사람들'이란 믿음에서 멀어진 그리스도인들이거나, 앞선 구절들에서 말하는 유대인들을 뜻한다. 그러므로 여기서 양심은 타락한 것이다. 다시 말해서 이 양심은, 그리스도의 진리에서 멀어져서 더 이상 참된 기준이 없는 까닭에, 행위에 대한 올바른 평가를 내릴 수 있는 능력이 없다. 이 양심은, 복음과는 다른 기준들을 적용할 것이기 때문에, 더럽혀져 있다. 그 기준들은 필연적으로 악에 연계된 것이기에, 그 양심의 판단은 인간을 전적으로 악의 길에 빠져들게 한다. 양심의 자각은 그 자체로는 아무 효력이 없는 것이다.

두 번째 본문은 잘 알려진 로마서 2장 14-15절이다. 우리는 자연 도덕에 관한 주제로서 양심에 관계된 구절만을 택하여 이 본문을 이미 다룬 바 있다. "이런 사람들은 율법이 요구하는 일이 자신들의 마음에 새겨져 있음을

---

73) ▲K. Barth, *Dogm. II*, 2, 2, p. 164.

보여주고, 이들의 양심도 이 사실을 증언한다. 이들의 생각들은 서로 고발하기도 하고 변호하기도 한다." 사실 이 본문은 우리에게 양심에 관해서 더 밝혀주는 것이 없다. 더구나 이 본문은 도덕적 양심이나 양심의 소리를 다루지 않는다. 하나님의 율법이 요구하는 일이 이 사람들의 마음에 새겨져 있기에, 양심은 율법이 요구하는 것을 따르게 된다. 양심의 자각과 판단에 관해 그와 같은 논의를 거치면서, 양심은 사람들이 율법이 요구하는 일에 합당한 행위를 했다는 사실을 증언하는 것이다. 그러므로 이것은 우리가 앞에서 인정했던 것과 똑같이 동일한 의미가 된다. 이처럼 명백하게 성서에는 소위 말하는 도덕적 양심에 관한 개념이 전혀 없다. 양심은 하늘나라를 기억하는 순전한 인간 본성의 한 부분이 아니다.[74]

---

74) 우리는 이 문제에 대한 두 개의 연구를 상기하는 것으로 이 단원에 대한 결론을 삼고자 한다. 첫 번째로, 본회퍼는 양심은 타락의 현실에서 유래하는 존재의 복제 현상이라고 적절하게 지적한다(D. Bonhoeffer, *Ethik*, p. 134 및 그 이하). 양심의 기준은 인간의 자기 자신과의 일치이다. 그런데 그것은 죄의 현상이다. 양심은 결코 하나님과 인간의 관계를 포함하지 않는다. 양심은 인간으로 하여금 하나님과의 언약(은총의 행위)에 의한 연합을 구하게 하는 대신에, 자기 자신과의 내적인 평화를 통해서 하나님과의 관계를 찾게 하려고 한다. 그것은 하나님이 결정한 것과는 정반대가 된다. 그와 같이 양심은 인간으로 하여금 자기 자신을 분석하게 하여 하나님의 뜻을 근본적으로 알 수 없게 한다. 양심은 인간이 추구하는 자주성의 중심이다(위의 책, p. 118 및 그 이하). 인간이 그리스도에게 순종하기 위해서는 이 양심의 정체성을 극복해야 한다. 그렇게 되면 하나님 앞에 책임을 지는 인간 존재가 도덕적 양심의 존재를 대체하게 된다.
　두 번째로, 동일한 의미에서, 우리는 리쾨르의 견해에 완전히 동의한다(P. Ricoeur, *Finitude et culpabilité* II, 2, p. 85 및 그 이하). 리쾨르는 양심과 하나님의 시각을 분석한다. "나 자신에 대한 나의 응시는 내 양심을 통해서 절대자의 응시에 근접하는 것을 뜻한다. 나는 내가 절대자에 의해 알려진 바대로 나 자신을 알고자 한다." "죄책감과 함께 양심이 탄생한다. 책임을 의식하는 자의식이 거룩함의 요구에 계속 마주하게 된다."(위의 책, p. 138). 그러나 이 양심은 도덕적인 양심으로 전락하여 선악을 판단하고 스스로 선의 준거가 된다. "하나님 앞에 서는 것이 망각된다. 잘못에 대한 의식은 더 이상 죄가 아니라 죄책감이 된다. 이제 양심은 완전한 고독의 발현 가운데서 악의 척도가 된다."(위의 책, p. 141). "자기 자신을 심판하는 자기 자신이 되는 것은 곧 소외되는 것이다."(위의 책, p. 139).

4장 도덕과 필연성의 질서

타락의 결과

타락의 결과로 필연성의 질서가 세상에 들어왔다. 결정론, 역사의 메커니즘, 과학 법칙, 운명, 숙명 등등 어떤 이름으로 불리든 간에, 또 어떤 형태로 인식되든 간에, 필연성은 언제나 동일한 것이다. 예를 들어보자. 모든 인간의 모형이라 할 수 있는 아트레우스 일가[75]에 드리운 가혹한 숙명의 근본 요체는 외적으로 자유로운 듯싶은 그 일가 구성원들 각자의 무지하고 무분별한 결정들을 통해서 반드시 실현되었다. 그런가 하면, 현대의 대중들에게 드리운 다수의 법칙은 외적으로 자유로운 듯싶은 인간의 결정들과 자발적인 의지에 의해 실현되어 인간으로 하여금 공동의 모형으로 귀결되게 한다. 그런데 그 가혹한 숙명과 다수의 법칙은 별로 큰 차이가 없다. 또 다른 예를 들어보자. 맹목적인 고정된 운명은 신들에게조차도 부과된다. 그런가 하면 과학 법칙은 자유에 대한 우리의 모든 주장과는 상관없이 실현되고 성취되면서 우리로 하여금 "신은 존재하지 않는다"라고 선언하게 한다.

---

75) [역주] 아트레우스 일가(La famille des Atrides)의 비극은 그리스 신화에 나오는 이야기로서, 탄탈로스가 신들의 저주를 받아서 그 손자인 미케네 왕 아트레우스의 가문은 친부살인과 형제살인과 유아살인과 근친상간을 벌이는 잔혹한 가족사를 엮어간다.

그런데 그 맹목적인 고정된 운명과 과학 법칙은 별로 큰 차이가 없다. 그리하여 우리는 하나님의 창조와 타락의 질서를 혼동한다.

　하나님의 사랑과 기쁨으로 창조된 창조세계는 자유가 있는 곳이었다. 왜냐하면, 창조세계의 자유가 없다면 아무것도 하나님을 나타낼 수 없을 것이기 때문이다. 대가를 바라지 않는 자발적인 의지가 없다면 아무도 하나님에게 응답할 수 없을 것이다. 창조주를 향한 피조물의 자유로운 움직임이 없다면 아무도 하나님을 사랑할 수 없을 것이다. 거기에 어떤 의무도 강요도 조직도 존재하지 않는다. 이 창조세계에는 필연성이 존재할 수 없다. 왜냐하면, 하나님은 필연성에 굴하지 않기 때문이다. 하나님의 창조물은 고통을 가하는 무자비한 의지의 산물이 아니라 사랑의 열매이다. 그래서 모든 창조물은 자발성을 띤다. 왜냐하면, 모든 것이 하나님의 자발성에 대한 응답이기 때문이다. 각각의 창조물은 하나의 기능을 가진다. 하지만 그 기능은 하나님이 각자에게 내린 말씀에 대해 자유롭게 순종하는 것과 다름없다. 모든 창조물은 대가를 바라지 않는 무상성을 띤다. 왜냐하면, 모든 창조물은 무상으로 주어진 창조에 대한 응답이기 때문이다. 하나님의 창조는 필연성이 아니라 완전히 값없는 무상성과 사랑에 따르는 것이다. 하나님의 사랑은 무슨 이유를 필요로 하지 않는다. 하나님은 그냥 값없이 사랑하는 것이다. 거기에는 셈하고 정해서 갚아야 할 값이 존재하지 않는다. 거기에는 실행해야 할 강요와 의무가 존재하지 않는다. 정확히 말하자면, 거기에는 받았으므로 거저 주는 삶의 방식이 존재한다. 그 삶은 하나님 앞에 존재하므로 의미를 가진다.

　그러나 하나님 아버지와 아담의 관계단절은 부정과 혼란을 야기하고 무로 돌아갈 수 있는 모든 위험을 불러일으켰다. 자유의지가 사랑이 없는 가운데서는 커다란 '혼돈과 공허'가 된다. 사랑이 권력의지에 의해 사라져버리면, 모든 것의 의미가 바뀐다. 하나님이 세운 질서는 무상성이기를 그치고 외적인 강제성이 된다. 그것이 엄격하게 지켜지지 않는다면 창조세계는 무너지고 말 것이다. 말씀 안에서 주어진 기능은 자발적인 것이기를 그치고 의무적인 것이 된다. 삶은 즐거운 놀이이기를 그치고 노동과 고통이 된다. 인간은 사랑의 자유를 따라 살아갈 수 없었기에 필연성에 굴복하게 되었다. 이처럼 창조세계는 필연성의 질서76) 안으로 들어갔다.

그 순간부터 인간은 운명에 복종해야 하는 것을 잘 알게 된다. 자연 속에서, 자기 주변에 자기 안에서 아무도 피해갈 수 없는 운명이 새겨져 있다. 거기에 모든 것이 다 기록되어 있다. 세상이 지속되기 위해서는 그럴 수밖에 없다. 아주 적은 자유라도 세상의 존재 자체에 위협이 된다. 정치적인 자유가 조금이라도 현실적으로 존재하게 되면 곧바로 사회와 국가를 위협하게 된다. 타락 이후로 인간의 진정한 선택은 더 이상 "자유냐 죽음이냐"가 아니고, "자유냐 삶이냐"가 된다. 삶은 오로지 총체적이고 세밀하게 구속하는 체계 덕분에 유지된다. 그 구속 체계는 물질과 계통들을 지배하는 알려지지 않은 것부터 시작해서 법적·사회적 체계에 이르기까지 망라한다. 모든 것을 붙들고 있는 그 강력한 속박의 굴레에 의해 모든 것이 유지된다. 자유는 파멸로 인도할 뿐이다. 왜냐하면, 이 자유는 이제 사랑에서 벗어나 있기 때문이다.

지구가 더 이상 자기 궤도를 따라가지 않고, 동물이 영양섭취나 번식에 대해서 자유를 행사하고, 인간이 각종 법에 대해 자유를 행사한다면, 어떤

---

76) 필연성의 질서로 이행하는 것은 '자유가 흐려지는 것'보다 훨씬 더한 것이다. 모순적인 명제들 간의 변증법적 관계가 어떻든지 간에, 그 명제들은 배타적인 유일성을 지닌다. 자유가 있는 곳에 악의 권세가 없다. 왜냐하면, 자유는 오직 예수 그리스도 안에 존재하는 것이기 때문이다. 죄가 자유의 시대를 연다는 말은 불가능하다(P. Ricoeur, 앞의 책, p. 238). 적의 수중에 온전히 넘어간 나라가 계속 자결권을 가진다는 말은 불가능하다(위의 책, p. 150)(비유는 증명이 아니다). 악이 선과 같은 기원을 가질 수 없다는 명제의 진정성이 어떻든 간에, 노예상태(생각으로 떠올리는 상징이 아니라 실제 현실의)는 자유가 아니며, 하나님과의 관계단절은 필연성의 질서로 나타나는 노예상태를 불러온다는 사실은 변함이 없다. 그러므로 무엇보다 노예의지에 관한 리쾨르의 견해에 우리는 동의할 수 없다(위의 책, pp. 145-150).

일이 벌어질까. 높은 차원에서 낮은 차원에 이르는 필연성의 질서는 타락의 세계를 보존하는 조건이 된다. 말했다시피 실제로 약간이라도 자유가 표명된다면 그 자유는 죽음을 부른다. 잘 알다시피 아주 조금이라도 자유를 쟁취하기 위해서는 엄청난 희생을 필요로 한다. 자유를 위한 순교자들이란 말도 있다. 쟁취되는 순간 자유[77]는 곧바로 새로운 속박으로 전락한다. 그러나 자신들의 투쟁에서 자유의 순간을 경험하며 투쟁한 사람들은 죽음을 맞이했다. 죽음이란 완전한 필연성의 질서로 환원되는 것이다. 왜냐하면, 필연성의 질서에 속한 최종 단계로서 필연성의 가장 절대적이 표지이자 가장 확실한 증거가 곧 죽음이기 때문이다. 죽음은 자유를 주장할 수 있는 존재가 무기질의 물질로 변화되는 것이다. 그 순간에 운명의 승리는 냉엄하다. 자유를 통해 운명을 피하려고 했던 사람은 죽음 속에서 운명을 불가피하게 다시 발견한다. 이것이 필연성의 질서로서 하나님의 사랑의 절서와 다른 것이다. 그런데 이 필연성의 질서는 하나님에 의해 보존된다. 왜냐하면, 그래도 이 질서가 무無나 하나님의 부정보다는 더 낫기 때문이다.

필연성의 질서와 도덕

타락의 질서에 속하는 도덕은 필연성의 질서에 들어간다. 이 말은 무슨 의미인가.[78] 의심의 여지없이 도덕 자체는 구속성을 띤다. 도덕은 언제나

---

77) ▲여기서 의미하는 자유는 정치적 경제적인 환상의 영역에 속한 것이다.

78) 칼 바르트는 이처럼 선악의 지식 탓에 필연성의 세계로 들어가는 것을 강력하게 역설한다. "인간은 어디서 무엇을 하든지 간에 이 선악의 구분을 할 수 있을 뿐만 아니라 해야 한다. 인간은 선과 악을 접하게 된다. 어디서나, 찬반의 방법론으로, 행할 이유와 행하지 않을 이유, 하라는 명령과 하지 말라는 금지명령이 인간을 사로잡는다. 이 요인들(forces)이 결합하여 인간을 동요하고 당황케 하고 지배하여 인간으로 하여금 때로는 이 방향을, 때로는 저 방향을 취하도록 압박한다. 인간은 이제 눈을 떴지만 그 눈은 불면증으로 고통당하는 사람의 눈이다. 인간은 선택하고 결정을 내리고 어느 쪽으로 가야할지 알아야 하고 모든 의무와 요구 사항들의 거대한 숲을 관통하는 길을 내야 한다. 인간은 그 사항들 중에서 일부는 취하고 일부는 버릴 것이다. 이를 위해, 인간은 보편적인 질

의무와 책임의 체계로 나타난다. 도덕이 없이는 어떤 사회나 집단이라도 계속 살아남을 수 없다. 물론 결정적 요소들 가운데 위계질서가 존재한다. 모든 결정적 요소들이 똑같이 필연적이고 엄정한 차원에 속하는 것은 아니다. 도덕은 덜 준엄한 것으로 법률적인 법보다 더 아래에 위치한다. 그러나 도덕은 아주 분명히 인간에게 지배적인 영향을 미쳐서 어떤 유형의 감성과 행동을 부과하는 것으로 알려져 있다. 하나님과 같이 되려고 인간이 내린 결정의 결과는 무엇보다 하나님의 뜻이 아닌 다른 선을 추종하는 것이다. 그 선은 이 세상이 지속되기 위해 필요한 질서의 일부분을 구성한다. 예컨대 도덕이 과학 법칙에 비하여 필연성이 조금 덜 한 것은 창조세계의 보존 질서를 유지하는 데 있어서 도덕이 필요 이상의 여분에 속한다는 특징에 기인한다. 인간이 생물학적으로도 화학적으로도 생명의 법칙들을 따르지 않고 피하려고 한다 할지라도, 인간은 반드시 필연적으로 죽고 소멸한다.[79) 그

서에 대한 그의 생각에 따라 인간의 고유한 도덕체계를 고안해낼 것이다. 인간은 결코 자신에게 요구되는 모든 사항들을 다 만족시키지 못할 것이다. 심지어 인간은 그 사항들 중의 어느 하나라도 진정으로 만족시키지는 못할 것이다. 믿지 않는 사람과 하나님을 떠난 아담과 우선적으로 하나님의 뜻을 충족시키려 하지 않는 사람이 하나님과 닮았다는 것이 바로 이런 것이다. 하나님에게 죄를 범함으로써, 인간은, 사냥개들에게 던져진 덫에 걸린 짐승과 같이, 세상과 삶과 사람들이 자신에게 부과하고, 자기 자신에게 스스로 끊임없이 청할 수밖에 없는 요구 사항들에 던져져 치이고 만다."(K. Barth, *Dogm. II*, 2, 2, p. 79).

죄의 노예가 된 상태라는 말은 흔한 통념이 되었다. 그러나 실제로 이 죄의 노예상태는 필연성의 질서와 함께 내적인 차원에서 총체적인 차원으로 이해되어야 한다.

79) 심리학과 사회학을 포함한 과학이 인간에 관한 결정적 요소들의 존재에 대하여 점점 더 정확하게 인식해 가고 있음에도 불구하고, 형이상학자들과 윤리학자들과 신학자들은 인간의 자유가 주어진 본성의 하나라는 주장을 고집하고 있다. 그들은 확인되고 입증되는 모든 사실에 반하여 그것을 하나의 명백한 전제라고 주장한다. 더구나 그 문제가 제기되는 것은 일반적으로 행위와 윤리의 문제들을 다루는 영역에서이다. 가톨릭은 "인간은 하나님의 형상대로 자유롭다"(참조: B. Häring, *La loi du Christ I*, p. 145)라고 언명함으로써 창조된 인간과 실존하는 인간 사이에 아무런 차이가 없다는 식으로 그 문제를 해명할 것이다. 그러나 그 인간의 자유가 인간본성에 없다는 사실이 확인되는 까닭에 수많은 논리적 변별 작업을 해야할 지경에 이르게 되자마자, "자유의 혼란"(위의 책, pp. 154-168)에 대한 결의론(casuistique)이 시작되어, 아무도 거기서 빠져나올 수 없게 된다.

런데 인간이 자신이 속한 집단의 도덕규범을 따르지 않는다고 해도, 도덕
규범의 필연성은 즉각적으로 가차 없이 제재를 가하지 않는다. 그 필연적인
제재를 빠져나갈 희망과 모호성과 유예가 존재한다. 인간은 도덕규범에 대
하여 자유롭다고 주장할 수 있다. 인간은 도덕규범 때문에 죽지 않고, 다만
양심 속에서 조금 불편한 느낌을 경험하거나 사회적 관계에서 자신에 대한
남들의 판단에 대해서 자책감과 같은 것을 느낄 수는 있다.

개인의 불순종에 의해 문제가 되는 것은 직접적으로 그 개인이 아니라 그
가 속한 집단이 된다. 도덕법은 개인의 생존에 필수적인 것이 아니고, 사회
에 필수적인 것이다. 성서적으로 도덕의 준수는 구원과 영생의 조건이 아
니고 또 이 땅에서 개인적인 성공과 개인적인 삶의 조건도 아니라는 사실을
아는 것은 정말 중요하다. 욥기는 이 선행의 실행이 개인의 생존과는 관계
가 없음을 우리에게 상기시킨다. 자연적 차원에서 도덕은 집단의 존속과 관
계된다.[80]

개개인은 특정한 금기들을 지켜야 하고 특정한 행위를 해야 하고, 특정
한 감성을 배양해야 하고, 특정한 방식을 수용해야 하고, 특정한 관계에 참
여해야 하며, 특정한 분노감을 나타내야 하며, 특정한 찬반의 의사를 표명
해야 한다. 왜냐하면, 그러한 것들은 개개인이 살고 있는 세계가 부여하는
조건들이기 때문이다. 개인이 그러한 것들을 어기는 것은, 내적인 것이라
할지라도, 그 집단의 응집력과 연대성과 평정을 약화시킨다. 왜냐하면, 집
단은 행위의 도덕적인 차원을 통하여 나타나는 내부의 단결을 요구하기 때
문이다. 애국심이 없이 싸우는 군인이 대체 무슨 의미일까? 직업의식이 없
이 일하는 노동자가 대체 무슨 의미일까? 시민의식이 없이 단지 외적으로
만 법을 지키는 시민이 대체 무슨 의미일까? 부부간의 신의가 없는 결혼이
대체 무슨 의미일까? 사회적 삶의 외적인 양식은 개인의 내적이고 적극적이

---

80) 참조: Henri Bergson(1859−1941), *Les deux sources de la morale et de la religion*, pp. 12−13.

고 실제적인 참여를 요구한다. 그렇지 않다면, 외적인 양식은 실효성과 내구성을 잃어버린다. 집단은 오로지 덕목을 계속 지켜나감으로써 존속할 수 있다. 덕이라는 말이 용기, 견고성, 힘 등과 함께 미덕과 도덕성이라는 뜻을 지닐 수 있었다는 사실은 상당한 의미가 있다. 따라서 도덕은 필수적인 보존 질서에 들어가는 것이다.[81]

도덕이 필연성에 속한다는 말은 훨씬 더 큰 의미를 지닌다. 도덕이 표명하는 선은 사실 필연성에 의해 결정된 선이다. 그 선은 자유와 무상성을 지닌 선이 아니다. 인간의 모든 지적·영적·도덕적 주장들에도 불구하고, 인간은 정말 많이 결정지어져 있는 존재이다. 어떤 행위를 선이라고 규정하고 윤리 체계를 수립함으로써 인간은 훌쩍 자유의 영역으로 들어가지 못하고, 또 절대적인 면에서도 한 걸음도 내딛지 못한다. 인간은 계속해서 유전과 생물학적인 생명과 환경과 교육과 인간관계 등에 의해 결정지어진다. 인간이 규정하고 정의한 선과 악은 완전히 상대적인 개념으로서 본질적으로 가변적인 것이다. 그게 아니려면, 인간이 원래 자유를 갖고 있어야 하는데 실제로는 그렇지 않다. 또는 인간이 하나님의 절대적인 뜻에 직접 접해야 하는데, 현실은 더더욱 그렇지 않다. 도덕적인 체계와 선의 규정은 개개인이 살고 있는 사회학적이고 생물학적인 결정요소들의 이데올로기의 표현이다. 선은 역사적·지리적·심리적 상황에 의해 결정된다.

그러나 선은 물론 그런 것에 그치는 것만은 아니다. 선은 그런 필연적 요소들을 기계적으로 해석한 것에 그치는 것이 아니다. 선은 그런 필연적 요소들에 대해 반박하는 것이기도 하다. 선은 결정지어진 것을 거부하는 것이고, 인간의 자유를 긍정하는 것이다. 그러나 잊지 말아야 할 것은 인간은 가장 많은 것이 결정지어진 상황 속에서 가장 많은 자유를 천명하고 싶어 한

---

81) 칸트의 윤리는 그 위대성에도 불구하고 법과 그 비인격성을 절대화함으로써 윤리가 필연성의 질서에 속한다는 사실을 보여준 특별한 사례이다.

다는 사실이다. 도덕은 물론 물질적인 조건들을 뛰어넘고 결정론을 벗어나는 절대적인 것을 실현하려는 인간의 의지나 혹은 최소한 그 요구를 나타낸다. 그러나 인간이 자신의 조건을 통제하는 수단을 고안한다고 해도, 인간이 그 이상적인 세계를 수립하는 것은 여전히 그 조건 안에서 그 조건에 대한 것이 된다. 조건과 상황의 결정론은 도덕에 긍정적일 뿐만 아니라 부정적인 영향을 미친다.

도덕이 환경, 경제, 사회구조 등에 의해서 직접적으로 결정되는 것은 그 가치의 표현과 선택에서뿐만이 아니라, 그것들에 대항하는 데서도 더더욱 그렇다. 도덕은 그것들에 대한 대척점과 반작용과 역逆이미지를 수립한다. 그런데 도덕의 개발은 이미 수용된 그 다른 작용과 이미지와 연관되어 성립된다. 인간은 필연성을 벗어나지 못하는 까닭에 항의하는 대상에 의해 정해진 항의를 표명할 수밖에 없다. 인간이 그런 구체적인 조건들을 벗어나서 본질적인 선, 즉 영원히 변치 않는 보편적인 선을 규정하는 일은 결코 없다.

아주 위대한 도덕적인 사상들을 살펴보면, 우리는 그 사상들이 어떻게 시작되었고, 또 어떻게 특정한 시간과 특정한 시대에 동화되었는지 쉽게 알 수 있다. 그런데 그 사상들을 다시 파악하려면 일정한 노력을 기울여야 한다. 그 사상들은, 당시의 사람들에게 그랬던 것처럼, 우리에게 직접적으로 확 다가오지 않는다. 소크라테스나 공자의 사상에 우리가 다시 접할 수 있으려면, 뒤섞인 낡은 글들 속에서 흔치 않은 보물과 같은 알맞은 구절들을 가려내는 것을 전제조건으로 한다. 그러나 우리가 그와 같이 분리시키고 가려내면서, 서로 붙어있는 글들의 뭉치 가운데서 더 견고하고 빛나 보이는 몇몇 구절들을 잘라내어 영원한 가치가 있다고 할 때, 사실 우리는 우리 자신의 필연성과 조건을 따라서 행동하는 것에 지나지 않는다. 인도의 사상가라면 아마도 우리와 같이 동일한 보물들을 선택하지 않을 것이다. 200년 전의 서구인이거나 200년 후의 서구인이라면 오늘날 우리가 필수적인 것으로 평가하는 것을 각기 하찮은 것으로 보았거나 볼 수 있을 것이다. 2,000년 전에 한 현자가 우리가 지금도 쓰는 명언을 말했기 때문에, 우리는 그 가치의 영원성과 자유와 절대성을 기뻐한다. 그러나 그 명언이 중세 시대에 살던 사람이나 15세기 잉카 문명에서 살던 사람에게도 어필했을까? 우리의 결정은 그들의 결정만큼이나 자의적이다. 여기서 자의적이라는 것은 가치를 설정하는 데 있어서 비결정론적인 자유를 뜻하는 것이 아니고, 가치의 영원성이나 불변성을 선포하는 데 있어서 자의적이라는 말이다.

우리의 도덕적인 태도와 선택은 상황에 의해서 결정된다. 그 사실을 망각할 때 우리는 우리 자신을 쉽게 하나님과 같이 여기는데 바로 거기에 죄가 있다. 규정되고 선포된 도덕을 실천하는 것이 문제가 될 때 필연성이 아주 빠르게 나타난다. 왜냐하면, 자신이 실천해야 할 이 선에 대해서 사실 인간은 언제나 필연성의 질서를 실천하기 때문이다. 도덕이 이 필연성의 직접적인 표현이 될 때, 부조화는 없게 된다. 결정적론 요소들에 복종하는 인간은 그럼으로써 선을 실천하는 것이다. 한 서구 국가의 시민이 공권력에 따른 동원령에 복종할 때, 그는 조국을 절대적인 가치로 설정하고 군대의 희생을 가장 고귀한 미덕들 중의 하나로 규정한 국가의 도덕과 일치를 이루게 된다. 그러나 윤리가 필연성에 대항하는 것으로 규정될 때 도덕적인 대립이 일어난다. 그러면 인간은 대립관계[82]에 들어간다. 그 대립은 물질적인 필연성에 대항하는 도덕적 자유나 더러운 이해관계에 대항하는 이상적인 명령과 연관된 것이 아니다. 그것은 필연적인 것들의 대립으로서 사회역사적인 압력이 심리적 거부 및 저항과 부딪치는 것이다. 동원령을 받아들인 그 시민은 마음속에서 "살인하지 말라"는 저항감을 느낄 수 있다.[83] 대부분의

---

82) 공인된 도덕과 사회적 행동 간의 대립에 관한 심리학적인 효과에 대해서는 다음의 책을 참조하라. K. Horney, *La personnalité névrotique de notre temps*, 1960.

83) ▲이 말씀이 그가 살고 있는 사회의 실제 도덕규범으로 받아들여지는 것을 전제로 한다. 그런데 오늘날 프랑스의 경우는 그렇지 않다.

경우 수단의 절약이라는 심리 법칙에 따라서 개개인은 가장 긴박한 필요성을 좇을 것이다. 왜냐하면, 개개인은 은밀히 대립과 긴장을 피하려고 할 것이기 때문이다. 이처럼 도덕적 문제에 관해 모든 측면에서 우리는 결정론적 요소들의 지배를 다시 발견하게 된다. 그것은 물론 도덕이 아무 가치가 없다는 뜻이 아니고, 다만 도덕은 필연성의 질서라는 특징을 가진 타락의 세상에 속한다는 말이다.

도덕과 필연성의 질서와 결정론적 질서

도덕은 언제나 필요성의 상황에 있는 윤리이다. 리쾨르는 우리 시대의 도덕은 곤궁의 윤리라는 사실을 최근에 밝혀주었다. 사실 도덕은 언제나 곤궁에서 비롯된다. 왜냐하면, 인간은 언제나 자신의 능력을 넘어서는 상황에 직면하기 때문이다. 그렇게 된 것은 비단 오늘날이 아니다. 도덕은 인간이 자신의 곤궁한 상황을 극복하기 위해서 이용하는 수단들의 하나이다. 도덕은 패배를 받아들이는 것을 거부하는 것이다. 대부분의 경우 그런 맥락에서 도덕은 필요성을 표명하는 데 그치지 않고 그것을 통합하려고 한다. 도덕을 형성하는 가장 큰 동기들 중의 하나는 필요성을 덕으로 만들어 거기에 따름으로써 필요성을 통제하려는 인간의 시도임이 아주 확실하다. 아주 다른 의미와 수단들을 가진 정치와 기술과 같이, 도덕은 가능성의 예술이다. 도덕은 체계화된 이론은 아니라 할지라도 그 이론을 표현한 것이라고 할 수 있다.

필요한 것은 선이 된다. 필요성의 상황에 처하여서 인간은 대립관계를 확인하는 것뿐만 아니라 그것을 통합하여 삶이 가능해지도록 해석해야 한다는 사실을 인정해야 한다. 필연성을 덕으로 삼는 것은 우리의 통제를 벗어난 상황을 다시 붙잡으려는 것이고, 이름 없는 것에 이름을 붙이는 인간의 고귀한 존엄성을 다시 찾으려는 것이다. 인간이 이름을 붙인 까닭에 그냥 일어났던 사건이 의미와 가치를 갖는다. 인간은 그와 같이 사물을 지배하여, 체계에 통합시켜서 규정짓는다. 그러나 그럼으로써 우리는 우리를 짓누르는 결정론détermination과 운명이 우리에게 가하는 압박을 견뎌낼 수 있는 것이고, 가치의 선포를 통해서 우리를 강제하는 것을 통합시킴으로써 거기에 굴복하지 않을 수 있는 것이고, "강제에 의한 것이라도 동의는 동의이다"[84]라고 당당하게 말할 수 있는 것이다. 의지가 강제성을 동화시키는 것이지 강제성이 의지를 굴복시키는 것이 아니다. 도덕은 언제나 그와 같은 통제를 주장한다. 그러나 도덕은 필연성을 끌어들여 도덕에 포함시키는 것을 결코 놓치지 않는다. 모든 도덕은 언제나 인간 본성의 한계를 고려한다. 인간 본성은 도덕적 명령의 절대성과 그 규범의 비타협성을 감당할 수 없다. 대중적인 지혜는 타협의 길을 능숙하게 찾아냈다. 그러나 윤리학자들도 또한, 그런 의미에서 수많은 궤변적인 논리를 펼쳤다.

엄격한 도덕규범은 실천불가능하다는 사실을 우리는 알고 있다. 규범이 명백하게 비타협적으로 제시될 때, 그 규범을 설명하고 비평하고 각색하는 사람이 등장한다. 중요한 것은 그 규범이 언제 어떻게 어디까지 적용될 수 있는지 알리는 것이다. 가공하는 더딘 작업이 시작되고, 중의적인 의미가 경우에 따라 도입된다. 기독교, 유대교, 유교, 이슬람교 등등의 어떤 위대한 도덕도 거기서 벗어날 수 없다. 윤리학자들의 일은 항상 원칙들을 완화시키는 작업이었다. 왜냐하면, 그 원칙들은 실천할 수 없는 것들이기 때문이다. 도덕은 실천되어야 한다. 실천되지 않는다면 도덕은 아무것도 아니다. 그 완전한 요구와 규정만을 고수한다면 도덕은 아무 실효성 없는 헛된 지적인 체계로 남고 말 것이다. 도덕이 구현되기 원한다면, 실천할 수 있게 만들어야 한다. 다시 말해서 도덕을 인간이 행할 수 있는 수준으로 낮추는

---

84)▲ Coactus voluit, sed voluit. 로마의 법률가들의 의도와는 전혀 다른 의미에서 그렇다.

것이다. 그런 작업은 학자들이 참여할 필요 없이 때로는 자연스럽게 실행될 수 있다.

칸트의 도덕은, 칸트를 전혀 읽지 않았을 수도 있는 19세기 서구 부르주아계층에 의해 상황에 맞게 완전히 응용되었다. 도덕이 원래대로 계속 남아 있는 것은 언제나 아무도 그 도덕을 실천하지 않는 경우이다. 니체의 도덕과 아리스토텔레스의 도덕이 그런 경우이다. 어디에 그런 도덕을 응용할 것인가? 그 대답은 정말 간단하게도 인간의 가능성과 연약함이다. 인정하기 힘든 개탄스러운 사실이지만 인간의 가능성과 연약함은 도덕의 일부를 이룬다. 왜냐하면, 인간은 연약하기 때문이다. 사실 연약함이 아니라 필요성이라고 해야 맞는 말이다. 그와 같이 응용하고 완화하는 작업은 역사적 · 심리적 · 경제적 · 생물학적 · 사회적 필요성을 윤리에 통합하는 것이다. 고려해야 할 '인간 본성의 한계'는 사실은 인간의 삶의 조건들에서 비롯된 한계이다. 그 한계는 인간이 맞부딪친 대립과, 모든 방면에서 인간을 압박하는 부담에서 비롯된 것이다. 그 이유는 인간이 그 조건을 극복할 수 없음으로 그 조건에 행동과 삶의 원칙들을 맞추어가는 것이 좋다는 사실을 사람들이 미리 알고 있기 때문이다. 바꾸어 말해서, 행동과 삶을 규정하는 규범에 그 조건을 포함시키는 것이 좋다는 것이다. 필연적인 것들을 고려하지 않는 것은 실천할 수 없는 체계를 만드는 것을 뜻한다. 그런데 항상 유념해야 할 것은 실천할 수 없고 실천되지 않는 도덕은 윤리가 아니라는 점이다.

경험이 아닌 사유에 의한 순수한 가치의 규정은 형이상학자들의 일이지, 윤리학자들의 일이 될 수 없다. 완벽하지만 응용할 수 없는 도덕을 제정한 윤리학자는 헛된 환상에 굴복하고 만 것이다. 왜냐하면, 도덕은 오로지 인간의 삶에 관한 정보를 많든 적든 제공하는 것으로서 진정성과 무게를 지니기 때문이다. 윤리는 삶의 방식을 상정한다. 그것은 행위나 의도나 회한이나 소망을 지닌 것이다. 그런데 적어도 그것은 개개인에게 의미와 방향성을 제공하는 뜻을 담은 도덕적 요청이 인간의 현실에 구현된 것이다. 그러나 실천가능성을 떼어놓으면 그런 요청은 기껏해야 철학자와 이념가의 헛된 항의가 될 수 있을 뿐이다. 도덕의 실천가능성이라는 조건은 도덕이 인간의 삶의 한계와 필연성을 인정해야 한다는 것을 전제로 한다. 도덕은 결정론적 요소들을 통합해야 하는데, 만약 그렇지 않으면 도덕은 다만 인간이 동화할 수 없는 절망적이고 절대적인 것을 인간에게 제시하는데 그친다. 부지불식간에도 자신의 한계와 연약함을 너무나 잘 인식하고 있기에, 인간은 자신이 시도조차 할 수 없는 너무나 과도하고 완벽한 일을 포기하고 돌아서 버린다.

　동일한 관점에서 많은 적든 간에 모든 도덕에서 필연성이 정당성의 근거로 채택되는 경향이 있다. 그것은 정말 당혹스러운 것이다. 선과 덕은 원래 필연성을 부인하고 결정론적 요소가 아니라 정의를 따라야 하는 것이 아닌가 말이다. 시류에 굴복하는 것은 도덕적인 것이 아니다. 그러나 다른 방도가 없어서 인간의 조건을 수용해야 할 때 모든 도덕은 그 조건을 정당성의 가치로 만든다. 그 조건을 노동으로 삼아, 노동이 정당성의 가치가 되는 식이다. 조국, 교육, 과학 등도 마찬가지다. 사실 그 진행과정은 인간에게 부과되는 필연성을 선이라고 선포하고, 가치라고 선언하게 하는 변화의 과정이다.[85] 이 시점에서 필연성에 대한 복종은 정당성이 된다. 왜냐하면, 그 복종이 가치에 대한 복종이라는 면모를 지녔기 때문이다. 그렇게 되어야 한다. 그렇지 않으면 인간은 자신의 삶과 무관한 가치들에 의해 계속 공격당하게 된다. 그것은 견딜 수 없는 것으로서 행동의 근거가 되는 모든 뿌리를 근본적으로 잘라내는 것이다. 그러나 인류가 이전에 경험하지 못했던 1792

---

85) ▲물론 이것은 자의적으로나 이론적으로 이루어지는 것이 아니다. 자의적으로 이루어지지 않는다는 것은 그것이 무작위적인 필연성이 아니라 가장 강력한 필연성이기 때문이다. 이론적으로 이루어지지 않는다는 것은 이것이 철학의 선포가 아니라 집단지성으로 모두 동의하는 것이기 때문이다.

년의 대대적인 강제징집과 전통적으로 군복무를 회피하려는 강한 열망 사이에 조국의 가치가 싹트고 스며들게 되자, 그 가치 덕분에 군복무를 회피하려는 열망이 잦아들 수 있었고 강제적인 군복무를 감수하는 사람은 열광적으로 정당성을 인정받기도 했다. 어떻게 해서든 다방면으로 모든 도덕체계 안에서 필연성은 가치 있는 것으로 귀결되어서, 인간이 스스로 정당성을 선언할 수 있는 아주 효과적인 근거로 등장한다.

여기서 필연성을 도덕으로 통합한 것에 대한 또 다른 측면을 살펴보아야 한다. 이제 도덕은 결정론의 질서에 속한 모든 것의 운명을 따르게 된다. 필연성에 예속되어 도덕은 모든 육신의 일반적인 종말로서 최후의 필연성인 죽음을 향한다. 가치, 윤리체계, 도덕체계, 도덕 등의 소멸은 필연성의 질서에 본질적으로 불가피하게 완전히 예속된 그것들의 속성을 나타내는 표지이자 결과이다. 모든 도덕은 소멸한다. 인간이 오늘날 선이라고 선포한 모든 것은 내일에 가서는 조롱과 경멸을 받게 되거나, 먼지에 덮여서 저절로 쇠퇴하고 소멸된다. 도덕은 결국 숙명이 지배하는 타락의 세계에 속한다는 사실에 관한 증거로서 윤리적 가치들의 연속적인 붕괴보다 더 큰 것은 없다. 그 가치들이 역사에 종속되고 문명에 포함되기 때문에 사라지고 죽어 없어진다고? 그건 물론 맞는 얘기다. 그러나 단지 그것만은 아니다. 그게 다가 아니다. 더 명확하게 살펴봐야 한다.

도덕이 소멸되는 것은 도덕이 시작과 발전과 절정과 쇠퇴와 몰락이라는 역사의 흐름을 따르기 때문만은 아니다. 결정적으로 도덕 안에는 그 과정의 결정론에 대항할 수 있는 것이 하나도 없다. 도덕 안에는 그 진행과정을 넘어설 수 있는 것이 없다. 도덕 안에는 주변의 모든 것이 변하여도 지속하는 것이 없다. 도덕 안에는 절대적인 숙명으로 인간이 겪는 죽음이라는 공통의 법을 감수하는 것이 없다. 도덕은, 아주 잠시 동안 이 운명에 대해 항거하고 그 운명을 피한다고 선언한다 할지라도, 자신의 고유한 결정론적 요소들을 따라간다. 그 선언은 이제까지의 경험으로 보아 가당치 않은 헛된 선언에 지나지 않는다. 나는 이것이 도덕의 상대성에 대한 선언에 그치지 않기를 바란다. 그 점에 대해서는 뒤에 가서 다시 거론할 것이다. 여기서 나는 또 다른 조명을 하고 싶다. 그 변화의 부정할 수 없는 불가피한 속성과 그 명백한 종말이 여기서는 단지 도덕이 필연적인 것으로 인정되는 데 대한 증거들로서 받아들여진다.

윤리는 인간의 자유에 대한 증거가 결코 아니다. 윤리는 자유를 주장할 때도 기껏해야 허상으로의 도피나 죽음으로 드러나는 거짓에 그친다. 그 점에서 정의와 선과 미가 언제나 새롭게 선포된다고 선언하는 것은 아무 소용이 없다. 그것은 사실이다. 그러나 그것들의 내용이 장소와 시간에 따라 달라지고, 선한 것으로 알려진 행위들도 변화하는 까닭에, 우리는 거기서 선의 영원성이라는 개념을 결코 끌어낼 수 없다. 도덕의 명칭만큼이나 도덕의 내용도 마찬가지이다. 히브리어를 모르는 사람에게 내가 '토브'[86]라고 하면, 그 사람에게 이 단어는 아무것도 상기시키지 않으므로 어떤 반응도 일어나지 않는다. 내가 일본인이나 남아메리카 인디언에게 '비엥'[87]이라고 하면서 그들에게 동일한 뜻이 전해질 것으로 믿는다면 나는 똑같은 억측을 반복하는 것이 된다.

도덕과 필연성의 관계

지금까지 고찰해온 관계와는 전혀 다른 차원에서 궁극적으로는 더 깊이 검토하게 될 것이지만, 여기서 끝으로 간략하게 지적하고 싶은 도덕과 필연성의 관계가 있다. 도덕은 필연적이다. 도덕은 필요하다. 인간은 도덕에서

---

86) [역주] 히브리어로 '좋다'는 뜻.
87) [역주] 프랑스어로 '좋다'는 뜻.

벗어날 수 없다. 그것은 또한, 타락의 조건의 일부분을 구성하는 것이다. 선악을 규정하고 고안하고 인지하는 능력을 갖추고 거기에 복종한다고 자처할 수 있게 된 후로, 인간은 비싼 값을 치르고 쟁취한 그 능력을 결코 버릴 수 없게 된다. 인간은 도덕이 없이는 살아갈 수 없다. 도덕이 없이는 사회도 집단도 개인적인 삶도 가능하지 않다. 한편으로 개개인은 모든 것이 선과 악으로 나뉜 세계에서 살아갈 필요성을 강하게 느낀다. 그것은 인간의 심리적 체계의 일부분을 구성한다. 인간은 하나의 가치가 어떤 것에는 부여되고 다른 어떤 것에는 부정되는 시점을 기점으로 안전감을 가진다. 인간은 제2의 행동노선을 필요로 한다. 인간은 순간에 살 수 없다. 인간은 순수한 충동을 따라갈 수 없다. 인간은 항상 '지금 여기에' 있는 존재가 될 수는 없다. 설령 인간이 그런 존재가 되는 결정을 내린다 할지라도, 도덕적인 논쟁과 판단을 거치고 난 후의 일이다.

순간이 더 중요하다고 인간이 결정했기 때문에, '지금 여기'가 영원의 가치를 지니게 될 것이다. 그래서 인간은 도덕을 다시 세운다. 그러나 그런 경우는 예외적인 것이다. 일반적으로 인간은 하나의 삶의 방식을 원한다. 인간은 항구적인 것을 필요로 한다. 인간은 내일 할 일을 위해서 현재의 것을 그냥 지나쳐 버릴 수가 없다. 계획이나 도덕적인 프로그램에 관계된 것이라도 마찬가지이다. 선한 것이라는 판단이 있기 때문에 해야 할 일을 선택하는 것이다. 이 결정은 개인적인 차원의 것이다. 도덕도 또한, 개인적일 수 있다. 각자가 선을 판별할 수 있는 능력을 가진다. 그러나 대부분의 경우 집단적인 합의와 같은 사회의 개입이 존재한다. 그것은 개개인의 힘의 절약과 집단적인 필요에 따른 것이다. 개인의 힘이 절약되는 것은 개개인이 제로에서 출발하고 자신 이전에 자신의 주변에서 행해진 모든 가치판단들을 무력화하고 다 재검토한 뒤에 스스로 다시 재구성하려고 한다면 엄청난 에너지의 소모가 일어날 것이기 때문이다. 경험상으로 보면 그와 같은 시도가 독창적이고 유일한 결정을 불러오는 경우는 아주 드물고 대개의 경우 그 과감한 모험 정신의 소유자는 이미 다져진 길과 경험된 가치에 다시 들어서게 된다. 그런 까닭에 그와 같은 힘의 소모는 아무 성과가 없게 된다는 것이 명백해진다. 그래서 집단지성은 그런 것을 피하는 데 전력을 다하여 개인적인 나태의 방향으로 나아가게 된다. 한 인간의 삶 전부가 다 소모될 수 있기에 커다란 위험이 수반되는 엄청난 시도를 하면서 빈약한 결과를 초래하는 셈이다. 더군다나 사회는 순응적이지 않은 경우 그 결과를 탐탁지 않게 본다.

개인들의 일관된 삶의 방식들이 충분히 만연할 때 비로소 사회는 지속된다. 모든 사람들이 동일한 것들을 '선'이라 하고 또 동일한 것들을 '악'이라고 부를 때, 타인이 어떤 행동을 하지 않을 거라는 것을 기대하고 바랄 수 있을 때, 비로소 사회가 성립된다. 타인의 삶의 방식에 대해 적정한 예측을 할 수 없을 때 어떤 사회적 관계도 성립될 수 없다. 사물들에 대해 동일한 판단을 할 수 있고 타인의 행동을 예측할 수 있게 하는 것은 바로 공통의 가치적도인 사회의 도덕이다. 사회생활이 그 기원과 내용 면에서 사회적이고 그 실천적인 차원에서는 개인적인 하나의 도덕을 수반하지 않는다면, 사회생활은 말 그대로 불가능하다. 그러므로 한 사회가 있는 힘을 다하여 물리치려는 가장 커다란 죄악은 사람들이 합의하고 동조하는 언어와 같은 공통의 가치들을 공격하는 행위이다. 사회는 평범한 개개인에게 도덕을 제공하여 그 견고하고 실제적인 수단으로 만족시킴으로써 개개인이 도덕을 준수하는 것을 기대할 수 있다. 개인적이고도 사회적인 필연성이 충족되는 것이다. 어떤 사회도 어떤 인간도 도덕 없이 지낼 수 없다. 도덕은 그 자체가 하나의 필연성인 것이다.

5장 이중의 도덕[88]

1. 도덕과 선과 하나님의 뜻

우리가 이제까지 언급한 전체 내용에 따라서 우리는 도덕은 하나님의 뜻에 관한 지식에서 나오지 않는다는 결론을 내릴 수 있다. 도덕이 우리에게 알려주는 선은 하나님의 뜻과 동일한 것이 아니다.[89] 사람들은 하나님의 뜻을 내적으로 구분함으로써 이 난제를 극복할 수 있다고 믿었다. 한편으로 예수 그리스도 안에 계시된 구원의 뜻으로서 인간을 구원하기 원하는 하나님의 사랑이 있다. 다른 한편으로 창조의 뜻으로서 창조세계에 나타나는 창조주 하나님이 있다. 구원은 뜻은 오직 계시를 통해서 알려질 것이고, 창조의 뜻은 당연히 자연의 관찰을 통해서 알려질 수 있다.

우리는 신학적인 문제를 논의하지 않고, 특별히 칼 바르트의 삼위일체의 위격에 대한 연구를 준거로 삼을 것이다. 삼위일체의 위격들 사이에는 분

---

88) 이 문제에 대해서 다음과 같은 최근의 연구물들을 참조할 수 있다. N. H. Soë , *Christliche Ethik*, §3, p. 31; D. Bonhoeffer, *Ethik.*, pp. 41, 79, 88, 178 및 그 이하, 230; Alfred de Quervain, *Die Heiligung I*, pp. 203, 214, 264 및 그 이하, 275; Roger Mehl, *Le problème de la Morale chrétienne*, pp. 31−51; Paul Ramsey, *Basic Christian Ethics*, 1954, p. 192 및 그 이하; Piper, *ZEE*, 1957, p. 125.

89) "기독교 도덕은 인간의 도덕적 본성의 존재나 선악에 대한 인간의 독립적인 지식을 수용하지 않는다. 기독교 도덕은 타락과는 무관하게 인간이 선악에 대한 지식을 가진 것으로 규정해서 하나님의 뜻과 인간 고유의 본성적인 성향을 혼동해버리는 일을 삼가야 한다."(K. Barth, 앞의 책, p. 15).

리가 없고, 위격이나 사역이나 하나님의 뜻에 여러 등급들이 존재하지 않는다. 하나님은 모든 위격 안에 하나이고, 오직 하나님의 계시를 통해서 계시 안에서 알려질 수 있다. 타락한 본성을 통해서는 원래의 창조세계에 관해서도 그렇지만 더더욱 그 세계를 주관하던 뜻에 관해서는 알 수 없다. 창조세계와 원래의 본성에 대한 지식은 만물이 창조된 근원인 예수 그리스도 안에서만 얻을 수 있다. 하나님의 구원의 뜻과 창조의 뜻의 일체성은 부활과 새로운 창조의 언약 안에서 유일하게 나타난다.

이제 그 주제를 떠나서, 인간이 하나님의 창조의 뜻을 본성적으로 안다는 주장이 우리가 제기한 문제를 해결할 수 없다는 점에 주목하고자 한다. 사실 우리는 인간이 하나님에게서 나온 선에 관해 알 수 없다는 점을 입증하고자 했다. 왜냐하면, 그 선은 정확히 구원의 뜻과 예수 그리스도의 인격과 합치하기 때문이다. 그런데 어찌 보면 인간의 도덕을 통해서 나타나는, 인간이 아는 선은 하나님으로부터 오는 것으로서, 하나님의 창조물에 해당하고, 지고의 선, 제일의 선은 아니지만 신적인 선으로서 인간의 정의와 사랑과 같은 것으로 창조된 것이라고 말할 수 있을 것이다.[90] 그것은 신적인 세계와 인간적인 세계 사이에 중간적인 하나의 이상적인 세계, 정확히 말하면 가치의 세계가 존재한다는 의미가 된다. 그것은 완전히 플라톤철학에 속한다. 우리는 플라톤의 철학과 이데아 개념의 위대한 가치를 절대로 부인하지 않는다. 우리는 단지 그것이 전혀 기독교에 속하지 않고 기독교와 양립할 수 없다는 사실을 지적할 뿐이다.

모든 절충적인 시도들은 기독교의 본질을 사라지게 했다. 그리스도인으로서 도덕적 가치들을 거론할 수 있다 하더라도, 그것이 어떤 의미인지는 뒤에 살펴볼 것이지만, 어쨌든 그 가치들은 인간적인 영역에 속한 것으로서

---

90) 예수 그리스도는 모든 가치의 척도라는 루의 주장은 정말 타당한 말이지만, 가치의 인정보다는 가치의 배제로 기우는 경향이 있다(M. H. Roux, *Les epîtres pastorales*, p. 95).

하나님이 관여하지 않는 것이며 결국 인간이 만든 것이지 인간 안에서 '신적인' 것이 발현된 것이 아니라는 점을 인정해야 한다. 도덕적 가치들은 환경, 경제, 교육, 종교적 이념 등에 달려있다. 도덕적 가치들은 확실성이나 안정성이나 보편성이 없고 심지어 객관성조차도 결여되어 있다. 그와 같은 것들이 존재한다 할지라도 산발적이고 일시적이고 유동적인데다가 만인의 공감을 결코 얻지 못한다. 거기서 어떻게 하나님의 창조에 관한 흔적들을 발견하겠는가? 그렇다면 하나님이 타락의 세계에서 창조한 도덕적 가치들은, 이전에는 존재이유가 없었는데, 거기서 온전한 의미와 효력을 가지게 되기 때문에 창조의 흔적들을 훌쩍 뛰어넘는 그 이상의 것들이 되고 말 것이다. 더욱이, 우리가 보기에 도덕적 가치들이 하나님이 창조한 것이 아니라는 주장을 내세우기에 충분한 논거가 명백하게 존재한다. 즉, 성서 어디에서도 그런 가치들과 그 가치들의 창조에 대한 말은 나오지 않는다. 그러므로 우리가 성서를 기독교 신앙의 척도로 인정한다면 그것으로 충분하다. 그러나 인간이 규정한 선과 도덕적 가치들의 이 인간적인 속성을 인정하는 가운데 추가적인 결론을 이끌어내야 한다. 그것은 그 선이 기독교인과 비기독교인들이 공유하는 척도가 될 수 없다는 사실이다.

한편으로 그리스도인들은 이방인들이 암묵적으로 기독교에 속할 수 있다는 주장을 결코 할 수 없다.[91] 한 인간이 그리스도인이 되는 것은 그리스도가 자신의 구원자라는 신앙고백에 의한 것이다. 이방인들이 아주 선하게 처신할 수 있다. 그러나 그것은 오로지 선에 대한 인간적인 기준에 따른 것일 뿐이다. 그들이 행한 일의 객관성이 그것이 하나님의 뜻이라는 걸 입증해주지 않는다. 왜냐하면, 뒤에 살펴보겠지만, 오직 하나님만이 우리가 한

---

91) ▲"당신들이 행동하는 것을 보니 당신들은 모르는 새에 이미 그리스도인이 된 셈이다." 그리스도인들은 간디에 대해서 이와 같은 커다란 유혹을 받았었다. 오늘날은 공산주의자들에 대해 이런 유혹을 느끼는 사람들이 있다.

일 중에서 선한 것을 분간해낼 수 있기 때문이다. 그것은 우리 일이 아니다. 우리는 선한 것을 분간할 수 없다.

다른 한편으로 우리는 사람들이 지칭하는 선의 이름으로 기독교를 판단하는 것을 받아들일 수 없다. 그 선은 기독교를 입증하거나 반증할 수 없다. "사람들은 기독교인이 아니면서도 선을 행한다. 그러므로 기독교는 유익하지 않다." 물론 사람들은 기독교 신앙이 없이 자신들의 선을 행할 수 있다. 그 사실은 다만 그들이 말하는 선이 하나님의 뜻이 아니라는 사실을 밝혀줄 뿐이다. 이 구절을 읽고 나서 그리스도인들은 잘난 교만으로 그런 말을 한다고 외칠 사람들이 있다는 사실을 나는 알고 있다. 그 사람들은 그리스도인들은 자신들만이 하나님을 안다고 믿고 있다고 한다. 나는 그들에게 단지 이렇게 말할 것이다. "당신들이 모든 것을 판단하는 기준인 그 선은 대체 어디서 나온 것인가? 하나님에게서 나온 것이라면, 어떻게 나온 것이며 또 그 근거는 무엇인가? 당신 자신들에게서 나온 것이라면, 당신들의 인간적인 척도를 어떻게 하나님의 계시에 적용한다는 말인가? 그러려면 먼저 하나님이 예수 그리스도 안에서 계시되지 않았다는 것을 입증해야 할 것이다." 사실 여기서 문제는 인간이 하나님을 인간적인 척도로 재려는 것이다. 언제나 에덴동산의 첫 유혹이 다시 반복되는 것이다. 인간이 선을 규정하는 것은 인간이 하나님과 동등한 것으로 자처하는 것임으로 당연한 일이다. 그러므로 인간이 선을 기준으로 해서 계시를 판단하려고 하는 것은 자연스러운 일이다. 그런데 바로 그것이 죄이다. 동일한 맥락에서 우리는 여기서도 그리스도인들의 근심과 불안을 접하게 된다.

사람들이 오늘날 선이라고 지칭하는 것은 기독교에 속하는 것이 아니다. 사회정의, 효율성의 중시, 국가의 존엄성, 계급의 연대성, 역사의 의미 이해 등과 같이 인간이 올바른 길로 알고 진정으로 인정하는 모든 것에 대해서 기독교는 별로 크게 할 말이 없다. 물론 우리는 해석의 묘를 살려서 성서에서 그런 것을 찾아볼 수도 있다. 선지자들은 우리에게 '사회정의'를 외친다. 시대마다 사회정의를 위한 일을 한다고 외쳤다. 중세시대에는 명예와 충성심과 귀부인을 위한 봉사와 군주에 대한 충성서약과 군사적 용맹이 선의 주요한 기준들이었다. 사람들은 기독교도 거기에 맞추려고 시도했다. 오늘날 신앙의 이름으로 무력수단들을 기뻐하고 불신자들을 죽이는 행위는 우리에게 끔찍한 일로 받아들여진다.

그런데 정말 끔찍한 것은 선한 행위로 인정되는 행위는 모두 다 기독교에 속한다는 구실로 사회에서 일시적이고 잠정적인 선의 개념에 기독교를 맞추려는 일이다. 오늘날 사람들이 선이라고 부르는 것으로서 프롤레타리아와 저개발국 인민들의 해방이나 생활수준의 향상이나 교육의 발전에 대해서 동일한 일을 하는 것도 기독교에 파괴적인 영향을 미칠 뿐만 아니라, 수세기가 지나면 아마도 무분별하고 터무니없는 것으로 평가될 것이다. 물론 내 말은 그런 일들이 가치가 없고 프롤레타리아는 계속 노예로 남고 문명자들은 무지한 상태로 두어야 한다는 뜻이 결코 아니다. 내 말은 단지 그것은 겉으로 보기에 명백할지라도, 설사 성서본문[92]에 나와 있는 것이라 할지라도, 12세기의 명예나, 중세시대의 무기의 선한 용도나, 스토아철학자들의 부에 대한 개인적인 경멸과 같은 것만큼이나 기독교적이지 않다는 뜻이다. 그 모든 것이 성서 본문에 근거를 둘 수도 있다. 그러나 그 모든 것은 오늘날 우리에게 무가치하고 유행에 뒤진 것으로 보인다. 유행에 뒤진 것이라는 말이 정확하다. 왜냐하면, 그것은 진리의 문제가 아니라 유행의 문제이기 때문이다. 그래서 그리스도인들이 기독교를 당시의 도덕적 유행에 맞추어서 현대화하려는 것은 용인될 수 없는 일이다.[93]

---

92) ▲"포로된 자들을 자유롭게 해방하라."
93) 이 점에 대해서 교회는 명확히 밝혀야 한다. 교회가 하나의 윤리를 수립하고 그 윤리가 세상 윤리의 특성을 나타낸다고 할 때, 그 사회가 선택한 가치들이 기독교 윤리의 가치들이 되는 것이 아니라는 것이다. 인민공화국들에서는 기독교 윤리의 핵심가치가 평화

2. 세상의 도덕에 따를 필요성

순전히 인간이 만든 도덕은 상대적이고 일시적이고 잠정적인 것으로서 어떤 형태든지 하나님의 뜻을 표현한 것이 될 수 없다. 그러나 말했다시피, 도덕은 필요한 것이다. 그 한계를 아는 그리스도인은 그것을 이유로 도덕을 잘못된 것이라거나 무익한 것으로 평가할 권리가 결코 없다. 도덕은 정말 무시할 수 없는 것이다. 그리스도인으로서 우리는 도덕을 정말 진지하게 받아들여야 한다. 그리스도인이라 하더라도 우리는 예수 그리스도의 수준에 완전히 다다른 것도 아니고 아직 하나님의 나라에 들어간 것도 아니라는 사실을 유념하는 것이 좋다. 우리는 이 땅 위에 주어진 일정한 시간과 일정한 장소에서 살아간다. 우리는 다른 사람들과 똑같은 사람들이다. 그래서 우리는 그 시대와 그 장소에서 살아가는 사람들의 과오와 지식, 희망과 신념, 가치와 판단, 미덕과 한계 등을 공유한다.[94] 인간적인 수준에서 그 시대의 사람들이 선이라고 부르는 것을 우리가 선이라고 판단하는 것은 당연한 일이다. 우리가 그걸 어겼을 때 우리가 심판을 받아야 한다고 느끼는 것은 당연한 일이다.

사도 바울은 세속 도덕에 따른 우리의 심판에 유의해야 한다고 권고한다. "우리는 주 앞에서뿐만 아니라 사람들 앞에서도 선한 일을 하려고 노력한다.고후8:21 사도 베드로는 "너희 안에 있는 소망에 관한 이유를 묻는 모든 사람들에게 대답할 것을 항상 준비하라"벧전3:15라고 말한다. 우리에 대한 도덕적인 판단은 우리로 하여금 심각한 경계심을 갖게 하여, 우리 스스로 우리 행위의 가치와 의미의 문제를 제기하고, 우리가 도덕을 어기는 일이 하나님에 대한 순종인지 죄성에 따른 것인지 점검하도록 해야 한다. 우

이고 미합중국에서는 평등인 가운데, 기독교 윤리의 제정자들이 그 가치에 따라서 윤리가 설정되어야 한다고 아무 비판 없이 제시하는 것은 우리에게는 용납될 수 없는 것으로 보인다.

94) ▲기독교가 비인격적인 존재를 양성하는 학교가 아닌 까닭에 그럴 수밖에 없다.

리는 세상 사람들의 도덕을 부정하려면 그에 맞는 강력한 근거를 가져야 하고 그 근거를 명확히 해야 한다. 우리는 도덕이 인간의 것이라는 이유로 태만한 마음을 가지고 도덕을 일소할 권리가 없다. 우리에 대한 도덕적 판단이 하나님의 심판이 아니라는 것은 의심의 여지없는 사실이다. 그러나 그 판단은 우리의 삶에 대한 가치 여부를 보여주는 표지로서, 더더욱 우리가 예수 그리스도에 관해 행하는 증언의 수준을 나타내는 표지로서 아주 중요하다.

위에서 인용한 두 개의 성서구절들은 현재 세상의 도덕을 따르고 우리 주변의 사람들이 지칭하는 선을 행하는 것이 그리스도인의 삶의 한 요소가 된다는 사실을 우리에게 상기시킨다. 따라서 사람들이 세운 도덕은 하나님 앞에서 가치를 지니는 것이다. 타락의 질서에 속하고 하나님의 뜻과 공통된 기준을 갖지 않는다 하더라도, 도덕은 상대적이고 또 상대적인 까닭에 필수적인 것이다. 사도 바울이 두 번이나 '사람들 앞에서' 라는 추가적인 구절을 덧붙인 것은 그것이 상대적인 선이라는 점을 밝혀주는 것이다. 그러나 우리는 또 다른 계명을 증언하기 위하여 사람들 앞에 서게 된 사람들로서 그들의 도덕을 거부하는 것이 증언하기에 앞선 전제조건이 되지 않게 해야 한다. 그와 반대로 인간이 만든 도덕에 대한 거부는 불필요한 물의를 일으킬 수 있다는 사실에 유의해야 한다. 왜냐하면, 하나님의 이름으로 행해진 것이라 하더라도 그런 물의는 악마적인 것일 수 있기 때문이다. 우리가 오로지 기독교 도덕의 내용에 대해서 증언과 논의를 집중시켜서 세상의 도덕을 복음의 이름으로 부정한다면, 복음의 내용 전부를 잃어버리게 되고 은총에 대한 증언은 불가능하게 된다는 사실에 유의해야 한다. 그것이 이교도 국가에 들어간 교회가 계속 범한 실책이다. 교회는 거기서 일부다처제와 나체생활과 동성애 등에 몰두하여 먼저 삶의 방식의 변화를 요구하면서, 기독교 도덕에 맞지 않는 관습에 맞서 싸운다. 그렇게 되면 투쟁의 중심이 잘못 설정된 까닭에 복음의 전파는 불가능하게 된다. 그러므로 사도 바울은 "율법 없는 자들에게 내가 … 율법 없는 사람 같이 된 것은 … 어떻게 해서든지 사람들을 구원하기 위한 것이다.고전9:21-22라고 말한다.[95]

세상의 도덕에 대해 문제를 일으키는 예수 그리스도 때문에 간혹 필요할 수 있다. 우리는 두 가지 도덕의 충돌이 아니라 복음 안에서 그 한계들을 살펴볼 것이다. 우리는 세상의 도덕을 따를 수 있고 일반적으로 그렇게 해야 한다. 성서 어디에서도 세상의 도덕은 정죄되지 않는다는 사실에 특별히 주목해야 한다. 하나님의 말씀은 종교와 주술과 우상숭배에 대해서는 아주 엄격하여 어떤 용서나 관용도 없이 아주 작은 영적 탈선도 다 정죄하지만, 도덕의 다양성에 대해서는 아무 지적도 하지 않는다는 사실은 아주 주목할 만한 점이다. 하나님의 말씀이 도덕을 지적하는 때는 오로지 어떤 도덕적 행위가 이단이나 우상과 같은 하나의 영적 태도에 기인하는 경우이다. 그것도 그 행위가 상당한 영향을 미친다는 사실을 드러내는 것에 그칠 뿐이다. 도덕적 결정에 대한 이러한 관용과 신중성은 놀라운 것이다. 그러나 그 점은, 도덕이 인간과 아주 밀접하게 연관되어 있기에 도덕을 부정하고 배척하는 것은 인간 자체를 부정하는 것이고 인간 조건을 폐기하는 것이 된다는 사실을 고려하면, 이해가 된다고 볼 수 있다.[96] 타락한 까닭에 타락 이후로

---

95) 오직 그런 의미에서 우리는 그리스도인이 세상의 가치들 가운데 선택해야 한다는 생각을 받아들인다(Mehl, Ricoeur, "Discerner pour Agir", *Le Semeur* 48, 1950). 그 가치들이 살아나가야 할 계시의 진정성이나 특수성을 나타내지 않는다는 사실을 인정하는 한, 그것은 맞는 생각이다.

96) 또한, 본성적 윤리가 "유한한 영혼이 자신의 종말을 이해하는 것"을 나타낼 때, 우리가 그 윤리에 상당한 가치를 인정해야 한다는 것은 확실하다(R. Niebuhr, *The Nature and Destiny of Man*). 본성적인 윤리가 명시적이든 아니든 생명의 불완전한 의존적인 성격을 인정하는 것이고, 부족과 결핍을 증언하는 것이며, 그 실행에 있어서 자의식에 자리를 내어주는 당연함을 나타내는 것일 때, 그 윤리는 그런 가치를 지닐 수 있다. (그러나 그것은 선 자체나 엄격한 합리성의 기준에 도달하려는 것을 다 내려놓는다는 것을 의미한다.) 그런 경우에 윤리는 아담이 시도한 것과 같은 일의 실패에 대한 증언이 되고, 또한, 신앙적으로 아주 진지하게 수용될 수 있다.

인간은 탈출이 불가능한 도덕적 세계 안에서 살아간다. 하나님과의 관계단절 사건은 인간의 존재이유이자 삶 자체가 되었다. 인간을 이 세상에서 떼어놓으면 인간이 하나님과 화목할 수 있게 된다는 말은 믿지 말아야 한다.

인간이 만든 도덕을 부정하는 것은 악마주의나 천사주의에 기인한다. 도덕적 삶은 찾아볼 수 없고 단지 하나님에 대한 반역만이 전부인 악마의 상황 속으로 인간을 저버리는 것은 악마주의가 된다. 도덕을 부정하는 그리스도인이 타락 이전의 아담의 상황을 되찾기 위해서 인간 조건을 벗어나고자 하는 것은 천사주의가 된다. 도덕을 부인하거나 존중하지 않는 것은 결국 인간을 있는 그대로 인정하지 않는 것이고, 스스로를 인간으로 인정하지 않는 것이다. 그렇게 해서 그리스도인은 결코 먼저 상대방을 백지 상태가 되게 하여 복음을 받아들이게 할 수 없다. 정반대로 그것은 상대방과 완전히 단절하게 하고, 현실에서 상대방을 떼어놓는다. 왜냐하면, 우리가 상대방의 도덕을 부정한다고 해도 상대방은 계속해서 있는 그대로의 자기 자신의 삶을 살아가기 때문이다. 더구나 하나님이 죄성에 따라 인간이 세운 도덕을 받아들인다면, 그것은 인간에게 유용하기 때문이라는 사실을 고려해야 할 것이다. 여러 번 언급했다시피, 인간은 살아가기 위해서 도덕을 필요로 한다. 사회적으로 구성된 모든 집단은 도덕을 통해 스스로를 표현한다. 삶은 하나의 윤리 체계 내에서 가능하다. 그 체계가 없으면 끊임없는 전쟁이 일어날 것이고, 개인 상호간에 어떤 관계도 생각할 수 없다. 그러므로 도덕이 인간에게 유용하므로 그 유용성 때문에라도 우리는 도덕을 존중해야 한다.[97)]

도덕의 유용성이라는 차원에서 우리는 인간이 스스로 도덕을 제정하는

---

97) 도덕의 유용성이라는 이 개념은 에릭 베이유가 정립한 개념에 가깝다(Eric Weil, "Raison, Morale et Politique," *Critique* IV, 1948). "도덕적 원리는 실제로 해야 할 일을 결코 말하지 않는 커다란 약점과 완벽하게 어떤 삶의 방식을 금지하는 엄청난 능력을 가지고 있다... 주어진 상황 속에서 가능한 것과 가능한 것을 알려주는 이성에 일임해야 할 필요가 있다."

동시에 도덕을 준수할 줄 안다는 점을 발견한다. 여기서 말하는 유용성이 반드시 실용주의적으로 전락한 개념을 의미하는 것은 아니다. 그런 경우에 그 단어에 대한 몇 가지 유보사항에도 불구하고 우리는 본회퍼의 '본성적' naturel이라는 개념을 수용할 것이다.[98] '본성적' 이라는 개념은 구체적으로 인간의 삶을 보존하려는 양식을 뜻한다. 역으로 악은 언제나 생명을 파괴하려는 양식이 된다. 본성적인 것은 하나님의 보존의 뜻에 의해 정해진다. 비본성적인 것은 그 뜻에 반하는 것이다. 그러나 하나님의 뜻은 이집트의 재앙과 앗시리아 공격과 같이 간혹 파괴적인 것일 수 있고 비본성적인 것을 이용할 수 있다. 그것은 본성적인 것과 유용한 것과 실용적인 것에 의해 수립된 선악의 범주에 하나님이 구속받지 않는다는 사실을 의미한다.

인간이 더 비인간적인 삶의 상황에 처하는 것을 바랄 수는 없는 노릇이다. 도덕의 존재는 인간과 하나님의 관계를 가깝게 하는 것은 아니다. 그리스도인이 도덕을 준수하는 것은 그 이유 때문이 아니다. 그러나 도덕은 인간이 생존하도록 돕는다. 하나님이 우리에게 때가 되기 전에 수확하지 말라고 요청한 것과 우리가 살아가는 세상이 존속되고 조화롭게 살 만한 곳이 되는 것이 좋다는 것을 믿는다면 그것은 아주 중요한 일이다. 세상은 근본적으로는 나쁜 것이지만 살아갈 만해야 한다. 숨을 쉴 수 있는 공기와, 충분한 영양공급과, 일관성 있는 질서와 인간관계 등은 평범한 것이지만 필수적인 것이다. 저 하늘로 헛되이 도피하지 않으려면 그런 것들을 중요하게 받아들여야 한다. 그리스도인은 남들을 도와서 이 세상을 살 만한 곳으로 만들어야 한다. 도덕은 그 일의 일부분으로서, 우리는 남들과 함께 일반적인 도덕과 집단적인 도덕과 개인적인 도덕을 존중하고 세우고 공고히 해야 한다. 더구나 그러는 가운데 그리스도인이 무관심할 수 없는 가치들을 접하게 된다.

---

98) D. Bonhoeffer, *Ethik*, p. 97.

타락 이후로 인간은 하나의 선이 존재한다는 사실을 알게 되었다고 우리는 말해왔다. 인간은 그 선이 무엇인지 모른다. 그러나 인간이 하나의 도덕을 세우고 윤리적인 선택을 하고 결정을 내릴 때마다, 거기에 소망이 있고 기다림이 있고 요구가 있다. 하나님의 선이 없는 가운데, 인간은 그냥 그대로 넘어갈 수 없는 까닭에, 또한, 인간은, 그 존재 가능성도 상상할 수 없이, 알 수 없는 가운데, 그 지고의 선을 기다리고 소망하는 까닭에, 인간은 스스로 선을 결정한다. 그러나 인간이 선에 대한 결정을 내릴 때 인간은 존재를 의식하기 시작한다. 왜냐하면, 인간이 소망을 품게 되어 그 소망을 향하여 나아가기 때문이다. 인간이 도덕체계가 자신의 욕망을 완전하게 구현할 것이라고 생각할 때마다, 완전한 것만이 인간을 충족시킬 것이기에 인간은 실망하게 된다. 인간의 기다림과 요구는 도덕을 끊임없이 창안하는 노력으로 발현된다. 물론 그게 전부 다는 아니다. 그런 까닭에 하나님의 계시를 받는 사람은 사람들의 소망에 주의를 기울여야 한다. 이는 사람들이 스스로 그런 대응을 하는 것이 잘못된 것이라고 지적하고 그들에 대한 자신의 우월성을 내세우기 위한 것이 아니다. 그 목적은 사람들을 도와서 소망을 가지게 하고, 그들로 하여금 이른바 선을 규정하여 의무로서 준수하도록 돕기 위한 것이다. 결코 그 선을 죽음으로 가는 종양과 같이 만들지 말고 언제나 그 본령에 맞게 해야 한다. 그것은 인간이 어두운 밤에 외치는 부르짖음이자 그 부르짖음에 대한 인간의 응답이다.

두 가지의 도덕들

그러므로 인간이 만든 도덕의 존재를 긍정적으로 받아들인다는 것은 그리스도인에게는 두 가지의 도덕들이 존재한다는 걸 뜻한다.[99] 한편에는 하

---

99) ▲이는 우리가 기독교 도덕의 존재를 인정한다는 것을 전제로 한다. 그 주제는 뒤에 가

나님에 의한 선의 계시와 거기서 비롯된 모든 산물들이 있다면, 다른 한편
에는 결정지어진 상황 속에서 인간이 제정한 도덕이 있다.[100] 이 두 가지 도
덕들은 모든 차원에서 대립한다.[101] 우리는 그 기원이 두 갈래라는 것을 말

서 고찰할 것이다.

100) 원하건 원치 않건 간에, 계시에 중심을 두는 것과 인간에 중심을 두는 것, 둘 중의 하나
　　를 선택해야 한다. 둘을 혼합하는 것은 불가능하다. 모든 자연 도덕은 인간으로부터 출
　　발한다. 헤링(Bernard Häring)의 도덕신학은 가톨릭에게 특별한 어려움을 준다. 헤링은
　　합당한 원리들을 내세운다. "도덕신학은 그리스도에 대한 완전한 앙가주망의 독트린
　　일 수밖에 없다. 그 출발점은 그리스도일 수밖에 없다." "인간학과 기독론을 분리시키
　　지 말아야 한다."(B. Häring, *La loi du Christ I*, p. 95.) 그렇다면, 우리는 은총으로 중생한 인
　　간이 아니라 본성적인 인간의 존재에 관여하게 된다. 그런데 기독교 도덕의 가능성은
　　그 은총에 달려 있다(pp. 97, 268). 인간은 자연적 본성으로서 도덕적 가치들을 구현한다.
　　하나님과 인간 사이에 절충점을 찾으려고 하자마자, 인간 쪽으로 중심이 쏠리게 된다.
　　　그러나 두 개의 도덕들이 대립하는 가운데, 특히 하나님에게서 비롯되는 것은 종교적
　　인 도덕이라고 규정하지 말아야 한다. 일반적으로 모든 가톨릭 저자들은 거기서 커다
　　란 오류를 범한다. 최근에 헤링이 그 탁월한 신학적 견해에도 불구하고 그의 책에서 그
　　런 오류를 보여주고 있으며, 개신교 저자들도 가끔 그런 오류를 범한다. 정말 놀라운 것
　　은 니버의 책(*An Interpretation of Christian Ethics*)에서도 그런 오류가 발견된다는 사실이
　　다.

101) 두 가지의 도덕들이 존재한다는 사실을 인정하는 것이 초래하는 어려움을 나는 익히
　　알고 있다. 두 개의 질서(ordre)를 주장하는 루터의 이론이 받은 그 많은 비난들을 감수해
　　야 할 수도 있다. 우리는 그 문제를 나중에 다시 살펴볼 것이다. 그러나 나는 그것이 하
　　나는 좋고 하나는 나쁘다는 식의 이분법으로 두 개의 도덕을 완전히 분리시키는 문제
　　가 아니라는 점을 내세우고 싶다. 마찬가지로 그것은 또한, 하나님과 피조물들의 교제
　　를 완전히 차단하는 문제가 아니다. 예수 그리스도 안에서 하나님과 피조물이 교제하
　　게 된다는 사실을 기억해야 한다. 다른 한편으로 두 개의 도덕을 부인하고 오로지 하나
　　의 도덕을 확립하려는 것은 완전히 비현실적인 관념론에 빠지는 것이다. 인간의 도덕
　　은 많은 적든 신적인 선의 요소들을 포함한다고 주장하는 모든 이론들은 정치적 현실
　　과 같은 현존하는 세계의 현실을 알지 못한다. 그 이론들은 잘 선택된 예외적인 경우들
　　에 따라 판단을 내리거나, 일원적인 도덕 이론과 맞지 않는 모든 것을 아주 쉽게 부정하
　　면서 현실의 단 하나의 측면만을 부각하고 만다. 반면에 우리는 복합적이고 총체적으
　　로 현실을 관찰하면서, 두 개의 도덕이라는 성서적 교의는 세계의 현실에 부합하는 유
　　일한 것임을 확인하게 된다. 우리는 아이히만(Eichmann)의 유죄에 대해 일어난 논쟁에
　　서 이 반론을 입증하는 비극적이고도 아주 명백한 예를 볼 수 있다. 인류의 생존과 법의
　　정의와 인간 본연의 정서라는 관점에서 아이히만에게 사형을 선고해야 하는 것은 분명
　　한 사실이다. 왜냐하면, 사람들이 말하다시피 살인자를 자유롭게 풀어주는 것은 법의
　　원칙과 문명의 규범을 완전히 무너뜨리는 것이기 때문이다. 반면에 기독교적인 양심은
　　용서가 단순히 개인적인 문제에 국한된 것인지 집단적인 범죄도 해당되는 것인지, 아
　　이히만을 풀어주는 것도 포함하는지 질문을 던지게 한다. 골란츠(V. Gollancz)의 글은 그
　　런 입장을 나타낸다. "육백만의 사람들이 죽임을 당했다. 그런데 한 사람을 더 죽이는
　　것이 무슨 소용인가? 그것이 아우슈비츠가 인류에게 끼친 증오와 잔인성의 장막을 거

해왔다. 하나는 계시와 인간의 하나님을 향한 태도와 하나님의 말씀에 따른 인간의 이웃을 향한 태도이다. 다른 하나는 아주 다양한 과정과 가변적인 내용을 따라 개인이나 집단이 만든 행동규범과 판단규범이다. 재론할 필요도 없이, 각각의 경우에서 선이라고 부르는 것은 서로 다른 것이다. 그런데 도덕적 과정 자체는 두 경우가 서로 대립한다고 볼 수 있다. 정말 비현실적인 사르트르의 관점을 제외하고는, 구체적인 도덕적 과정은 언제나 두 개의 단계로 진행된다고 할 수 있다. 하나는 달성할 선이 확정되는 단계이고, 다른 하나는 선택과 결정에 따라 선을 달성하거나 혹은 달성하지 못하게 되는 단계이다. 우리는 일반 윤리와 특별 윤리를 거론할 수 있다. 선의 확정은 집단적이거나 개인적으로 미리 전체적으로 예정하거나 실제 경험을 따라 부분적으로 이루어갈 수 있다. 아무튼 선은 달성할 하나의 목표나, 실현해야 할 가치나, 열매를 맺어야 하는 원칙이나, 실천해야 할 명령으로 나타난다. 그 모든 경우에 인간이 실천하거나 실행해야 할 미리 예정된 추상적인 내용이 존재한다. 인간의 책임은 실천과 행동의 차원에 있다. 아무리 정묘한 현상학적 사상이라도 이 실천적 차원의 문제로 되돌아간다.[102] 그렇지만 도덕적 실천이라는 이 과정은 기독교와는 아무 관계가 없다. 아주 흔한 일이지만 사람들이 기독교를 그런 식으로 말할 때, 그것은 하나님의 계

두게 할까? 아이히만은 하나님에게 속한다. 오직 하나님만이 아이히만을 심판할 수 있다. 우리는 정의의 보상과 같은 애매한 관념이 아니라, '죄가 더 많은 곳에 은혜가 더 크도다.'라는 말씀과 같이 더 확실한 영적인 보상의 관념을 따라야 한다. 히틀러의 극단적인 악행은 지극한 선행을 필요로 한다. 자비와 망각만이 그 어두움에 약간의 빛을 비출 수 있다." 골란츠는 "가라. 그리고 더 이상 죄를 짓지 말라"는 말씀을 인용하는 것으로 끝맺음으로써 아이히만을 풀어주어야 한다고 암시한다. 이와 같은 도덕심을 발휘하는 것은 인간집단의 생존에 막대한 폐해를 입힐 것은 분명한 사실이다. 그러나 이와 같은 태도가 이웃을 사랑하라는 요청, 더 정확히는 원수를 사랑하라는 요청에 부합한다는 것도 역시 분명한 사실이다. 여기서 우리는 두 개의 도덕이 충돌하는 것을 본다. 서글프지만 여담삼아 전할 것은 법의 정신을 옹호한 사람은 한 도미니칸 신부였고, 하나님의 이웃 사랑의 정신을 옹호한 사람은 한 유대인이었다는 사실이다.

102) ▲예를 들자면 '가치들이 지향하는 목표' 개념이 있다.

시와는 무관한 일이다.

달성해야 할 하나님의 율법이 존재한다든가, 사도 바울의 서신서나 산상수훈에 기록된 것과 같이 준수해야 할 기독교 도덕이 존재한다든가, 관상기도 가운데 신비하게 깨닫고 실천할 수 있는 지고의 선이 존재한다든가 하는 등의 그 모든 얘기는 세속 도덕의 경험과 판단과 해석을 기독교에 들여오는 것이다. 믿음 안에서의 도덕적 과정은 완전히 다르다.[103] 객관적인 선의 전제나 결정은 실제로 존재하지 않는다. 하나님의 율법 자체는 이 객관적인 선이 아니라는 사실을 우리는 보게 될 것이다. 우리 각자에게는 오로지 하나님과의 개인적인 관계만이 존재한다. 그 관계 안에서 하나님의 뜻으로서 선이 계시되는 것이다. 그런데 이 선은 달성해야 할 목표로서 고행을 치르면서 가까이 다다가는 것이 아니다. 이 선이 예수 그리스도 안에서 성취된 사실을 우리는 알고 있다. 그런 가운데 우리는 하나의 목표를 좇는 것이 아니라 하나님의 사랑과 영광을 표현함으로서 현실 속에서 살아가는 삶의 방식을 결정해야 한다.

그리스도인은 개인적인 감동을 따라 윤리가 아닌 진리를 증언하기 위해 행동을 취하여서, 진리가 살아 움직이고 활동하게 해야 한다고 말할 수 있다.[104] 그리스도인의 행동은 불변의 완전한 목표를 향해 점진적으로 다가가는 것이 아니고, 매순간 완전히 새롭게 내리는 결정 가운데 이루어지는 것이다. 그리스도인의 길은 점점 더 나아지는 도덕의 실천과 같이 점진적인 단계를 밟는 것이 아니다. 그리스도인의 길과 성서에서 말하는 성숙은 믿음

---

103) 칼 바르트는 아주 훌륭하게 문제를 대비시킨다. "일반 윤리에서 문제가 되는 것, 즉 법칙이나 가치의 탐구, 선에 관한 진리나 지식의 탐구 등과 같은 것은 하나님에 관한 기독교 교의에서 비롯된 윤리에서는 아무 문젯거리도 아니다. 역으로 일반 윤리에서 전혀 문제가 되지 않는 것, 즉 윤리 문제의 대응으로 제기되는 인간의 현실적 상황 문제, 인간과 선을 잇는 현실적 연관성, 인간을 선에서 분리시키는 실제 간극들과 같은 것은 기독교 윤리에서는 뜨거운 문제가 된다."(K. Barth, *Dogm. II*, 2, 2, p. 12)

104) ▲"내가 이미 이루었다는 것이 아니다"라는 구절과 같은 골로새서나 빌립보서의 구원론적인 의미가 아니라 윤리적인 관점에서 말하는 것이다.

의 길이요 성숙이지 도덕적인 것이 아니다. 그리스도인의 도덕적 행위는 매 순간 완전하고 일체적이다. 그 행위는 그 순간의 그리스도인의 존재를 나타내는 것이다. 어제의 행위를 오늘의 행위에 덧붙이는 일은 없다. 우리 안에서 일하는 성령의 능력에 의해 신앙이 성숙함으로써 존재가 새롭게 되는 일만이 일어난다. 그같이 존재가 새롭게 되는 것은 늘 새로워지는 행위들을 통해 나타난다. 나는 나의 행위들을 나에게 계시된 하나님의 뜻을 따라 오늘 나 스스로 판단한다. 나는 사실 그 행위들이 그 뜻에 맞는 올바른 것이 아님을 알아차리게 된다. 그것은, 어떤 의미에서는, 기독교 도덕이 실제로 존재할 수 없다는 것을 의미한다. 이는 또 다른 차이를 부각시킨다. 모든 도덕은 인간이 자유로운 존재라는 전제를 깔고 있다. 왜냐하면, 결국 최종적인 것은 인간이 선과 악 사이에 내리는 선택에 달린 것이라고 보기 때문이다. 인간이 자유로운 존재가 아니라면 그것은 아무 의미도 없게 된다. 그러므로 자유는 도덕의 성립에 필수조건이 된다.[105]

그런데 기독교는 우리에게 자신의 개인적인 의지에 묶여있는 인간과는 반대로 순종이 삶에 가장 중요한 인간을 말한다. 기독교는 우리에게 순종이 자유의 전제 조건이라고 말한다. 이는 인간적인 관점에서는 전혀 이해할 수 없는 것이다. 올바른 행위가 어떤 존재와의 관계를 받아들인 데서 나오는 열매라는 식의 도덕적 삶은 모든 독립적인 도덕에서는 불가능한 것이며 정말 황당한 것이다. 모든 독립적인 도덕은 언제나 더 큰 자기통제력 및 개인의 자율성을 지향한다. 반면에 그리스도인의 삶은 언제나 하나님에게 더 깊이 다가가는 것이다. 인간중심적 관점에서 그것은 하나의 소외현상이다.

---

105) 도덕과 자유의 관계에 관한 헤링의 아주 고전적인 연구를 참조하라(B. Häring, *La loi du Christ I*, p. 143 및 이하). 반면에 칼 바르트의 상반된 주장이 존재한다(K. Barth, 앞의 책, pp. 10-11). "자신이 스스로 선과 악 사이에서 선택하는 것을 포기하면서, 하나님의 백성은 오직 순종의 길을 간다. 하나님의 백성은 오직 하나님의 뜻에 따를 뿐이다. 그래서 선은 사건이 되고, 윤리의 문제는 예수 그리스도 안에서 응답된다. 신적인 도덕은 이처럼 모든 인간적 윤리와 상반되는 것이다."

그러나 2부에서 다시 살펴보겠지만, 그것이 진정 완전한 자유를 구현하는 유일한 길이다.

끝으로 두 개의 도덕들 간에 상반되는 또 다른 사실은 하나님이 내린 명령은 결코 인간으로 하여금 하나의 이상을 실현하도록 인도하지 않는다는 점이다. 세상의 모든 도덕은 정반대이다. 하나님의 계명은 언제나 하나님의 언약의 성립, 선포와 연관되고, 가까이 다가온 약속된 천국과 관계되는 행동으로 연결된다. 따라서 기독교 윤리에서는 결코 아무 선행이라도 하는 것이 중요한 것이 아니다. 중요한 것은 하나님의 나라에 관계되고, 하나님이 우리에게 요청하는 증언에 관계되는 일을 행하는 것이다.

기독교의 계시에는 도덕적인 이상과 선의 예표는 존재하지 않는다. 선의 상징은 더더욱 존재하지 않는다. 말씀의 계시는 인간의 순종을 요청한다. 왜냐하면, 하나님은 인간의 구원을 실현하기 때문이다. 그리스도인은 실존주의에서 말하듯이 매순간 자신의 행동과 자신의 고유한 존재를 창조하도록 부름 받은 것이 아니다. 그리스도인은 이웃이 아닌 예수 그리스도와의 만남을 통해서 자신의 전 존재를 받아들이게 된다.

그런 점들을 통해서 우리는 확인된 두 개의 도덕들 간에 존재할 수 있는 본질적인 차이를 이해할 수 있게 된다. 가장 통상적인 태도는 내용의 차이나 표현의 차이처럼 기독교 도덕과 다른 도덕 사이에 어떤 차이가 존재하는 것을 인정하는 것이다. 그것은 유교적 도덕과 소크라테스의 도덕과 칸트의 도덕과 기독교 도덕을 연달아 분석하는 것이다. 사실 본성적인 인간은 기독교를 하나의 종교, 하나의 인간론, 하나의 철학, 하나의 도덕 등으로 볼 수 있다. 더욱이 많은 경우에 기독교 지식인들이 자신들의 철학적인 고정관념에 의해서, 또 성직자들이 종교적이거나 도덕적인 우려에 의해서 그런 해석의 실마리를 제공했고, 그런 이해를 가능하게 했다. 심리학적이거나 사회학적인 표현을 통해서 기독교는 하나의 종교와 같이 보일 수 있었고 인간의 삶을 개선하려는 의지를 통해서 하나의 도덕과 같이 보일 수 있었다는 것은 명백한 사실이다. 그런데 바르트가 밝혀준 바와 같이 기독교와 종교 간에 확고한 대립점이 존재하듯이, 기독교와 도덕 간에도 확고한 대립점이 존재한다. 뒤에 가서 자세히 볼 것이지만, 어떤 의미에서 기독교는 반反도덕적이라고 말할 수 있다. 기독교에 의해 도덕적 현상들이라고 분류될 수 있는 현상들이 나타난다고 해서 기독교를 다른 도덕과 동일시하는 것이 정당화될 수는 없다. 그것은 단순한 언어의 차이나 내용의 차이가 아니다. 기독교윤리라고 부를 수 있는 것은 일반적인 의미의 도덕을 구성하는 모든 것과 완전히 상반된다.

모든 도덕들 간에는 공통의 특징들이 존재한다. 그래서 도덕을 일반적인 현상으로 거론할 수 있는 것이다. 그런데 그리스도인이 살아가는 방식에서 발견할 수 없는 것이 바로 이 공통의 특징들이다. 그리스도인이 살아가는 방식은 다른 모든 도덕과는 완전히 다른 특성을 띤다.[106] 그러므로 이는 세부적인 내용 중에 한두 가지가 차이나는 아니고 근본적으로 상반되는 차이인 것이다. 도덕 전체가 공통의 특징들을 나타내는 반면에, 기독교는 어떤 도덕과도 공통점을 갖지 않는다. 계시는 본질적으로 어떤 윤리적인 체계화에도 반하고, 다른 도덕에도 동화되지 않는다. 그리스도인의 삶은 도덕에 부합하는 삶이 아니고, 현재 살아있는 계시된 말씀에 부합하는 삶이다.[107]

---

106) 기독교도덕의 특성에 관해서 말하면서 기독교가 그 특성을 포기할 때마다 기독교는 세상의 윤리적인 탈선을 분별할 능력을 상실하게 된다고 지적한 니버(R. Niebuhr)의 말은 옳은 것이다. 그러나 기독교윤리는 두 개의 전선에서 자기방어를 해야 한다. 두 개의 전선이란 관념론적인 이원론과 자연주의적인 일원론이며, 또한, 세상 그 자체의 정당성을 인정하는 낙관론과 역사를 의미가 없는 것으로 보는 비관론이다. 다른 어떤 도덕과도 유사하지 않은 기독교윤리의 특성이 바로 이러한 것이다. 그 특성은 고대 이스라엘의 연이은 신화들을 통해서 분명하게 표현된다. 마찬가지로 기독교적 사랑은 일원론적인 도덕적 사랑과도 다르고 신비주의적 사랑과도 다른 것이다. (참조: O. Prunet, *La morale chrétienne d'après les écrits johanniques*, p. 25.)

107) 아주 많은 신학자들이 가지는 혼란은 이상과 의무와 양심이 본성적인 인간으로 하여금 선행을 명하는 하나님을 인정하는 유신론적 관점에 이르게 할 수 있다는 사실에서

기독교 윤리의 특성은 우리의 논의가 전개되는 가운데 더 뚜렷하게 드러날 것이지만, 지금 여기서 먼저 명제라는 형식으로 그 중요한 사실을 표명할 필요가 있다. 물론 그것은 아주 커다란 어려움을 불러온다.

그리스도인의 삶과 세속 도덕 사이를 연결하는 다리를 놓는 것은 그리스도인들에게 언제나 일어나는 유혹이다. 그 이유는 그리스도인의 삶의 규범을 어떻게 세워야 할지 모르는 탓이기도 하고, 또 둘을 분리하는 것이 힘든 탓이기도 하고, 또 자비나 겸양의 관점에서 진리의 영역에서 기독교에 속하지 않는 것을 배제하는 것이 용납될 수 없는 탓이기도 하고, 또 세상의 풍조가 교회로 스며들어온 탓이기도 하다. 더더욱 수많은 다른 이유들 때문에 기독교와 세속 도덕의 접근과 동화가 끊임없이 일어난다.[108] 성서적 윤리가 다른 도덕과 혼동될 수 있다는 사실을 늘 유의해야 한다. 하나님의 계명과 함께 사회나 자연이나 역사에서 유래되는 다른 규범들이 존재한다. 그 규범들은 하나님의 명령으로 받아들여질 수도 있다. 더군다나 자신의 뜻을 계시하는 하나님이 압도적인 권능으로 하는 것이 아니라 사람이 요청하는 것과 같이 하듯이, 마찬가지로 예수 그리스도 안에서 하나님은 자신을 한 사람으로 나타내는 것이다. 그런데 칼 바르트는 결국 하나님의 계명의 구

유래하는 것이 확실하다. 그러나 계시가 우리에게 알려주는 사실은 그게 아니다. 계시는 하나님은 당신이 우리가 남들에게 행하기를 바라시는 대로 우리에게 행동하는 분으로 계시한다(N. H. Soe, *Christliche Ethik*, §4). 그와 같은 혼란의 전형적인 예가 J. Bois의 *Le Problème de Morale chrétienne*(기독교 도덕의 문제)이다.

108) 이런 식으로 동화하는 것은 대부분 혼란과 유혹을 초래한다. 힐러달(G. Hillerdal)이 잘 지적한 바대로(G. Hillerdal, "Unter welchen Bedingungen ist evangelische Ethik möglich?," in *ZEE*, 1957), 많은 경우 신약의 교훈들과 철학적, 인간중심적 도덕들을 구분시키는 것은 아주 작은 사실이다. 이 아주 작은 사실은 '그리스도 안에서'라는 말일 뿐이다. 전체적인 통합을 위해서 이 아주 작은 사실을 없애버리려는 유혹이 얼마나 간절할까. 그 사실을 배제하지 않고 기본적인 것으로 삼으면 여타의 모든 도덕들과 기독교의 분리는 근본적인 것이 된다.

루는 이런 혼란의 특징을 아주 잘 나타내는 예를 제시한다(M. H. Roux, *Les epîtres pastorales*, p. 179). 우리는 이 문제를 그리스도인들을 위한 도덕의 특성을 거론할 때 다시 살펴볼 것이다.

분은 그것이 의무obligation가 아니고 허용permission라는 사실에 있다고 강조한다.

계명은 예수 그리스도 안에서 인간이 자유롭게 해방된다는 사실과 믿음으로 받은 은총에 의해 인간이 자유롭게 된다는 사실에 기초한다. 계명 자체는 이 자유에 대한 일종의 보증으로 등장한다. 이 계명은 인간으로 하여금 창조될 때의 원래 소명대로 살아갈 수 있게 한다. 그런 모든 점에서 계명은 여타의 모든 도덕들과 명확하게 구별되는 것이다.

그러나 기독교 윤리는 비기독교적 윤리와 유사할 수 있다.[109] 마찬가지로 그리스도인의 행위가 선행이나 악행이나 간에 비기독교인의 행위와 아주 유사할 수 있다. 예를 들자면, 십자군 전쟁 때에 그리스도인과 이슬람교 신자 간에 서로 유사한 점들 중의 하나가 금욕주의였다는 사실이 알려져 있다. 이슬람교의 금욕주의와 기독교의 금욕주의는 서로에 대해 경탄해마지 않는다. 그와 마찬가지로 오늘날 공산주의 활동가들이 그리스도인들보다 조금 더 크게 정의감과 사랑의 정신을 나타낸다는 말을 흔히들 나누곤 한다. 켈수스[110]의 반문이 계속 되는 것이다. "미덕이라는 측면에서 그리스도인들이 다른 점이 무엇인가?"

그리스도인들이 구별되는 것은 행동이 더 선하다는 것도 지성이 더 뛰어나다는 것도 아니라는 사실을 유념해야 한다. 금욕주의와 금욕주의를 비교하여 거기서 일치하는 부분을 찾고, 신앙과 신앙을 비교하여 종교 간에 일치하는 부분을 구하는 것은, 인간이 만든 것들을 비교하여 상호관계를 맺

---

109) 칼 바르트는 현대에 일반적 윤리 체계가 기독교 윤리에 미친 영향을 잘 밝혀주었다. 또한, 그 영향으로 기독교 윤리가 세상의 윤리 사상들에 어떻게 순응해왔는지도 잘 보여주었다(K. Barth, 앞의 책, p. 14 및 그 이하).

110) [역주] 켈수스(Celsus)는 2세기의 그리스 철학자로 알려진 인물로서 178년에 *Logos Alethes*(참된 로고스)를 저술하여 기독교를 비판한 것으로 알려져 있다. 거기서 그는 기독교 윤리는 독창적인 것이 아니며 기존의 그리스 철학 사상에서 나온 것이라고 주장한다.

으려는 것이다.

기독교인의 금욕주의는 이슬람교인의 금욕주의와 동일하고 기독교인의 사회적 사랑은 공산주의자의 사랑과 같다는 것은 무엇을 뜻하는가? 이슬람교 신자나 공산주의자가 그리스도인이라는 말인가? 절대로 그렇지 않다. 사실 아담의 자손인 자연인의 관점에서 보면, 다시 말해서 자주성과 독립성 속에서 살아가는 인간의 관점에서 보면, 모든 것이 유사하다. 이슬람교의 금욕주의가 기독교의 금욕주의와 같다고 보는 그리스도인이 있다면, 그 그리스도인은 세상의 종교적인 영에 빠져있는 것으로 실제로는 그리스도인이 아니거나, 또는 아담의 선택을 되풀이하여 스스로 선을 판단하려고 더 이상 주 하나님을 따르지 않는 사람이다. 철학에서 말하는 '세계정신' Weltgeist이 기독교의 '계시'에 스며들어서 '기독교의 '아가페'가 휴머니즘적인 사회적 사랑으로 변질된 경우에, 공산주의의 사랑은 '아가페'와 동일한 것으로 보인다. 이는 또한, 그리스도인이 스스로 사랑이 무엇인지 결정하고 자신의 소명대로 살기를 멈춰버린 경우이다. 앞의 경우에 그런 변질이 일어난 것이 공산주의의 영향 탓이 아니라는 사실에 주목하자. 거기에 외적 요소의 개입이 필요한 것이 아니다. 변화는 내적인 데서 일어난다. 그리스도인이 '아가페'가 무엇인지 알려고 하지 않고 "이것이 진정한 사랑이고 진정한 휴머니즘이다"라고 말하는 사회적 사조를 따를 때, 그리스도인이 하나님의 말씀보다 사회에서 하는 말에 귀 기울일 때, 그리스도인은 다른 인간적 활동 및 유형에서 겸손하고도 또 합당하게 기독교보다 더 우월한 것으로 스스로 인정하는 사랑을 발견하게 된다.

그렇다면 무엇인가? 기독교를 성립시키는 것은 예수 그리스도라는 인격이다. 모든 것은 예수는 하나님이고 예수 그리스도는 주권자이자 구원자라는 사실에서 나온다. 거기서 벗어나는 것은 다 말에 그칠 뿐이다. 그렇다면 문제는 무엇보다 진리의 문제이다. 이 진리를 인정하고 전제할 때 비로소 윤리가 구체적인 형태를 갖게 된다.[111] 왜냐하면, 기독교 윤리는 예수 그리스도와 예수 그리스도를 자신의 구주로 인정하는 사람과의 관계이기 때문이다. 그 관계에서 우리에게 하나님이 말씀하고 이룩하는 선이 회복되는 것이다. 이 선은 인간이 말하는 선의 관점에서는 통찰하고 이해하고 파악하는 것이 완전히 불가능하다.

예수 그리스도를 인정하지 않는 사람은 인간이 문명의 한 시점에서 정의나 사랑이라고 부르는 것에 입각해서 자신의 관점으로 선에 대해 판단할 수밖에 없다. 그런 사람에게 그리스도인의 행위는 대부분 이해할 수 없고 불합리한 것으로, 때로는 악한 것으로 보인다. 그는 "유대인에게는 거리끼는 것이고 이방인에게는 어리석은 것"고전1:23이라는 판단을 내릴 수밖에 없다. 그것은 휴머니스트와 정치가와 도덕가와 종교인에게는 언제나 '거리끼는 것'이다. 그것은 철학자와 학자와 기술전문가들에게는 언제나 '어리석은 것'이다. 믿음에 의해서 예수 그리스도와의 관계에 기반을 둔 그리스도인의 행위의 고유한 특성이 나타나는 것이다. 그러나 그것이 반드시 독창성을 찾아내야 하다거나 그래서 인간의 모든 행위를 부정해야 한다는 걸 의미하는 것은 아니다. 행위의 차원에서 우연적이고 일시적인 일치가 있을 수 있다. 그러나 어떤 행위가 예기치 않은 맥락과 연관되어 금세 불일치하게 되면, 그런 일치는 때때로 더더욱 낯설게 보인다. 이것은 많은 경우 비기독교인들이 공통의 도덕적인 영역을 찾았다고 믿었는데 알고 보니 그리스도인들에게는 전혀 다른 것이었음을 깨닫게 되었을 때 거리끼게 되는 원인 중의 하나가 된다. 함께 연합하여 여정을 함께 하고 난 뒤에야 비로소 서로 오해를 불식시킬 수 있게 된다.

비기독교인인 동반자들을 실망시켜 당혹스럽게 하지 않기 위해서, 사실은 비열하고 터무니없으며 진리를 배반하는 행위에 불과한 일에 '사랑과

---

111) ▲우리는 뒤에 가서 이단과 악행의 관계를 살펴볼 것이다.

자비' 라는 명분을 붙임으로써 그리스도인들은 얼마나 많은 과오를 범했던 가. 기독교세계는 특히 그런 모호한 것들을 토대로 하여 재구성된다. 지적으로 완전히 정통적인 신학을 수립하는 것은 쉽다. 그러나 기독교가 구체적이고 경험적으로 나타나는 실제 삶의 영역으로 들어가는 순간, 우리는 제일 정통적인 신학도 아무 소용도 없고 제대로 구현되지 못하는 것을 깨닫게 된다. 믿음이 구현되어야 하는 필요성 앞에서, 실현될 수 있는 기독교 진리를 수립할 필요를 느낀다. 그 순간부터 이단으로 가는 신학적인 작업이 이어진다. 현재 바르트주의 신학은 그와 같은 곤경에 처해 있다. 세상의 도덕들과 타협하려는 시도들이 다시 출현하고 있다. 바르트주의 신학자들이 사회학적 사조를 따르며 지극히 불확실한 견해들을 채택하려는 시도가 있다.[112] 또한, 도덕적으로 체계화하려는 시도는 이미 이루어졌다. 어떤 시도도 다 진리에 관한 새로운 신학을 수립하려는 방향으로 가게 될 뿐이다. 기독교적인 방식의 문제는 언제나 신학을 수정함으로써 해결하려고 하지만 해결이 불가능한 문제이다. 그 문제는 해결하지 말아야 한다. 여기서 또 한 번 그리스도인의 삶에서 중요한 것은 도덕이 아니라 신앙이라는 사실을 유념하자. 신앙의 핵심은 선행이 아니라 예수 그리스도이다. 그 점에서 기독교 윤리는 세상의 다른 어떤 도덕과도 연관성을 지닐 수 없다.

두 가지 도덕들의 관계와 결과

이제 우리는 그리스도인에게는 두 가지 도덕들이 존재한다는 사실을 인정한다. 그렇다면 그 사실은 어떤 결과를 불러올 것인가? 두 가지 도덕들 사이에는 분명 어떤 관계가 존재하는데, 그 관계는 구체적으로 무슨 관계

---

112) ▲예컨대 정치적인 면에서는 사회주의적인 사조를 따르려고 한다.

일까?[113]

첫째로, 두 가지 도덕들 사이에는 당면한 행동 가운데 일치하는 점이 예외적으로 존재할 수 있다. 사회주의적인 혹은 플라톤적인 도덕에 연유한 어떤 입장, 결정, 판단 등이 그리스도인에게 전적으로 수용할 만한 것일 수 있다. 이미 알다시피, 믿지 않는 사람이 거꾸로 자신의 고유한 시각에 따라서 신앙적인 어떤 행위를 좋게 판단하여 채택할 수 있다. 그러나 그런 식의 합의는 단지 구체적인 단편적 차원에서 일어날 수 있을 뿐이다. 니버가 『인간의 본성과 운명*The Nature and Destiny of Man*』에서 강조하듯이, 정의의 추구, 독재에 대한 저항, 평화 운동 등은 가치 있는 도덕적 판단을 보여주지만 언제나 폭력과 증오의 요소가 뒤섞여 있다. 거꾸로 언제나 폭력적인 권력의 행사는 어떤 정의와 질서를 추구하는 측면을 지니고 있다. 공산주의자와 그리스도인 사이에 함께할 수 있는 '부분적인 공동의 일' 을 주장하는 사람들은 그런 점에서 틀린 것이 아니다. 그것은 공산주의의 전반적인 정책이나 독트린에 동조하는 것이 아니고, 단지 신앙의 요구와 공산주의자의 전술 사이에서 어떤 특정한 문제가 우연히 일치한다는 걸 나타낼 뿐이다.[114]

그리스도인들이 '선한 의도*bona fides*' 와 같은 로마법이나 스토아철학적 도덕의 규범에 전적으로 동의할 수 있었던 것은 당연했다. 그러나 그와 같은 동의가 로마법 전체나 스토아철학 전체로 확장될 수는 없다. 구체적인 일에서 전체 체계로 넘어갈 때 오류가 일어난다. 비기독교인이 기독교와 어

---

113) 두 가지 도덕들 사이에 가능한 다양한 관계들 중에 변증론적인 관계나 절충적인 관계나 역할 분배 관계는 있을 수 없다(참조: K. Barth, 앞의 책, p. 15 및 그 이하). 칼 바르트는 세속 도덕을 기준으로 두 가지 도덕들을 구분하는 것에 반대한다. 그러나 우리는 또한, 칼 바르트의 다음과 같은 견해를 받아들인다. "기독교 윤리는 일반적인 윤리의 문제와 의도와 동기를 수용하거나 반대하기 위해서는 먼저 검토해야 한다. 기독교 윤리는 본질적으로는 비판적인 자세를 견지하면서도, 부정적이지 않고 포괄적인 태도를 취해야 한다."(K. Barth, 앞의 책, p. 20)

114) 또 다른 관점에서 보면, 공산주의의 시각에서 이 '부분적인 공동의 일'이라는 이론은, 우리가 1959년의 전국교회 회의의 보고서에서 밝혔듯이, 완전히 비난받아 마땅한 것이다.

떤 도덕 체계를 동일시하려고 할 경우 그건 그리 큰 문제를 일으키지 않는다. 그건 불가피한 오해에 지나지 않는다. 본성적인 인간은 기독교 진리가 완전히 새로운 것임을 스스로는 전혀 이해할 수 없다. 그는 두 가지 도덕들에 관해서 전혀 모른다. 그의 시각에서 보면, 기독교는 다른 것과 다를 바 없는 하나의 종교이자 도덕일 수밖에 없다. 그에게는 달리 판단할 도리가 없다. 그런데 정말 문제가 심각한 것은 그리스도인이 신앙의 열매와 인간적인 어떤 미덕이나 이상과 혼동하는 경우이다. 그런 경우에 그리스도인은 예수 그리스도가 자신의 말씀과 그 말씀의 실천 간에 수립한 엄밀한 관계를 포기하게 되는 것이다.

특히 그리스도인들이 구하는 두 가지 유형의 절충안이 있다. 하나는 세속 도덕은 최소한의 도덕이며 기독교와 대립하지 않는다는 것이다. 다만 기독교 도덕은 세속 도덕을 포함하는 더 광범위한 것이다. 기독교 도덕은 부가적인 요구로서 존재한다. 그 점을 제외하고 기독교는 본성적인 도덕으로 존재하는 것을 인정할 것이다. 그것은 어쩌면 기독교가 강력한 비중을 차지하는 사회에서나 성립될 수 있었던 주장이다. 그런 사회에서 '세속적인' 도덕은 사실 세속화된 기독교 도덕이었다. 마르키즈 원주민들Marquisiens이나 치페와 부족Chippewa의 도덕이 거론될 때 이와 같은 주장은 터무니없는 것이 된다. 더욱이 우리는 본성적인 도덕과 기독교 도덕 간의 연속성을 수립하는 것이 정말 불가능하다는 점을 이미 살펴보았다.[115]

다른 하나의 절충안은 기독교 도덕을 실천하면 사회가 인정하게 된다는 논리이다.[116] 그것은 "그리스도인이 되면 부자가 되고 성공한단다."는 말과

---

115) 한 예로 헤링(Bernard Häring)은 군인들의 영웅적인 죽음과 순교자들의 죽음을 동일시한다(앞의 책, I, p. 313).
116) 우리는 여기서 기독교 도덕을 정당화하기 위한 그리스도인의 노력을 발견한다. 일반적인 윤리에 기초해서 기독교 도덕을 정당화하는 것은 불가능하다. 기독교 도덕을 일반적인 윤리에 덧붙이려고 하거나 일반적인 윤리에 의해 발전시키고 확장시키고 풍부하게 하려는 것은 완전히 다 배제해야 한다. 다른 영역의 도덕과 같은 차원에서 논하는

같은 것이다. 그것은 기독교의 진리를 아주 심각하게 왜곡시키는 것이다. 우리가 할 수 있는 말은 거기에는 기독교적인 것이 전혀 없다는 것이다. 어떤 가치체계도, 어떤 행위도, 어떤 도덕적 신화도 본질적으로 기독교와 일치할 수 있는 점은 하나도 없다. 단지 일시적이고 우발적으로 일치하는 점이 나타날 수 있을 뿐이다.

끝으로 일치하는 점이 존재한다는 것은 기독교 도덕이 본성적인 자연 도덕을 확장한다거나 보완한다는 걸 뜻하는 것은 아니다. 그것은 단지 신앙의 삶이 본성을 완전히 제거하는 것이 아니라는 걸 뜻한다. 하나님은 죄의 한가운데서 가장 반역적인 인간도 포기하지 않는다.[117] 그러나 이것은, '율법의 제1기능'[118]으로서 율법과 기독교 도덕이 모든 것을 제어하고 권고하는 기능을 담당한다는 식의 해석을 지지하는 것이 아니다.[119] 우리는 그것이 불가능한 근거를 이미 제시한 바 있다. 그러한 해석에는 신학적인 오류가 있다는 사실을 상기하자. 왜냐하면, 거기서 도덕은 많은 사람들이 받아들일 수 있도록 지존의 존재인 하나님으로부터 오는 것으로 소개되기 때문이다. 그러나 그리스도인의 입장에서 그것은 도덕이 그리스도에 기초하지 않는다는 걸 뜻한다. 이는 최악의 배반이다. 그런데 도덕이 그리스도에 기

것은 어림없는 일이다(K. Barth, 앞의 책, p. 12).

117) N. H. Soë, *Christliche Ethik*, 1957, 10.

118) [역주] 율법에는 '세 가지 기능'(Triplex usus legis)이 있는데, 이는 각각 '율법의 제1기능'(usus legis primus), '율법의 제2기능'(usus legis secundus), '율법의 제3기능'(usus legis tertius)이라 한다. 이 중에서 '율법의 제1기능'은 정치적 기능 또는 시민적 기능(usus civilis)이라고 불리며 공공의 삶과 정치적 생활을 위한 것이다.

119) 예전에 가끔씩 그래왔고, 또 어쩌면 루터도 '율법의 제1기능'을 통해서 그런 것과 같이, 십계명을 자연법과 동일시하는 것은 불가능하다. 왜냐하면, 십계명은 "불순종하는 자들을 통제하기 위한 것"이라는 관념은, 우리가 이미 밝혔던 바와 같이, 기독교 사회 내에서 살아가는 삶을 내포하는 것이기 때문이다. 십계명은 선민으로서 유대 민족에게 계시된 법이다. 십계명은 모든 사람들을 위한 일반적인 법이 아니다. 십계명은 인간의 마음에 자연적으로 임한 법을 말하는 것이 아니다. 만약 그렇다면 십계명이 천둥과 번개가 치는 가운데 시내산에서 계시된 이유를 잘 이해할 수 없는 것이다(참조: D. Bonhoeffer, *Ethik*, 1er appendice; R. Neibuhr, *An Interpretation of Christian Ethics*, p. 106 및 그 이하).

초하게 되면 비기독교인들이 더 이상 그것을 받아들이지 않을 것이다. 합의는 더 이상 가능하지 않다.

어쩌면 겸양한 일반도덕이 존재할 경우를 생각해볼 수도 있다. 스스로 완전성을 포기하고 궁극적인 것이거나 신화적인 것을 내세우지 않고 선을 규정하려 하지 않는 윤리가 있다면 일치를 이룰 수 있다는 칼 바르트의 주장은 확실히 맞는 말이다. 그러나 그것은 환상이자 가정에 불과하고 전례가 없는 것이다. 도덕적 판단의 불확실성과 인간 조건의 한계를 강조하는 윤리는 언제나 이 상대주의와 회의주의를 절대시한다는 사실을 잊지 말아야 한다.

둘째로, 대부분의 경우 두 가지 도덕들 간에는 대립이 존재하거나, 기독교도덕에 대한 세상의 도덕의 무지와 무관심이 존재한다. 후자의 경우는 세속세계의 문제이다. 그리스도인은 세속 사회의 도덕을 무시할 수 없다. 이미 언급했듯이 그리스도인은 자신이 살고 있는 사회의 모든 다른 도덕과 같이 세속 도덕에 유의해야 한다. 그런데 세속 도덕은 독립적인 기독교 도덕의 존재를 무시하려고 하거나 무시할 수 있다. 세속 도덕은 그 요구 사항들을 타당하게 여기지 않는다. 그런데 원칙적으로 세속 도덕은 또한, 그 요구 사항들을 반대하지 않고 존중한다. 그것은 무관심이다. 그래서 세속세계는 최고의 가치는 관용인 까닭에 거기에 갈등이 있을 수 없다고 주장할 수 있다. 만약에 갈등이 일어난다면, 불관용을 표명하여 세속 도덕을 위반하는 그리스도인의 잘못이 될 것이다. 그것은 맞는 말이다. 세속인은 관용이 궁극적인 도덕적 가치가 될 수 없는 그리스도인의 마음을 환히 다 알 수 없다. 그리스도인에게 있어서 신앙에서 비롯된 어떤 구체적인 행위들은 불관용적인 태도를 유발한다. 그 경우에 갈등은 그리스도인이 기독교 도덕을 실천함으로써 초래되는 것이다.

반대로 세상의 도덕이 명백하게 기독교 도덕과 충돌할 수 있다. 공산주의 도덕의 경우가 그렇다.[120] 가치체계가 기독교와 완전히 상반되는 나치의 도덕이나 기술 도덕의 경우도 마찬가지이다. 이처럼 각기 다른 경우, 비기독교적인 시각에서 갈등은 두 가지 방식으로 해결될 수 있다.

그 한 가지 해결 방식은 그리스도인들에게 예수 그리스도에 속한 것을 행위를 통해서 드러내는 것을 금지하는 것이다. 물론 내적인 영역인 신앙과 영적인 삶은 자유롭게 둔다. 그러나 내적인 삶이 행위를 통해서 밖으로 표현되지 말아야 한다. 사회에서 행동의 통일을 구체적으로 저해하는 것은 행동의 다양성이지 내적 신념의 다양성이 아니다.

이미 로마제국 시절에, 그들은 그리스도인들의 신앙을 비난하지 않았다. 그들이 비난한 것은 황제 숭배에 참가하지 않고 다른 종교들을 용납하기를 거부한 그리스도인들의 대사회적 태도였다. 그리스도인이 실제로 공동의 사회활동에 참여하기만 하면 그들은 그리스도인을 전적으로 받아들인다. 그리스도인이 신앙을 특별한 행동으로 표현하지 않고, 공산주의체제 하에서는 당의 슬로건에 복종하고, 사회주의 건설을 위해 일하고, 공개적으로 자신의 신앙을 증언하지 않고, 반종교적 정책에 대해서조차도 정부를 비판하지만 않는다면, 모든 게 다 괜찮다. 바꾸어 말해서, 그가 그리스도인으로서 살아가지 않고 기독교 윤리에 따르지 않는다면 말이다. 요약하자면 이 해결 방식의 결론은 기독교 도덕을 완전히 제거하는 것이다.

다른 한 가지 해결 방식은 기독교 도덕을 다른 도덕에 예속시키는 것이다. 다시 말해서 기독교 도덕으로 하여금 비기독교적인 도덕이 요구하는 행위에 따르게 하는 것이다. 공산주의 사회에서 1943년에 러시아 정교 교회

---

120) ▲예를 들어, 개인의 미덕은 존재하지 않는다는 관념으로, 한 인간은 개인적인 품행과 상관없이 소속된 계급에 의해서 좋고 나쁨이 결정된다. 혹은 프롤레타리아의 유익을 위한 것은 기만이든 배신이든 살인이든 다 좋은 것이다.

가 그리스도의 자비를 요청하여 유대감을 조장하고 그리스도인들이 국가에 특별 헌금을 하게 했을 때, 헝가리와 체코슬로바키아의 교회가 로마서 13장에 근거해서 의무적으로, 어떤 유형의 국가이든 상관하지 않고, 국가에 복종해야 한다는 명제를 내세웠을 때, 그것은 공산주의 도덕을 위한 것이었다. 그 경우에 공산주의 도덕은 특별한 협력을 위한 그리스도인의 행동 요청을 아주 흔쾌히 승인한다.

훨씬 더 일반적인 측면에서 부르주아의 도덕과 기술의 도덕에서 동일한 태도가 발견된다. 노동의 가치, 모든 노력 봉사의 제공, 집단에 대한 희생, 쾌락이 아닌 봉사의 정신 등은 기술의 발전에 아주 유용한 덕목들이다. 기술의 도덕은 기술 발전에 협조한다면 아주 폭넓게 기독교 도덕을 인정한다. 그러나 기독교 도덕에서 기술의 도덕과 상반된 것은 다 폐기된다. 가난한 사람의 숭고한 존엄성, 하나님의 뜻인 노예의 주인에 대한 복종, 영적인 것에 대한 육적인 것의 희생 등 그 모든 것은, 우리가 잘 알다시피, 노동계급을 유지하기 위해서 부르주아의 도덕이 광범위하게 활용하는 것이다. 여기서도 또한, 부르주아 사회의 건설에 유용한 기독교 도덕의 항목들이 이용된다. 그 항목들은 또 다른 하나의 일반적인 체계에 통합된다. 기독교 도덕에서 부르주아 도덕과 상반되는 모든 것들이 명확히 금지되는 것은 아니다. 그러나 침묵 속에 흘려보내고 어둠 속에 내어버림으로써 아주 점차적으로 제거된다. 그런 단절에 의해서 원래 기독교적인 덕목이었던 것이, 이제는 그 기원과 목적에서 벗어난 또 다른 도덕 체계에 통합된 까닭에, 더 이상 기독교에 속하지 않게 되었다. 그러므로 가족적인 덕목, 개인의 존엄성, 자비 등과 같이 구체적으로 많은 점에서 기독교 도덕과 동일한 부르주아 도덕은 사실상 기독교 도덕의 모사에 지나지 않는다. 또한, 하나님의 영광이 아니라 하나의 사회 유형을 위한 것이기에 부르주아 도덕은 본질적으로 기독교 도덕을 나쁘게 왜곡한 것이다.

그리스도인들이 두 가지 해결 방식들 중의 하나를 받아들인다면 갈등은 확실하게 해결될 것이다. 사회주의 세계에서 교회가 모든 면에서 공산주의 질서를 따른다면, 갈등은 외적인 강제에 의해서 해결된 것이다. 교회가 부르주아의 수중에 장악되어 사제와 목사가 부르주아계급에서만 배타적으로 충원된다면, 대립관계는 교회가 사회에 순응함으로써 풀어진다.

그런데 그리스도인에게는 두 가지 해결 방식들은 받아들일 수 없는 것이다. 한편으로 그리스도인은 자신의 신앙이 구체적인 열매를 맺지 못하고 순전히 내적인 것으로 머문다는 걸 받아들일 수 없다. 다른 한편으로 그리스도인은 기독교의 덕목들이 그 기원과 목적에서 이탈하는 것을 받아들일 수 없다. 그러나 그리스도인이 그 이중적인 의무[121]를 지키고, 신앙의 삶을 국가의 위대성이나 기술의 효율성에 이용되게 하지 않는다면, 이제 그리스도인이 갈등을 유발하는 셈이 된다는 사실을 알아야 한다. 기독교 도덕과 다른 도덕 간에 대립이 일어나거나 최소한 긴장상태가 형성된다면, 그 긴장상태를 불러일으키는 것은 오직 그리스도인이라는 사실을 분명히 해야 한다. 비기독교인은 아무런 책임이 없다. 왜냐하면, 비기독교인이 신앙의 의무를 월등한 가치가 있는 것으로 인정할 하등의 이유가 없기 때문이다.

그러나 이는 또한, 두 가지 도덕체계들 간의 긴장상황은 그리스도인의 입장에서만 존재한다는 것을 뜻한다. 그리스도인이 아닌 다른 사람들에게는 그런 긴장상황은 존재하지 않는다. 우리는 어떻게 비기독교적인 사회와 집단과 개인이 참기 어려운 긴장상태를 해소하려고 하는지 살펴보았다. 비기독교인은 왜 그 긴장상태를 유지해야 하는지 모른다. 반대로 그리스도인은 자신이 살아가는 사회에서 이행해야할 도덕과 하나님의 뜻 사이에서 긴장

---

121) ▲한편으로 자신의 신앙이 구체적으로 표현되어야 하고, 다른 한편으로 신앙의 삶은 총체적인 것으로 분리될 수 없으며, 하나님의 영광 이외의 다른 실리적인 목적을 추구하지 않는 것이다.

상태에 처해 있다.[122] 폴 리쾨르가 구분한 '절박한 상황의 도덕' 과 '가치의 도덕' 이나, 막스 웨버가 구분한 '책임의 도덕' 과 '양심의 도덕' 에 있어서, 앞의 '절박한 상황의 도덕' 이나 '책임의 도덕' 은 의도가 아닌 결과에 따라 행위를 판단하는 도덕을 말하고, 뒤의 '가치의 도덕' 이나 '양심의 도덕' 은 결과에 상관없이 특정한 가치들을 절대적으로 존중하는 도덕을 말한다. 이 이외의 다른 말로 도덕을 규정할 수도 있을 텐데, 일단 이 두 가지 경우에 있어서, 그리스도인은 부인할 수도 없고 중지시킬 수도 없는 두 가지 도덕들이 대립되는 상황에 처해 있는 것으로 나타난다. 그 긴장상황은 그리스도인 자신에게만 존재한다. 그것은 본질적인 긴장상황이 아니다. 그것은 독트린의 대립도 아니고 가치체계의 객관적인 차이도 아니다. 그것은 이론적이고 지식적인 차이가 아니다. 만약에 그런 것이었다면, 긴장상황은 확실히 해소될 수 있었을 것이다.

하나님의 계명이 진리 안에서 계시와 은총을 통하여 알려질 때 그것은 인간이 만든 계명들과 도덕들의 기만을 드러나게 한다. 하나님의 계명은 선을 선택하는 자의적인 인간의 뜻에 반대하고, 허용하고 승인하는 것으로 이루어져 있다. 하나님의 계명은 인간이 조건적으로 하나님에게 순종하는 것을 배제한다. 하나님의 계명은 인간에게서 스스로 선악을 판단하는 권한을 박탈한다.[123] 따라서 하나님의 계명은 인간이 만든 모든 도덕을 평가절하하게 된다. 그러나 그것이 인간의 도덕을 제거하고 무력화한다는 의미는 아니다.

---

122) 소에(N. H. Soë, *Christliche Ethik*, § 30)가 지적하듯이, 도덕을 수립하려는 그리스도인들의 끊임없는 노력은 하나님의 계명과 세상의 타락질서 간의 긴장상황을 부정하려는 것이었다. 인간은, 예를 들어 수도원 같은 곳으로 가서 세상에서 도피하거나, 계명을 상대화시킬 수 있다(예를 들어 루터와 같은 직업윤리는 계속 은총에 의지함으로써 윤리적인 결과를 사라지게 한다). 사회적 기독교는 또한, 세상 질서와 계시 사이의 근본적인 모순을 부인함으로써 하나님의 뜻을 상대화한다.

123) 이 네 가지 점에 대해서는 K. Barth, *Dogm. II*, 2, 2, p. 89 및 그 이하를 참조할 것.

아무튼 하나님의 율법과 인간이 만든 도덕의 내용이나 가치가 아무리 유사하다 해도, 그 의미와 목적은 근본적으로 차이가 있다. "하나님의 요구는 우리로 하여금 예수 그리스도에게 속하게 하여 그 말씀을 따르게 하는 데 있다는 점에서 다른 모든 것과 구별된다… 여기서 우리의 권한과 의무가 하나님의 계명에서 나오는 것인지, 또 우리가 그 계명을 따르는 것인지 아니면 다른 걸 따르는 것인지, 문제가 분명히 드러나게 된다." 하나님의 계명은 다른 모든 도덕과는 달리 단 하나의 의미와 목적이 있다. 그것은 우리로 하여금 예수 그리스도와 관계를 맺게 하는 것이다.124)

이론적으로 서로 상반되는 기독교 도덕의 이론체계와 그 밖의 다른 도덕의 이론체계가 존재하는 것이 아니다. 우리는 기독교 도덕을 하나의 이론체계로 수립하는 것이 불가능하다는 사실을 보게 될 것이다. 관건은 오로지 하나님의 뜻에 따르는 그리스도인의 삶일 뿐이다. 그리스도인의 삶은 삶으로 살거나 살지 않거나 해야 한다. 삶으로 산다면, 그리스도인의 행위와 그에 따른 도덕이 존재하게 된다. 삶으로 살지 않는다면, 거기에 아무 것도 없다. 그러므로 진리와 명령의 실천과 삶의 차원에서 대립이 생겨난다. 대립은 결정을 내려야 할 때 일어난다. 거기서 지적으로 해결할 수 있는 문제는 하나도 없다. 물론 이론적인 관점에서 응답과 해답과 타협을 발견하는 것은 아주 쉬운 일이다. 그러나 그런 차원에서는 의미 있는 기독교 윤리가 더이상 존재할 수 없다. 그러므로 그런 대립의 긴장상태를 말하는 것은 지적인 유희가 아니다. 그것이 그리스도인의 삶의 실재이고 또 그렇게 되어야 한다.

그 긴장상태는 정확히 말해서 세상에 개입하는 그리스도인에게 일어난다. 그 긴장상태는 결정을 내려야 할 구체적인 상황에서만 나타나기 때문에 추상적인 말로 표현될 수 없다. 결정이 내려질 때마다 갈등이 가라앉고

---

124) 위의 책, p. 102.

해답이 아닌 응답이 주어진다. 새로운 상황이 발생하는 가운데 또 다른 차원에서 또다시 새롭게 갈등이 생겨난다. 따라서 그리스도인의 삶 전체가 두 개의 도덕들 사이의 긴장상태 속에서 전개된다. 그리스도인의 삶은 결코 어떤 균형점이나 만족스러운 해결점에 도달할 수 없고, 완성될 수 없다. 그것은 늘 새로운 '합'에 다다르게 되는 변증법적인 전개로 구성되는 삶이 아니다. 왜냐하면, 상반되는 요소들 중의 하나인 하나님의 뜻은 결코 어떤 '합'을 향하는 것도 아니고 우리 손으로 붙잡을 수 있는 대상도 아니기 때문이다.

또한, 그 긴장상태가 오로지 구체적인 상황 속에서 나타나는 까닭에 개개인에 따라 새롭게 된다. 한 개인이 모순적인 문제에 대해 일시적으로 발견한 해결책을 그 이웃이나 그 자녀가 이용할 수 없다. 각자가 새롭게 모순적인 것을 경험해야 한다. 한 사람이 행한 것은 단지 하나의 증언일 될 수 있을 뿐이다. 경우에 따라 그 이웃에게 하나의 사례가 될 수는 있다. 그리스도인의 삶과 분리될 수 없는 이 긴장상태는 신경증을 유발하는 것은 아니다. 왜냐하면, 그것은 신앙과 소망에 연결되어 있기 때문이다. 우리를 예수 그리스도와 연합시키는 이 신앙과 소망은 그 긴장상태를 땅 위의 삶의 차원으로 국한시키면서 그것이 우리 심성의 핵심인 개인적 인격을 침해하지 못하게 하고 절망적인 부정으로 모든 응답을 대하지 않게 가로막는다. 자신이 처한 이 긴장상황을 넘어서서 그리스도인은 이미 주어진 응답이 존재한다는 걸 알게 된다. 그 응답은 자신이 겪는 갈등과는 비교할 수 없을 정도로 더 커다란 것이다. 그 응답은 그 갈등과 무관한 외적인 것이 아니다. 그것은 보상적인 확신이 아니다. 그것은 긴장상황에서 생길 수 있는 불안과 무관한 응답이 아니다.

긴장상태가 존재하는 것은 신앙과 소망 때문이다. 신앙과 소망은 긴장상태에 앞선 선행조건이다. 그런 까닭에 그리스도인의 신앙과 소망은 모순적인 상황에 깊이 개입되는 삶을 통해서 발현되는 것이다. 그러므로 먼저 하나님의 뜻과 세상 도덕 사이에 대립이 일어나고 소망이 그 대립을 진정시키는 것이 아니다. 먼저 하나님의 말씀을 들어서, 거기서 하나님의 뜻을 알게 됨으로써 우리 안에 신앙과 소망이 솟아나는 것이다. 그러고 나서 하나님의 뜻에 순종하고자 할 때 대립이 생기면서 우리는 그 대립의 상황으로 진입하는 것이다. 하나님의 결정이 세상이 수립한 가치질서에 의문을 제기할 때, 필연적으로 이 대립이 생겨난다.

알다시피 키르케고르는 한 개인을 향한 하나님의 개별적인 요청은 그 개인이 평소의 삶에서 당연히 따르던 윤리질서를 중단시키는 결과를 낳는다는 사실을 특별히 강조했다. 그 개인을 향한 하나님의 부름은 어떤 도덕적 틀에도 구애받지 않는다는 사실이 가치체계를 객관적이고 집단적으로 철폐한다는 걸 뜻하는 것은 아니다. 그 가치체계는 그 집단에서 하나님의 명령을 받지 않은 개인들에게는 계속 유효하다. 그 명령을 받은 개인은 그 가치질서와 그 행위방식들을 제거할 것을 주장할 수 없다. 그 개인에게 있어서, 그와 같은 단절은 기독교 도덕도 포함하는 모든 도덕에 대하여 하나님이 개입함으로써 이루어진다. 그 개인에게 있어서 하나님의 명령 안에 표명된 것보다 더 좋은 것은 없다. 먼저 도덕적 영향을 내포하는 하나님과의 만남은 어떤 윤리를 낳지 않는다. 그 만남은 죄 가운데 사는 존재가 은총을 주는 존재와 만나는 것이고, 죽을 수밖에 없는 존재가 부활의 생명을 주는 존재와 만나는 것이고, 이미 결정지어진 존재가 자유롭게 해방하는 존재와 만나는 것이다. 따라서 모든 도덕과 모든 질서와 모든 가치체계가 부정되는 것이다. 125)

---

125) 우리는 고린도전서 5장 9-12절에서 이것이 흥미롭게 적용되는 것을 보게 된다. 사도 바울은 고린도 교회의 성도들에게 음행하는 사람, 도둑질하는 사람, 우상 숭배하는 사람 등과 교제하는 것을 금지한다. 그러나 그는 거기에 구분을 둔다. 그런 사람들이 비기독교인들인 경우에는 그들과 계속 교제하는 것은 아주 당연한 것이다. 그들은 다른 규

세상 도덕은 궁극적인 종말이 오기 전의 일들로 구성된다. 그것들은 절대적인 계시에 의해 정죄되지도 않는 것이고, 은총에 의해 가치가 인정되는 것도 아니다.[126] "그리스도인의 삶은 궁극적인 종말이 오기 전의 일들을 무너뜨리지도 않지만, 승인하지도 않는다." 세상 도덕이 규정한 선은 궁극적인 선이나 우리의 구원과는 아무 상관이 없다. 그러나 이 땅 위에서 살아갈 수 있게 하는 데는 유용하다. 또한, 모든 도덕적 의무는 그 목적이 질서를 진작시키고 혼란을 극복하는 것이라고 니버Niebuhr는 말한다. 따라서 그것은 신앙적으로 타당한 요소를 지니고 있다. 그 타당성은 궁극적인 것이거나 기독교 진리 안에 통합되거나 수용되는 것은 아니다.[127] 여기서 궁극적인 종말이 오기 전의 일들을 구분해야 할 것이다. 인간의 일[128]인 기술적, 경제적, 정치적인 활동은, 본회퍼의 말과 같이, 궁극적인 종말을 향해 가는 필연적인 단계에 속한 것으로 규정될 수 있다. 궁극적인 종말이 오기 전의 일들은 그 자체로 존재하는 것이 아니다. 그 일들은 궁극적인 종말의 일들과의 관계를 통해서만 존재할 뿐이다. 또한, 그 일들은 직접 궁극적인 종말을 향해 나아가는 길이 아니다. 그것들은 반드시 심판을 통과해야 한다.

다른 한편으로 세상 도덕은 선악의 지식을 드러내는 것으로서 또 다른 차원에 속한다. 세상 도덕은 세상의 보존을 위한 실제적 효용성을 가진다. 세

례와 도덕을 따른 것이다. 우리는 그들을 판단하지 않고, 현재 모습 그대로 만날 수 있다. 그렇지 않으면 세상 밖으로 떠나야 할 것(이는 결코 하나님의 영원한 궁극적인 명령이 아니다)이라고 사도 바울은 말한다. 그러나 반대로 그런 짓을 한 사람들이 그리스도인들인 경우, 우리는 그들과 교제를 끊어, 함께 식사도 하지 말며, 그들을 떠나야 한다. 그들은 그리스도인으로서 가져야 하는 삶의 원칙을 따라 살아가야 했다.

126) ▲본회퍼는 이 점을 밝혔다(Bonhoeffer, *Ethik*, p. 5 및 그 이하).
127) 우리는 세 번째의 중요한 결과를 취한다. 그리스도인은 세상 도덕의 상대적인 타당성을 인정하고, 그것을 피할 수 없음을 아주 잘 알고 있다.
128) J. Ellul, *La théologie de la grande ville*, Verbum Caro, 1948(완성된 연구는 나중에 출간될 예정). [역주: 실제로 11년이 지난 1975년에 엘륄은 *Sans feu ni lieu: Signification biblique de la Grande ville* 라는 저서를 출간한다. 이 책은 2013년에 『머리 둘 곳 없던 예수-대도시의 성서적 의미』라는 제목으로 대장간에서 역간되었다.]

상 도덕은 결코 종말의 일들을 준비하는 것이 아니다. 세상 도덕은 인간이 만든 다른 모든 것들과 같이 얼마만큼의 효용성을 지닌다. 그러나 그리스도인은 세상 도덕이 인간에게 약간의 효용성만을 지닌다고 해서 세상 도덕을 무익한 것으로 여기지 말아야 한다. 마찬가지로 그리스도인들은 세상 도덕과 긴장된 관계가 존재하는 상황 가운데 윤리적 상대주의에 선을 긋고 그것을 가로막는 대립적인 것으로 사랑의 법을 수립해야 한다. 그 상대주의는 인간본성적인 관점에서는 타당한 것이지만, 하나님의 사랑을 드러내는 일과 거기 따른 모든 열매들과 연결되어야 한다.

이러한 상황 하에서 그리스도인은 어떻게든 이 세상 도덕을 부정하여서 갈등을 해결하려고 하지 말아야 한다. 우리는 여기서 이미 규탄한 기만적인 행위의 또 다른 형태를 발견한다. 그것은 두 개의 도덕을 하나로 통합하거나, 또는 세상의 윤리 체계에 그리스도인의 삶의 특성을 동화시켜서 그것을 은폐함으로써 부정하는 것이다. 비기독교적인 세상 도덕을 제거하는 일이 어떻게 전개될 수 있을까? 무엇보다 먼저 기독교 내에는 기독교 도덕을 하나의 보편적인 도덕으로 만들어서 모든 사람들에게 그리스도인의 삶의 방식을 부과하려는 아주 커다란 유혹이 언제나 상존한다. 그리스도인들에게는, 그리스도인의 삶의 방식은 그 자체로 너무나 확실하고 우월하고 유익한 것이어서 사람들이 그 방식을 따르지 않는 것은 도저히 이해할 수 없는 것이다. 교회를 공인하여 국가가 기독교를 보호하는 기독교 사회에서는, 교회가 제정한 하나의 도덕만이 존재하고, 그 사회에 속한 모든 인간은 그것을 준수해야 한다.[129]

---

129) 헤링(B. Häring)은 이와 같은 가톨릭 성향이 아주 특별하다. 그는 기독교 도덕의 특성들에서 출발하여 모든 도덕이 그 특성들에 상응하는 것이라는 사상을 간명하게 확립한다. "그리스도의 도덕과 인간의 모든 참된 도덕은 본질적으로 종교적인 성격을 띤다."(B. Häring, *La loi du Christ I*, p. 29.) 이처럼 과도한 동일화는 또 이어진다. "인간은 마음속에서 참된 선과 하나님의 음성을 듣는다는 것은 모든 민족들이 공통적으로 확신하는 일이다."(B. Häring, 위의 책, p. 188.) 결국 모든 논의의 중점은 하나님이 인간 존재 안에 도

이것은 끔찍한 상황을 초래한다. 우리가 줄곧 강변한 바와 같이 그리스도인의 삶은 신앙을 표현하는 것일 수밖에 없다. 기독교 도덕을 보편적인 의무로 만들어버리는 것은 기독교 도덕에서 그 뿌리를 잘라내는 것이다. 신앙이 없는 사람들에게 신앙이 있는 것처럼 살아가라는 것은 그 사람들로 하여금 위선적인 삶을 살라는 것이다. 물론 여기서 우리가 말하는 것만큼 그렇게 노골적으로 그 문제가 제시되지는 않았다. 사람들은 두 가지 방식으로 그 문제를 처리했다. 하나는 중세 시대 암묵적인 신앙의 이론[130]이었다. 다른 하나는 17세기에 기독교 도덕을 자연 도덕으로 삼은 것이었다. 그래서 기독교 도덕을 따르는 데 있어서 반드시 신앙이 있어야 하는 것은 아니고 인간본성을 따르는 것으로 충분하다는 것이었다. 이 두 가지 경우에 있어서 이단적인 오류는 도덕 그 자체만을 고려하고 예수 그리스도의 하나님의 인격적인 뜻을 감안하지 않았다는 데 있다. 따라서 가장 중요한 것은 그리스도인의 삶의 방식이지 예수 그리스도와의 관계가 아니었다. 그리스도인과 교회가 해야 할 행동은 기독교 밖의 외부 사회에서 보편적이고 무차별적인 타당성을 인정받는 도덕적 의무들을 개발하는 데 있지 않다.

하나님의 계명은 계명으로, 즉 은총의 증언 뒤에 임하는 개인적인 말씀으

덕의 기준을 새겨놓은 것인지 아닌지, 즉 인간의 자연적인 본성과 하나님의 뜻이 일치하는지 아닌지를 규명하는 문제이다.(B. Häring, 위의 책, p. 351.) 우리는 그것을 명백하게 부정한다. 성서는 그 점에 대해서 아주 분명한 것 같다. 예수가 인간의 본능적인 삶의 방식과 '그러나 나는 너희에게 말한다'로 전하는 삶의 방식을 계속 대립시키는 것은 인간의 자연적인 본성과 하나님의 계명은 결코 일치하지 않는다는 뜻이다. 헤링의 주장은 당연히 우리가 규탄하는 쪽으로 결론을 맺게 된다. 모든 도덕이 기독교 체계에 상응하는 것이라면(하나님으로부터 나오는 자연 도덕이 존재하는 까닭에), 거기에 상응하지 않는 모든 것은 도덕이 아닌 것이 된다. 이것은 단 몇 마디 말로 현대의 도덕 사상을 위한 모든 노력을 물거품으로 만들어버린다. "단번에 개인의 인격을 집단에 희생시키는 모든 과학적 윤리들과 도덕적 견해들을 다 버리자. 그런 개념들은 결코 참된 도덕을 수립할 수 없고 오히려 무너뜨린다."(B. Häring, 위의 책, p. 34.) 전제의 오류는 비인간적인 결론에 다다르게 한다.

130) ▲개인적으로는 신앙이 없는 사람도 교회에 속하여 교회의 신앙을 공유하게 되기 때문에, 기독교적인 삶의 방식이 의무가 될 수 있다.

로 받아들여야 한다. 하나님의 율법을 지적으로 숙지하여 그 탁월성을 인지하는 것으로 충분한 것이 아니다. 그 율법은 예수 그리스도 안에서 성취된 하나님의 역사 안에서 수용되어야 한다. 그것은 오직 신앙 안에서 신앙을 통해서만 이루어질 수 있다. 그래서 아이들에게 율법을 가르치고 그리스도인의 삶의 방식을 실천하게 하는 것은 별로 큰 의미가 있는 것이 아니고, 복음을 전하게 되는 경우에 반드시 다시 검토되어야 할 것이다. 그런데 아이들이나 대중들을 위해서 이 복음의 전파를 종교적인 도덕 교육으로 대체하려는 것은 언제나 상존하는 유혹이다. 그 유혹은 안전성과 편의성을 구하는 욕구에 기인한다. 도덕적 규범들을 따라 살아가게 하는 것이 훨씬 더 쉬운 일이다. 그것은 기대할 수 있는 것보다 더 확실하고 분명한 결과를 낳는다. 기독교 사회의 구성은 확실히 도덕에 기준을 둘 수밖에 없다. 왜냐하면, 그것이 모든 사람들에게 공통의 척도가 되어서, 개인적인 세미한 차이들과 무관하게 적용될 수 있기 때문이다. 그와 반대로 복음은 모든 돌발적인 변수들이 생길 가능성을 허용한다. 왜냐하면, 복음은 하나님이 개입하거나 개입하지 않는 자유의 여지를 남겨두기 때문이다. 어떤 사회라도 복음을 기준으로 성립될 수는 없다. 왜냐하면, 하나님의 개입은 미리 예상할 수 없는 것이고, 대중적이고 집단적인 방식으로 일어나는 것이 아니기 때문이다. 이제 그 유혹의 세 번째 형태를 살펴보자.

현재의 프랑스 그리스도인들과 신학자들에게 가장 커다란 유혹들 중의 하나는 그리스도가 세계의 주권자라는 중대한 신학적 재인식을 윤리적으로 해석하는 잘못을 범하는 것이다. 그것은 두 가지 오류로 나타난다.

첫째 오류는 많은 사람들이 세상 사람들이 만든 도덕도 예수 그리스도의 주권 하에 들어가는 것이기에 정당성을 갖는다고 확신하는 것이다. 그러나 사람들은 그리스도의 주권은 반역의 권세들이 아직 제거되지 않는 반역적인 불순종의 세계에 선포되는 것이라는 사실을 망각한다. 그리스도의 주권은 결코 세계에서 이루어지는 모든 일들을 정당화하는 것이 아니다. 다만 그리스도의 주권은, 반역의 권세들은 사실상 패배를 당하고, 인간의 모든 행위는 다 빠짐없이 결국 하나님 앞에서 심판을 받게 되고, 역사의 종말은 확정되어 알려진 것으로 피할 수 없다는 사실을 뜻한다. 그것은 곧 그리스도 안에서 모든 만물이 다시 회복되는 것을 의미한다.

둘째 오류는, '두 개의 원'이라는 이미지로 잘 알려진 바대로 그리스도의 주권은 교회와 세상에서 다 작용하는 까닭에 두 영역 간의 차이도 상대적일 뿐이라는 견해에서 비롯된다. 사람들은, 세상 문제들을 해결하기 위해 인간이 만든 도덕도 또한, 하나님으로부터 오는 만큼 그리스도인의 신앙은 거기서 아무 관계가 없다고 여긴다. 그러므로 경제적·정치적 문제들에 대해서 기독교는 특별히 내놓을 말이 없다. 따라서 인간이 만든 가장 유용한 해결책을 따라야 한다. 그러나 이는 유용성과 무용성을 가르는 기준은 결코 일치점을 찾기 위해 기독교 도덕과 세상 도덕을 하나로 겹쳐 잇는 데 있지 않다는 사실을 망각하는 것이다. 왜냐하면, 그것은 인간의 도덕과 하나님의 뜻이 둘 다 동질적인 중요성을 가지는 것이라고 인정하는 것이 되기 때문이다. 그것은 성서의 계시에 어긋나는 것일 뿐만 아니라 성육신의 의미를 저버리는 것이다.

예수 그리스도의 주권이 세상 전체와 모든 인간들에게 미친다는 사실은 하나님의 계명은 모든 사람들에게 유효하다는 것을 뜻한다. 그러나 그 계명이 그와 같이 받아들여지고 인정될 수 있는 것은 오직 신앙 안에서 신앙을 통해서만 가능하다. 따라서 믿지 않는 사람들 앞에서 하나님의 계명을 그와 같이 선포하는 것은 아무 의미가 없다. 그런데 칼 바르트의 어떤 글들은 거기에 혼란을 불러올 수 있으므로, 여기서 불확실한 것을 해소할 필요가 있다. 예컨대 기독교 윤리는 모두에게 유효하다는 칼 바르트의 말은 책임이라는 개념에 근거한 것이다.[131] "은총의 언약은 하나님의 모든 역사와 행로의 출발점이다. 그 언약이 결정하는 인간의 실존은 모든 사람이 각기 맞이하는 실존이다. 따라서 모든 사람은 책임을 지닌 존재가 된다." 이는 명백한 사실이다. 그러나 그것이 기독교 윤리가 믿지 않는 사람이 실천하고 인지할 수 있는 유일한 진정한 윤리가 된다는 의미는 전혀 아니다. 왜냐하면, 기독교 윤리는 오직 받은 계시 안에서만 그 진정성이 인지될 수 있고 오직 은총의 경험에 의해서만 실천해야 할 것으로 받아들여질 수 있기 때문이다. 모든 사람은 진정으로 예수 그리스도의 주권 하에 들어가 있다. 그래서 모든 사람은 진정으로 책임이 있다. 그러나 신앙에서 비롯된 윤리는 모든 사람에게 유효한 것으로 제시될 수 없다.

하나님의 요구가 복음이 사람들에게 전해지는 것과 동시에 제시되어 사람들이 무책임하게 회피할 수 없게 되면서, 그리스도인이 아닐지라도 부지불식간에 그리스도에게 속하는 까닭에 사람들에게 율법과 계명은 유효한 것이 된다. 이 모든 건 다 사실이다. 그렇다고 해도 기독교 윤리를 전부 실천에 옮기는 그리스도 안에서의 삶이 그 사람들에게 불가능하고 불가해하고 전적으로 무의미하고 실천불가능하다는 사실에는 변함이 없다.

그러므로 그리스도인의 삶의 근본적인 원칙들 중의 하나는 비기독교인에게 그리스도인의 삶의 방식을 강요하지 않는 것이다. 진정으로 은총이 인간을 새롭게 하고, 그리스도인의 삶이 그리스도 안에 있는 인간의 삶을 증언하고, 기독교 윤리를 준수하는 것이 곧 은총으로 사랑을 표현한 하나님에게 은총을 받은 사람이 사랑으로 응답하는 것이라면, 어떻게 은총을 받지 않았거나 은총 가운데 살아가는 것을 알지 못하는 사람에게, 자신의 존재가 새롭게 변화되고 자신이 받은 은총을 아는 사람처럼, 자신이 하나님의 사랑의 대상이라는 사실을 아는 사람처럼, 살아가라고 요구할 수 있을

---

131) K. Barth, *Dogm. II*, 2, 2, pp. 137, 150, etc.

것인가? 그 사람에게 지워지는 의무는 억압적인 강제에 그치고, 그 사람이 따르는 도덕은 징벌에 대한 두려움에 기인하는 것일 수밖에 없다. 하나님은 지고의 단죄자가 된다. 그것이 실제로 이른바 기독교 사회에서 일반적으로 벌어지고 있는 일이다.

세속적인 사회나 비기독교 사회 안에서의 또 다른 양상은 본질적으로 기독교 도덕이 우월하고 암묵적으로 비기독교인도 거기에 따라야 한다는 동일한 신념에 기인한다. 그런데 이에 대한 강제적 수단이 없기에, 세상을 향해 열려 있고 정교분리원칙을 강력하게 지지하는 그리스도인들도 포함해서 그리스도인들은 판단하는 것으로 그친다. 이는 그리스도인들이 다른 영역의 도덕에서 비롯된 삶의 방식들과 충돌할 때 그들이 일으키는 소동을 보는 것으로도 충분히 납득이 간다. 그들은 개인들에게는 대부분 포용적이지만, 국가와 같은 집단을 향해서는 비타협적이다. 그리스도인들은 하나님 앞에서 인간의 생명은 신성한 것이기 때문에 비기독교 국가가 사형제를 폐기할 것을 끊임없이 요구한다. 그들은 '살인하지 말라'는 하나님의 명령이 있으므로 국가는 양심적 병역거부에 대한 특별한 규정을 수립해야 한다고 한다. 그들은 또한, 국가는 정교분리가 되어야 한다고 정당하게 주장하는 그리스도인들이기도 하다. 그런데 거기 존재하는 너무도 명백한 모순을 어떻게 볼 수 없는가? 왜 세속 국가가 하나님의 뜻을 승인해야 하는가? 그것은 국가가 현실적인 정책을 펼치며 효율성을 우선시하고 기독교적인 원칙들에 반대할 때 그리스도인들이 분란을 일으키는 것과 같은 일이다. 그런데 어떻게 기독교적으로 행하지 않는 비기독교적인 국가[132]를 비난할 수 있겠는가?[133]

---

132) ▲국가는 기독교에 속할 수 없다.

133) 위의 책에서 칼 바르트는 밝힌다. 국가가 지키는 선이 국가에 의해 창조되고 전파되는 선이 아니라는 점은 확실하다. 그러나 국가가 질서와 권리를 보장한다는 사실은 하나님이 원하는 선의 전파와 지식을 외적으로 가능하게 한다. 사람들의 공동체의 생존

국가는 필연성에 구속되어 대부분의 경우 거기에 따라간다. 안타까운 일이지만, 그리스도인들이 그 사실을 비판하기에 유리한 입장인 것은 단지 그 필연성에 얽매어 있지 않기 때문이다. 공직에 취임하게 되면 그리스도인들은 일반적으로 유사한 정책을 펼친다. 왜냐하면, 정치는 언제나 가능성의 예술이고, 필요에 따라 행동하는 것이기 때문이다. 여기서 중요한 것은 국가의 공권력 남용과 불복과 불성실을 정당화하거나, "국가에 모든 것이 허용된다"고 선언하는 것이 아니다. 그건 결코 아니다. 한편으로 국가는 필연성에 구속되어 있다. 그 사실을 인정하지 않는다면 그리스도인 자신이 위선자가 될 뿐이다. 다른 한편으로 국가는 기독교 도덕이 아닌 다른 도덕을 실행하도록 되어 있다. 국가는 세상 도덕을 실행한다. 그렇지만 세상 도덕도 또한, 도덕이다. 그 세상 도덕 안에서, 세상 도덕에 견주어서 그리스도인은 국가가 하는 일을 판단하도록 되어 있다. 예수 그리스도의 이름으로 세속 국가의 고문 행위에 항의하는 것은 말도 안 되는 것이다. 국가가 수립한 도덕인 인권 선언의 이름으로 항의하는 것은 합당하다. 이처럼 그리스도인은 세상 도덕의 상대적인 유효성을 인정하면서 그것을 비기독교인들에게 상기시켜야 한다. 왜냐하면, 세상 도덕은 사회를 보전하는 요소이고 삶의 요소이기 때문이다. 어떤 의미에서 그리스도인은 그 도덕을 지키는 수호자가 되어야 한다. 그리스도인과 교회는 도덕가들과 정치인들과 법률가들과 여론이 확실히 믿고 있는 주장, 원칙, 방식, 가치 등을 정말 진지하게 받아들여야 한다. 그것들을 진지하게 받아들이면서 그리스도인과 교회는 스스로

을 보전하고 그 붕괴로부터 지켜주는 국가는 기독교 공동체가 존재할 수 있게 하여서, 궁극적으로 사람들 속에 하나님의 선이 임하는 것을 가능하게 해준다. 그것은 그 자체가 은총을 지닌 것은 아닌 임시적인 질서이지만, 은총의 발현을 가능하게 한다. 따라서 그리스도인들은 공동체가 수립한 법과 함께 세상의 도덕을 경시하여 아무 것도 아닌 것으로 여겨서는 안 된다. 그리스도인들은 인간의 죄에서 비롯된 결과인 그것들을 적대시할 수 없다. 하지만 더더욱 그리스도인들은 인간이 만든 것들이 하나님의 뜻을 나타낸다고 판단하여 그것들이 잘 전개될 수 있도록 축복할 수는 없는 것이다. (참조: R. Niebuhr, *Moral Man and Immoral Society*.)

가 헌신한 원리들과 함께 그것들을 수용하고 환기시키며 사람들의 행동에 맞서야 한다.

그러므로 그리스도인은 세상 도덕을 그 자체로 판단하지 말아야 한다. 그리스도인은 두 가지 도덕을 경합시켜서 우월성을 논하지 말아야 한다. 왜냐하면, 그 둘은 사회 안에서 경합하는 것이 아니기 때문이다. 객관적으로 기독교 도덕을 모든 사람들에게 유효한 의무로서 선포할 수 없다. 어떤 것을 기준으로 그와 같은 객관적인 우월성을 인정하겠는가? 예수 그리스도의 이름으로? 그러나 바로 이 사회에서 예수 그리스도는 하나님의 아들로 인정되지 않는다. 도덕적 내용에 따라서? 그러나 도대체 누가 하나의 도덕의 내용에 대해서 다른 도덕의 내용이 우월하다는 평가를 내릴 수 있을까? 그리스도인의 삶의 방식에 따라서? 그러나 정작 그리스도인들의 삶은 다른 사람들의 삶보다 낫지 않다. 더군다나 어떤 점에서 더 우월하다는 것인가? 우리는 공적인 차원에서나 개인적인 차원에서 동일한 딜레마에 처해 있다. 어떻게 우리가 예수 그리스도를 믿지도 않는 알코올중독자에게 예수 그리스도의 이름으로 술을 끊으라고 요청하겠는가?

이런 논란에 대해서 우리는 단지 두 가지 대응책만이 존재하는 걸 깨닫게 된다. 하나는 단점들과 가변성도 존재하지만 모든 사람이 인정하는 현재의 도덕에 호소하는 것이다. 다른 하나는 예수 그리스도를 증언하면서 그 사람의 회개를 위해, 즉 새로운 삶의 방식으로의 전환을 위해 기도하는 것이다. 그것과 동일한 의미에서 우리는 권력자들을 위해 기도하는 것이다. 또한, 우리는 또 다른 차원에서 비기독교인들과 세속 국가와 대화를 유지해야 한다. 다시 말해서 그들이 따르는 도덕의 유효성을 인정하면서, 증언자로서 하나님의 뜻을 선포하는 것이 좋다. 하나님을 인정하지 않고도 따를 수 있는 도덕이 아니라, 그들이 인정하지 않는 하나님으로부터 온 뜻을, "하늘과 땅의 주권자가 여러분에게 말하는 것"이라며 전해야 하는 것이다.

그러나 교회와 그리스도인들은 일반적으로 그와 같이 말하는 것을 감행하지 않는다. 그들은 웃음거리가 될 것을 두려워한다. 그들은 하나님의 뜻을 왜곡시키는 것이 아닌가 하는 불안감을 갖는다. 그들은 주 하나님의 대사로 행동하지 않는다. 자신이 세운 도덕을 따르는 인간의 행위가 인간본성적인 것을 인정하며 인간을 향해 다른 계획이 있는 하나님의 뜻을 전하는 대신에, 그리스도인들은 이중적인 잘못을 범하면서 하나님의 뜻을 표현하는 도덕을 인간본성적인 자연 도덕으로 소개하는 것을 선호한다. 국가와 공동체들에 대해서도 그리스도인들은 마찬가지로 행한다. 그래서 이 분야에서 그리스도인들의 판단과 견해는 거의 존재감이 없는 것이 아주 흔하다. 그들은 단순히 사회적인 도덕적 태도를 하나님의 뜻으로 받아들이거나, 필연성에 따른 삶의 방식을 두고 소란을 피우거나 한다.

그러나 반대로 한 그리스도인이 국가 앞에서 하나님의 뜻을 선포할 때, 개인적이었던 긴장상태가 사회 안으로 유입된다.[134] 그 그리스도인 자신이 대립을 일으키는 한 요소가 된다. 그러나 그것은 놀라운 열매를 맺는 것으로서, 사회를 개방적으로 유지시켜서 고정되고 경화되는 것을 가로막는다. 세상 도덕을 정죄하거나 무너뜨리려고 하지 않으면서 하나님의 주권에서 비롯되는 열매들을 선포할 때, 그리스도인은 가장 많은 열매를 맺고 가장 긍정적이고 가장 독창적인 일을 하는 것이다. 사회 안에 긴장상태를 유입시켜서 그리스도인은 사회를 살아있게 하는 것이다. 그는 사회에 변화할 수 있는 능력을 불러온다. 그는 삶에 대한 진정한 혁명적 의미를 내놓는다. 그 일은 유일하게 그 자신만이 할 수 있는 일이다. 그는, 획일성을 원하고 모순 대립을 거부하고 해소하려는 사회 안에, 긍정적이고 생명력을 주고 많은 열

---

134) 소에는 적절하게 어떻게 기독교 윤리가 세상으로부터 도피하거나 계명을 상대화하여 종국적으로 이 긴장상태를 축소하려고(유입시키는 대신에) 하는지 설명한다. 사회적 기독교 전체가 이런 오류를 범하고 있다. (N. H. Soë, *Christliche Ethik*, §30.)

매를 맺는 모순 대립을 분출시킨다.

국가가 폭력을 사용한다면 그러라고 하자. 그러나 그렇게 하면서 국가는 선하다거나 정의롭다거나 인간을 위한다는 주장을 하지 못할 것이다. 인간의 정의는 강압에 기대어 처벌과 위협을 통해서만 성립될 수 있다. 그 반대를 바라는 것은 유치한 이상주의에 지나지 않는다. 그러나 그것이 궁극적인 정의와 선이라고는 말하지 말아야 한다. 질서는 필수적이고, 복종과 존중을 얻기 위한 권위의 요구는 합당하고, 재물과 마음과 육체의 동원은 도덕적 의무로서 나타난다는 것은 아마도 맞는 말일 수 있다. 그러나 그것이 궁극적인 자유라고는 말하지 말아야 한다.

궁극적인 정의와 사랑과 자유는 인간이 만든 것이 아니고, 플라톤적인 가치들이 아니다. 그것들은 하나님이 결정한 것들로서 무너뜨릴 수 없는 견고한 것들이다. 그러나 그것들은 인간과 사회와 국가에 결정적인 모순 대립을 불러온다. 그것을 피하지 말아야 한다.135) 반대로 그 모순 대립을 가능한 한 강력하게 표출시켜야 한다. 그 목적은 서로 대립시키기 위한 것이 아니라 서로 대립하는 인간과 사회와 국가를 살리기 위한 것이다. 지나치게 과도한 질서와 동원과 의무와 강제는 자기절제나 법적인 장치에 의해 내적으로 제어될 수 없다. 그것들은 가로막는 외적인 장애요소가 있어야 멈춘다.

---

135) 그러므로 루터에 대한 니버의 비판(*Nature and Destiny of Man*)은, 루터가 세상의 모든 것은 죄에서 나온 것이기에 세상의 모든 도덕들을 낮추어보면서 그것들을 구분하는 것이 아무 가치도 없다고 평가했다고 본 점에서는 옳다고 할 수 있을 것이다. 그러나 니버는 종종 세상의 도덕과 하나님의 명령을 서로의 연장선 안에 둔다. 루터의 오류는 개인에게 맞는 견해를 집단에 적용하는 데에 기인했을 수 있다. 개인은 근본적으로 죄인이기에 개인의 정의도 죄에 불과하다. 그렇다면 지식과 자유와 사회정의의 발전이란 아무 가치도 없다. 니버의 관점에서 그것은 역사와 하나님의 응답에 삶을 연결시키려는 루터의 노력이 실패한 것이다. 그러나 사실 인간의 근본적인 죄성과 윤리적인 사회적 진보의 가능성을 동시에 고수하려는 니버의 주장은 구체적인 근거가 있을 수 없고 또 아주 인위적이다. 본성과 은총(상호적인 사랑과 희생적인 사랑) 간의 접점을 주장하는 것은 인간의 행위와 하나님의 역사 간의 일치라는 고전적 오류로 다시 돌아가는 것 같다. 또다시 니버는 행위에 의한 인간의 구원과 행위 그 자체의 가치를 말하고 있다.

그것은 사회의 도덕적 질서에 대한 긍정과 함께 표명되는 기독교적 요구조건의 부정이다.

리쾨르가 적절하게 말한 바와 같이, 그리스도인은 하나님의 뜻에 복종하여 인간적 정의를 부인하고 사랑하는 것과, 인간적 정의를 이행하면서 사랑을 희생하고 소속된 사회의 도덕적 의무를 수용하는 것 사이에서 늘 선택해야 한다. 그 선택은 결코 결정적인 것일 수 없고 계속해서 다시 재개해야 한다. 거기서 완전히 만족스러운 선택이란 결코 있을 수 없다. 그런 방식으로 선택했을 때 '양심의 평안'은 결코 있을 수 없다. "그리스도인은 사람이 아니라 하나님에게 순종해야 한다."라고 말하는 것은 너무나 쉽다. 물론 그건 맞는 말이다. 그러나 그것은 인간 자신의 정의와 함께 할 수 없다. 하나님에게 순종하면서 하나님이 나에게 복종하라고 한 국가에 불복종하게 되면, 나는 하나님이 사랑하라고 한 나의 이웃과 유대관계를 끊어버리고, 불신자들을 정죄함으로써 그들을 나로부터 멀리 떨어뜨려서 다시는 그들에게 복음을 증언할 수 없게 된다. 나는 '옳은 길'이라는 확신을 확실히 가지지 않고는 그렇게 할 수 없다. 우리 주위의 사람들의 마음속에, 우리가 살아가고 있는 사회 안에, 그와 같은 틈새가 계속 존재할 수 있도록 두 가지 도덕 간의 긴장상태를 유지하는 유일한 길은 결정하고 선택할 때마다 사안별로 새롭게 하는 것이다.

인간이 세우려는 도덕의 장벽은 하나님으로부터 숨으려는 것으로서 거기에는 하나의 틈새가 존재해야 한다. 그 틈새를 통해서 하나님의 뜻이 운용된다. 그것은 사회 안에서 그 두 가지 도덕들 사이에서 그리스도인이 경험하는 대립의 긴장상태이다. 그 긴장상태는 바로 하나님의 틈새로서, 하나님이 말씀이 그리스도인이 복음을 전한 사람의 삶 속에서, 그리스도인이 살아가고 참여하는 사회 안에서, 반향을 일으킬 때, 하나님이 그 사이로 운행하는 것이다. 하나님의 말씀이 현존하여 살아있고, 하나님의 뜻을 따르라는 요청이 확고하게 될 때, 비로소 그 긴장상태는 사라질 수 있다.

하나님의 말씀은 붕괴될 수밖에 없는 도덕적 질서에 결정적인 모순 대립을 불러온다. 선택은 근본적이고 필수적인 것이 된다. 세상 질서에 집착하는 복종은 더 이상 존재하지 않는다. 거룩성에 의한 세상 질서의 심판이 일어난다. 계시의 폭발성은 세상의 윤리를 무력화시킨다. 개인의 도덕적 삶과 개인의 선택과 결정에 해당되는 일이든, 사회의 도덕적 질서와 사회의 요구와 이상과 구조에 해당되는 일이든 간에, 그것이 그 모순 대립의 지속적인 해결책이라면 그 긴장상태는 또다시 타협이요 배반이 된다. 그러나 이제 그 긴장상태 자체가, 하나님의 말씀이 우리의 삶에 불러일으키는 신실성과 절대적인 순종의 요구에 의해 계속해서 재검토의 대상이 된다. 그 두 가지 도덕들 간의 긴장상태 속에서 살아가는 사람은 하나의 도덕을 선택하여 다른 하나를 포기하는 선택을 하는 사람보다 자신이 더 의롭다는 생각을 하지 말아야 한다. 왜냐하면, 그 사람에게는 아주 분명하게 "언제까지 둘 사이에서 머뭇거리려 하느냐?"왕상18:21라는 선지자 엘리야의 말씀이 계속 들려올 것이기 때문이다. 136)

---

136) 두 가지 도덕이라는 이 개념은 루터의 '두 왕국' 사상과는 아무 관련이 없다(최소한 루터 사상의 현대적 해석이라는 면에서). 물론 루터의 이 사상을 동일한 명칭을 가진 중세 가톨릭의 교리와 혼동해서는 안 된다. 각기 다른 법과 도덕을 따르는 두 개의 왕국이 존재한다. 그리스도인은 국가가 주인인 지상의 정치적 세계와 영적인 세계라는 두 개의 세계에서 살아가는 사람이다. 영적인 삶에 보다 더 적합한 개인적인 삶은 사회적 삶과 완전히 분리된다. 그리스도인은 소명에 복종하지만 세상의 질서를 바꾸는 것은 아니다. 국가권력은 질서를 지켜야 한다. 그것은 하나님이 국가권력에 부여한 기능이다. 국가는 하나님의 율법(율법의 제1용도)에 기반을 두어서 시민정의가 수립되게 해야 한다(이에 대한 Thielicke, Bonhoeffer, Soë 등의 비판과 해석을 참조하라). 두 개의 구분된 영역이라는 이 사상은 기독교가 낳은 열매들 중의 하나로 여겨져야 한다. 기독교 세계에서 살아가는 루터에게는, 세속 공직과 국가와 민법 등은 십계명의 영향을 받은 것으로 기독교에 속한다는 것이 자명한 사실이다. 그것들은 하나님의 뜻에 맞게 민법을 확립하는 데 적합하다. 그래서 교회가 맡은 영적 세계와 국가가 맡은 지상의 세계가 구분되는 것은 당연하다. 그러나 기독교 세계를 당연한 상황으로 믿는 것은 근본적인 오류이다. 루터는 사실 유대인과 같이, 더욱이나 회교도와 같이 걸림돌에 부딪쳤다. 그는 지상의 도성의 통치를 회교도에게 다시 맡길 채비라도 하는가? 우리로서는 두 개의 영역들과 두 개의 왕국들의 구분은 존재하지 않고, 공적인 삶과 사적인 삶의 구분도 존재하지

그러나 또다시 상기할 것은 하나님이 인간의 윤리적인 모든 노력과 추구와 정립을 완전히 다 부인하고 폐기하지는 않는다는 사실이다. 그것은 인간이 이룩한 업적이다. 죄에서 나온 것일지라도 그것은 하나님이 인간과 그 행위와 함께 구원한 인간의 업적이다. 그러나 하나님은, 그 업적 자체가 선하기 때문이 아니라, 당신의 아들의 죽음 안에서 스스로 그 업적을 떠맡아 구원한 것이고, 심판을 통해서 구원한 것이다.

인간의 업적은 성부 하나님이 아니라 성자 예수 그리스도에 의해서 심판받을 것이라는 니버의 주장은 확실히 일리가 있다. 그래서 그 심판은 인간의 유한성에 대한 것이 아니라 인간의 가능한 수단과 죄에 대한 것이다. 한 걸음 더 나아가서 보자면, 인간의 윤리가 불순종에서 나온 것이기에, 하나님은 그 윤리가 드러내는 악을 제거하고 보존한다. 그러나 하나님은 오로지 속죄를 통해서 악의 소산들을 스스로 떠맡음으로써 악을 제거한다. 그 때, 천상의 예루살렘에서, 인간이 역사를 통해 다양한 형태로 선이라고 지칭한 것은 하나님이 선으로 정한 것에 통합되어 그 일부분이 된다. 그래서 인간이 은총에 의해서 천상의 예루살렘을 향한 하나님의 뜻에 참여하게 된

___

않는다. 우리가 살아가는 단 하나의 세계만 그 영적인 양태들과 함께 존재할 뿐이다. 교회의 영역은 세속화가 강하게 이루어져서, 교회는 사회적 조직이 되고 그리스도인들은 정치적 경제적 영향을 받고, 종교에 의한 신앙의 오염이 일어난다. 교회와 그리스도인들은 이 세계 안에 속해 있다. 계시의 담지자가 영적인 세계가 아닌 이 지상의 세계 안에 속해 있다. 여기서 두 개의 영역들은 성립되지 않는다. 이처럼 한편으로 그리스도인은 자신이 살아가는 세계의 활동에 참여하도록 요청받고, 거기서 하나님 앞에서의 의로움이 아니라, 상대적인 효용성과 정상상태를 인식하도록 요청받는다. 이 세계가 자체의 도덕을 만드는 것은 당연한 일이다. 그러나 다른 한편으로, 그리스도인은, 육적인 것과 영적인 것을 막론하고 개인적인 것과 사회적인 것을 가리지 않고 모든 차원에서, 자신에게 주어진 신앙을 온전히 삶으로 실천하도록 요청받는다. 그리스도인의 신앙은 정치적인 것과 직업적인 것 등등에서 예수 그리스도와 직접적 인격적 관계를 통해 그리스도인의 삶을 변모시킨다. 이처럼 하나의 세계(구분된 세계가 아닌) 안에 대립적인 긴장상태가 일어난다. 그 긴장상태는 단절을 뜻하지 않는다. 더군다나 유착을 뜻하는 것이 아니다. 그것은 변증법적인 관계로서, 세상 도덕의 자율성과 세상에 대한 계시의 자율성을 사라지게 한다. 어쩌면 루터도 또한, 두 개의 왕국들의 관계를 변증법적인 관계로 파악했을 것이다.

다고 말할 수 있다. 그러나 우리는 인간이 제정한 도덕의 실제적 타당성과 그 본질에 관해서는 아무런 결론도 이끌어낼 수 없다. 더더욱 우리는 인간의 도덕과 하나님 나라에서 선포되는 선 사이에 연속성이 있는 것인지 판단할 수 없다.

제2부 세상의 도덕

도덕에 관한 현실주의적 기준

먼저 분명히 할 것은 기독교 도덕과 세상의 다양한 도덕들[137]에 관해 소모적으로 연구하지 않고, 두 가지 도덕을 인정하는 관점에서 세상에 존재하는 기독교 도덕과 다른 도덕들에 관해 몇 가지 지표들을 설정하는 것이 불가피하게 여겨진다는 점이다. 그것은 현실주의적인 시각에서 이루어져야 한다. 훨씬 뒤에 가서, 우리는 바로 이 현실주의가 세상에서 그리스도인의 삶의 특징들 중의 하나라는 사실을 살펴볼 것이다. 그러나 여기서 우리는 우리의 구상대로 윤리적 현상을 현실주의적으로 분석하는 것을 미리 받아들일 수 있다. 사실 중요한 문제는 모든 사람들에게 유효한 이상적 도덕을 정립하고 그 도덕을 준수할 이유들을 제시하는 것이 아니다. 또한, 실제로 정립될 수도 있을 그 이상적 도덕의 권위에 대한 근거와 조건을 찾는 것이 아니다. 이미 말했다시피, 정립되어야 할 것과 준수해야 할 것은 계시에 의한 것이고, 신앙으로 받아들인 하나님의 뜻에 의한 것이다. 그렇다면 윤리에 관한 서약을 표명하거나 정당성을 가미하거나 새로운 이론체계를 만들 이유가 없다. 단지 윤리적 현상의 현실을 있는 그대로, 가능하다면 모든 측면에서 그 현황을 통해서, 평가하는 것이다. 그러나 우리는 도덕을 그 이상의 것으로 고양시키는 것은 전혀 수긍할 수 없다. 그것은 거의 다 아주 존경할 만한 삶을 살아가는 사람들이나 만족스러운 윤리 체계를 확립하는 사람들의 경우에 해당한다. 우리는 그 표현과 실천과 권위 면에서 실재하는 현실인 현존하는 도덕을 이상적이고 절대적인 것으로 바꿀 수 없다.

---

137) 여기서 말하는 것은 정확히는 도덕에 관한 철학이나 사회학에 관한 것이 아니다. 도덕적 삶의 사회학적 분석에 대해서는, 귀르비치(Gurvitch)가 총괄한 *Traité de Sociologie II*(사회학 소고 II)의 동일한 제목을 가진 단원을 참조하기 바란다. 우리는 별 어려움 없이 귀르비치가 설정한 틀들과, 도덕적 삶의 종류와 형태에 관한 그의 서술을 받아들인다. 그런데 그 종류와 형태를 하나로 하고 문명 유형을 다른 하나로 하여, 그 둘 사이에 설정한 관계에 관해서는, 우리는 좀 유보적이다.

도덕은 인간을 초월하지 않는다. 도덕은 인간에게서 나온다.[138] 이상주의의 폐기는 우리로 하여금 윤리를 다른 차원이 아닌 인간적인 차원에서 바라보게 한다. 도덕의 준수와 성찰은 결코 우리로 하여금 도덕을 하늘에서 내려온 이벤트로 만들어버리게 하지 않는다. 그것은 형이상학에서나 나올 수 있는 일이다. 그런데 우리가 설정한 전제는 아무 근거 없는 것을 금지한다. 도덕은 인간에게서 나온다. 도덕은 인간에 의해 만들어진다. 그 사실은 창세기에 언급되어 있다. 그것은 감상주의나 정당성의 우려나 한 시대의 이상주의 철학에 좌우되지 않는다면 개개인이 할 수 있는 사실의 확인에 의해서도 알 수 있는 것이다. 물론 인간에 의해 만들어진 도덕이라는 표현은 지나치게 단순화되거나 일방적인 의미로 받아들여져서는 안 된다. 도덕은 다양한 양상을 띠고 중의적이다. 집단의 산물, 도덕적 요청의 산물, 지적인 준엄성의 표현, 양심의 자각의 표현 등과 같은 도덕의 다양한 측면들을 우리는 고려해야 한다. 그러나 그 모든 경우에, 도덕의 기원은, 그 권위와 구조와 함께, 인간 자신에게서 유래한다. 도덕은 신의 선물도 아니고 인간의 한계를 뛰어넘는 자연의 산물도 아니다.[139]

도덕은 보편적이지 않다. 도덕은 선악을 분별하고 결정하는 인간이 쟁취한 능력과 연관되어 있다. 선악의 결정에 의해서 인간은 신들에 속하는 존재가 된다. 그러나 그 길은 너무나 자주 묘사된 다음과 같은 길이 아니다. 그것은 신들[140]은 하나의 도덕을 만들어서 인간에게 전하고, 인간은 그 도

---

138) 이 말이 윤리를 인간의 다양한 활동들 중의 하나에 귀착시키는 것은 아니다. 윤리는 칼 바르트가 밝혀준 바와 같이 특별한 영역을 고수한다(K. Barth, 앞의 책, pp. 6 및 그 이하).

139) 몇몇의 아주 통찰력 있는 글들이 거기서 쉽게 도출된다. 예를 들어 머리의 저서(J. M. Murry, *The Free Society*, 1948)는 인간역사는 본래의 고유한 의미가 없고, 도덕은 거기에 의미를 부여하려는 인간의 결정에 기인하며, 유일한 도덕적인 프로세스는 '시행착오'에서 나오고, 결국 자유로운 사회란 존재하지 않고 다만 자유롭기 원하는 사회만이 존재한다는 사실을 밝혀준다. 물론 선한 것을 정하려는 인간의 결정은 자유의지에서 나온 것이 아니다.

140) ▲초월적인 이성이라고 해도 상관없다.

덕을 준수하면서 인간 조건을 넘어 존귀하게 된다는 것이다. 실상은 전혀 다르다. 신들과 같이 되려는 욕망에 사로잡힌 인간[141]은 선악을 결정한다. 그렇게 해서 인간은 실제로 신들과 같이 된다. 그리고 나서 그 이행과 실천과 판단에서 쓰라린 좌절이 이어진다. 그래서 인간은 자신이 신이 아님을 잘 알게 된다. 그 사실을 고찰하는 현실주의는 인간 자신을 착각 없이 전체적으로 파악하는 것을 가능하게 하는 유일한 방식이다.[142]

객관적인 도덕과 주관적인 도덕

대학의 아카데믹한 악습을 따르지 않는 가운데, 도덕적인 현상이 많은 다양한 요소들[143]로 구성되어 있다는 사실을 환기시키는 것은 무익하지 않다. 요컨대 채택한 준거가 소망이든 전통이든 미덕이든 합목적성이든 그 무엇이든 간에, 도덕적 삶의 목적은 항상 주어진 시간과 공간에서 인간이 선이라고 부르는 것을 성취하는 것이다. 그런 까닭에 귀르비치가 자신의 분석에서 선이라는 용어를 배제한 것에 대해서 우리로서는 전적으로 동의할 수 없다. "도덕적 경험은, 공정한 동의를 얻을 만한 표현 방식으로, 집단적이거나 개인적인 인간의 노력을 가로막는 장애에 대해 투쟁하는 것이다"라는 귀르비치의 말은 확실히 타당한 말이다. 그러나 우리는 거기에 그 공정한 동의가 생겨나는 것은 시대적으로 선의 개념에 대한 합의가 존재하기 때문이라는 말을 덧붙이지 않을 수 없다. 선에 대한 철학적 논쟁에 빠질 수 있다

---

141) ▲물론 인간이 하나님의 존재를 부정할 때도 이와 마찬가지이다. 신과 같이 되려는 강박관념은 사르트르에게서 특징적으로 나타난다. 사르트르의 모든 작품은 이 감정으로 설명된다.
142) 이에 대한 베이유의 탁월한 설명들을 참조하라(E. Weil, "Raison, Morale, Politique," *Critique*, 1948).
143) 신학적인 관점에서 도덕의 다양한 요소들에 대해서는, 다른 많은 책들 중에서 라이너의 책(Reiner, *Ethik und Menschenbild*, ZEE, 1958, p. 284)을 참조하도록 권한다.

는 두려움 때문에 사회학적 연구에서 그것을 배제하는 것은 기만적인 것이다.

먼저 객관적인 도덕이 존재한다. 이 객관적인 도덕은 표명된 것이든 아니든 하나의 의무체계나 하나의 가치체계이고, 한 집단에 속한 모든 사람들에게 적용되는 객관성을 띤 것으로 제시된다. 원칙들로 구성된 이 도덕은 특정한 삶의 방식의 우수성을 표명하고, 실현해야 할 이상적 목표들을 제시한다. 이 도덕의 권위는 언제나 결국 효율성의 확실성에 달려 있다. 객관적인 도덕의 권위를 성립시키는 근거에는 분야를 막론하고 성공이라는 요소가 존재한다. 그것은 행복일 수 있고, 더 고양된 유형의 인간 성취일 수 있고, 보상일 수 있고, 신들의 특혜일 수 있고, 평정이나 안전의 획득일 수 있고, 진보의 실현일 수 있다. 아무튼 그것은 도덕적 규범을 실천함으로써 인간이 현재 상황보다 더 낫고 우월한 상황에 이르게 되었다는 사실을 천명하는 것이다.

객관적인 도덕 가운데 우리는 적어도 아주 이질적인 세 가지 요소들을 찾아볼 수 있다. 첫 번째 요소는 '이론적인 도덕' 이다. 이론적인 도덕은 종교적 권위자나 철학자에 의해 체계적인 의무적 규범으로 수립되는 것이다. 이 도덕은 하나의 도덕적인 이상을 나타낼 수 있다. 그러나 이 도덕은 일반적으로 개개인의 개별적인 규범일 수 있다. 그것은 강력한 지적 요소일 수 있다. 그 권위는 더더욱 강력한 기반을 확실히 가질 수 있는데 반해, 당대의 사람들에게는 직접적으로 덜 인식될 수 있다. 이어서 두 번째 요소로는 '사회학적 도덕' 이 있다. 사회학적 도덕은 집단적인 요구에서 비롯된 것이다. 그 요구는 종교적이거나 불가해한 신념들에서 나올 수 있거나 혹은 정치적인 요구에서 혹은 경제적인 필요성에서 나올 수 있다. 어찌됐든 간에 이 도덕은 개인적인 양심이 아니라 집단적인 신념이 발현된 것이다. 그 집단적인 신념은 개인적인 확신들에 기인하지만 동시에 그 확신들을 강요하기도 한다. 이 도덕은 일반적으로 체계적이고 구조적으로 정립되지는 않지만, 다소 일관적이고도 모순적인 가치들과 의무들로 아주 광범위하게 하나의 집합체를 이루고 있다. 이 도덕은 집단을 보존할 필요성과 연관된 것이거나, 집단이 집단 자체와 인간에 대해 만든 이상적인 이미지와 연관된 것이다. 아무튼 이 도덕은 의무와 권위가 수반된다.

　끝으로 세 번째 요소는 '도덕적 관습'이다. 집단은 윤리적 영역에서 의무적인 요구[144)]가 아니라 순응하여 지키는 일정한 관습들coutumes을 따른다. 미래 지향이 아닌 과거에서 비롯된 이 관습들은 오래된 전통에 기인한 권위를 가진다.[145)] 그것은 단순한 풍속들moeurs이 아니다. 왜냐하면, 이 도덕적 관습들도 또한, 의무적이 되어 벗어나서는 안 되는 규범적인 내용을 지니게 되기 때문이다. 지키지 않는 사람에게는 명백한 심판이 따른다. 그러나 물론 풍속들과 이 관습들 사이에는 밀접한 연관성이 있다. 잘 확립된 풍속들은 곧 관습이 된다. 당대의 도덕적인 이상에 의해 공격당하고 평가절하되고 비난당하는 관습은 바뀌어 풍속으로 받아들여질 것이다. 관습의 승인이 오직 사회적인 것으로서 공동체의 판단에 따르는 것과 같이, 어떤 면에서 풍속들의 경우도 마찬가지일 수 있다. 아무튼 풍속들은 아주 구체적인 양상을 나타낸다.

　그런 측면에서 존재하는 것과 당위적인 것 사이에 상반되는 것이 없다. 풍속들은 오로지 어느 영역이든 정확히 한 집단에 속한 사람들의 실제 삶의 방식이다. 풍속들은 이론적인 도덕과 완전히 상반될 수 있다. 풍속들은 사회학적 도덕과는 상대적으로 어렵게 일치될 수 있다. 그 경우에 상반되는 모순점은 장기적으로 새로운 사회학적 도덕을 수립하게 할 수 있다. 그러나 이 새로운 사회학적 도덕은 저항하며 이의제기를 하는 새로운 풍속들에

---

144) ▲이점에서 두 번째 요소인 사회학적 도덕과 구별된다.
145) ▲사회학적 도덕이 현재의 이상적인 모범에 기인하는 것과 다르다.

대한 심판을 내릴 수 있다. 그래서 그 풍속들은 '나쁜 풍속들'이 될 것이다. 그 대립은 집단적이고 개인적인 차원에서 동시에 일어난다. 그러나 사회학적 도덕과 풍속들이 일치되는 일은 결코 있을 수 없다. 사회학적 도덕은 실제로 언제나 의무적인 이상적 요소를 표명하고 거기에 순응할 수 있는 적절한 모델들을 제시한다. 그럴 수밖에 없는 것이 인간이 본성적으로도 거기에 순응할 수 없고 본능적으로도 그렇게 살 수 없기 때문이다. 사회학적인 도덕은 풍속들을 감찰하는 경향이 있다. 반대로 도덕적 관습과 풍속들 사이에는 어떤 불일치도 일어나지 않을 가능성이 아주 크다.

객관적인 도덕에 대해 주관적인 도덕이 존재한다. 주관적인 도덕은 적어도 두 개의 요소들로 구성된다. 먼저 하나의 요소는 엄밀히 말해서 '양심의 명령'이라고 할 수 있는 것이다. 개개인은 자신 안에서 어떤 행위를 선한 것으로 강력하게 느낀다. 그래서 그는 거기에 따라야 한다. '양심의 소리'는 그에게 선한 것과 악한 것을 지적한다. 이것은 순전히 개인적인 현상이다. 명목상 초월적인 실재에 대한 직관적인 인식이 존재한다. 직접적으로 알게 된 선한 것은 위력적으로 다가온다. 그것을 따르지 않으면, 불안과 심판이 임한다. 그것을 따르면, 만족과 행복이 임한다. 그 명령의 기원이 생물학적이든 사회학적이든 간에, 그것이 개인적으로 교육과 경제적 상황에서 비롯된 산물이든, 혹은 정신분석학적으로 심층적인 충동과 콤플렉스와 분노 등등이 표출된 것이든 간에, 우리는 그 기원을 여기서 탐구하지 않을 것이다. 또한, 지금까지 그것에 대해 어떤 완전한 결정적 해석도 나오지 않은 것으로 보인다.

이 주관적인 도덕의 다른 요소는 '결정의 선택'이다. 다양한 양상들 속에서 객관적인 도덕과 마주하거나, 양심의 명령을 감지하게 된 개개인은 의식적이든 무의식적이든 간에 순종과 불순종의 선택 앞에 놓이게 된다. 그는 스스로 행동해야 하기에, 스스로 결정을 내려야 한다. 바로 그 시점에, 정확히 말해서 오직 그 시점에서 윤리적인 상황이 발생한다. 개개인은 스스로 자신이 행할 것을 결정하고 심판을 무릅쓰고 그 선한 것을 반드시 실행할 것이다. 그는 선택할 것이다. 그 선택은 근본적인 것으로서, 유행하는 말을 따르자면, 실존을 창조하는 것이 될 수 있다. 혹은 그 선택은 단지 계속적이고 단편적이고 한정적인 것으로서, 윤리적인 실존의 실제 경험을 구성하는 일부분이 될 수 있다. 이처럼 인간은 계속해서 스스로 선택한다는 말을 할 수 있다. 그것은 개인을 윤리적인 주체로 전환시키는 선택이다. 그는 이제 체계적으로 자신이 내린 결정의 이유를 천명하게 될 것이다. 그 경우 그는 하나의 이론적인 객관적 도덕을 수립하게 된다.

위에서 제시한 요소들은 내용이 아주 간략하다. 철학적으로 다듬은 것은 없으나, 그 평범한 내용은 아주 유익한 것이다. 특히 우리는 여러 가지 요소들 중 하나를 폐기하거나 또는 배타적으로 강조하는 것은 절대적으로 삼가야 한다. 도덕적인 현상은 그와 같은 요소들의 총합이다. 도덕은 단지 아리스토텔레스나 칸트가 말하는 윤리체계인 것만이 아니다. 그렇게 보려는 것은 일반적으로 철학자들에게 주어지는 유혹이다. 더군다나 도덕은 단지 사회적 명령과 한 사회의 가치체계나 풍속인 것만이 아니다. 그것은 여타의 나머지 것은 전혀 감안하지 않는 사회학자들이 몰두하는 것이다. 그러나 그것은 또한, 단지 선택과 개인적인 결정인 것만은 아니다. 도덕을 성립시키는 것으로 도덕의 가치만을 고려하여 객관적인 도덕을 폐기하는 것은 그리스도인들과 실존주의자들과 현상학자들에게서 흔히 볼 수 있는 것이다. 이처럼 배타적인 다양한 경향들은 잘못된 것이다. 우리가 상기한 요소들은 서로서로 보완적인 것이다.

1장 도덕의 다양성[146]

명령, 가치, 미덕, 윤리체계 등은, 잘 정립된 것이든 아니든 간에, 시대와 장소에 따라 아주 다르다. 이 명백한 사실을 다시 천명할 필요가 있다. 왜냐하면, 양식 있는 지식인들에게게도 서구의 도덕은 사실상 하나의 보편적인 도덕이라는 중세의 관념이 아직도 남아있기 때문이다. 어디서나 모든 사회에는 하나의 도덕이 존재하지만, 반드시 동일한 것은 아니다. 도덕에서 변하지 않는 항구적인 내용은 존재하지 않는다.[147] 살인은 거의 모든 데서 배척

---

146) 우리가 여기서 도덕에 관한 모든 이론들을 논의할 수 없다는 것은 분명하다. 그러나 우리는 탁월한 바스티드의 저서를 참조하도록 권할 수 있다(Georges Bastide, *Traité de l'action morale*, 1961). 도덕에 관한 사회학의 문제에 관해서는 특별히 귀르비치의 저서(Gurvitch, *Traité de Sociologie II*)와 카즈뇌브(Cazeneuve), 앙사르(Ansart), 미셸(Michel) 등이 도덕적 독트린에 관한 사회적 틀에 대해 쓴 논문들(in *Cahiers Internationaux de Sociologie*, vol. 34, 1963)을 참조하라.

147) 칼 마르크스가 이룬 수많은 확실한 공로들 중의 하나는 도덕의 우발적인 성격과 경제적 구조, 계급들과의 관계를 밝히고 사회적 세력들 속에서 도덕의 역할을 규명한 것이다. 그러나 한편으로 마르크스의 이론은 상당 부분이 레닌에 의해서 왜곡되었다. 또 그 후로 훨씬 더 많은 부분에서 왜곡이 일어났다. 예를 들어 로젠탈(Rosenta)과 주딘(Judin)이 러시아어로 쓴 논문("Ethik", in *Petit vocabulaire philosophique*, 1954)과 로저 가로디(Roger Garaudy)의 책(*Le communisme et la Morale*, 1945)을 들 수 있다. 다른 한편으로, 마르크스는 그 자신이 윤리학자들에게 비난하던 것을 피하지 못한다. 즉 그는 프롤레타리아의 상대적인 가치들을 절대적인 것으로 변환시키고, 철학의 윤리와 상반된 역사의 윤리(참조: N. Berdiaeff, *Christianisme et réalité sociale*, 1934; R. Niebuhr, *An Interpretation of Christian Ethics*, chap. 1, p. 122 및 그 이하)를 수립한다. 반대로 보와가 자신의 논문(Jacques Bois, "La crise de la morale et le christianisme," p. 82 및 그 이하)에서 소개한 다른 비판들은 별로 효과가 없는 듯하다. 마르크스주의자들의 비판에도 불구하고 자연 도덕의 타당성을 정당화

당한다. 그러나 그렇다고 해서 그게 언제나 그런 것은 아니다. 전쟁148) 중에는 살인이 조장149)되는 우리 사회는 말할 것도 없이, 평화 중에도 개인적인 살인행위가, 때로는 주술적인 것이나 종교적인 것과 아주 밀접하게 연관되어, 도덕적인 성격의 의무감으로 제시될 수 있었다는 사실을 알아야 한다. 대마초를 피우며 살인을 자행하던 극단적 이슬람 시아파 단원들Haschischin과, 살인과 테러행위를 저질렀던 극단적 유대주의자들Sicaires과, 여행자들을 죽이고 도적질한 인도의 도적떼들Thugs이 그런 예를 보여주었다. 그 기반이 되는 종교적이거나 주술적인 원리는 그 구성원이 행한 결정의 윤리적 성격이나 개인을 향한 집단의 요구라는 윤리적 성격을 결코 지우지 않는다. 살인은 단지 주술적인 행위가 아니라, 미덕의 덕목에 속하는 것이었다. 그것은 다만 제한된 집단에 한한 것이라는 변론을 할 필요가 없다. 집단이 있고 집단적인 도덕적 의무가 있다면 도덕이 생기는 것이다.

잉카제국 사람들은 생명에 대한 존중이 전혀 없었지만 그 사회는 높은 문명을 이룩하고 있었다. 그러므로 우리는 생명에 대한 존중이 보편적인 의무로서 자연 도덕의 기초가 된다고 말할 수 없는 것이다. 앞에서 든 예들이 비상식적이고 예외적이고 비정상적인 것인 까닭에 별로 중요성을 둘 수 없다는 주장은 하지 말아야 한다. 왜냐하면, 대부분의 반역사적인 사회단체들에서 우리는 동일한 성격의 의무 규범들을 발견하게 되기 때문이다. 더욱이 프로이드 이후로 우리는 '비정상적인 것'이 아주 중요하며 여타의 나머지

하려는 그의 노력도 마찬가지이다. 그는 결코 그 목적을 달성하지 못했다.

148) 어떤 종류의 도덕에서는 전쟁이 거의 최고의 가치를 지닌다는 사실을 기억하자. 여기서 나는 히틀러의 윤리를 말하는 것이 아니고, 훨씬 더 오래된 옛날에 있었던 도덕관념을 말하는 것이다. 예를 들자면 기원전 5세기의 그리스 철학자 헤라클레이토스의 글 (fragment 53/8, 112)이 있다. "전쟁은 만유의 아버지이다. 전쟁은 만유의 왕이다. 전쟁은 어떤 사람들을 신적인 존재들로, 또 어떤 사람들을 인간적인 존재들로 보이게 한다. 전쟁은 어떤 사람들을 노예로 만드는가 하면, 또 어떤 사람들을 자유인으로 만든다. 사람들은 전쟁이 보편적인 법칙이라는 사실을 알아야 한다."

149) ▲그러나 이것은 집단적인 결정이어서, 가치등급의 문제라고 할 수 있다. 즉 조국이라는 가치는 인간의 생명이라는 가치보다 더 우월하다는 것과 같다.

문제에 대한 열쇠를 제공할 수 있다는 사실을 알고 있다.

도덕적인 의무와 가치로서 제시되는 살인은 우리로 하여금 복수 행위라는 거의 보편적인 도덕적 현상을 인식하게 한다. 대부분의 인간사회에서, 복수는 인간 집단의 가족적, 부족적 유대감에서 비롯되는 도덕적 의무이다. 복수 행위는 중대한 역할을 하면서, 어떤 도덕들은 이 복수의 주요한 개념에 의거해서 수립되었다. 성서는 그리스나 로마 사회와 마찬가지로 '눈에는 눈으로' 라는 원리를 제시함으로써 복수 행위를 인정하고 있다. 19세기에 코르시카에서는 '피의 복수' vendetta가 여전히 남아있었고, 오늘날까지도 암흑가와 조폭들 사이에 자행되고 있다. 집단에 의해 의무로서 제시되고, 도덕적 양심 속에서 도리로서 느껴지며, 선악의 개념들이 잘 정리되어 있는[150) 복수 행위는 도덕적 의무의 깊은 뿌리가 된다. 복수 행위로부터 출발해서 거기에 정당성이나 가치를 제공하는 명예, 연대성, 충성 등과 같은 가치들이 수립된다. 그런데 이 도덕적 개념은 오늘날 일반적으로 배척되고 있다. 국가 권력이 수립되어 행사되면서 배척된 복수 행위는 점차 도덕적 의무가 아니게 되어 법률적으로 문제를 해결하는 제3의 기구에 위임되었다. 경찰과 법원 조직이 강력하게 되고, 한정된 집단들의 연대성은 약화되면서, 복수 행위는 그 도덕적 의무가 점차 사라지고 이제는 도덕적 지탄의 대상이 되었다.

다양한 이유들로 해서, 유사기독교적인 서구 사회와 기독교에서 파생된 공산주의 사회에서, 복수 행위는 악한 것으로 평가된다. 복수에 관한 이 사실의 확인은 주어진 시대의 도덕적인 체계의 핵심가치들로 확대될 수 있을 것이다. 한 사회에서 도덕은 근본적인 가치로 천명되거나 인식되는 것과 연관되어 성립되는 것이라고 말할 수 있다. 그래서 일종의 도덕적인 중심축이

---

150) ▲복수하는 사람은 선을 행하는 것이며 그 행위는 공적인 심판이 된다. 성서적으로 '고엘'은 복수하는 사람이다. 그는 구원하고 대속하는 사람이다.

존재하는 것이다. 그런 예로서 고대 게르만 사회의 씨족공동체인 지페Sippe
의 윤리를 들 수 있다. 거기서 모든 것은 지페와 개인의 근본적인 관계를 따
라 조정되고, 선이란 본질적으로 지페에 유익한 것으로 정의된다. 또한, 충
성의 윤리가 로마시대의 사병들과 같이 한 지도자 주위에 구성된 집단들 가
운데 수립되고, 나중에는 중세의 영주 집단 가운데 확립되는 사실을 언급
할 수 있다. 거기서 선이란 주군에 대한 충성으로 요약된다. 모든 것은 그
의무와 서약과의 관련 속에서 판단이 내려진다. 그런데 그런 식의 도덕은
오늘날에는 터무니없는 것으로 치부될 수 있는 도덕적 의무사항들을 불러
올 수 있다. 여기서 우리는 개인적인 것이 아닌 집단의 구성원들이나 주군
과 관계되는 복수 행위를 말한 것이다.

　또 다른 흥미로운 사실은 공동으로 서약하는 방식이다. 고대 게르만 사
회의 씨족공동체의 한 구성원이나 주군이 고소를 당하면, 다른 구성원들
은, 전혀 모르고 아무 것도 보지 못했을지라도, 법정에서 그의 정당성과 함
께 그가 말한 것이 사실이라고 공동으로 서약하는 것이 도덕적 의무가 된
다. 그런데 단지 그들의 서약 하나에 근거해서 법적인 판결이 날 수도 있다.
그러면 그 법적인 판결은 거짓증언이나 사실과 무관한 증언들에 근거한 것
이 된다. 그런 서약 하에서는 거짓을 증언하고 아무것이나 사실이라고 단
언하는 것이 윤리적 명령이 된다. 헛되고 거짓된 증언을 하는 것이 거기서
는 도덕적 의무가 된다는 사실을 유념하자. 씨족이나 가족의 형제를 위해
서 그렇게 하는 것은 악한 것이 아니라 선한 행위가 되는 것이다. 그렇다면
우리가 도덕의 가장 보편적인 요소들 중의 하나로 여기는 진실의 존중은 어
디서 찾아야 하는가? 19세기에 구약에 관해 내렸던 약식판결을 상기하자.
성서의 기자들이 자신들이 부정확하다는 걸 알고 있는 사실들을 기술한 이
상, 그들은 어느 부분에서도 신뢰를 얻을 수 없다는 것이다. 사실 신성불가
침의 진실의 개념과 그 도덕적 가치는 아주 좁은 유형의 사회와 정신과 관

계가 있다.

　사회학자들은 레비-브륄이 창안한 '전논리적인 사고방식' 151)을 오늘날 연민을 가지고 말한다. 그러나 그 개념은, 우리에게 현대의 가치들과 그 가치들에 관한 현대인의 사고방식이 보편적이거나 항구적인 것이 아니라는 사실을 상기시켜준다는 점에서, 정확한 것이다. 지금까지 우리는 생명의 존중과 진실 등과 같이 확실한 가치들로 평가된 것들이 제대로 알려지지 않은 경우와, 윤리가 '특정한 이익을 위해' 창안될 수 있는 경우를 살펴보았다. 최고의 가치가 주군, 집단 등이 될 수 있고, 개인의 미덕과 도덕적 양심까지 포함하는 모든 도덕적 체계가 '특정한 이익을 위한' 목적으로 작용할 수 있다. 그런데 그것은 인류의 원시적인 단계에 국한되는 것이 결코 아니다.

　현대에서 우리는 적어도 '특정한 이익을 위해' 수립된 세 개의 도덕들을 발견한다. 그 하나는 민족주의이다. 모든 행위가 민족이나 조국이라는 최고의 가치와의 연관성에 의해서 평가된다. 그 다음으로 인종주의, 그리고 공산주의가 있다. 우리는 여기서 객관적 주관적 도덕들과, 가치의 위계적 질서와, 선악의 차별과, 덕목과 판단 등등을 접하게 된다. 그러나 이 세 개의 도덕들은 그 도덕적 기준이 너무나 단순하다. 그 기준은 '특정한 이익'의 기준이라는 것이다. 민족이나 종족이나 프롤레타리아를 위해 행해진 모든 행위는 선한 것이다. 그와 반대로 행해진 모든 행위는 악한 것이다. 암묵적이기도 하고 명백히 표명되기도 하는 이 규칙은 개인에게 행위의 정당성과 함께 도덕적 의무라는 명확한 비전을 제시해준다. 너무나 단순한 비전이라고? 윤리에 관한 철학자들의 이론들 앞에서는 확실히 그렇다. 그러

---

151) [역주] 프랑스어로는 'La mentaltité prélogique'이다. 레비-브륄(Lucien Lévy-Bruhl, 1857-1939, 프랑스의 철학자, 사회학자)은 원시인의 사고방식은 현대인의 사고방식과 달리 신비적(mystique)이고 전논리적(prélogique)이라고 규정한다. 여기서 '전논리적'이라는 말은 비논리적인 것이 아니라 논리 이전의 것을 의미한다.

나 인간은 그런 단순한 위계질서를 필요로 한다. 인간이 삶으로 겪는 것은 그와 같은 것이지, 현상학적이거나 실존주의적인 이론들이 아니다. 특정한 이익을 위해 수립된 이 도덕들은 19세기의 부르주아 도덕보다 더 피상적인 것은 아니었다. 그러나 이 도덕들은 보편적이라 불리는 도덕적 가치들에 대해 의문을 낳는다. 우리는 레닌이 거짓말을 선한 것으로 주장한 것이나 부르주아의 물리적인 제거를 주장한 것에 늘 충격을 받는다.

우리는 아주 중대한 또 다른 예를 들 수 있다. 그것은 스파르타의 예이다. 거기서 교육은 어린아이에게 도둑질과 동성애를 가르치는 것이었다. 그 두 가지는 교육적인 가치가 있는 것으로 여겨졌다. 도둑질은 민첩성과 책략과 행동력을 입증하는 것이었고, 동성애는 두 동료들 간의 지속적인 완전한 유대관계를 형성하는 수단이었다. 이 두 개의 교육 항목들은 소년들을 전쟁에 대비시키는 것이었다. 도둑질과 동성애는 자랑스럽게 여겨진 것은 아니었다. 그러나 도둑질과 동성애를 금하는 계율은 전혀 없었다.152) 스파르타의 모든 윤리는, 아주 사회적 성격을 지닌 까닭에, 위험한 상황 가운데 공동체의 도덕을 무시하면서 청년으로 하여금 싸우는 전사의 역할을 준비할 수 있게 하는 모든 행위를 선한 것으로 평가하게 되었다. 물론 이 모든 것에 대해서 그것은 도덕이 아니라는 전반적인 반론이 있을 수 있다.153)

성 아우구스투스는 이방인의 풍습을 평가하면서 이방인의 도덕은 존재하지 않는다고 주장한다. 그러나 그 주장을 펼 때는 먼저 오직 기독교 도덕만이 도덕이라는 전제를 달았어야 한다. 그런데 무슨 근거로? 오직 기독교 도덕만이 나타낼 수 있는 선과 동일한 보편적인 선이라는 관념을 근거로?

---

152) ▲같은 시기에 이스라엘에서 동성애는 사형에 해당하는 죄였다.

153) 이것은 도덕을 창안한 모든 사람에게 늘 다가오는 유혹이다. 현대에 들어서 머리는 자신의 저서(John M. Murry, *The Free Society*, 1948)에서 궁극적인 도덕은 합리적으로 모든 사람들을 위한 자유를 바란다고 평가하면서, 소련은 도덕의 원리를 인정하지 않으므로 결국 공산주의사회에는 도덕은 존재하지 않는다고 선언했다. 이는 또한, 일반적인 가톨릭의 입장이기도 하다(B. Häring, *La loi du Christ I*).

이미 살펴본 바와 같이 그것은 받아들일 수 없는 것이다. 실제로 사람들이 속한 사회에 따라 선이 악이 되고 악이 선이 된다. 총체적인 면에서 하나의 도덕이 존재하는 것을 인정하려면 우리는 우리의 관점이 아니라 그 사람들의 관점을 취할 필요가 있다. 형이상학의 절대적인 관점이 아니라 인간을 이해하는 상대적인 관점을 취해야 한다. 실천적 도덕이 원칙, 가치, 추상적 명제 등을 대상으로 삼지 않고, 정확한 행위방식들을 제정하고 구체적인 상황들에 관해 행할 것과 금지할 것을 규정하며 특정한 공간과 특정한 시간에서 살아가는 사람들 간의 관계와 연관되는 만큼, 그것은 더더욱 확실해진다.

실천적 도덕은 결코 추상적으로 선이나 진리를 찾기를 권하지 않고, 선하거나 악한 것으로 지정한 행위, 감성, 목적 등을 명확하게 한다. 삶의 도덕은 정확한 내용을 제시한다. 추상적인 단어들로 만족할 수 있었거나 그 단어들에 보편적인 내용을 부여하기 원했던 것은 이론가들이다. 그러나 실천적 도덕은 명확하기에 반드시 하나의 역사적 시간과 관계되고 상황에 따라 필연적으로 변화된다. 이 실천적 도덕이 하나의 도덕이라는 것을 부인하기 위해서, 그 의무들과 책무들과 요구들이 하나의 목적성에 귀착되고 하나의 교육적인 목표를 지니고 있다는 점에서, 도덕은 특정 가치들에 대한 무조건적인 존중과 미덕의 무대가성을 갖추어야 하므로, 실천적 도덕은 도덕이 될 수 없다는 주장을 할 수 있다. 그런데 우리가 보기에 이 주장은 합당한 근거가 없어 보인다. 모든 도덕은, 선을 실천하는 것이라 하더라도, 하나의 목적성을 갖는다. 무조건성과 무대가성은 주관적인 차원에 속하는 것이지 객관적인 도덕의 차원에 속하는 것이 아니다. 우리가 도덕이 어떤 목적과 특정한 이익을 위한 것이라고 말할 수 있는 것은 단지 객관적인 도덕의 차원에서 가능한 것이다.

파시즘[154]과 공산주의에서도, 스토아철학이나 유교에서와 마찬가지로, 개인의 미덕은 무조건성과 무대가성을 띤다. 특정 가치를 존중해야 하고 특정 행위방식을 선택해야 하는 개인의 입장은 정말 윤리적인 것이다. 사실 그와 같은 사회 체계들에서 특정 가치를 존중하는 것은 징벌을 받는다. 인종차별적이거나 프롤레타리아적인 도덕을 수용하지 않는 사람은 사회 집단에 의해 제거되고, 수용하는 사람은 보상을 받는다. 상기할 것은 그것이 이스라엘 백성 가운데서도, 중세 기독교 사회에서도, 칼뱅의 제네바에서도, 청교도의 아메리카에서도 마찬가지 사실이었다는 점이다. 그 모든 경우에 명백한 사회적 강제가 있었으니 도덕이 존재하지 않았다고 우리는 말할 수 없다.

사실 우리가 미리 세워진 선입관이 아니라, 사람들이 도덕으로 여기며 삶으로 살아가는 것에 따른다면, 우리는 도덕이 시대와 장소를 따라 정말 다양하다는 사실을 알게 될 것이다.[155] "어떤 행동이 선한 것인가?"의 물음에

---

154) 파시스트 사회에서는, 도덕적 삶의 유형 체계가 강제적인 힘으로 부과되기 때문에, 진정한 도덕성이 존재하지 않는다고 한 귀르비치의 말은 비과학적이고 편향적인 것이다(G. Gurvitch, *Traité de Sociologie II*, p. 169). 실제로 이 말은 모든 다른 권위주의 체제에도 맞지 않는다.

155) "다음과 같은 원칙들은 모든 나라 사람들에게 받아들여진다. 남이 너에게 하지 않기를 바라는 일을 남들에게 하지 말라. 개개인에 속한 것을 개개인에게 맡기거나 주어야 한다."라는 헤링의 말(B. Häring, 앞의 책, p. 169)은 명백하게 잘못된 말이다. 모든 나라 사람들이 다 사유 재산을 가진 것은 아니다. 대부분의 경우 외국인을 탈취하는 것은 권장된다. 일부일처제가 보편적인 도덕의 원리라는 주장은 대부분의 도덕들과 충돌하게 된다. 그 주장을 위해서, 족장들의 일부다처제를 정당화하려고 얼마나 많은 신학적 곡예를 부려야 하는지 우리는 알고 있다(참조: *Innocent III*).
　여기서 또한, 도덕적 삶의 유형들의 다양성에 관한 귀르비치의 연구결과를 언급해야 할 것이다. 도덕적 삶은 그 다양성을 강화할 뿐이다. 왜냐하면, 도덕들이 서로 분리되는 것은 그 내용뿐만 아니라 도덕적 삶의 구조에 대한 개념에 의한 것이기 때문이다. 귀르비치는 적절하게 전통적인 도덕성, 목적론적 도덕성, 미덕과 사후판단과 상징적 이미지의 도덕성, 행동의 도덕성, 정언적 도덕성, 열망의 도덕성 등으로 구분을 한다. 그러나 우리는 어떻게 귀르비치가 이런 상황 가운데 사회적 상대주의는 철학적 상대주의와 아무 상관이 없다는 주장을 할 수 있는지 이해할 수 없다. 우리는 하나의 도덕적 절대성을 향한 열망을 당연히 바라지만, 그 실재도 바라는 것이다.

대한 대답이 있을 수 없다는 결론을 내린 시몬느 드 보부아르의 말156)도 이 도덕들의 다양성을 더 강화시켰다. "사람들은 의사에게 어떤 가설이 맞는지 묻지 않는다." "도덕은 처방을 제공하지 않는다. 사람들은 단지 방법들을 제안할 수 있을 뿐이다." "행동 내용이 그 의미를 부정한다면, 의미가 아니라 그 내용을 수정해야 한다." 이는 결국 하나의 순전한 효용성의 도덕으로 연결된다. 왜냐하면, 선한 행동을 분별하게 하는 외적인 기준이 결코 존재하지 않기 때문이다. 보편적이라고 말할 수 있는 가치는 존재하지 않는다.157) 모든 사람들이 공통적으로 느끼는 선은 존재하지 않는다. 하나의 유일한 도덕 체계의 기초가 될 수 있는 절대적인 요구는 존재하지 않는다. 그러므로 인간이나 사물의 본성에 귀착되는 자연 도덕이 존재한다는 말은 할 수 없는 것이다. 만약에 그것이 존재한다면, 지리적이고 역사적인 다양한 관점들과 상관없이, 도덕은 하나의 통일성과 일관성을 가지게 될 것이다. 그러나 그것은 존재하지 않는다.

도덕의 다양성이라는 사실에 대한 반론이 있을 수 있음을 나는 잘 알고 있다. "당신은 문제를 피상적으로 본다. 당신은 아주 다양하기 짝이 없는 내용과, 질서, 조정, 동기부여 등의 도덕적인 기능과 응용들과, 원칙 등을 혼동하고 있다. 모든 사람들은 유사한 충동과 비슷한 목적을 체감하고 공

---

156) ▲Simone de Beauvoir, *Pour une morale de l'ambiguïté*, 1947.

157) 니버는 이에 대한 좋은 예를 제시한다. 그는 인간이 정의의 개념에 도달하여 하나의 진정한 윤리를 취득한다는 주장을 끊임없이 반복한다(R. Niebuhr, *The Nature and Destiny of Man*). 니버는 그의 주장을 근거로 인간에 의한 이 정의의 실현을 일종의 신의 신비한 섭리로 규정하는 것은 불가하다고 하면서 칼 바르트를 비판한다. 그러나 여기에는 니버가 미처 인식하지 못한 사실이다. 그것은 먼저 문명마다 각기 이 정의라는 단어에 붙여놓은 내용들이 엄청난 다양성을 이루고 있다는 사실이다. 그리고 또 하나는 니버가 '자연적'(naturel)이라고 부르며 자연적인 사회의 산물로 본 정의의 개념은 실제로는 서구사회에 합의된 정의로서 그 사회가 외적인 것에 의해 기독교화되어서 나온 산물이라는 사실이다. 그것은 악한 내용이 담겨있긴 하지만 그럼에도 불구하고 기독교사상이 합해진 것이다. 그것은 오늘날의 아프리카에서와 같이 사회주의세계에서 채택된 기독교의 부산물이기도 하다. 그래서 니버가 스스로 '자연적'이라고 평가한 이 개념을 기독교 신앙과 연관시킨 것은 그리 놀라운 일은 아니다.

통의 도덕적 경험을 갖는다. 도덕의 객관성과 보편성은 인간 안에 있는 일종의 인류 공동의 소명 속에서 처음부터 발견된다. 그 동일한 기원에서 비롯되어 궁극적으로 발전된 다양화된 것들은 역사적 부산물인 상부구조에 해당한다. 상부구조인 까닭에 그것은 하나의 도덕적인 인간적 통일성을 전제로 하는 것이 된다. 당신은 파도가 일렁이는 걸 보면서 대양 전체가 흔들린다고 생각한다. 그러나 파도는 움직임이 없는 깊은 바닷물 전체 위에서 일렁이는 것이다. 실재는 움직임이 없는 그 전체에 있다."158)

그러나 이처럼 하나의 도덕적 현상을 그 자체로 아무 내용도 없고 구체적인 실재도 없고 정해진 원칙도 없이 추상화하는 것은 내게는 정말 상상조차 할 수 없는 것으로 보인다. 그것은, 완전히 근거가 없고 가공하리만큼 안이한, 단순한 지석인 행위에 지나지 않는다. 도덕은 개별적인 형태로 존재한다. 도덕의 근본적인 통일성을 주장하기 위해서 그 개별적인 형태를 제외하고 도덕을 평가하려는 것은, 단지 단 하나의 도덕이 어디나 존재한다고 주장하는 것이다. 인간이 도덕적인 동물이라는 점을 인정한다고 해도, 우리가 거기서 더 나아가서 근본적인 보편적 도덕159)의 형태를 묘사하며 그 내용과 기능을 찾는다는 것은 지적인 정직성으로는 도저히 있을 수 없는 일이

---

158) 이상(Id al) 자체는 실재하는 현실의 개념들을 초월한다는 브와세의 주장(Jean Boisset, "Les Conséquences pratiques de la Morale chrétienne," in *Le problème de la morale chrétienne*, p. 10)은, 사람마다 각기 자신이 원하는 바를 채울 수 있게 되는, 텅 빈 하나의 범주를 믿는 것과 같다. 그래서 일치되는 것은 하나도 존재하지 않는다. 또한, "가장 부담되는 도덕적 태도들은 의무라는 하나의 통일된 질서를 따른다"는 주장(여기서 도덕의 보편적인 기초가 나온다)은, 한편으로는, 의무가 아닌 도덕의 모든 정향을 무시하는 것이고, 다른 한편으로는, 먼저 그 의무의 기원과 그 절차를 잘 밝혀야 하는 까닭에, 문제를 뒤로 미루는 것이다. 그때 그 개념이 시간과 장소에 따라 수없이 많고 다양하다는 사실을 알게 된다.

159) 하나님이 존재하지 않는다는 가정 하에서 사르트르가 한 말은 전적으로 맞는다. "선험적인 선이란 존재할 수 없다. 왜냐하면, 그것을 사고하는 무한하고 완전한 양심은 존재하지 않기 때문이다. 선이 존재하고 인간은 정직해야 하고 거짓말을 하지 말아야 한다는 말은 어디에도 적혀 있지 않다. 왜냐하면, 우리는 단지 사람들만이 존재하는 세계에 살고 있기 때문이다."(Jean-Paul Sartre, *L'existentialisme est un humanisme*, 1946, p. 36.)

다. 왜냐하면, 각각의 개별적인 도덕에 대해서 그 형태와 내용과 기능의 특징들이 우발적인 것으로 역사적인 산물에 불과했다는 말로 시작해서는 그 다양성을 피상적이라는 이유로 부정했기 때문이다. 보편적인 도덕에 관한 형태와 기능과 내용이라는 것은 여타의 우발적인 것들과 상부구조와 같게 것이다. 어떻게 다를 수 있겠는가? 더욱이 그것들은 추상적이고 이론적일 것이다. 구체적인 사실이라는 측면에서는 거기에 전혀 접할 수 없는데, 나는 어떤 권한과 근거로 그 도덕의 기능과 내용에 통일성과 보편성을 부여할 수 있겠는가?[160)

성서에 나타난 상황을 다시 돌아보자. 모든 사람들에게 하나의 선과 하나의 악이 존재한다. 하나의 도덕적인 삶이 존재하고, 하나의 도덕을 수립할 필요성이 존재한다. 그러나 인간은 스스로 그 도덕을 수립하는 일을 맡게 된다. 전제로서 이미 주어진 내용은 존재하지 않는다. 인간 이외의 존재가 "이것이 선이다"라는 결정을 내린 적은 없었다. 이제 인간이 그 결정을 내려야 한다. 인간이 엄청나게 가변적인 상황 가운데 있기 때문에, 인간의 윤리적인 결정은 한없이 가변적이다. 그것을 부정하려면 많은 윤리학자들이 추종한 길을 받아들여야 할 것이다. 그들은 사실 주어진 시간과 장소에서 받아들여진 도덕에는 관심을 두지 않는다. 모든 도덕들을 조금씩 맛보거나, 계시나 형이상학적 원리를 근거로 삼거나, 개인에 대해 현상학적으로 분석하거나 하면서, 그들은 하나의 도덕을 제정하여 그 도덕이 영원하고 보편적이고 유일하다고 선포하고, 나머지 다른 도덕들과 대비시킨다. 이는 우리로 하여금 곧 이론적인 도덕들을 찾아보게 한다. 유감스럽게도, 경험적인 도덕들만큼이나 다양한 이론적인 도덕들 간에도 일치하는 것은 없다.

---

160) 또한, 윤리가 명명백백한 시대들과, 사회에 윤리가 존재하지 않고 문젯거리에 지나지 않게 된 시대들에 대한 본회퍼의 적절한 논의를 참조하라(D. Bonhoeffer, *Ethik*, p. 204 및 그 이하).

그 사실은 보편성을 내세우는 윤리학자들의 주장을 무너뜨린다.161)

---

161) 성찰 대상으로서의 윤리적 현상에 관해서도 본회퍼의 글을 참조하라(위의 책, p. 204 및 그 이하).

2장 이론적 도덕

철학자들과 종교의 창시자들이 시대를 따라 창안해낸 그 수많은 이론적 도덕들을 아주 조금이라도 여기서 설명하는 것은 우리에게는 정말 불가능한 일이다. 거기에는 모세, 공자, 아리스토텔레스, 플라톤, 스토아 철학자들, 토마스 아퀴나스, 에라스무스, 칸트, 니체 등이 세운 도덕들이 있는가하면, 플라톤의 이데아 세계의 질서와 조화, 아리스토텔레스의 인간의 이성적인 본성, 스피노자의 신적 실체, 헤겔의 객관적 정신, 뒤르켕의 집단적 양심 등등에 기초한 도덕들이 있다. 이 도덕들은 모두 다 하나의 최고의 선을 인정한다. 그와 반대로, 마르크스가 주장한 착취자와 피착취자의 상황으로 인간을 국한시킨 도덕들, 뷔시−라뷔탱Bussy-Rabutin이 수립한 방종의 도덕, 사드Sade가 표현한 에로티즘의 도덕, 소렐Sorel이 주장한 폭력의 도덕, 후설Husserl과 셸러Scheler의 현상학적 도덕, 사르트르와 시몬 드 보부아르의 모순성의 도덕, 에스나르Hesnard의 구체적인 도덕, 쇼샤르Chauchard의 생물학적인 도덕 등이 있다. 정말 수많은 도덕들이 존재한다. 그 모든 도덕들을 다 설명하고 비판하려는 시도는 헛된 일에 그치고 말 것이다. 그래서 우리는 이론적 도덕들의 현상을 총체적으로 이해하고자 한다.

공자와 같이 크게 예외적인 한두 가지 사례를 제외하고는, 도덕에 관한 성찰과 윤리에 관한 지적인 노력에 의한 이론적 도덕들의 존재는 근본적으로 지중해 지역에서 일어난 현상이라는 점에 주목해야 한다. 그것은 유대와 그리스 문명과 밀접하게 연관된 것으로서, 인간의 삶의 방식에 관해서, 추상적이면서 일반적이고, 일관적이면서 체계적인 의문을 제기하는 것이다. 이 사실은 또한, 서구인들로 하여금, 다른 문명권에서는 윤리에 대한 의지적인 질서체계가 없었기 때문에 윤리 자체가 존재하지 않았다는 평가를 내리도록 유도했다. 그와 정반대로, 관점을 완전히 전환해서, 하나의 도덕이나 혹은 다수의 도덕들이 존재하는 다양한 문명권들 가운데, 지중해 문명권만이 이론적 도덕을 창안했다는 사실을 분명히 해야 한다. 그래서 이론적 도덕의 존재는 요약하자면 시간과 공간에 국한된 하나의 현상이 되는 것이다.

우선적으로 이론적 도덕은 결코 순수한 것이 아니고, 그 사회 배경에서 비롯된 것이라는 사실을 유념하자.[162] 이론적 도덕은 언제나 많건 적건 그 배경이 되는 사회를 나타내는 것이다. 예를 들어 토마스 아퀴나스에게 기독교 이외의 것으로 도덕을 수립하려는 생각은 일어나지 않았을 것이다. 주어진 한 시기의 과학적·종교적·철학적인 지성적 사조는 새로운 윤리체계를 만드는 윤리학자에게 절대적이지는 않지만 아주 강력한 영향을 끼친다. 그러나 윤리학자는 엄정한 것을 추구하면서 최대한 순전한 당위의 규범을 수립하고, 전체적인 규범 체계를 논리적으로 구조화하여서, 그 시대의 도덕적 양심의 요구를 합리적으로 정당화하려고 한다. 그렇게 함으로써 그는 자신이 속해 있는 사회집단 안에 현존하는 실제의 도덕을 훨씬 더 넘어선다. 그것은 일반적으로 세 가지 방식으로 진행된다.[163] 하나는 도덕적 규

---

162) 귀르비치가 도덕적 규범들에 관한 사회학의 문제를 제기한 것은 명백하게 맞는 말이다(G. Gurvitch, *Traié de Sociologie II*, p. 147). "우리는 그런 도덕적 규범들이 현존하는 도덕적 태도들의 유형과 형태의 위계질서를 교의화하고 이상화한 것은 아닌지 의문을 품을 수 있다." "그것들은 실제 도덕적 태도들의 체계 안에 존재하는 상황을 정당화하고 이상화하는 교의적인 방식으로 나타날 수 있다."
163) 베르그송은 영웅적인 도덕도 사회적 배경의 영향을 받지만 그 사회적 배경을 뛰어넘

범들을 절대화하여 이상적인 모범으로 전환시키는 것이다. 다른 하나는 윤리에 합리성을 도입하는 것이다. 마지막 하나는 원래는 좀 비논리적인 것을 체계화하는 것이다. 아무튼 그것은 현존하는 도덕과 이론적인 도덕 간에 어떤 불일치, 간극과 차이를 초래했다. 그것은 점차 커져서, 그 출발점과 맥락은 동일하다 할지라도, 서로 대립하는 것으로 나타날 수 있는 것이다. 이 사실은 우리로 하여금 이론적 도덕의 가장 큰 취약점인 실천적인 결함을 검토하도록 유도한다.

실천가능하든 않든 간에, 이론적인 도덕은 사실 전반적으로 거의 실천되지 않는다. 한 도시, 한 집단, 한 민족에 속한 사람들은 자신들 중의 한 사람이 만든 윤리에 거의 다 관심을 두지 않는다. 전문연구자들을 제외하고 누가 칸트의 윤리에 관심을 가졌겠는가?[164] 그것은 철학자들의 일이고, 철학자들은 관습을 본뜨지 않는다. 집단과 윤리학자 간에 상당한 일치점이 있다 하더라도, 윤리학는 국외자이고 그가 수립한 도덕은 실천되지 않는 것이다. 소렐과 노동조합 집단의 관계에도 불구하고, 소렐의 윤리적인 작품은 영향을 미치지 못했다. 거의 아무도 아리스토텔레스의 윤리학에 직접적으로 관심을 가지지 않는다. 더욱이나 오늘날 후설의 윤리학에 대해서는 더 관심이 없다. 소수의 지식인들이 그 윤리 이론들을 알고 있다. 그러나 아는 사람들이 지식인들에 국한되기에, 논의의 수준이, 삶의 방식에 대한 것은 고사하고, 그 차원에 머문다. 아무도, 윤리를 전공하는 철학자들의 논

는다는 사실을 정확히 인지했다(H. Bergson, *Les deux sources de la morale et de la religion*, pp. 30–53). 우리가 여기서 거론하는 이론적 도덕은 지적인 도덕뿐만 아니라 영웅적인 도덕도 포함한다. 영웅적 도덕은 "특출한 개인 안에 구현되어서 하나의 모범이 된다." 그들의 공통점은 언제나 개인에 의해 의지적으로 만들어지는 도덕이라는 점이다. "우리의 여정에서 만날 수 있었던, 도덕적 삶을 구현한 잘 알려지지 않은 영웅들인 신비가들과 성인들, 종교의 창시자들과 개혁가들은 승리한 정복자들이다. 그들은 인간본성의 저항을 무너뜨리고 인간성을 끌어올려 새로운 운명을 향해 나아가게 했다."(위의 책, p. 48.)

164) 칸트가 수립한 윤리의 실패를 이해하기 위해서는 니버의 분석을 참조하라(R. Niebuhr, *An Interpretation of Christian Ethics*, p. 206 및 그 이하).

의에서 나온 해결책을 따라서, 자신의 삶을 해결하려고 하지 않는다. 그렇다면 이론적 도덕에 대한 중요성을 다 부정하려는 유혹이 일어날 수도 있을 것이다. 사실 실천하는 사람이 아무도 없는데, 선을 달성하기 위한 행위규범들을 제공하는 윤리가 대체 무슨 소용인가?[165] 윤리의 목적은 오직 실천인 까닭에 그런 윤리를 만드는 일은 아무 의미가 없다고 할 수 있다. 그러나 우리는 이 극단적인 판단이 완전히 정당한 것은 아니라는 점을 알게 될 것이다.

그러나 사실 이 이론적 도덕들은 그 표현과 일관성과 기량을 통해서 지식인들에게 상당한 영향을 주는데 반해서 전체 윤리적 현상에서는 아주 부수적인 데 불과하다는 사실을 유념해야 한다. 더욱이 도덕의 이론가들 가운데 두 개의 커다란 경향을 구분해야 한다. 하나는 원칙에 입각해서 당위와 이상적인 삶의 규범과 완전과 거룩함에 이르는 과정 등을 정립하려는 것이다. 이것은 특히 오래 연구한 사람들의 주요 관심사이다. 그들은 모든 부분적인 것들을 이용해서 하나의 도덕을 창출한다. 다른 하나로는, 지금 현존하는 것을 특별히 더 고려하려는 더 신중한 연구 사조가 있다. 이런 경향의 철학자는 실제로 실행되는 도덕적 과정을 분석한다. 그는 원칙이 아니라 사

---

165) 베르그송은 이 비실천성의 문제를 잘 포착했다. "어떤 사변(思辨)도 의무를 창출하지는 못한다. 이론적인 완전성은 나에게 별로 중요한 것이 아니다. 나는 언제나 그것을 수용하지 않는다고 말할 것이다. 혹여 내가 그것을 수용한다 하더라도, 나는 내 뜻대로 행하는 자유를 유지할 것이다."(H. Bergson, *Les deux sources de la morale et de la religion*, p. 45.) 특히 그는 스토아철학적인 도덕이, 하나의 철학에 머물렀기에, 실천되지 않는 문제에 관심을 기울였다.(위의 책, pp. 59, 78.) 그는 이성에 기초한 도덕은 수용되고 인정받을 가능성이 전혀 없다는 걸 입증했다(위의 책, p. 86 및 그 이하). 또한, 선의 관념 자체가 내재적인 힘을 소유하고 있다는 관념론적 명제를 전제로 삼는 도덕도 마찬가지로 그렇다(위의 책, p. 88 및 그 이하). 끝으로 사회적인 결속을 유지하거나 인류를 진보하게 하려는 의지도 이성에 의해 제기된 것으로 결코 인정되지 않는다(위의 책, p. 90). 베르그송이 규명한 이와 같은 내용을 참조할 것을 권한다. 또한, 니버의 책(R. Niebuhr, 앞의 책, p. 205 및 그 이하)을 참조하라. 메홀도 같은 의견을 내놓는다. "그 자체로 충분하다고 주장하는 모든 윤리에 대해서, 우리는 반론을 제기할 권리가 있다. 그 반론은 이를테면 그런 윤리는 비판적인 단계와 권면적인 단계를 넘어설 수 없다는 것과 같은 것이다."(R. Mehl, "Ethique et théologie," p. 43.)

실의 확인에서 출발한다. 그는 도덕적 이상을 수립하려고 노력하기보다는 실제적으로 경험된 도덕을 해석하려고 노력한다. 그는 도덕이 구성되는 과정을 추적하려고 한다. 심리학자들과 사회학자들은 현존하는 것으로 확인된 사실들을 수립하고, 최소한의 해석을 제공한다. 뒤에 다시 살펴볼 기술 도덕의 의미 면에서 언급하는 것을 빼고는, 여기서 우리는 윤리학자들을 언급할 수 없다. 그러나 확인된 사실들에 따라서, 하나의 도덕을 수립하려는 강력한 시도[166]는 존재했다. 실제로 수립되었더라면 그런 도덕은 윤리적 규범들을 세우고 가치들을 조명하면서, 원칙들이 아니라 확인된 사실을 근거로 삼았을 것이다.

그것은 또한, 뒤르켕이 확인된 사회학적 사실들에 근거해서 하나의 도덕을 세우려던 시도이기도 했다.[167] 그 도덕은 사회학적 기초 위에 세운 이론적 도덕으로서, 사회적 현실과 집단 속 개인의 삶의 방식을 담아내지만 동시에 강제적인 것이다. 귀르비치는 어떻게 그것이 실제로 준형이상학적인 도덕으로 유도되는지 완벽하게 보여주었다. 그것은 먼저 하나의 절대적인 선을 규정하여 사회에 구현하는 것이다. 도덕에 관한 외적인 기준인 연대성을 수립해야 한다. "사회적 존재는 최고의 선이다. 그 존재에 맞추어 삶을 살아가는 방식은 도덕적 가치를 지닌다." 이처럼 사실의 관찰에 근거를 두었다 하더라도, 사회학적 도덕은 이론적인 도덕의 전제들, 특히 사회적 본성과 인간 본성의 항구성이라는 전제를 벗어나지 못한다.[168]

---

166) 그런 시도는 도덕적 삶에 관한 사회학을 도덕적 독트린의 기반으로 삼아서 이해하는 동시에 규정하려는 것이다. 이것은 이미 콩트(A. Comte)와 스펜서(Spencer)가 행한 것이었다.
167) 뒤르켕에 관해서는 귀르비치의 글을 참조하라(G. Gurvitch, "La science des faits moraux et la morale théorique chez E. Durkheim, in *Vocation actuelle de la sociologie*).
168) 이것은 개관적인 도덕(예를 들자면 에스나르의 죄의식 없는 도덕)을 수립하기 위해서 비과학적인 요소들(예를 들자면 죄의식과 같은 것)을 제거하는 것을 전제로 한다. 아니면 이것은 도덕을 역사와 같은 더 커다란 틀에 연관시키는 것을 전제로 한다. 거기서 선은 역사에 유입되는 것에 따라서, 역사적 효용성에 따라서 평가된다.

그것은 또한, 정신적, 사회적 분석에 근거해서 '인간에게 유리한 행동의 사회화된 도덕' 을 규정하려는 에스나르Hesnard의 연구이기도 하다. 그 도덕은 인간의 내면적인 삶은 고려하지 않고 행동을 지향하는 강제성 없는 도덕이 될 수 있을 것이다. 이와 같은 시도들은 20세기를 사는 우리들에게 예전의 모든 도덕들보다 훨씬 더 타당하게 여겨진다. 그러나 이는 단지 우리 시대에 진행되는 것에 대해서 우리 입장에서 단순히 지지하는 것일 수도 있다. 과학적인 기반을 가진 도덕들은 스스로 보편성이 있다고 주장한다. 에스나르에게 있어서 그런 구체적인 사회적 도덕은 모든 사람들의 동의를 받을 것이 틀림없다. 왜냐하면, 그 도덕은 견고한 심리학적 분석을 토대로 할 것이기 때문이다.

도덕적 의무가 정신적 성향과 심리적 욕구와 일치하게 된다면, 도덕적 의무는 채택되는 데는 아무 어려움이 없을 것이고, 인간은 자발적으로 그런 방향으로 나아갈 것이다. 그러나 그러기 위해서는 도덕에서 죄, 억압 등의 개념들을 제거하고, 정신psyché에서 죄의식과 방어의식을 없애야 할 것이다. 행동과 상반되는 도덕적 관심의 강조점을 실제 행동에 두기 위해서 부정적인 것에 긍정적인 것으로, 자기중심적인 데서 '인류를 위한 행위' 로 옮겨야 한다. 더욱이 이 도덕이 개인에 존재하는 성향들에 부합한다면 그 도덕을 실천하는 데는 아무 어려움이 없게 될 것이다. 사실 인간 정신에서 기독교 도덕의 마비적인 오래된 잔재들을 제거하게 되면 더 이상 선택을 내려야 할 것이 없게 될 것이다. 개인은 자발적으로 구체적인 사회적 도덕의 방향으로 나아갈 것이다.

이것은 약간은 쇼샤르Chauchard 박사의 의도와 같다. 그는 도덕과 생물학간에 일치점이 존재하고, 하나의 공통된 도덕의 생물학적인 기초를 찾을 수 있다는 점을 밝히려고 했다. 이것은 생물학에서 하나의 도덕을 추출하려는 것이 아니다. 그러나 뇌에 관한 현재의 지식은 전통적인 유심론적 도덕의 원칙들이 뇌의 생물학적인 활동과 일치한다는 사실을 확인시켜준다. 생물학자인 쇼샤르에 따르면 인간이 도덕의 대원칙들을 실천에 옮기기 위해서는 인간의 대뇌엽 안에서 물질적으로 갖추어진 모든 잠재성을 작동시키는 것으로 충분하다고 한다. 이 도덕적 행위는 뇌의 전두엽의 활동을 나타내는 것이 될 것이다. 거기서 또한, 우리는 도덕적 선택이 사라지게 되는 것을 본다. 개개인은 행동을 선택할 필요가 없다. 그는 단지 자신의 생물학적인 요소들을 발휘하기만 하면 된다. 그렇게 하면 그는 자동적으로 도덕을 따라 살아가게 된다.

안타깝게도 에스나르와 쇼샤르가 다른 영역에서 끌어온, 똑같이 과학적인 도덕들은 전혀 일치하지 않는다. 그러나 그들의 작업은 흥미로운 것이다. 왜냐하면, 실천적 우려에 대한 자각을 보여주기 때문이다. 이론적으로 훌륭한 도덕 체계를 수립하는 것은 쉬운 일이다. 유일한 진짜 문제는 누가 어떻게 그것을 실천에 옮길 것이냐는 문제이다. 누구보다도 에스나르와 쇼샤르는 도덕에 인간본성적인 근거를 부여함으로써 그 문제를 해결하려고 했다. 그러나 가까이 근접해서 보면, 다른 것들과 마찬가지로 그런 도덕 체계를 실천에 옮길 수 있는 가능성은 전혀 없다는 사실을 알게 된다. 에스나르가 강조한 전제 조건들은 실현시키기가 매우 어려워서, 결코 실현되지 않을 것으로 보인다. 전두엽의 활동에 대해서 말하자면 누가 사람들로 하여금 그런 활동을 하게 할 것인가가 문제이다. 이 과학적인 도덕들로부터 도덕규범들의 온전한 실천 방법을 얻어내는 것도 역시 아주 지난한 것으로 보인다.

우리는 실존주의의 도덕적인 이론들도 이론적인 도덕들에 포함시킨다. 왜냐하면, 현실적이고 우발적인 세상을 철학의 대상으로 삼으면서 현실에 존재하는 총체적인 인간 존재에 관심을 두고자 한다는 실존주의의 주장에도 불구하고, 이 철학은 극단적으로 이론화하여, 의도치 않게 사람들과는 상관없는 개념들만을 고찰하는 데 그치기 때문이다. 사르트르의 희곡과 소설은 현존하는 인간과 실존주의적인 인간 개념 간의 간극만을 확인시켜준다. 이 주제에 대해서는 '가치의 도덕'을 거론할 때 다시 살펴볼 것이다. 여기서는 두 가지 점을 지적하는 것으로 그친다.

첫째로 지적할 점은, 도덕에 대한 실존주의적 연구는 불안, 부조리, 타인의 존재의 결정적인 중요성 등과 같이 아주 정확하게 확인된 사실들에 기초한다는 주장에 있다. 우리가 보기에, 그 연구는 스스로 비판하거나 혹은 인지하기조차 거부하는 가설들에 의거하고 있다는 결정적인 비판을 피하지 못한다. 이에 대해 우리는 두 개의 예를 들고자 한다.

하나의 예는 먼저 타인의 존재와 관계된 것이다. 타인은 자기 자신으로부터 분리하는 소외의 의무를 표상한다. 그것은 도덕적 존재인 타인과의 만남이나 혹은 그 만남의 불가능성을 말한다. 그러나 내가 타인에 나 자신을 맡겨야 한다는 근거가 무엇인지 문제를 제기해야 한다. 타인에 대한 그와 같은 판단이 어디서부터 내게 의무로 부과되었는가? 나는 실존주의에서 결국은 하나의 가정에 지나지 않는 것에 관한 설명을 찾을 수 없다. 사실의 확인도, 부정된 가설도 단순한 주장에 그치는 내용을 정당화하지는 못한다.

다른 하나의 예는 사용된 어휘에 관한 것이다. 언제나 가치나 덕을 암묵적인 준거기준으로 삼으면서, 그 가치와 덕이 이미 선재하는 것은 부정한다. 의로움은 오로지 불우한 사람들과 결속하는 데서 나오고, 자유롭다는 것은 세상의 모든 불의에 대해 죄책감을 느끼는 것이라고 사르트르는 말한다. 그러나 판단할 기준은 하나도 없고, 정의는 전혀 알지 못하는 것으로 만들어내야 하는 것이라면, 거기서 '불의'는 대체 뭘 뜻한다는 것인가? 불우한 사람이란 어떤 수준을 말하고 또 뭘 뜻한다는 것인가? 단지 필수적인 생필품을 가지지 못한 사람들을 말하는 것인가? 아니면 완전히 주관적인 걸 말하는가? 또는 채택한 인류학에 따라 다른 기준들을 취할 수 있다는 것인가? 거기서는 어떤 의로움도 이끌어낼 수 없다. 왜 불우한 사람들의 편에 서는 것이 선이란 말인가? 마찬가지로 시몬 드 보부아르가 책임성을 말할 때도, 인간이 대답해야 할 문제가 무엇인지, 누구 앞에서 무엇에 대해 책임이 있다는 것인지 분명하게 제시되지 않는다. 보부아르가 '패배'와 '승리'를 말할 때, 그걸 정하는 기준은 무엇인가? 그녀는 "어떤 행동들은 선한 것으로 평가될 수 있다"고 말한다. 그러나 그 평가는 누가 하고 어떤 근거로 선한 것이라고 정하는가? 거기서 결코 헤어날 길을 찾을 수 없다. 사용된 그 어휘는 거기에 이미 내재된 윤리적 내용을 배제할 수 없다. 그런데 그들은 마치 그 내용이 아예 없었던 것처럼 치부한다.

둘째로 지적할 점은, 이 실존주의 윤리와 이 윤리가 꽃피웠던 세계의 사회구조 사이에 밀접한 연관성이 있다는 것이다. 먼저 1918년에서 1929년에 이르는 패전과 곤궁의 시대에 독일에서, 그리고 1936년에서 1960년에 이르는 패전들과 역경의 시대에 프랑스에서 그랬다. 윤리는 공통의 가치들이 더 이상 존재하지 않는 사회 안에서 기존의 가치들을 부정한다. 윤리는 확립된 윤리가 더 이상 존재하지 않는 사회 안에서 도덕의 객관성을 무너뜨린다. 윤리는 부득이하게 물질주의적이 된 사회 안에서 도덕적 이상을 폐기하고, 사회적으로 집단화된 사회 안에서 윤리적 개인주의를 배척한다. 윤리는 세계가 부조리하다고 선포한다. 왜냐하면, 윤리가 꽃피우는 사회는 해체되고 국가는 쇠퇴하기 때문이다. 끝으로 윤리는 그 목적이, 특히 인간이 단순하고 명확한 정당성을 어디서도 찾지 못하는 사회에서, 인간에게 정당성을 가져오는 것임을 보여준다. 그러므로 우리는 이 실존주의 윤리는 지엽적이고 일시적인 상황들에 관한 단순한 표현이자 사건들의 반영이라고 말할 수 있다. 이 윤리는 미국이나 소련에서는 생각조차 할 수 없는 것이다. 사르트르와 시몬 드 보부아르와 같은 사람들의 유일한 역할은 상황의 산물에 지나지 않는 것을 독트린과 형이상학과 당위의 수준으로 끌어올리는 것이다. 그렇게 함으로써 그들은 한 시대의 사람들에게, 있는 그대로의 상태를 지속하고 또 그걸 자부할 수 있도록, 어느 정도 절묘한 정당성을 가져다 준다.

대부분의 이론적 도덕들은 관념론에 의존한다. 관념론이 얼마나 많은 해악을 기독교와 기독교 윤리 연구에 끼쳤는지는 이루 말할 수 없을 정도이다. 한편으로 관념론은 하나의 절대적 선을 수립하여서 종교[169]에 대한 도덕의 우월성을 확립하는가 하면, 다른 한편으로는 문제를 철저하게 왜곡시키는 수많은 선험적 관념들을 내놓는다. 예를 들자면, 양심은 절대자와 연관되어서 개인적이고 보편적인 하나의 절대적 범주로서 명확한 내용을 가지고 있다는 것이다. 마찬가지로 인간은 본성적으로 선하고, 기독교는 협동으로 표출되는 사랑의 법[170]이라는 형태로서 정치적, 경제적 영역들 가운데 구현될 수 있다. 인간은 이성을 따를 수 있다. 문제는 인간에 관한 낙관주의가 아니라, 현실을 왜곡시키며, 더 심각하게도 계시를 왜곡시키는 관념론이다. 성령론은 기독교사상에서 모든 관념론을 제거시켜야 한다.

이론적 도덕의 세 가지 교훈

그러나 이미 말한 바와 같이 이론적인 도덕들은 실천성이 없더라도 아무 가치가 없는 것은 아니다. 이론적인 도덕들은 세 가지 교훈을 준다.

첫째로, 이 도덕들은 언제나 주어진 한 시대에 한 사람이 조성하는 인간

---

169) 여기에는 하나의 단순한 도덕으로 치부되어버리는 기독교도 포함된다. 참조: J. Bois, "La crise de la morale et le christianisme," in *Le probl me de la morale chrétienne*, 1948; Francis G. Peabody, *Jesus Christ and the Social Question*, London, 1907.

170) ▲이에 대해서는 부크만(Buchman)의 도덕재무장운동과 사회적 기독교를 참조하라.

상이다.171) 그것은 무가치한 것이 아니다. 한 사람의 심오한 경험이 공동의 유산이 되고, 나름대로 보편성을 발현하는 것이라면, 소크라테스나 칸트가 정의로운 인간과 선한 인간상으로 제시한 것은, 설사 그것이 구현되지 않고 그런 인간이 존재하지 않는다 할지라도, 모든 인간의 마음에 전해질 수 있고 또 누군가에게 개인적인 소명이 될 수도 있다. 자기 자신을 자각한 인간은 더 이상 공자의 성인이나 니체의 자유인을 아주 낯선 존재로만 느낄수 없다. 한 사람의 의지에 의해 창조된 이 인간상은 더 이상 다른 사람들을 그냥 무관심하게 두지 않을 것이다. 인간의 마음은 자신 안에 쌓인 것에 대해 닫혀있을 수 없다. 우리는 오늘날의 도덕적 현상에 대해 오십 년 전과 같이 말할 수는 없다. 왜냐하면, 후설Husserl과 야스퍼스Jaspers와 셸러Scheler가 그동안 다녀갔기 때문이다. 우리가 몰랐다 할지라도, 정말 신기하게도 마치 한 문명 집단 내에 상호침투가 일어난 것처럼, 그것은 사실이다. 그러나 그 사실은 아주 극소수에 불과한 지식인들에게만 한정된다는 점을 유념해야 한다.

그럼에도 불구하고 이 이론적인 도덕이 충분히 알려지고 전파되어 있다면, 그 도덕은 하나의 인간상이 될 뿐만 아니라, 한 사회가 스스로에 대해 가지는 사회상이 된다. 마르크스가 도덕에서 오직 이데올로기적인 상부구조와 현실을 가리는 베일만을 보려고 한 것은 잘못된 것이다. 한 사회가 미덕들과 가치들을 공포하는 것은, 그럴 수도 있다 하더라도, 위선적으로 결함들을 감추기 위한 것이 아니고, 하나의 목표와 이상을 공포하기 위한 것이다. 한 사회가 스스로를 어떻게 인식하고 있는지, 그 사회의 판단 기준은 무엇인지, 그 사회가 다른 사회들에 의해 어떻게 보이기 원하는지 등을 늘 어떤 식으로든 우리에게 알려주는 것이 바로 이론적인 도덕들의 역할이다. 완전히 구현되지 않은 때에도, 그 이상이 그 사회 안에 표명되어 있다는 사

---

171) 이 주제에 관해 다음의 책을 참조하라. Hans Reiner, *Ethik und Menschenbild*, ZEE, 1958.

실에는 변함이 없다. 그 이상은 그 사회의 일부분이 된 것이다.

둘째로, 이론적인 도덕은 결코 사회적 맥락과 따로 떨어진 것이 아니라고 말할 수 있다. 사실 이론적인 도덕은 흔히 철학적, 종교적 사조나 경향과 아주 밀접한 관계를 맺는다. 더욱이 이론적인 도덕은 주어진 어떤 시대에 확산된 신념들과 무의식적인 기원들을 결집시키는 중심이 될 수 있다. 윤리학자는 거기서 기록하고 촉진시키는 역할을 담당한다. 그는 자신이 속해 있는 집단에 잠재적인 상태로 존재하던 것을 인식하고 표명하고 공고화한다. 칸트의 출신과 청교도적 배경을 환기하는 것은 타당한 일이다. 그러나 또한, 칸트는 그 배경에 있는 사람들의 성향을 강력하게 드러낸다. 그는 상당히 기독교화 되었지만 기독교에서 단지 도덕만을 고수하며, 그 도덕의 기초와 더불어서 예수 그리스도와 분리된 선에 관심을 기울인다. 이와 같은 결집 현상은 이론적 도덕의 가장 합당한 역할들 중의 하나일 수 있다. 이것은 단순히 혁신적인 것만은 아니고, 중요한 근거를 제시하는 것으로서 단지 가설에 불과한 것이 아니다. 합리성과 근거와 정당성을 도입하여, 지적인 용어로 이론적 도덕인 '메타도덕'을 실천적 도덕으로 해석한 것으로 평가하는 레비-브륄Lévy-Bruhl의 분석은 정확하다. 그러나 그것이 언제나 정확한 것은 아니다. 모든 메타도덕들이 다 그런 것은 아니다. 그래서 모든 이론적 도덕들을 동등한 위치에 놓을 수는 없다. 어떤 것들은 실제로 그 시대를 풍미하는 사조들을 나타내는가 하면, 전혀 그렇지 않은 것들도 있다.

마지막 셋째로 어떤 경우에 도덕적 이론은 심리학에 영향을 미칠 수 있고, 어떤 규범들을 확산시키고 어떤 미덕들을 고양시켜서, 새로운 도덕을 성립시키는 데 기여할 수 있다는 사실을 무시할 수 없다. 이론적 도덕은 또한, 비극적인 현실 상황에 맞는 대응책을 불러올 수 있다. 한 사회는 실천적 도덕이 더 이상 실행되지 않고 무력화되어버리는 혼란 상황에 처할 수 있다. 집단적 신념들이 무너지고, 부지불식간에 집단과 사회는 사건이나 제도들이 일으키는 도전에 제대로 대응할 수 없게 된다. 그때 윤리학자는 대응방안을 찾아 나서고, 새로운 가치들과 가치배합들을 수립하면서, 그 구성원들을 통해서 그 사회의 교착상태를 벗어날 수 있는 효과적인 행위방식들을 제시할 수 있다. 이 이론적인 도덕이 해결책을 불러온다는 사실을 사람들이 경험하고 느끼고 믿는다면, 이 도덕은 받아들여질 수 있다. 그러나 이는 위기 상황에서나 가능한 일로서 아주 완만하게 연속적인 대응방안들을 통해서 실현될 수 있을 뿐이다. 이론적인 도덕이 장기적으로 실천될 수 있다는 것은 일반적으로 사람들이 인정한다. 그런 까닭에 사람들은 이 이론적인 도덕들을 아주 중요하게 취급하는 것이다. 사실은 그게 아니다. 이론적인 도덕이 실천적 도덕에 기여하는 일은 사회 통합과 많은 유화나 혼합과정을 겪은 후에 아주 드물게 일어난다. 여기서 우리는 실제로 실천된 이론적 도덕들을 검토할 필요가 있다.

이론적 도덕들이 실천된 사례

드물지만 이론적인 도덕들이 실제로 실천된 경우가 존재한다.[172] 공자의 도덕과 모세의 도덕과 사도 바울의 도덕과 스토아철학적인 도덕과 마르크스주의적 도덕이 그런 경우에 해당한다. 그와 같은 도덕들은 채택된 반면에 왜 다른 도덕들은 채택되지 않았는지 그 이유를 알아내는 것은 커다란

---

172) 알다시피 이 독창적인 도덕들의 실천에 관해 설명하는 베르그송의 이론이 있다. 이 도덕들은 표상들(H. Bergson, *Les deux sources de la morale et de la religion*, p. 45)로 구현될 수 있는 감정이나 열정(위의 책, p. 40)에서 근거를 가져야 한다. 종교적 감정은 특별한 예이다. 그리고 이 도덕은 존경받고 칭송받는 모범적인 한 인간 안에 구현되어야 한다. 나아가서 도덕적으로 위대한 인물들은 다함께 일종의 신적인 낙원을 구성한다. 그들은 우리를 그곳으로 초대하며 부른다(위의 책, pp. 67, 98). 아무튼 이 도덕의 실현은 이 도덕이 "그 실천을 통해 임할 정신 상태가 이미 갖춰진 사회 가운데" 들어가 있는 것을 전제로 한다(위의 책, p. 74). 그러므로 그 모든 경우에 열정, 감정, 의지 등의 생명력(les forces vitales)이 문제가 되는 것이다. 도덕을 이성 위에 세우고자 하면, 그것을 실천하려고 시도하자마자, 그 생명력을 다시 끌어들이게 된다.

난제이다. 각각의 경우를 다 분석하여 그 특수한 개별적 상황을 제시해야 할 것이다. 그럼에도 몇 가지 일반적인 지적은 할 수 있을 것이다.

첫째로 그 모든 도덕들이 총체적으로 순수하고 완벽하게 실천되었던 것이 아니라, 실용적인 형태로 조정한 결과로서 실천되었다는 것이다. 실현된 것은 근본적인 것이 아니라 많이 변조된 것이다. 의무적인 것이 실용적인 것으로 옮겨가면서 이 도덕의 체계와 의미에 아주 심대한 변화가 일어난다. 이것은, 마르크스주의의 후세대와 모세 율법을 다시 찾은 후세대와 같이, 기독교의 후세대가 겪게 되는 위험이다. 독트린이 내용 변경 하나 없이 그대로 남아있는 한, 그것이 실천되는 일은 없다. 공자의 도덕이 실천되었던 것은 공자의 제자들이 그 도덕을 변형했기 때문이라고 말할 수 있다. 많은 점에서 그것은 사실에 부합한다. 아마도 도덕이 변질되고 다르게 해석될 때, 그 실천 가능성은 더 높아진다고 할 수 있을 것이다. 너무 엄격한 도덕 체계는 그런 비타협성을 피해가는 인간에게는 생소한 것이다.

둘째로 이 도덕들은 한 집단이나 사회가 도덕으로서가 아니라 다른 것에 부차적인 것으로서 대부분 채택한 것이다. 그것은 종교나 정치 운동이나 사회 변혁 등에서 비롯된 결과일 수 있다. 공자의 도덕이 일반적으로 실천된 것은 한나라에 의해서 정통 유교가 공포된 시점부터라는 사실을 유념해야 한다. 기독교 도덕과 마르크스주의 도덕도 마찬가지 경우다. 국가에 의해서 이론적인 도덕이 채택되는 것은 어느 정도 일반적인 역사적 현상이라고 볼 수 있다. 실제로 사회를 통치하려고 할 때, 국가는 도덕적인 확실한 명제를 필요로 한다. 그런데 거기서 하나의 이론적인 도덕을 채택하는 것이 훨씬 더 용이하다. 왜냐하면, 이론적인 도덕은 명확하고 분명하게 체계적으로 잘 구성되어 있기 때문이다. 국가에 유용한 도덕적 정통성은 하나의 대중적인 신조doxê가 존재할 때 비로소 주어진다. 국가의 결정은 실천될 도덕들과 다른 도덕들 간에 큰 차별성을 야기하는 한 요인이 된다. 어쨌든 스토아철학은 지배계급을 통해서 로마제국에 확산되었다.[173] 우리가 도덕 문제를 대중의 문제로 만들었다는 비판이 나올 수 있다. 그들은, 예를 들어 이론적인 도덕의 경우 그 창안자 단 한 사람만이 실천하는 것일지라도 도덕은 도덕이며, 집단적인 실천 여부는 중요한 것이 아니라고 할 것이다. 그러나 함께 공동으로 실천하는 것은 중요한 것이다. 도덕은 한 집단에 속한 사람들의 관계를 전제로 한다. 그 사람들은 서로의 관계에 따라 도덕을 준수한다. 외딴섬에 고립된 로빈슨은 정말 도덕을 모른다. 한 사회에서 자신의 고유한 도덕을 준수하는 윤리학자는 그 집단에 대한 반대와 지지의 관계 안에서 그렇게 하는 것이다. 그래서 집단적인 실천의 문제가 결정적인 것은 숫자가 아니라 도덕의 본질 자체 때문이다.

더욱이 그 실천은 국가의 개입을 떠나서 사회 변화에서 비롯될 수도 있다. 잘 알려진 예로, 아프리카나 오세아니아 사람들이 기독교 도덕을 구현할 수 있었던 것은 서구의 정복자들이 준 충격 속에서 그 사회구조들이 붕괴되어버렸기 때문이다.

끝으로 이론적인 도덕들이 사회저변의 도덕적 상태를 명확히 그려낼 때 그 실천 가능성은 더 높아진다. 거기에는 일종의 선결적인 합의가 필요하다. 하나의 윤리체계가 집단적 열망에서 나온 것일 때, 그 체계가 실천되는 것은 쉽게 이해할 수 있는 것이다. 어떻게 실천된 도덕들이, 이론적인 것일지라도, 풍습과 열망과 사회의 가치판단 속에 깊은 뿌리를 내리고 있는지 규명하는 것은 쉬운 일이다. 그것은 기독교, 유교 등의 경우에도 규명되었다. 그런 까닭에 오늘날 이론가들이 제시하는 다양한 도덕체계들 가운데, 뒤에 가서 다시 살펴볼 표준적인 도덕만이 실천될 가능성이 있다고 말할 수 있다. 단지 표준적인 도덕만이 현대를 사는 인간의 확신과 욕구에 응답해

---

173) 노예를 통해서 노예들 가운데 확산되었다고 흔히 말하는 주장과는 정반대로, 스토아철학은 지식인들과 법률가들과 정치인들 가운데 주로 영향을 미쳤다.

줄 수 있다. 실존주의자, 현상학자 등등의 다른 사람들은, 훨씬 더 지적이고 명료하며 어쩌면 더 진성성이 있을 수 있지만, 지적 유희의 영역에서 벗어날 수 없다.

3장 가치들

바로 이 지점에서 우리는 가치들에 관해 언급하지 않을 수 없다. 가치 철학은 현상학과 실존주의의 형이상학적인 특성을 명백히 드러나게 한다. 도덕으로 보면, 가치 철학은 이론적인 도덕이다. 심지어 형이상학적인 도덕이라고도 할 수 있다. 그런 점에서 가치 철학은 앞장에서 분석되어야 할 대상이다. 그러나 다른 한편으로 이 가치 철학은 단호하게 형이상학적 특성을 거부한다. 이 철학은 도덕의 영역에서 '당위'를 배제하고, 현실을 인정하고 경험에 기반을 둔다고 주장한다. 그렇다면 이 가치 철학은 우리가 실천적 도덕이라고 부르는 것에 대한 서론 역할을 해야 한다. 그러나 우리가 응답하고자 하는 본질적인 의문은, "이 가치 도덕이 과연 주장한 바를 실현하고, 정말 있는 그대로의 현실을 고려하는가?"이다. 여기서 우리는 가치들에 관한 철학과 가치들에 관한 사회학 사이에서 망설일 수밖에 없다. 가치 철학은 주로 정당성, 타당성, 가치의 권위 등을 다루는 반면에, 가치의 사회학은 그 객관적인 실상과 사회적 틀에 따른 변화들을 조사한다.

가치 철학의 대가들은 가치 사회학적 측면을 피상적이고 부차적인 것으로 간주하면서 의례히 거부한다. 양보해서 말하면, 가치는 사회학적 현실과 연관되고, 특히 문화와 아주 큰 연관성을 갖는다. 문화는 가치를 소통하는 데서 그 배경이 되고, 사람들이 동일한 가치들을 인식하고 나누는 수단이 된다. 문화는 가치를 좌우한다. 그러나 우리는 곧바로 문화는 오로지 사람들이 만든 것이라는 점을 다시 되짚어보게 된다. 결국 중요한 것은 오직 사람이다. 사람들은 문화를 결정짓는 것은 가치이고 경제적 정치적 분쟁은 사실 가치의 분쟁이라고 흔히들 생각하곤 한다. 사회학적 현실은 그와 같이 뒷전으로 밀린다. 우리는 가치를 사회적 틀 안에서 복원하고 가치들에 관해 사회학적으로 분석한 것만을 현실로 인정하고픈 마음이 들기도 한다. 그러나 그에 앞서서 먼저 거기에 대해 몇 마디 언급하는 것이 좋을 것이다.

그것은 쉬운 일이 아니다. 왜냐하면, 많은 현상학자들과 실존주의자들이 가치들에 관한 정의를 내리는 일에 서로 발뺌하기 때문이다. 가치는 정의되는 것이 아니다. 가치는 느끼고 알아차리는 것이다. 사람들은 가치에 의지하고 가치는 사람들을 인도한다. 그러나 가치는 떠다니는 공기와 같아서 조금이라도 정확히 잡으려고 하면 달아나버린다. 그럼에도 엇비슷한 정의는 많이 나와 있다.[174]

가치는 삶에 관한 개인적인 경험을 통해서 정의가 내려진다. 그것은 그 개인으로 하여금 세상에 하나의 존재를 드러나게 하는 것으로서 오로지 행동을 통해서 비로소 알려지게 될 것이다. 먼저 사전에 가치를 인지하고 알아차리는 것은 아니다. 가치는 세상에 현존하는 인간의 삶 가운데 나타난다. 가치가 존재에서 도출되는 것은 결코 아니다. 가치는 존재에 적합한 하나의 행위방식이 아니다. 가치는 도덕적 원칙과는 정반대되는 것이다. 가치는 끌어당기는 자석의 극과 같은 것으로 흔히 비교된다. 그러나 또다시 말해서, 가치는 미리 결정되는 것이 아니다. 인간과 구체적인 현실의 관계 안에서 가치가 나타날 수 있다. 가치는 끊임없이 인간의 행동을 불러일으키

---

174) 사실상, 그 단어는 쓰지 않았지만, 베르그송은 이미 '도덕의 다른 원천'으로 열망과 요청과 비약과 개방적인 정신적 태도 등을 거론하면서 이미 가치들에 관한 윤리의 존재를 표명했다(H. Bergson, 앞의 책, pp. 30–53). 그것은 노력과 의지를 요구하고, 하나의 자극, 하나의 요청 등으로 나타나는 도덕적 가치의 성취를 지향하는 마음을 전제로 한다.

는 것으로 결코 제도화되거나 객관화되지 않는다. 인간은 행동하면서 가치를 선택하고, 자신의 행동을 통해 구현한다. 인간이 자신이 행동을 취하게 하는 가치를 선택할 때, 그는 전형적으로 도덕적 행위를 실현하는 것이다.

그러므로 이 철학은 자유롭게 가치를 선택하는 인간의 자유를 전제로 한다. 가치는 개인적인 자유의 결정에서 동기가 된다. 인간은 자유로운 가운데 자신의 한계를 정하는 가치와 충돌한다. 윤리적인 주체는 반드시 자유롭다. 왜냐하면, 가치를 증진하고 반反가치를 폐기하는 것은 바로 그 주체가 결정하는 것이기 때문이다. 더욱이, 인간의 자유는 독창적인 가치 체계를 확정하는 일련의 선택에 내포되어 있다. 이 가치 철학은 또한, '상황의 윤리'를 규정한다. 가치는 미리 알려지는 것이 아니고, 오직 상황 가운데 있는 인간에게 알려지는 것이다. 인간이 파악할 수 있는 선과 악이 그 자체로 미리 존재하는 것이 아니다. 인간은 끊임없이 새로운 윤리를 개시한다. 극단적으로 말해서 모든 인간이 매순간 도덕을 다시 만든다고 할 수 있다. 왜냐하면, 하나의 장애에 부딪쳐야만 비로소 개개인은 가치를 찾고 다시 붙들기 때문이다.

위에서 언급한 몇 가지 사항들은 가치 철학에 내재하는 난점들과 모순점들을 파악하게 해줄 것이다. 먼저 가치 철학이 등장하는 역사적 시점에 대해 고찰해 보아야 한다. 한편으로 가치 철학은 형이상학적인 선은 없고 규범과 계명과 명령은 존재하지 않는다고 선포하면서, 애매모호한 타협의 윤리를 수립한다. 다른 한편으로 가치 철학은 가치를 창도하면서, 유일한 윤리적 상황은 선택의 상황이고 가치는 철저히 혁명적인 기능을 보유하며 인간은 자유로운 존재라고 선포한다. 이 철학은 1930년과 1950년 사이에 형성된다. 이 철학을 그 역사적 시대에 놓고 보면, '시대의 해석'과 '보상'이라는 두 가지 특성이 나타난다. 그 시대에는, 서구문명에 속한 인간은 그 모든 모호성 속에 빠져 있고, 더 이상 선과 악에 대한 명확한 개념이 존재하지 않고, 선은 늘 모순되고, 의무라는 것은 더 이상 없고, 모든 행동은 타협의 산물이 되고, 규범은 권위가 사라져 있다. 그래서 그 시대적 상황을 이데올로기적으로 해석하는 철학이 그 시대를 압도하면서 개인의 선택을 모든 확실한 도덕적인 전제들보다 더 높이 평가한다. 또한, 그 시대에는, 인간의 자유는 모든 면에서 축소되고, 결정론적 요소들은 더 강하게 압박하고, '질서'가 어디서고 지배하며 참된 혁명적 운동은 더 이상 불가능하다. 철학은, 현실에 존재하지 않는 만큼 더 크게 소리를 높여서 사라져가는 것의 존재를 주장하면서, 보상적인 역할을 담당한다.

더욱이 가치 철학 안에서 모순성이 표출된다. 우리는 여기서 두 가지 예를 제시하고자 한다. 하나는 가치 철학이 도덕 안에 구체성을 다시 도입하려는 것이다. 그래서 구체적인 인간으로부터 출발해야 한다는 것이다. "먼저 나 자신과 내 실존으로부터 그 한계와 함께 출발해야 한다." 이 가치들은 우리의 존재와 아주 밀접하게 이 세상 가운데 존재한다. 이 가치들은 결정적으로 경험의 대상이다.[175] 가치의 경험은 개별적인 인격의 경험이다. 개개인은 그 출발점이다. 그런데 그런 구상이 실제로 잘 구현되어, 가치 철학자는 모두 다 자신의 경험과 인격에서 출발한다. 그것은 아주 흥미롭다. 그러나 그것은 한 철학자의 경험이다. 더욱이 이 철학자는 직업이 철학으로서 20세기의 서구인이고 많은 교양을 쌓고 일정한 추론방식과 암호처럼 알아듣기 힘든 언어에 능통하다. 그는 가치에 관한 자신의 경험을 우리에게 설명하면서 모든 사람들에게 유효한 보편적인 경험을 우리에게 전달하는 것이라고 주장한다.[176] 그는 자신이 가치로 경험하고 인식하는 것은 한마디로

---

175) ▲칸트의 도덕이나 뒤르켕의 도덕은 인간에게서 그 경험을 박탈하는 잘못을 범했다.
176) 인간은 우선적으로 살아있는 존재이지 윤리적인 주체가 아니라는 본회퍼의 지적은 정말 적절한 말이다. 윤리학자들은 인간의 삶이 윤리적인 커다란 결정들로 이루어지는 것이 아니고 윤리적 현상은 하나의 제한적인 사례라는 사실을 너무나 자주 망각한다. '해야 한다'는 윤리적인 규범은 오로지 의무가 실행될 수 없을 때나 잊어버렸을 때 등장한다(D Bonhoeffer, *Ethik*, p. 204 및 그 이하). 바로 가치 윤리와 현상학을 내놓은 철학자들

모든 사람에게 다 맞는 사실이라고 주장한다. 그 작품들을 읽어보면 실재하는 인간에게는 맞지 않는 것이 명백하다. 이 철학자들을 제외한 다른 사람들은 그런 종류의 경험을 하지 않고 그런 종류의 자유를 접하지 않고 그런 관점에서 삶을 영위하지 않는다. 어떤 사람도 소위 말하는 그 '윤리적 주체'가 될 수 없다. 그들이 우리에게 다시 복원한 것으로 주장하는 그 구체성은 철학자 자신만의 구체성이다.

또 하나의 다른 모순성이 '상황 윤리'라는 개념에 담겨 있다.[177] 상황 윤리는 인간에게 자유를 회복시키고, 미리 예정된 선악의 틀에서 벗어나서, 개인의 온전한 주체성을 존중하여 도덕적으로 온전히 책임을 지게 한다고 주장한다. 그러나 인간을 그 현실 속에서 바라보는 경우에, 인간을 '상황' 가운데 놓는다는 것은 경제적이고 사회적이고 가정적으로 정해진 그의 구체적인 상황 속에 놓는다는 것이다. 그때, 진정한 유일한 상황 윤리는 누구를 막론하고 가장 객관적이고 객관화하는 것이 된다. 거기서 개인의 은밀한 사정과 의도와 감정은 중요한 것이 아니다. 중요한 것은 개인의 상황과 그 상황에 대한 반응이다. 그래서 개인의 직업과 사회계급과 소외상태 등을 고려한다. 그러나 개인의 미덕과 악덕은 결코 고려하지 않는다. 개인 내면에 무엇이 있든지 간에 오직 개인의 상황만을 고려한다. 개인은 결코 그 결정론적 상황을 극복할 수 없다.

앞에서 이 기본적인 사실을 환기시켜야 한다는 것은 이상야릇한 노릇이다. 더욱이 그 철학자들은 살아있는 존재로서의 인간으로부터 출발하려는 의도를 가졌었다. 윤리적 현상과 계기가 존재하지만, 제한적인 사례에 불과하다는 본회퍼의 말은 명확하게 실상을 파악한 것이다(위의 책, p. 205).

177) 오늘날 사람들은 의례적으로 전통적인 혹은 율법적인 윤리에 대해서 상황 윤리의 우월성을 표명한다. 그러나 보른느(Etienne Borne)가 쓴 한 기사는, 이 상황 윤리가 전쟁 상황에서는 모든 행동을 허용하여, 결국 상황 윤리라는 이름으로 알제리 전쟁에서 고문을 정당화시키거나, 비밀결사대(O.S.A.)의 행동들을 합당한 것으로 여기게 했다는 사실을 명백하게 밝혀주었다. 그는 사람들이 하나의 도덕이 다른 어떤 것으로 대체되는 것을 알아차리지 못하는 것이 비극이라고 말한다. 그래서 상황 윤리는 결국 모든 종류의 비도덕성을 허용하게 된다는 것이다. (*Force Nouvelle*, 1961)

가치 철학이 하는 작업은 실제로는 완전히 현실과 분리된 인간이다. 선택들과 자유와 상황, 그 모든 것은 지적인 작업의 산물일 뿐이다. 따라서 가치 윤리가 말하는 인간은 어느 시대 어디에도 존재하지 않는 인간이다. 그는 일정한 사회에 속하지 않고, 성별도 없고, 일도 없고 어떤 집단에도 속하지 않으며, 홀로 존재하고, 무엇에도 누구에게도 영향을 받지 않는다. 사회를 언급하는 것은 단지 사회가 개인의 욕망들과 기원들을 기억해 놓는다는 주장을 하기 위한 것일 뿐이다. 가치 철학서들을 읽다보면, 구체적인 현실의 인간과 역사적 상황들을 계속 환기시키는 데도 불구하고, 우리는 인간존재의 절대성에 다시 빠져들게 된다. 직업과 지적 학습과 금전적 수입과 여가 시간의 차이들이 가치의 경험이나 윤리적 조건에 아무 영향도 미치지 못하는 것 같다. 인간에 관한 이 추상적 관념화는 이 철학에 내재하는 가장 커다란 모순성인 것이 틀림없다.

가치 철학의 한계

이제 우리의 주제에 관한 핵심적인 문제로 돌아가야 한다. 가치 철학 자체에 대한 고찰을 벗어나서 우리는 가치 철학이 현실을 잘 설명하는지 자문해야 한다. 가치 철학이 가치를 거론하면서, 윤리를 가치들과의 관계로 축소시키고 인간의 행동양식에 윤리가 결정적임을 보여줄 때, 거기서 가치 철학이 보여주는 것은 현실에 존재하는 것인가, 아니면 철학자가 머릿속에서 만들어낸 것인가? 우선적으로 가치들에 관한 이론들이 아주 다양하다는 사실은 우리로 하여금 정말 신중한 태도를 견지하게 한다.

가치들에 관한 정의와 근거와 기능 등은 다양하다. 그 정의의 예로는 인간의 행동의 내재적 현실 구조, 세상을 규정하는 방식, 행동의 동기, 참여의 관점, 인간의 삶의 방식의 이유, 인간을 결정짓는 외부의 초월적 절대성

등이 있다. 그 근거의 예로는 추구할 만한 것이나 실제로 추구한 것의 가치가 있다. 또 그 기능의 예로는 인간적 실재의 구현이나 전대미문의 돌발적인 위대성의 발현 등이 있다. 가치는 한 사람이 다른 사람에게 권위가 되는 실재로서 사건에 의미를 부여하고, 세상의 의미들을 하나하나 밝혀주는 것이다. 또는 가치는 "세상에서 나의 주체로서의 존엄성을 수호하는 조건이고, 나의 계획이 세상의 선을 위해 실현될 조건이다." 또한, 가치는 일시적인 결정을 멈추기에 충분한 권위를 우리에게 부여하는 실재이다. 혹은 역으로, "가치는, 모든 가치의 무한한 원천인 절대 가치라는 것과 부정적인 가능성을 내포하는 결정론적 가치들을 연결하는 것이다." 혹은, 이 다양한 개념들과는 정반대로, 가치는 한 주체가 막연한 지각으로 내리는 평가이다. 또한, 가치는 집단적인 최고 이상이나 집단적인 감성이 사물들을 대하는 관계에서 나온 산물이다.

우리는 이런 식의 나열을 계속할 수 있다. 그런데 최소한으로 우리가 할 수 있는 말은 엄청나게 다양한 그 개념들이 우리에게 확신을 주지 못한다는 것이다. 가치의 근거와 그 권위의 근거를 찾으려 할 때도 동일한 문제를 만난다. 거기에는 사회적 집단의 존재, 하나의 절대 가치의 초월성, 타인의 인격의 인정, 존재의 유기적 구조의 연장충족과 불충족, 집단적인 사회적 이상, 본능의 구조, 하나님의 창조 등이 있다. 이런 부조화 속에서 우리가 알 수 있는 유일한 사실은, 모든 가치 철학자들이 주장하는 바와 같이, 가치가 쉽게 인지할 수 있고 함께 경험할 수 있는 하나의 실제 대상이라면, 그 철학자들의 주장 가운데 공통적인 요소들과 함께 어떤 동일성이 있을 것이라는 점이다. 각각의 주장들을 살펴볼 때 어려움은 더 가중된다.[178] 하나의 특정한 체계를 택해서 보게 되면, 사람들은 가치 개념의 정립은 거의 불가피하게

---

178) ▲그 주장들은 각기 다 납득할 만한 논리가 있다. 나 역시 르센느(Le Senne)와 귀스도르프(Gusdorf)와 메흘(Mehl)의 상반된 주장들에 수긍이 간다.

그 체계 자체와 깊은 모순성을 불러온다는 사실을 알게 된다.

　우리는 다음과 같은 질문을 피할 수 없다. 가치들에 관한 정의와 규정은 그 근거가 무엇인가? 가치들이 존재한다면 반反가치들이 존재하게 된다는 답변에 모두가 동의한다. 가치들이 되는 대상들이 있다면 그렇지 않은 것들이 있다. 그런데 무엇이 그걸 결정짓는가? 그것은 여타의 모든 것을 결정하는 하나의 초월적인 절대 가치를 인정하는 사람들에게만 명백하다. 그 이외의 사람들은 혼돈 속에 헤맨다. 누군가는 우리에게 무조건성, 절대성, 선, 정의, 성결, 자유, 사랑 등과 같은 가치들을 예로서 나열한다. 그리고 가난, 무능력, 병 등은 가치들이 아니라고 말한다. 왜냐하면, 그것들은 고독과 존재의 위축을 부를 위험을 부르기 때문이다. 그것들은 가치 활동의 특징인 확장과는 어긋나는 것이다. 그러나 그것은 애초에 이미 정한 입장이 존재한다는 걸 뜻한다. 인간이 자유롭게 가치들을 선택한다는 것은 사실이 아니다. 가치들과 무관한 인간이 미리 생각한 관념에 따라 이미 선재하는 가치들이 존재하는 것이다. 그 관념이 없는 사람은 사람들이 동의하지 않는 많은 다른 가치들을 제공할 것이다. 또 다른 사람은 본능들에 근거한 가치들의 도표를 제시할 것이다. 그러나 선택한 가치들과 주어진 본능 사이에 필연적인 관계는 거의 존재하지 않는다. 성적, 물질적 본능과 같은 것들은 사랑과 우정과 소통과 유대성의 가치들을 산출한다고 한다. 그럴 수도 있지만, 그것들은 또한, 에로티즘과 인종차별주의와 기만과 원한 등의 가치들을 낳을 수도 있다고 말할 수 있을 것이다. 사실 여기서도 그런 가치들의 선택은 미리 생각한 관념에 달려있다. 지금까지 제기되지 않은 문제로서 우리가 알아야 하는 것은 각자 어떤 기준으로 가치라는 것을 결정하는 것인지, 또 가치의 한계는 무엇인지, 어디서 멈추는 것인지, 그것을 반가치가 되게 하는 것은 무엇인지 등이다.

가치의 개념은 정말 애매하고 불확실하여[179] 각자가 자신의 마음에 드는 것을 집어넣을 수 있을 정도이다. 물론 이것이 가치의 개념이 존재하지 않는다는 걸 뜻하는 것은 아니다. 우리는 이 단계에서 어쨌든 가치는 철학자들이 만든 하나의 개념으로서 실재하는 현실은 아니라고 결론을 맺을 수 있지 않을까 한다. 그러나 그것은 우리에게 또 다른 질문을 불러일으킨다. 철학자들이 만든 이 개념은, 그 추상적인 방식에도 불구하고, 통일성을 이루는 다양한 현실들을 감안한 하나의 일반적인 개념일까? 아니면 그저 하나의 철학적인 체계로 내세운 공허한 말에 불과할까? 아니면 체계의 일관성을 지키기 위해 만든 하나의 개념에 지나지 않는 것일까? 가치에 관한 논의를 그만두고 가치들을 열거하게 되면, 우리는 우정, 노동, 진리 등과 같은 가치들이 실제로 존재한다는 사실을 깨닫게 된다.

모든 사회 안에는, 철학자에 의해 가치라고 규정된 역할을 담당하는 행위, 감정, 소원, 의지, 조직, 관념 등이 존재한다. 또한, 19세기의 서구문명과 연관된 가치 목록에서 아주 멀리 벗어나 있는 것으로서 인종차별주의, 폭력, 니힐리즘, 매춘, 식인 풍습 등이 가치들을 형성하거나 하나의 가치에 의존한다는 사실을 인정해야 한다. 정의와 불의, 진실과 거짓, 정결과 부정 등에 관한 인간의 경험은 존재하지만 가치에 관한 경험은 존재하지 않는다. 바꾸어 말하자면, 명백한 사실로서, 사회 안에서, 또 개인의 삶 안에서, 다양한 역할을 떠맡으면서 다양하고 아주 가변적인 기원을 가진 정말 다양한 실재들이 존재하고, 철학자들은 그것들을 나누어서 가치들이라고 명명한다는 것이다. 철학자들은 완전한 상대주의와 유명론을 피하기 위해서 공통분모를 수립한다. 다만 그들은 요소들을 너무 다양하게 구분하여 진정한 공통분모를 수립하지 못하고 하나의 타당한 종합 개념을 제공하지 못하는

---

179) ▲가치를 정립한 철학자 개인이 그렇다는 것이 아니라 이 가치 철학의 사조가 그렇다는 말이다.

것이다. 그러므로 우리가 관심을 가지는 것은 그 실재들이지 가치의 애매하고 불확실한 개념은 아니다.

가치 개념은 취하면서 그 기능은 포기함으로써, 겉모양만 보며 그 깊은 실재를 부정한다고 우리의 태도를 비난할 것이라는 점을 우리는 잘 알고 있다. 그러나 경험으로 지각된 겉모양과 철학자가 깊은 실재라고 부르는 것 사이에는 너무나 큰 불일치가 존재하여서 우리로서는 그 실재를 붙잡을 수가 없다. 우리는, 한 사회 안에, 또 한 인간에게 있는 그 실재들로서, 하나의 전체로 묶지 않고, 자유, 평등, 민족, 권력, 유대성, 미, 사치 등을 언급할 수 있다. 우리가 언어의 편의상 사용하는 가치라는 단어는 가치 철학을 준거로 하지 않을 것이다. 사실 가치 철학이 가치들에 부여하는 기능들의 대부분과, 가치의 현존 효과들의 대부분은 가치 철학의 개념에 의존하지 않고 이해될 수 있다. 이 세상에 있는 우리 존재의 의미를 규정하는 것과, 나로 하여금 세상에 참여하게 하는 것과, 세상에 있으면서 내가 추구하는 목표 등과 같은 모든 것들은 전혀 가치의 존재와 무관한 것이다. 그 모든 것을 이루는 것은 나의 교육과 나의 직업과, 내가 쓰는 일기와 내가 하는 대화와 내가 국가나 상급자로부터 받는 명령과 아주 물질적인 내 이해관계 등이다. 그 모든 것을 이루는 것은 또한, 집단과 나의 관계와 내가 속한 집단들과 같은 것들이다. 물론 이 모든 것이 또한, 가치라고 말하는 사람도 있을 것이다. 그렇다면 모든 것이 가치라는 말이 된다. 그 말은 아무 의미도 갖지 못한다. 주체의 주체성을 형성하고, 거기에 권위를 부여하여, 존재하게 하는 것이 가치이고, 주체의 존재를 없애지 않고는 주체의 가치를 제거할 수 없다고 주장하는 것은 가치에 하나님의 자리를 넘기는 것이다.

사람들 간의 분열이 가치의 단절에서 오는 것이라고 보는 것은 경제와 정치의 객관적인 현실을 너무나 가볍게 여기는 것이다. 가치를 통해서 인간이 늘 새롭게 미래의 변화에 참여하는 것이 가능해진다고 판단하는 것은, 자신의 생애인 까닭에 의미가 있는 삶에서 일어난 구체적인 현실을 빼버리는 것이다. 역사의 의미는 가치와는 전혀 다른 것에 의해 주어질 수 있다. 예를 들어, 마르크스주의는 역사에서 도덕적 가치들을 모두 다 제거해버리려고 시도했고, 마르크스가 설정한 양식을 통해서 그 시도는 성공했다. 마찬가지로, 가치들에 준거하지 않는 사회는 규약들과 협정들을 통해서 상호 연계하거나 개인들을 연결시킬 수 없고, 모든 인간적 규례는 가치에 근거한다고 말할 수 없는 것이다. 공동의 신념들, 편견들, 집단적인 사회적 전제들, 동일한 교육 등으로 충분한 것이다. 그런데 여기서 그런 전제를 가지고 그것을 믿는다는 것은 사람들이 믿는 대상이 실재하고 그 선입관의 근거가 되는 대상이 실재한다는 사실보다 훨씬 더 효력이 있다. 동일한 것을 믿는다는 것은, 설사 그 믿는 대상이 결코 실재하지 않는다고 해도, 실제로 사람들을 하나로 만들며 함께 행동하게 하고, 그와 같은 행동의 동기를 부여해준다.

이제 우리는 논의의 중요한 지점에 도달했다. 가치 철학은 가치를 실재하고 활동하는 객관적인 대상으로 말한다. 그런데 그 근거로서 유효성을 지닌 것으로는 어떤 구도들, 편견들, 신념들밖에 없다. 우리가 여기서 제기하고자 하는 것은 단순히 말꼬리 잡는 논쟁이 아니다. 한편으로 총체적 실재로서의 가치를 부정하고, 다른 한편으로 정의와 자유와 사랑을 인정하는 것은 두 가지 사실을 의미한다.

하나는, 이 힘들과 이상들은 하나의 특정한 사회와 문명을 구성하는 일부분이 되고, 거기에 포괄되어서 인간에 의해 규정되고, 문화적 · 지적 · 사회적 · 경제적 맥락에 의존하고, 그 맥락을 따라 변화한다. 가치가 바로 능동적이고 객관적인 그 실체라면, 가치는 문화와 문명을 총괄하고 결정하고 유도하고, 일종의 영원성과 고갈되지 않는 풍요로움을 부르며, 인간의 행동을 유발한다. 다른 하나는 이 힘들과 이상들은 인간이 부여한 것 이외의 다른 가치와 힘과 실재를 가지지 않는다. 이 힘들과 이상들은 그 존재가 인간의 신념에 좌우되어서, 아무 결정적이고 배타적인 특성을 갖지 않는다. 반면에 가치에 특별한 중요성을 부여한다면, 이 가치는 실제로 그 자체가 다른 모든 것을 배제하는[180] 결정적인 동기가 된다. 행동의 동기로서는 이 가치가 존재하는 것으로 충분하다.

이 두 가지 사실은 우리에게 중대한 것으로 보이며, 현실주의적인 입장에서는 결정적인 것이다. 따라서 우리가 편의상 도덕을 구성하는 요소로서 사용하여 이 가치라는 단어를 쓸 경우, 그 단어는 세 가지를 나타낸다. 첫째는, 인간의 신념과 확신으로서 행동과 판단의 결정적인 근거가 되는 가치들이다. 둘째는, 어떤 현상이나 위대한 행위에 대한 인간의 가치 부여이다. 예를 들어 인간이 평등을 원하여 평등에 가치를 부여하는 것이다. 또는 국가, 노동 등에 인간은 하나의 가치를 부여하여 신념의 대상과 같은 가치들로 변환시킨다. 셋째는, 인간이 원하고 또 바랄만한 어떤 현상들이 중대성을 지니며 확실히 존재하고, 인간이 그 현상들에 따라 행동하고 판단한다. 그러나 그것들은 하나의 전체라는 것과는 독립적인 것으로 통합적인 객관적 체계에서 벗어나 있고, 그 자체로는 아무 의미가 없는 것이다.

인간의 결정과 역사적 상황에 따른 가치의 변화

우리가 가치들을 오로지 이와 같은 방식으로만 고찰한다면 우리는 도덕 전체에 대한 것과 똑같은 평가를 내놓을 수 있다. 인간에게는 엄청나게 다양한 가치들과 신념들이 부여된다. 가치들은 통일적이고 보편적이라서, 그 차이들은 부수적인 것에 지나지 않고, 사회와 사회 간에는 미세한 차이만

---

180) ▲경제적 정치적 차원에서 내세울 수 있는 모든 것이 가치의 차원에 통합되기 때문이다.

있고, 겉으로만 다른 것이며, 동일한 것들을 바라는 욕구는 어디서나 나타난다는 가치 철학자들의 주장은 정말 아주 놀라운 것이다. 마찬가지로, 지적인 혹은 도덕적인 수준에 상관없이, 자신들이 가리키는 가치는 문명에 상관없이 모두 다 인간에 의해 이해되고 인정될 수 있으며 무상한 시간을 넘어서 가치는 영원하고 따라서 역사를 통해 항상 존재한다고 사람들이 말할 때 그들은 언제나 그 말의 뜻을 잘 이해하고 있다고 주장한다. 이 모든 것은, 이렇게 단적으로 표현하지는 않는다 하더라도, 언제 어디서나 동일한 것이라는 것을 의미한다. 그런데 이것은 두 가지의 가설을 전제로 한다. 하나는, 역사와 연관되는 것으로서 가치가 절대적인 것은 아니라고 천명하면서도, 상황과는 무관하게 가치는 그 자체로 존재한다는 것이다. 다른 하나는 언제나 동일한 인간 본성이 존재한다는 것이다. 정말로 사람들은 현실에 대해 그리 관심을 기울이지 않는 것 같다.

역사적으로 다른 문명들 간에 공통의 가치가 존재하지 않는다면 과거는 이해할 수 없는 것이 된다는 단적인 주장은 지나간 과거의 인간사회가 실제로 이해될 수 있다는 것을 믿는 것이다. 그런데 현대의 역사가들은 자신들이 지나간 과거의 인간사회를 제대로 이해하는 것이 확실하지 않다는 사실을 잘 알고 있다. 그들은 자신들이 그 사회 자체로서 바라보는 것이 아니라, 20세기의 자신들의 관점으로 바라보는 것을 잘 알고 있다. 성적이고 가족적인 규범들의 세부적인 차이점들 뒤에는 모든 인간사회들 가운데는 성적 본능의 사회적 양식과 가족관계에 관해 하나의 통일성이 존재한다고 주장하는 것은 결혼과 가정에 하나의 본질이 있다고 믿는 것이다. 사실 엄청나게 다양한 도덕적 규범들과 신념들과 금기들과 법적 형식들을 제거해 버리면, 성적 가족적 관계는 어디서나 도덕의 대상으로 규제된다는 단 하나의 사실만이 남는다고? 그건 근거가 희박한 말이다.

인간사회와 역사에 일종의 가치의 통일성과 보편성이 존재하다는 주장은 단지 무의미한 추상적 개념들과 언어의 남용에서 나오는 것이다. 사실 우리는 거기서 정반대의 엄청난 다양성을 확인한다. 사실이 아닌 것은, 모든 인간사회가 진리, 정의, 아름다움, 자유 등에 관해서 하나의 동일한 개념을 가진다는 것뿐만이 아니다. 모든 인간사회가 그런 것들을 가치들로 인정했다는 것은 더더욱 사실이 아니다. 사랑은 중국 사회에서나 남아프리카 니그릴로족의 흑인 사회에서는 가치로 인정되지 않았다. 정의를 하나의 가치로 만든 것은 아테네와 로마 사회였다. 말로Malraux는 아름다움이 19세기에 들어서서야 비로소 가치가 되었다는 사실을 잘 입증했다. 마찬가지로, 경제가 가치가 된 것은 19세기부터였다. 프톨레마이오스의 이집트 사회에서 근친상간은 아마도 왕족을 특징짓는 최고의 가치였다. 무엇 때문에 가치 철학자들은 인종차별주의의 인종에, 폭력에, 매춘에 가치라는 명칭을 부여하기를 부인하는가? 그것들은 가치 철학자들이 가치에 부여하는 기능을 정확히 수행했다. 다른 것은 단순한 겉모양만이 아니고, 예외적인 일도 아니고 단순한 시각의 차이도 아니다.

가치 체계들 간에는 메울 수 없는 차이가 존재한다. 다양한 인간사회들 간에 가치들의 소통이 불가능한 부분이 존재한다. 가치들은 한 사회와 그 사회 내부에 연결되어서, 그 내용이 다 다르다. 우리는 프랑스의 13세기와 19세기 간에 어느 정도의 연속성을 확실인 인정할 수 있다. 그러나 자유의 가치는 13세기, 16세기, 19세기를 살펴보면 근본적으로 다 다르다. 그리고 가치들은 연관된 사회들과 함께 소멸된다. 모든 것은 결국 가치라고 부르는 것에 대한 인간의 결정에 달려있다. 가치를 거론하는 것은 오로지 역사적으로 주어진 상황에서만 가능한 일이다. 그러나 한 사회의 역사와 인간의 결정은 어둠 속에서 기다리던 가치에 빛을 비추는 것에 그치지 않고, 무無에서 존재하지 않던 것을 불러내어 존재하게 한다. 그러므로 결정이 바뀌고 상황이 변하면, 가치는 소멸한다. 하나의 가치의 내용과 주어진 사회적 상황 간의 관계는, 두 개의 사회가 근본적으로 상반된 가치들을 담고 있는 동일한 단어들을 가지고 대립할 경우, 비극적이 된다. 공산주의 세계와 서구 세계의 경우가 그 예이다. 사람들이 서로 마음을 소통할 수 있게 하는 것은 동일한 가치들과 객관적인 가치가 아니고, 그들이 가진 생각과 편견과 신념과 선입관의 동일성이다. 그 동일성이 사람들이 말하는 가치에 내용을 제공하는 것이다. 그 동일성 때문에 사람들은 자신들이 말하는 것이 무엇인지를 알게 된다. 그 동일성은 그 사람들이 속해있는 사회의 물질적 지적 영적 다양한 구조들에서부터 그들에게 나온다.

윤리와 가치

가치는 언제나 혁명적인 힘을 가지고, 전통과 규제와 규범에서 벗어나며, 기존 질서에 대해 개인이 저항할 능력을 나타낸다고 사람들은 말한다. 가치는 초월적인 존재의 명령, 한계를 넘어서려는 충동, 개방적 도덕의 원천 등으로서 인간으로 하여금 온전한 자아실현을 향해 나아가게 한다는 것이다. 그것은 기존의 도덕성에 문제를 제기하고, 가치와 결정론적 요소들을 가르는 간극을 세우면서, 당혹스러운 사건들을 일으킬 수 있다. 그것은 결국 비결정론적인 우발성을 유발하는 원천이 된다. 인간은 이 우발성에 따라 역사와 정치와 질서를 인식하면서 그 절대성을 부인하게 된다. 물론 가치는, 질서에 통합되고 보편적으로 인정되어 더 이상 개인적인 참여를 요구하지 않게 되면서, 손상된다. 그 때 가치는 하나의 가치이기를 멈추고 하나의 물건과 같이 되고 만다.

그러나 그런 식의 개념은 가치에 대해 하나의 특별한 존재와 특수한 능력을 인정하는 것을 전제로 한다. 그와 반대로 가치들이 포함되어 있는 현실을 고찰하게 되면, 우리는 요구와 공략에 나선 가치만큼이나 질서와 의무에 통합된 가치에 대해 타당성을 인정하게 될 것이다. 어째서 둘 중 하나에 더 우월성을 부여하는가? 어째서 질서, 제도, 조직, 전통 등의 가치를 부인하는가? 그것은 가치가 표면화되는 것을 가로막는 장애일 뿐만 아니라, 반대의 가치가 존재할 수 없게 하는 프레임이 된다. 공략과 요구에 나선 가치는 질서의 가치가 그 주장과 요구를 허용하는 경우에 한해서 존재하게 된다. 정의에 관해 말해보자면, 공산주의자들의 경제적 민주주의와 철학자들이 요구하는 정의의 주장만큼이나 사법조직과 민주조직도 그 안에 많은 정의의 가치를 담고 있다. 조직화된 가치는 개인적인 참여를 필요로 하지 않으므로 더 이상 가치가 아니라는 주장은 터무니없는 말이다. 예를 들어 최고의 정의로운 기관들이라 해도, 설립된 원래의 취지대로 정의를 표명하는 까닭에 그 기관들에 들어와서 참여하는 구성원들이 없이는, 무슨 의미가 있을 것인가.

그와 정반대로, 가치라고 불리는 모든 것은 조직화의 안정성과 그걸 뛰어넘을 필요성이라는 엄정하고도 보완적인 두 가지 측면을 다 보여준다. 그 두 개의 요소들은 분리시킬 수 없다. 그렇지만, 전자의 경우에 가치는 단지 물건과 같은 것이 되는가? 살아있는 가치의 신화를 부정한다면 당연히 그렇게 되지 않을까? 가치는 하나의 질서와 더불어서 그 질서를 깨뜨리는 하나의 의지를 불러일으킨다. 그러나 하나가 다른 하나보다 더 가치에 적합하다는 것은 아니다. 장벽들을 무너뜨리고 균형에 문제를 제기하는 개인적인 열망을 담은 개방적 도덕만큼이나, 사회 집단의 결정적인 균형을 원하는 폐쇄적 도덕 안에도 많은 가치가 담겨 있다.

개인적인 열망이 사회적 사조가 될 때, 사회적 사조가 사회적 구조가 될 때, 사회적 구조가 제도로 굳어질 때, 단계별로 연속적으로 가치 발현이 일어나고, 가치가 무無가치로 변화되는 일은 없다. 그 증거는, 사회에서 사람들이 어떤 제도에 가치를 부여하고, 그걸 지키기 위해 활동하고, 자신들이 통합되어 있는 사회적 구조가 주는 가치체계를 따라 판단한다는 것이다. 그것이 정확하다면, 우리는 윤리 영역과 가치 영역의 구분은 존재하지 않는다고 말할 수 있다. 그 두 영역들 간의 관계는 가치 철학자들에게 복합적이다. 윤리는 결코 가치들을 대상으로 가지지 않는다고 한다. 그러나 가치들은 특정한 윤리적 행위를 조장할 수 있고, 도덕적 삶의 영역을 설정하고 방향 짓는다. "가치들의 마당은 우리에게 도덕적 실존의 땅을 제공한다." 이 모든 것은 정확히 맞는 말이다. 그러나 거기서 훨씬 더 나아가서, 그 다양한 뜻과 적용과 확장 범위 안에서, 가치들을 윤리의 구성 요소로 보아야 할 것 같다. 어느 경우에나 사회 안의 인간과 인간에 의한 사회가 가치를 만든다. 인간과 사회는 선과 악을 구분하고 규범을 정하듯 가치를 부여한다.

우리는 곧 인간에 의한 이 윤리적 결정론적 요소들은 자유의지적인 것이 아니라고 주장한다. 가치에 대해서도 마찬가지이다. 인간은 아무것이나 가치로 선택할 수 없고, 거기에는 정확한 한계가 주어져 있어서, 인간은 자유롭게 결정할 수 없다. 그것이 가치이다. 뒤에 가서 다시 살펴볼 그 한계와 충동이 있긴 하지만, 그럼에도 오직 인간만이 하나의 단어, 하나의 사물, 하나의 존재가 가치를 가지게 한다. 인간이 드러내야하는 감추어진 여신들, 즉 인간은 구현하는 것으로 만족해야 하는 창조의 비밀들은 어디서도 발견되지 않는다.

가치와 신성한 것의 관계

가치-혁명과 무無가치-질서 간의 대립은 또 다른 대립으로 이어졌다. 그 사실은 우리가 주목해야 할 마지막 핵심 요점으로 보인다. 가치 철학자들은 흔히들 가치와 신성한 것을 대립시킨다. 신성한 것은 전통적인 도덕과 금기들을 조장하는 반면에, 가치는 신성한 것의 침범을 허용하는 초자연적인 힘Mana에 해당한다고 사회학자들은 이미 주장한 바 있다. 신성한 것은 사회 현상들의 질서를 수립하고 관계를 형성한다. 사회적 종교와 문명과 사회는 규범의 근거가 되는 신성한 것의 존재 안에서 자체의 안전을 찾는다. 그런데 가치가 표출되기 위해서는 사람들이 자유롭게 자발적으로 표현하는 것이 필요하다. 왜냐하면, 사람들이 가치를 표현하는 주체들이 되어야 하기 때문이다. 이런 식의 대립은 우리로서는 결코 받아들일 수 없는 것이다. 가치와 신성한 것의 관계는 엄정한 것이다. 카이와Roger Caillois는 질서의 신성한 것이 있다면, 그것에 대응하는 동일한 성격을 지닌 탈질서의 신성한 것이 존재한다는 사실을 입증했다. 원시사회에서 가치는 또한, 신성한 것의 일부분이다. 모든 인간사회에서, 가치는 그것을 믿는 사람들의 신념에 의해서만 존재한다.

오직 행동하는 가운데서 가치를 알게 된다는 말은 사실 신념을 전제로 하는 것이다. 신념이 없다면 행동하지 않기 때문이다. 역사적으로 인간이 하나의 가치를 표명하고 부여할 때마다 거기서 신성한 것이 발생되거나 유입된 시점이 발견된다. 가치는 오로지 신성화하는 가운데 가치를 지니게 된다. 책임감을 유발하지 않는다면, 경의를 불러일으키지 않는다면, 끊임없이 재고되는 일이 없다면, 구별하지 않는다면, 삶에 의미를 부여하고 행동에 동기를 부여하지 않는다면, 가치는 더 이상 가치가 아니게 될 것이다. 이 모든 것이 정확히 신성한 것을 구성하는 요소들이다. 둘의 관계는 우발적이라기보다는 훨씬 더 명백한 것이다. "가치는 신성한 것의 속성들을 갖추고 있다"는 말이 있다. 그러나 실제로 가치는 그런 속성들이 없다면 아무것도 아닌 것이 될 것이다. 그런 경우 인간은 그것을 가치로 여기지 않을 것이다. 단지 철학자들이나 법학자들이 내린 정확한 개념에 지나지 않는 정의는 사람들의 눈에는 전혀 가치로 보이지 않는다. 오로지 국가적, 사회적, 형이상학적 가치로서 관심을 모으고 지지를 부르고 열광을 불러일으키는 힘이 있을 때 비로소 정의는 가치가 된다. 그것은 인간으로 하여금 그 가치를 위한 행동을 취하게 한다. 가치가 신성한 것의 힘을 지닐 때, 가치와 신성한 것의 관계는 실제로 상호적인 관계가 된다.

신성한 것이 언제나 물질의 상태로 변화한다는 주장은 신성한 것의 본질을 잘 모르는 것이다. 물론 신성한 것은 물질화할 수 있지만, 동시에 그 물질과는 다른 것이 된다. 더욱이 그것은 신성한 것을 가치와 구분시키지 못한다. 왜냐하면, 이미 확인한 바와 같이, 가치의 일반적인 과정도 똑같이 물질로 변화하는 것이고, 신성한 것과 마찬가지로, 가치는 질서를 창조하는 동시에 파괴하기 때문이다.

이 주제에 대해 마지막으로 언급할 것이 있는데, 그것은 흔히들 가치에 대해서 무시하고 넘어가는 부분이다. 인간이 하나의 사실에 의거하여 하나의 가치를 창안할 때, 인간이 단순한 하나의 사실, 하나의 제도, 하나의 관계를 가치로 변환시킬 때, 그것은 아주 일반적으로 파괴적인 효과를 불러온다. 사실이 사실로 남아있는 한, 그것은 인간을 영적으로나 육적으로나 황폐하게 할 힘을 별로 가질 수 없다. 인간이 거기에 가치를 덧붙이는 순간부터 그것은 힘을 갖추어 가공할 대상이 된다. 다시 말해서, 탁월한 사람들에 의해서 거기에, 존재 이유와 원리, 인간과 세계의 관계의 이유, 경험 세계의 효과적인 구조의 창조, 본능의 분명한 목표, 인간이 제시하는 목표와 행위의 정당화, 사실의 의미화, 삶에서 발견하는 의미, 세상에서 살아가고 현실을 구조화하고 의미화하는 방식, 자유의 한계 등이 덧붙여진다.

그런데 철학자가 아니라 평범한 사람의 입장에서 보면, 현대국가에서 우리가 위에서 열거한 다양한 기능들을 채우는 것은 민족, 노동, 기술, 경제, 국가, 정당, 진보 등이다. 그것들은 가치들로 전환된 사실들이다. 그런데 이 사실들은 사실들로서 완전히 합당하고 당연한 것이지만, 가치로 전환될 때, 그 사실들은 희생을 제공받거나 강제하는 권력과, 인간을 통합하는 근거와, 무지막지하게 쟁취하는 권세와, 경의와 숭배를 강요하는 힘을 지니게 된다. 한 민족의 구성원이라는 사실이 민족주의가 되고, 국가라는 사실은 전체주의적 경향을 낳는다. 반가치는 아예 거론할 필요도 없다. 왜냐하면, 바로 이 민족주의와 국가주의와 당파적인 혹은 기술적인 생산주의의 사명 가운데서, 오늘날의 인간은 자신의 삶의 모든 의미와 자신의 참여 활동의 이유와, 자신의 의사를 표명하여 동일한 가치들을 공유하는 이웃을 만나는 권리를 발견하기 때문이다. 그러나 그것은 타인을 배제시키는 결과를 낳는다. 왜냐하면, 동일한 가치를 가지지 않은 타인은 아예 가치가 없는 존재이기 때문이다. 현대의 전쟁에는 용서가 있을 수 없다. 왜냐하면, 민족과 국가가 가치가 되어버린 까닭에, 그 모두가 다 종교 전쟁들과 같이 되기 때문이다. 현대의 노동과 경제적 삶은 가장 가혹한 것이다. 왜냐하면, 노동과 생산이 가치가 되어버린 까닭에, 그 노동과 삶은 종교적 기능을 발하여 모든 희생을 정당화하기 때문이다. 가치 철학자들은 가치들이 인격적인 관계와 공동체를 성립시키고, 주체성을 밝혀주며 형성시킨다고 주장한다. 그렇다 치자. 그러나 하나의 공동체를 만드는 것은 외부 사람들의 배제를 요구한다는 사실을 잊지 말아야 한다. 또한, 그와 같이 존재를 주체성으로 단언하는 것은, 우리가 알듯이 사단이 왕으로 군림하는 이 타락의 세상 안에서, 그 존재 자체의 희생이나 타인의 말살이라는 대가를 치러야 한다는 사실을 명심해야 한다.

4장 실천적 도덕

도덕과 사회의 관계

실천적 도덕은 언제나 사회학적인 차원에 위치한다. 왜냐하면, 이미 말했다시피, 도덕이 개인들 간의 관계 안에서 비롯되는 것일 뿐만 아니라, 도덕적 현상의 다양한 요소들이 직접적이든 간접적이든 사회 집단에서 비롯되는 산물이기 때문이다. 실제 현상들을 존중할 때, 우리는 도덕을 주체에 대한 최고선의 본질적 활동에 귀결시키는 본질론 철학자들의 원칙을 받아들일 수 없다. 인간에 의한 도덕의 창안이 우리에게 확실한 것으로 입증된다고 해도, 그 사실은 주체가 스스로 고유한 가치들을 산출한다는 본질론 철학자들의 주장과 일치한다는 의미를 함유하지 않는다. 왜냐하면, 주체는 결정과 해석의 자유를 거의 가지지 못하기 때문이다. 주체는 한 사회 집단의 일부분이고, 그 사회 집단이 없다면 존재하지 못할 것이다. 도덕의 제정은 주체와 주체가 속한 사회 집단이나 집단들 간의 변증법적 관계 가운데 성립한다.[181] 그것은, 도덕을 개인의 결정이나 사회 질서에 대한 항거로 보

---

181) 베르그송이 어떻게 도덕적 의무가 사회적 압력에 기인하는지 규명한 것은 인정받을 만한 것이다(H. Bergson, *Les deux sources de la morale et de la religion*, p. 7). 그것은 외부에서부터 오는 것이 아니다. 왜냐하면, 우리 각자는 우리 자신에게 속한 만큼이나 사회에 속해 있기 때문이다.

지 않는다는 전제 하에서, 맞는 말이다. 이미 말했다시피, 이 두 개의 요소들은 윤리 전체를 구성하는 요인들이다. 그러나 그 요소들이 전부인 것은 아니고, 다른 요인들과의 관계에서만 중요성을 지닌다.

도덕과 사회의 관계는 확실한 것이다. 그 관계에는 세 가지 특성들이 존재한다. 첫 번째 특성은, 어떤 사회라도 도덕이 없이는 지속될 수 없고 발전될 수 없다는 것이다. 이미 지적했듯이, 도덕은 어떤 집단이건 필연적인 것이다. 사회는 그 구성원들에게 선악의 기준과 가치체계와 함께, 일체의 규범들과 적절한 달성 목표들과, 정의와 불의의 결정 기준과 자유로운 활동 영역을 제한하는 금지 규정들을 제공해야 한다. 그렇지 않다면 사회는 그 기능을 담당할 수 없다. 말 그대로의 이해관계나 강제성에 기반을 두는 사회는 넘을 수 없는 장벽에 부딪치거나 끝없는 분쟁 가운데 해체될 것이다.

반세기 전부터, 서구사회의 도덕적 위기가 회자된다. 이 도덕적 위기가 사회 전체를 얼마나 큰 위험에 처하게 하는지 사람들은 잘 느끼고 인식하며 진단하고 있다. 정확히는 사회가 개인들에게 더 이상 규범들과 가치들을 제공하지 않는다는 점에서 이 도덕적 위기가 나타나고 있다. 각자가 스스로 찾아서, 개인별로 소집단별로 자체의 도덕적 규범을 규정한다. 더 이상 공동의 활동 기반이나 공중도덕과 자발적인 연대성의 원칙이 존재하지 않는다. 그런데 이 일반적인 도덕의 부재는 개인의 삶을 그르칠 뿐만 아니라 경제체제와 정치적 메커니즘에 제동을 건다.[182] 모든 사람이 동의하는 바와 같이, 개인들의 도덕적 개혁이 일어나지 않는다면, 제도적인 개혁들은 무력하다. 그런데 사람들은 바로 이 도덕적 개혁에 어떻게 다가가야 하는지 모른다. 왜냐하면, 도덕적 개혁은 오로지 하나의 도덕의 존재나 부재에 달려있기 때문이다. 그러나 하나의 도덕이 존재하게 하는 권한은 개인적인 어

---

182) 1930년의 프랑스 사회의 도덕에 관한 탁월한 무니에의 비평을 참조하라(E. Mounier, "Pour une technique des moyens sprituels," *Esprit*, no. 26, nov. 1933).

느 누구에게도 없다.

우리 시대의 경험은 사람들이, 오로지 하나의 동일한 도덕적 체계에 기반을 둘 때만이, 함께 살아갈 수 있고 협동할 수 있다는 사실을 밝혀준다. 인문과학은 그 사실을 이해하는 데 점점 더 큰 도움을 주고 있다. 공동의 도덕적 체계는 사람들이 공동의 목표를 수용하고 확정하는 근거가 된다. 그것은 결혼183)의 경우나 민족의 경우에도 맞는 사실이다. 예컨대 국제적인 차원에서 명백한 문제들 중의 하나는 집단적인 도덕의 부재가 하나의 국제적인 사회가 성립되는 것을 가로막는다는 것이다. 한편으로 소련은 국제적인 차원에서 레닌의 이론에서 채택한 하나의 매우 명확한 도덕을 적용하고, 다른 한편으로 서구사회는 어느 정도 부지불식간에 기독교와 유사한 하나의 전통적 도덕을 적용하고 있다. 그 둘 사이에는 공통점이 하나도 없다. 그러므로 지속가능하거나 만족할 만한 법적인 합의가 존재할 수 없다. 가치체계와 도덕적 목적들이 서로 상반됨으로 지속적인 협동이란 있을 수가 없다.

집단생활에 필요한 도덕은 그 기능을 다하기 위해서는 언뜻 보기에 모순적으로 보일 수 있는 이중적인 특성을 지녀야 한다.184) 이 도덕은 먼저 첫째로 개인적이고 정신적인 것이어야 한다. 인간은 그 도덕이 선과 정의를 규정한다는 확신을 가져야 한다. 인간은 그 도덕에 반박하지 말아야 한다. 인

---

183) ▲부부가 합의하는 동일한 도덕성이 원초적 사랑에 이어지지 않는다면 지속될 이유가 없다.

184) 잘 알려진 베르그송의 설명은 언제나 타당한 말이다(H. Bergson, 앞의 책, pp. 12, 19). "개인에게 일상적인 생활의 일정을 그려주는 것은 바로 사회이다." "우리는 자발적으로 따로 생각해보지 않고 의무들을 수행한다. 그저 습관으로 충분하다. 우리는 사회가 우리에게서 기대하는 것을 제공하기 위해서 그냥 따라가면 된다. 우리는 당연히 규범에 맞는 것을 선택한다." 의무는 자동적으로 이행된다. 그러나 우리가 가지는 의무들이 지닌 연대성 때문에, 작은 의무들이 하나의 전체를 형성한다. "모든 것들이 그것들 중 하나가 예외적으로 가지는 특색을 같이 띠게 된다." "불가분의 하나의 전체로서의 의무가 존재한다." "각각의 의무는 여타의 의무들 전체를 뒤에 달고 다닌다. 그 의무를 압박하는 데에 그 전체의 무게를 이용하는 것이다. 사람들은 하나의 단순한 도덕적 양심을 위해서 의무 전체를 떠맡고 있다."

간은 도덕 그 자체를 개인적으로 하나의 가치로 인지해야 한다. 개인은 강제적이고 임의적이고 외적인 것이 아닌, 내적으로 공감하는 규율과 같이 거기에 부지불식간에 복종해야 한다. 그게 아니라면, 또한, 개인은, 그 가운데서 족히 타당한 관점에서 자신의 행위에 관한 동기들을 발견하기에, 의식적으로 동의의 의사를 전달한다. 그것은 자신의 행동들을 정당화하는 것이다. 둘째로 이 도덕은 사회적 · 정치적인 것이어야 한다.[185] 우리가 지적한 개인적인 현상은 집단에 속한 모든 구성원들의 개인적인 현상이어야 한다. 그러므로 이 윤리체계는 집단적인 공동의 것이 된다. 그렇지 않다면, 그것은 규합하고 협동을 유발하는 기능을 수행할 수 없게 된다. 그것은 공동의 질서를 세우고 또한, 경제적 · 정치적 체계의 명분도 수립해야 한다. 그 둘 중 하나가 결여된다면, 사회는 개인에게 용납될 만한 것이 될 수 없거나, 자체적으로 존속될 수 없게 된다. 도덕성에서 세 가지 요소들을 구별하는 뒤르켕의 주장은 확실히 맞는 말이다. 그 세 가지는 규율의 정신, 사회집단의 귀속감, 의지의 자율성이다. 의지의 자율성에 의해서 사회적 요인은 개인적인 것이 되는 까닭에, 인간은 도덕적인 행위인 비판과 지지를 행한다.

도덕과 사회의 관계에서 두 번째 특성은 도덕의 기원에 기인한다. 실제 현상들을 인정하고, 도덕이 신의 선물이라거나 인간의 본성에 내재되어 있다고 믿지 않는다면, 우리는 도덕이, 자체의 존속과 발전을 위해 하나의 사회적 집단에 의해 만들어지는 것으로 볼 수밖에 없다. 그 사회적 집단은 생존을 위한 조건으로서 일종의 반사적인 생존 행위로 도덕을 만든다. 모든 사회적 집단은, 어느 정도 확대시켜 복합적이고 의무적인 것이 되도록, 각

---

185) 마르크스가 잘 밝혀주었듯이, 모든 윤리를 개인적인 도덕의 문제로 축소하는 것은 어느 만큼은 부르주아 시대의 특징이다. 부르주아는 지배계급에 속하고, 자기 자신이 한 계급에 속한 사람으로 인정받고 싶거나 계급투쟁에 참가하고 싶은 마음이 없기 때문에, 사회적 관계들이 여러 다양한 개인적 관계들에 지나지 않는다고 생각한다. 따라서 그는 개인적인 도덕을 사회적 관계로 바꿀 수 있다고 믿는다.

기 스스로에게 필요한 도덕을 고안해낸다. 사회적 집단으로서, 거기에는 전체적이고 국가적인 사회의 합의와 함께, 협회, 정당, 교회, 가정, 조합 등처럼 의지적으로 형성된 집단들과, 사회계급과 출신배경 등과 같이 의지와 상관없이 형성된 집단들의 합의가 있어야 한다. 사회적 집단들은 각기 존속하기 위해서 구성원들을 구속하는 도덕을 만들어낸다.

전체적인 사회는 어느 정도 서로 파생적이거나 모순적인 여러 도덕 체계들을 포함할 수 있다. 그 도덕 체계들의 관계는 반드시 그 집단의 규모에 상응하지 않는 가변적인 위계질서에 따라 수립된다. 집단의 규모가 클수록 그 집단의 도덕이 더 의무적이 되어 위계적으로 더 높게 된다는 뒤르켕의 주장은 확실한 근거가 있는 것으로 인정할 수 없는 것 같다. 가정적인 목표들은 조국이 더 높은 사회적 집단이라는 이유만으로 국가적 목표들에 종속되어야 한다는 주장은 맞는 말이 아니다. 많은 경우 그렇게 되지만, 반드시 그렇게 되는 것은 아니다.

다른 집단들에 속한 두 개의 도덕들이 전체 사회 안에서 대립할 수 있다. 가장 흔한 대립의 예는, 질서, 관습, 규율, 명령, 의무 등에 해당하는 하나의 도덕과, 확정된 기존의 것에 저항하는 다른 하나의 도덕 간에 생기는 대립이다. 이 도덕보다 저 도덕이 맞는다는 식으로 주장하려고 둘 중의 하나를 선택하는 것은 완전히 무의미한 일이다. 그것은 다른 집단들이 가진 두 개의 체계들에 귀속된 하나의 동일한 현상에 대한 보완적인 두 개의 측면들일 수도 있고, 하나의 동일한 집단이 변화하는 과정 속에서 이어진 두 가지 단계들에 대한 것일 수도 있다. 아무튼 저항의 도덕은 더더욱 순수하게 개인적인 도덕은 아니다. 순수하게 개인적인 도덕이란 있을 수 없는 것이다. 왜냐하면, 개인적은 도덕은 언제나 부지중에 집단적인 도덕을 준거로 삼기 때문이다. 개인적은 도덕은 또한, 구속적이지 않다. 왜냐하면, 그것은 하나의 도덕을 정한 한 개인에 의해 임의적으로 수정될 수 있기 때문이다. 그 개인은 자신이 만든 것에 구속되지 않는다. 저항의 도덕도 또한, 집단을 구성하는 사람들의 확신에서 비롯된다. 그 사람들은 기존의 도덕에 반대하는 새로운 도덕에 대한 의무감이나 열망에서 받아들인 것일 수 있다. 끝으로 이 집단적인 성격은 종교적인 도덕들의 경우에도 마찬가지이다. 종교적인 도덕들이 도덕들로 성립하는 것은, 종교적 의무를 직접적으로 규정해야 하는 것 때문이 아니라, 종교적인 이상을 향해 함께 살아갈 필요가 있는 종교적 집단이 존재하기 때문이다.

도덕과 사회의 관계에서 세 번째 특성은 사회적 집단이 세운 도덕이 실제로는 결코 자의적인 것이 아니라는 사실에 연유한다. 여기서 우리는 도덕의 형성 과정을 분석할 수는 없다. 사람들은 뒤르켕에게 소중한 '집단적 양심'을 더 이상 신뢰하지 않는다. 그 '집단적 양심'이란 개인을 뛰어넘어 도덕의 의무적인 성격을 구축하는 도덕적 양심으로서 단지 하나의 도덕적인 권력만이 인간에게 규범을 만들 수 있는데 그 권력을 가진 것이 사회라는 것이다. 도덕에서 의무적 요소와 바람직한 요소, 규범적 특성과 가치적 특성을 함께 취한다면, 문제는 더 이상 사회에 의해 부과된 도덕적 의무를 이해하는 것만이 아니게 된다. 이 현상은 훨씬 더 복합적이다. 사회는 가치들을 인정한다. 다시 말해서 사회를 구성하는 사람들은 모두 가치들을 인정한다는 것이다. 이 가치들은 존중할 만하고 바람직하고 마음에 들 만한 것이고, 서로 밀접하게 연관되어서, 사람들 사이의 관계에 영향을 미친다. 그 가치들에서 비롯되는 규범들과 규정들이 나올 수 있고, 어길 경우 제재까지도 마련될 수 있다. 그러나 거기에서 하나의 단일한 체계적인 과정은 있을 수 없다. 가치들을 존중하고 그 바람직한 요소와 그 권위와 그 규범들의 구성을 인정하는 것은, 하나의 동질적인 집단적 양심이 아니라, 집단 속 인간관계들의 복잡한 메커니즘에서 연유한다는 것이 개연성이 있다. 사회적 집단의 일반적인 사회학적 성격들은 그 도덕의 특성들을 상당히 밝혀줄 수 있다.

그러나 그것으로는 충분하지 않다. 왜냐하면, 집단 내의 개인적 상호관계들은 우연적인 것이 아니며, 그 자체가 아니라 어떤 계기를 통해 형성되는 것이기 때문이다.

여기서 두 가지 사실을 적시해야 한다. 모든 집단은 하나의 '주된 동기'라고 부를 수 있는 것을 중심으로 형성된다는 것이다. 그것은 소단위의 작은 집단들에서는 정말 확실한 것이다. 가정은 부부의 애정이나 자녀 교육을 중심으로, 교회는 하나님을 향한 경배를 중심으로 형성된다. 그런데 그것은 하나의 전체 사회에서도 분명한 사실이다. 각각의 사회에는 하나의 중심 동기, 하나의 주된 관심사, 하나의 명백한 전제, 모두가 인정하는 하나의 목표가 존재한다. 예컨대 공산 국가에서 프롤레타리아 혁명과 같이, 기원전 5세기의 그리스에서 도시와 같이, 현대사회에서 기술과 같이, 12, 13세기에는 기독교가 그 주된 동기였다. 이 주된 동기는 언제나 이념적이고 물질적이다. 그것은 어떤 구조와 연계되고 하나의 열망으로 해석된다. 그것은 단순한 신념도 아니고, 단순한 사실도 아니다. 그것은 그 둘이 결합된 것이다.

주된 동기를 따라서 집단의 가치질서가 수립되고 바람직한 것을 향한 열망과 의무적인 것을 향한 규범이 함께 자리 잡는다. 집단에 속한 사람들은 자신들이 일종의 암묵적인 동의로서 합의한 주된 동기를 중심으로 도덕이 형성되는 것을 경험한다. 그러나 그 주된 동기는 언제나 집단의 다양한 구조들과 연계된다. 도덕은 경제, 기술, 종교, 정치, 문화, 인구 등의 구조들을 기반으로 구성된다. 도덕은 그 구조들을 보존하고 유지하면서 인간을 조정하려는 목적으로 의무와 책임이라는 말로 표명된다. 이 단계에서 마르크스의 분석은 부분적으로 정확히 맞는다. 구조들은 생존을 위해 필수불가결한 것으로 나타난다. 구조들이 가치의 후광에 둘러싸여 존중을 받는 것은 좋은 일이다. 거기에서 비롯된 윤리는, 구조들의 필요성을 절감한다는 점에서, 사회의 중심 동기가 바람직한 것으로 인정된다는 점에서, 존중될 것이다. 이 분석이 정확하다면, 임의로 도덕을 제정할 수 없다는 점이 이해될 것이다.

하나의 도덕을 제정하는 것은, 국가나 권력기관의 권력에 달린 것이 아닌 것만큼, 한 사람의 능력에 달린 것도 아니다.[186] 그런 까닭에 도덕적 위기는 하나의 결정에 의해 해결될 수 없다. 바로 거기에 인간이 도덕의 주창자가 아니고 스스로 선과 악을 결정하지 못한다고 하는 사람들의 주장이 가지는 약점이 있다. "진리와 선의 존재가 내가 하는 선택에 달린 것이라면, 그 선택은 결코 행해지지 않을 것이다. 왜냐하면, 그 선택 자체가 곧바로 무산되지 않을 이유가 전혀 없기 때문이다."R.Mehl 그것은 로빈슨 크루소에게는 맞는 말이지만, 한 사회와 한 집단의 활동에 개입된 사람에게는 틀린 말이다. 완전히 추상적인 가치 철학자들의 주장은 외딴섬에 혼자 사는 개인에게나 맞을 뿐이고, 그 이외의 어느 누구에게도 아무 의미가 없는 것이다. 한 사회가 더 이상 중심 동기를 인정하지 않을 때, 혹은 그 가치 구조들이 더 이상 필수불가결한 것으로 느껴지지 않을 때, 어떤 도덕도 유효하지 않다. 또한, 공표된 도덕이 중심 동기와 일치하지 않을 때, 어떤 도덕도 유효할 수 없다. 그러므로 도덕적 현상은 사회의 구체적인 구조들[187]과 함께 모두가 인정하는 의미와 조직을 낳는 중심 동기와 연계될 때 성립되는 것이다.

그러므로 그것은 도덕에 관한 하나의 기원은 존재하지 않는다는 걸 뜻한다. 도덕의 기원이 종교인지 주술인지 경제인지 논의하는 것은 무의미한 것이다. 종교를 도덕의 역사적 기원으로 삼는 명제는 대다수의 학자들에 의해 그 타당성에 의문이 제기되었다. 경제를 역사적 기원으로 삼는 명제도 역시 그렇다. 도덕성이 역사적으로 등장한 데에는 확실히 다양한 기원들이 존

---

186) ▲이미 살펴본 바와 같이, 이것은 이론적 도덕들의 약점이다.
187) ▲이 구체적인 구조들 안에는 문화적 종교적 구조들도 함께 포함되었다.

재한다. 마찬가지로 다양한 도덕들이 형성된 데에도 또한, 시대, 구조, 상황 등에 따라 다양한 기원들이 확실히 존재한다. 모든 인간사회들에서 계속 반복해서 재현되는 도덕을 만들어내는 하나의 도식은 존재하지 않는다. 여하간 도덕적 과정이, 실천에 옮겨질 절대적인 선, 정의, 진리 등에 대한 선험적 지식을 밝히는 이론적 과정이 결코 아니라는 점은 명백히 드러난다. 구체적인 것과의 관계 안에서, 행동하는 가운데, 개개인은 자신이 마땅히 할 일을 알게 된다. 개개인은 행동을 취하면서, 그 순간에 자신의 행동이 선과 진리에 적합한 것을 알게 되고, 심지어 자신의 행동이 선과 진리를 일궈내기에 이르게 된다는 걸 알게 된다. 어떤 의미에서는 여기서 우리는 칸트의 실천 이성이나 가치에 대한 해석을 다시 만난다. 그러나 그것은 인간 그자체가 아니라, 자신의 행동과 판단을 이행하는 사회에서 살아가는 인간과 관계된다는 점에서 그렇다.

개인의 선택과 결정

우리는 많은 다른 논의를 거친 뒤, 실천적 도덕들에는 규범과 가치, 집단적 압력과 개인적 선택의 아주 다양한 대비가 존재한다고 했다. 더욱이 그 두 개의 짝을 동일시하지 말아야 한다. 강제규범은 오로지 집단적 압력의 결과인 것은 아니다. 의무로서 받아들여 그걸 택하고 이행하는 개인적 양심에 의해 그렇게 된 것일 수 있다. 반대로 바람직한 것이 단지 개인적인 것은 아니다. 신앙공동체적인 사회나 종교적인 사회는 전적으로 가치에 기반을 둔다. 그러나 여기에 두 가지 난제가 있다. 첫 번째 난제는 원시사회의 총체성이라 부르는 것과 관계된다. 원시부족 안에서 개인은 구별되지 않고 부족 전체와 구분되지 않는 것이 사실일 가능성이 높다. 개인의 행동은 개인적인 동기와 선택에 따른 것이 아니고, 어떤 개인적인 의지도 벗어날 수 없는 집단적 의지에 의한 것이다. 원시사회의 총체성은 결코 개인에게 강제성을 부여하지 않는다. 개인은 아직 존재하지 않아서 강제될 필요가 없었다. 어머니의 뱃속에 있는 아기는 강제되지 않는다. 왜냐하면, 아기가 어머니와 구분되는 것은 아무것도 없기 때문이다. 역사가 흘러감에 따라서 점차적으로 구분이 생기고 개인이 등장하게 된다.

그러나 이 원시적인 총체성 속에서 도덕이 존재한다고 말할 수 있을까? 누가 뭐라 해도 대답은 확실히 긍정적이다. 거기서 도덕은 개인적인 결정, 선택, 고찰, 하나의 가치가 되는 개별화된 자각, 가치의 객관화 등이 전혀 없는 것이다. 그러나 그것은 완벽하게 구성되어 존재하는 복합적인 도덕이다. 또한, 거기서 도덕은 사회적 의무가 너무 완전무결해서 의무로 느껴지지 않고 집단적인 의지와 구별되지 않는 것이다. 그 사회적 의무는 논란의 여지가 없고, 거부와 저항과 부정의 정신이 깃들 수 없는 것이다. 그것은 본질적으로 종교적 구조들에 기반을 두고, 터부와 금기 등을 통해서 표명된다. 터부가 정말 많았다는 사실은 잘 알려져 있다. 그래서 개인의 활동을 총체적으로 지배하는 경우도 간혹 있었다. 그것은 하나의 윤리적 질서가 행동양식들을 정하는 셈이었다. 터부는 집단적인 합의를 갖추고 있어서, 위반하는 사람에게는 징벌이 따른다.

공적인 비난은 단지 신성한 것으로만 치부될 수 있는 것에 대해 도덕적 성격을 명백하게 부여한다. 그런데 신성한 것에 대한 이 결정적 지적은 원시사회의 도덕이 또 다른 요소를 지니고 있다는 사실을 우리에게 상기시켜준다. 의무적인 것에 대해서 바람직한 것이 존재한다. 모든 신성한 것은 그와 같은 미래로의 투기와, 달성해야 하는 것과, 선하고 정의롭고 거룩한 것을 포함한다. 원시인들을 특징짓는 신비주의는 이러한 가치의 존재를 포함한다. 그러나 그것은 결코 개인의 확실한 의사표시를 전제로 하는 것이 아니다. 바람직한 것을 지향하는 그런 경향과, 그런 가치의 표명도 또한, 원시

사회의 총체성에 속하는 것이다. 미분화된 사회 전체가 하나의 가치를 지향하고 또 인정하는 것이다. 그와 같이 도덕은, 개인이 집단에 완전히 통합되어서 전혀 개인적인 것은 아니라 할지라도, 분명 존재한다.

귀르비치의 주장에 따르면, 주술은 개인의 탈출구였을 수 있다. 종교적으로 신성한 것에 기반을 둔 집단적인 도덕에 대하여, 전통적인 도덕성과 상반되는 희망적인 도덕성인 개인화된 도덕성을 주술의 수단을 통해서 개인이 표명하는 데에는 저항의 효과가 있다. 또한, 주술을 이용해서 가치들이 표명될 수 있는 가능성이 있다. 초자연적인 힘인 마나Mana는 원시사회에서 우리가 가치들의 세계라고 부르는 것을 대신한다. 어쩌면 다만 원시사회의 총체성에서 개인이 빠져나오기 전부터 도덕이 존재했다는 사실을 고수하는 것이 중요한 일일 수 있다. 그래서 옛날의 도덕을 상실하지 않은 채로, 개성화에 의한 새로운 형태의 도덕성에 접근하는 것이다.

여기서 우리는 두 번째 난제를 만나게 된다. 전통적인 도덕, 의무적인 것, 도덕적인 규범 등을 대수롭지 않게 여기고, 도덕을 개인적인 의사로 축소시키면서 오로지 결정과 선택의 측면에서 바라보는 것이 지금은 일반적인 태도이다. 도덕적 상황은 한 사람이 두 가지 가능성들 중에서 하나를 선택할 때만이 존재한다. 사람이 내리는 선택 그 자체가 도덕적 태도의 본질이라고 보는 사람들도 있다.[188] 스스로 결정할 때 인간은 하나의 윤리적 행위를 이

---

188) 선택의 윤리적 이론은 부조리하고 와해된 세계에 편입된 잘못된 자유의 개념(예: Simone de Beauvoir, *Pour une morale de l'ambiguïté*)에 기인한다. 그러나 그것은 자유가 아니다 (Bonhoeffer, *Ethik*, p. 134의 비판을 참조). 더군다나 하나님의 계명 앞에서 선택은 존재하지 않는다. 왜냐하면, 하나님의 계명은 우리에게 주어진 하나의 제안이 아니기 때문이다. 그것은 여러 가능성들 중의 하나가 아니다. 그것은 하나님의 말씀이거나 그렇지 않으면 아무것도 아닌 것이다. 우리는 하나님의 말씀으로 청종하거나 청종하지 않거나 할 뿐이다. 계명이 우리에게 주는 자유는 순종하는 자유이지, 순종도 포함된 여러 가능한 선택사항들 중의 하나를 선택하는 자유가 아니다. 왜냐하면, 계명은 "네가 따라야 하는 것"이자 "네가 할 수 있는 것"인 동시에 "하나님이 약속하는 것"이기 때문이다(Bonhoeffer, 위의 책, p. 220). 그 이외의 다른 모든 자유는 환상에 지나지 않는다. 그러나 이 자유는 행동하는 사람을 그 행동의 근거가 되는 존재(선이나 인물이 아닌)에게 위탁해야

행한다. 도덕을 성립시키는 것은 참여와 자각과 자신의 운명의 지배이지, 선과 정의와 진리의 선험적인 객관적 결정이 아니라는 것이다. 가치들에 대해 언급했을 때 우리는 이미 이 주장을 접했다. 그러나 여기서 우리는 두 가지 점을 지적하고자 한다.

첫 번째로 지적할 점은 인간은 자유로운 존재이고 스스로 자유롭게 결정하고 선택한다는 전제에서 출발한다. 그러면 도덕은 이 자유를 실행하는 것이 된다. 자유가 없다면 행위 안에 결정도 도덕도 없게 된다. 사실상 윤리학자들의 글들을 검토해보면 모든 말이 자유를 전제하는 데서 나온다는 사실을 알게 된다. 그것은 깊이 성찰해볼 주제가 될 것이다. 사회학과 생물학과 심리학이 인간에 대해 결정론의 폭을 좁혀오고, 인간의 조건화를 표명하면서 더 엄밀한 조건화를 고려하는 이 시대에, 또한, 정치체제들과 경제계획화는 그나마 외적으로 남아있던 자유의 영역을 전폭적으로 축소시켜가

한다. 그 존재는 "나를 떠나서는 너희는 아무 것도 할 수 없다."(요15:5)고 말한다. 그러면 윤리는 그 진정한 기능을 다하게 된다. 왜냐하면, 윤리는 인간에게 하나님의 뜻이 계시된 것은 실행하기 위한 것이라는 아주 단순한 진리를 가르쳐주기 때문이다. 이것은 자명한 것일 듯싶다. 그러나 경험상으로 보면 그리스도인들은 끊임없이 그 사실을 학습해야 할 필요가 있다.

인간이 선악에 대한 결정권을 취하는 순간부터, 인간은 자신이 선과 악 중에서 선택해야 한다고 생각한다. 그러나 인간이 그 선택권을 가지고 있어서 선택해야 한다고 주장하는 것은 인간이 하나님의 말씀을 알아보지 못하고 하나님의 음성을 듣지 않기 때문이라는 사실을 유념해야 한다. 선한 목자의 음성을 듣는다면 인간은 더 이상 선택권이 없다. 하나님의 뜻이 곧 선이라는 사실을 인정한다면, 인간은 더 이상 선택권이 없다. 불순종과 불신은 더 이상 존재할 근거가 없게 되며, 바르트에 따르면 "하나님을 위해 악이 스스로 악을 수립한다는 불가능한 가능성"이 된다. 하나님의 말씀에 대한 불순종은 하나의 선택이 아니고, 인간이 하나님이 말한 것을 진실로 받아들일 수 없다는 사실을 밝혀주는 것에 불과하다. 불순종은 인간이 하나님의 말씀이 아닌 다른 말을 청종하고, 자유롭지 않으며 선택하지 않는다는 증거에 지나지 않는다. 그렇다면 우리는 근본적인 모순에 직면하게 된다. 인간본성적인 자연 윤리(모든 도덕들)에서, 선택은 전형적인 윤리적 상황이고 윤리를 특징짓는 것은 선택이다. 그런데 정반대로 하나님 앞에서, 우리는 하나의 실현된 구체적 결정과 마주한다. 여러 가지 가능성도 없고, 하나의 보편적인 규범에 대한 다양한 해석들도 없고, 선과 악 중에서 택할 선택도 없다. "하나의 가능한 선택을 생각하는 것 자체가 우리의 불순종과 불신에서 비롯된 것이다."(K. Barth, *Dogm. II*, 2, 2, p. 167). 하나의 윤리적 선택을 한다고 주장하는 인간은 간단히 말해서 거짓말쟁이이다. 인간은 그 상황에서 어떤 타협도 할 수 없다.

는 이 시대에, 또한, 정신분석학이 우리에게 인간의 가장 은밀한 충동들을 놀라울 정도로 다 밝혀주는 이 시대에, 바로 이러한 시대에 철학자들은 암묵적으로 사르트르의 형이상학을 채택하고, 결정론을 단번에 확실히 부정할 수 있는 가능성을 주장하는 것이다! 문제를 쉽게 풀어버린 것이다. 그 철학의 성공은 현실에 대한 보상 작용으로 설명된다. 우리는 자유의 전제를 채택하지 않는다. 그렇다고 우리가 도덕을 결정과 선택으로 축소시킬 수도 없는 일이다. 물론 결정과 선택은 존재하지만, 자유는 아주 허울뿐이고 결정론이 기반이 된다. 결정과 선택은 도덕적 삶의 일부분에 지나지 않는 것이다.

두 번째로 지적할 점은 모든 도덕을 개인적인 결정으로 축소시키는 것은 극단적으로 윤리를 위축시키는 것이다. 우리의 삶에서 과연 얼마나 많은 선택이 주어지는가? 얼마나 많은 날들이 내가 제대로 선택하지 못한 채로 지나가고 마는가? 나의 행위와 사고 중에서 심사숙고하여 의지적으로 결정한 것이 대체 얼마나 있는가? 보통 사람은 대부분 교육 배경과 사회적 심리적 조건에 따라서 자동적으로 별 생각 없이 복종한다. 그는 미덕을 실천하고, 동시대인들의 빈곤상태에 연민을 느끼고, 평소에 정직하며, 살인을 하지 않는다. 자신의 아내를 속일 때 그는 수치심을 가진다. 그러나 그 모든 것은 명백하게 도덕적인 것이다. 그것은 관습적이고 반사적이고 모방적인 것으로서 어떤 결정이나 선택도 동반하지 않는다. 그리고 그것이 우리의 도덕적인 행위의 99프로를 차지한다. 그것을 제거해버린다는 것은 도덕적 삶을 극도로 작은 영역으로 축소시키는 것이다.

그런데 흥미로운 반전으로서 또다시 그것을 하나의 '당위'로 제시된 것이라고 말할 수 있다. 인간은 선택할 때 도덕적이 된다. 인간은 자각해야 한다든가, 자유를 구축해야 한다든가 등등 그 모든 것은 당위이다. 이 선택의 도덕을 표방하는 것은 바로 당위의 도덕을 부정하는 철학자들이다. 그래서 그들은 하나의 당위에서 또 다른 당위로 옮겨가는 것이다. 그런데 선택의 도덕은 개개인의 도덕적 삶을 축소시킬 뿐만 아니라 역사의 흐름 속에서 도덕적인 것을 축소시킨다. 왜냐하면, 그것은 개인이 하나의 가치로 인정되어서 사회구조에서 벗어나 있는 완벽한 개인주의 사회를 전제로 하기 때문이다. 사실상 이 선택의 도덕은 철학적인 형태로 19세기에 채택되고 20세기에 표명된 낭만적인 관념이다. 물론 실천적 도덕에서, 선택과 결정은 커다란 가치와 비중을 차지하지만, 도덕적 현상의 한 측면일 뿐이며, 언제나 그 사회체계와 연관되어 존재하는 것이다.

오늘날에는 아무도 뒤르켕처럼 다음과 같은 글은 쓸 수 없을 것이다. "도덕적이라고 부르는 모든 행위들에는 공통점이 하나 있다. 그것은 그 행위들이 모두 다 기존에 수립된 규칙들을 따른다는 사실이다. 도덕적으로 행동하는 것은 하나의 규범을 따르면서, 어떤 입장을 택할 필요가 있기도 전에, 주어진 상황 속에서 취할 행동을 결정하는 것이다. 이 도덕의 영역은 의무의 영역이고, 의무는 미리 규정된 행동이다." 그런데도 이 글은 정확히 맞는 말이다. 인간과 사회에 관한 이론이 아니라 실제 사실들을 바라본다면, 도덕은 바로 그런 것이다. 그러나 도덕은 단지 그런 것만은 또 아니다. 여하간 도덕이 하나의 당위를 규정하여 존재와 분리하는 것이라면, 도덕은 인간성과 상반되고 아무 공통점도 없는 것이 된다고 선포하는 것은 불가능하다. 이것은 이론적인 도덕에는 맞는 것이지만, 현실에서 도덕은 이미 설정된 의무와 규범을 확정한다.

실천적 도덕에는 "너는 해야 한다"는 식의 객관적인 당위가 존재한다. 실천적 도덕은, "인간의 여정에 방향을 정하는 가치들의 의미와 기능을 먼저 밝혀주어야 하는 인간의 참여 활동 강령"Gusdorf인 것만이 아니다. 그와 같은 형식으로 표명된 도덕은 또한, 칸트의 도덕과 같이 이론적인 것이다. 그것은 도덕을 오로지 인간성의 긍정에만 연관시켜서, 자기 개발을 통해 높이 인간을 고양시키는 푯대가 되고, 자아실현과 평정심으로 인도하고 돕는 안내자가 되게 하는 것이다. 그것은 도덕을 사람과 관계없는 지극히 희귀한 것으로 만들어 하나의 신비한 교리가 되게 한다. 도덕 속에서 인간의 행동을 판단하는 정통적인 것이 개입된 모든 것을 부인하는 것은 사실 자체를 부인하는 것이다. 거기서 제시된 유일한 논거는 도덕이 인간의 소외를 조장하고 성공적인 삶은 소외에 있지 않다는 것이다. 그것은 인간이 스스로 노력하여 성공하는 것이 도덕이고[189], 인간은 자유로운 존재라는 것을 전제로 한다. 이미 살펴보았듯이 이와 같은 논거는 하나의 단순한 신념에 지나지 않는다. 물론 규범과 단조로운 의무로 구성된 사회적 집단 내의 폐쇄적인 도덕을 선택한 사람들은 게으르고 연약하고 겁 많은 사람들이고, 도덕적인 인간, 살아있는 진정한 인간은 그와 같은 범속성을 부인하면서 결단하고 소망하여 쟁취하는 개방적 도덕을 수립하며 자아실현에 열중한다는 주장도 있을 수 있다. 우리는 그와 같은 주장을, 현상학자들이 말하기 이전에, 특히 니체에게서, 또 히틀러에게서조차 이미 들은 바 있다. 그러나 어느 하나도 부정하지 않는 것이 더 진실에 가까운 것 같다. 범속하고 겁 많은 사람이 삶으로 체득한 도덕은, 영웅적인 사람들이 삶으로 체득한 도덕만큼이나 혹은 그 이상으로, 인간이 삶으로 체득한 실천적 도덕인 것이다.

---

189) ▲이것은 도덕의 본질에 대해서 미리 편향된 입장을 취한 것이다.

5장 도덕에 대한 인간의 태도

도덕에 대하여, 즉 우리 사회에 존재한 모든 도덕[190]에 대하여, 인간은 어떤 일정한 태도를 취한다. 즉 인간은 자신이 속한 집단의 도덕을 완전히 다 받아들여 실천하는 것은 아니다.

첫째, 도덕과 개인의 행위 사이에는 일정한 거리가 언제나 존재한다. 도덕과 관습, 당위와 존재를 구분하는 것은 상식이다. 그것은 너무나 명백하므로 거기에 대한 논의는 더 하지 않을 것이다. 그러나 이 도덕과 관습의 대립이 갈수록 덜 명확해진다는 사실에 대해서 고찰할 필요가 있다. 거기에는 세 가지 이유가 있다.

1) 사람들이 이제는 도덕을 더 이상 절대적인 것으로 보지 않고 상대적인 것으로 보며, 또한, 시간과 장소에 따라 다양한 내용을 가지고 종교적이거나 인간본성적인 항구성을 지니지 않는 것으로 인식한다는 점에서, 도덕은 더 이상 관습에 대비되는 철저한 엄격성을 가지지 않고, 더 유연하게 적응한다.

2) 도덕이 사회적 집단에 기인하는 것이라는 점에서, 도덕은 확실히 관습의 산물이다. 그러나 이 부분에서 도덕과 관습 사이에 계속되는 대립의 두 개의 요소들이 존재한다. 하나는 시간의 간극이다. 도덕은 관습에 비해 시

---

190) ▲기술의 도덕은 아직 없다.

간적으로 늦고, 빠르게 진화하지 못한다. 사실상 도덕은 어제의 관습을 나타낸다. 오늘의 도덕이 되는 것은 바로 어제의 관습이고, 오늘의 관습은 내일의 도덕을 유발한다. 다른 하나는 합리성의 차이다. 관습은 자연발생적인 현상인 반면에, 도덕은 언제나 어느 정도 구성적이고 체계적인 것이다. 도덕은 집단적인 이데올로기적 구성물이다. 이 구성물은 어느 정도 의식적이고 의지적이지만, 언제나 존재하는 것이다. 도덕은 관습에 비해서 양면성을 지닌다. 왜냐하면, 도덕은 두 개의 다른 목표들을 가질 수 있기 때문이다. 도덕은 현실을 감추고 행위와 관습을 위장하며 현존하는 것을 부정하는 것을 목표로 삼을 수 있다. 그럴 경우 도덕은 이데올로기적인 것이다. 또한, 도덕은, 관습을 비판하면서 진리와 선과 정의 등의 진정한 의미를 표명할 수 있다. 모든 도덕은 동시에 이 두 가지 요소들을 가진다. 도덕은 결코 둘 중 하나만을 지닐 수 없다. 도덕은 대부분의 경우 관습을 선하게 개혁하려는 뜻과 동시에 위장하려는 뜻을 가진다.[191]

3) 도덕과 관습의 연관성에 관한 세 번째 요인은 기술 도덕의 점진적인 발전에 기인한다. 기술의 도덕은 바로 기술적인 선을 표현하는 방식의 삶의 방식을 알려주는 경향이 있다. 그래서 해야 하는 것과 실제 행하는 것의 대립이 완화된다. 그러나 그것은 기술적인 질서체계 안에서 해야 할 행위에 관한 사항을 다루는 것이기 때문이다. 더욱이 사회학적, 심리학적인 기술의 발달은 도덕과 관습의 관계를 변화시키려고 한다. 사회심리학과 심층심리학의 관점은 의무와 도덕적 책무와 죄의식을 인간에게 해로운 것으로 여기게 한다. 그리고 점차적으로 도덕의식은 정상의 개념으로 대체되고 있

---

191) 모든 도덕적인(혹은 비도덕적인) 입장은 왜곡된 양심의 산물이라는 사실을 밝혀주는 것으로서 이데올로기에 대한 마르크스의 분석이 여기서 원용될 수 있다. 정신적인 능력은 인간으로 하여금 자신의 실제 상황에 대한 무지 위에, 가치들이나 자기 자신에 대해 충실하게 보이도록, 의식적으로 기만적인 요소를 덧붙이게 한다. 이 모든 것은 윤리가 하나님과의 관계단절의 결과라는 성서의 말씀에서 드러난다.

다. 사회기술적인 행위의 시각에서 정상적인 것은 선을 나타낸다. 정상적인 것과 도덕적으로 규범적인 것을 대립시키는 것은 사회나 개인에게 해로운 것이다. 따라서 사람들은 사회적 유용성에 맞는 행동양식의 도덕[192]을 진작시키려고 하고, 킨제이 보고서와 같은 여론조사의 수단들을 통해 알려진 정상의 기준을 세우려고 한다. 그래서 개인적인 사적 차원에서 실용적인 삶의 방식이 도덕으로 제시된다. 이제 사람들은 실제 행하는 행위를 해야 하는 행위로 혼동한다.

둘째, 우리 사회에는 아직도 의무적인 것으로 보이는 도덕이 존재한다. 이 도덕이 개인과 충돌한다. 이 도덕에 직면한 개인의 행위는 어떤 것이고, 이 도덕에 대한 개인의 태도는 무엇이고 취하는 행동은 어떤 것인가? 사실 그 개인에게 그것은 자신의 삶과 도덕 간에 존재하는 갈등을 해결하는 문제이다. 그 갈등을 좋아하고 받아들이는 사람은 아무도 없다. 인간에게는 이제 오로지 두 개의 길만이 눈앞에 놓여있다. 바로 도덕주의와 비도덕주의이다.

1. 도덕주의

전체적으로 보면 이것은 인간이 어떤 식으로든 도덕을 점유하는 동향을 말한다. 실제로 인간은 자신의 이익을 위한 수단으로서 도덕을 개정의 대상이 아니라 이용의 대상으로 삼는다. 인간이 도덕을 중요하게 받아들고 진지하게 대하는 점에서 그의 태도는 도덕주의가 된다. 그는 도덕을 이용할 것이다. 그런데 과연 도덕은 무슨 목적으로 이용되는 것일까?

첫째, 윤리학자의 손에서 도덕은 근본적으로 정당화의 수단이 된다. 우리는 정당화의 중요성과 메커니즘을 강조하지는 않을 것이다. 여기서는 단

---

192) ▲에스나르(A. Hesnard)의 죄의식 없는 도덕.

지 이 정당화에는 두 가지 과정이 존재한다는 사실을 지적할 필요가 있다. 하나는 인간이 도덕을 자신의 고유한 행동을 따라 구성하는 것이다. 이것은 선은 자신이 하는 일임을 보여주는 것으로 결론을 맺는다. 이것은 직접적인 정당화이다. 다른 하나는 도덕적인 명령에 자신의 행동과 태도와 일을 복종시켜서 자신이 정당함을 공표할 수 있도록 자신의 정당성을 확보하여 불의한 사람들에 대한 자신의 우월성을 획득하는 것이다. 아무리 엄격하고 준엄하고 순수하다 할지라도, 이 도덕 체계는 정당화의 기제와 수단 이외의 다른 것일 수가 없다. 왜냐하면, 이 도덕을 준수하는 것은 "내가 옳다"고 주장할 수 있기 위한 것이기 때문이다. 두 가지 경우에서 다 '양심'193)이 형성되는 과정이 존재하는 것이다. 이처럼 인간에 의해 활용되는 도덕은 선한 사람과 악한 사람을 차별하는 수단이 된다. 직접적으로 정당화하는 것이든, 간접적으로 정당화하는 것이든 간에 나는 선한 편에 속하는 것이다. 그러므로 이 도덕은 문제제기를 회피하는 수단이 된다. 선한 편에 속하기 때문에 나는 나의 존재나 내가 속한 사회의 정체성에 아무런 문제제기를 하지 않는다. 반면에 정죄 대상인 반대편에 속하는 사람들에 대해서 이 도덕은 문제제기를 하고 그들을 타파하는 것을 허용한다. 그것은 기독교도덕과 청교도정신이 종종 보여주는 비극적 양상들 중의 하나였다. 스스로 의롭다고 주장하는 어떤 청교도들은 청교도가 아닌 다른 모든 사람들을 정죄한 것이다. 그와 같은 청교도들의 행위는 '살렘 마녀 재판'194) 속에서, 또 샹송의 작품195)과 그 뒤의 비슷한 소설들에 의해서 합당한 비판을 받게 되었다.

---

193) [역주] 이 '양심'의 개념에 관해서는 이 책의 제1부 3장 끝부분에서 '도덕적 양심'에 관해 서술된 부분을 참조할 것.

194) [역주] 이 세일럼 마녀 재판 사건(Les Sorcières de Salem)은 미국의 매사추세츠에서 1692년에 있었던 것으로, 25명의 사람들이 악령 들린 마녀와 그 동조자로 지목되어 사형을 당했다.

195) [역주] 프랑스의 작가 앙드레 샹송(André Chamson)이 1928년에 출간한 *Le Crime des justes*(의인들의 범죄)라는 작품으로 한 마을에서 모범적인 도덕적 가정으로 인정받은 가정이 파멸되는 이야기를 그렸다.

둘째, 도덕주의는 도덕을 편리한 체계로 만든다. 그래서 도덕은 인간관계를 아주 편리하게 맺게 하는 도구가 된다. 그렇게 되면 이 도덕주의는 부르주아 사회와 같이 안락과 편의와 순응[196]을 도모하는 사회에서 번성하게 된다. 그러나 사회에서 도덕을 통해 얻는 편의성은 다양한 측면들을 나타낸다.

1) 첫 번째로 편리한 점은 모든 사람들이 의지할 수 있는 행동양식의 유형을 수립하는 것이다. 이웃이 어떻게 행동할지 알 수 있게 하는 일반적인 표준적 사회적 행동양식의 기준이 존재한다. 이웃이 내 자동차를 존중할 것이고 나를 모욕하지 않을 것이라고 믿을 수 있는 것이다. 공동의 도덕 규정이 있는 까닭에 나는 이웃이 하는 말과 행동을 예상할 수 있다. 당연히 예상되는 이웃의 언행에 따라서 나는 이웃에게 취할 나 자신의 행동을 정할 것이다. 내 이웃의 행동을 미리 예상할 수 있기에 나는 그 예상에 따라 행동하는 것이다. 나는 내 자동차의 문을 잠그지 않을 것이고 악수하러 손을 내밀 것이다. 우리는 도덕을 통해서 이런 관계들을 예측할 수 있다. 그런 까닭에 이웃이 내 예상을 벗어나고, 예측한 대로 행동하지 않을 때 도덕적 스캔들이 일어난다. 그것이 실제로 도덕적 스캔들의 원인이다. 함께 동일한 도덕을 준수하는 것은 인간관계에서 엄청난 편의를 제공한다. 거기서 사람들은 인간관계를 미리 예측할 수 있고 예상할 수 있고 신뢰할 수 있게 된다.

2) 두 번째로 편리한 점은 도덕이 제공하는 분류와 판단의 가능성에 있다. 인간에 대한 판단을 하지 않고, 개인을 분류하는 과정이 없이 사회에서 살아가는 것은 실제로 불가능한 일이다. 사람을 만날 때마다 선입견이 전혀 없이 완전히 순수한 마음을 가지고 새로운 눈으로 대한다는 것은 사실 초인간적인 것이다. 그것은 엄청난 사랑과 시간을 요구한다. 관계의 편의

---

196) ▲순응은 미국과 소련에서와 같이 사회적 관계가 잘 돌아가게 하는 데 있어서 최고의 보장책이 된다.

성과 용이성과 신속성을 위해서, 인간은 한 개인이 이미 분류된 칸의 어디에 속하는지 알 수 있게 하는 확실한 기준을 선호한다. 자주 만나도 될 사람인가 아닌가? 활용할 수 있는 사람인가? 신뢰할 수 있는 사람인가? 도덕주의로 전환되면 도덕은 이 모든 것에 쉽게 대답할 수 있게 한다. 그렇게 되면 인간, 존재, 동기 등의 복잡성을 피할 수 있다. 만나는 사람마다 그 복잡한 것을 파악해야 한다면, 거기서 벗어날 길이 없을 것이다. 도덕적 판단에 의한 외적인 모습과 또 다른 판단을 필요로 하는 존재의 깊은 실상의 상반된 모순은 포크너Faulkner에 의해 조명되었다. 또 도스토예프스키 이래로 많은 현대의 소설가들이 그 사실에 대해 밝혀주었다.

3) 세 번째로 편리한 점은 도덕을 인간의 개인적인 관계를 피하게 하는 방패막이로 변환시키는 데 있다. 개개인은 각기 외적으로 도덕적인 측면을 나타내어 인간적, 사회적 관계 안에 스스로를 감출 수 있다. 외적으로 나타난 도덕적인 측면들만을 서로 보게 되면서 충돌하고 대립하는 일 없이 편안한 공존이 조장된다. 도덕은 이웃과 실제로 직접 접촉하는 것을 피하게 한다. 사람들이 서로 접촉하는 것이 사실 끔찍하게 힘든 일임을 잊지 말아야 한다. 그런 접촉을 통해서 나에게 자신의 실상을 보여주는 인간이 나의 이웃이 된다. 그 이웃은 나로 하여금 나 자신을 밝히게 하고 내 존재의 깊은 실상을 나타내게 한다. 도덕이라는 방패가 없다면, 인간은 단지 있는 그대로의 자기 자신일 수밖에 없다. 단지 있는 그대로의 자기 자신을 드러내고 스스로 비밀로 간직하고 싶은 것을 공개하는 것은 언제나 힘든 일이다. 그런데 그와 같이 드러내고 밝히고 공개하는 일은 오로지 이웃과의 관계에 의해 나에게 부과되는 것이다. 바로 타인과 나의 관계를 통해서 무자비하게 벌거벗은 그대로의 내 존재가 드러난다. 조직과 군중과 익명의 사람과 방문자와 함께 있는 한, 나는 일련의 규약과 명분 아래 나 자신을 숨길 수 있다. 최고의 가면은 도덕의 가면이다. 그것은 나 자신을 아주 선하고 덕망 있고

정말 바람직한 모습으로 보이게 한다. 그런 모습을 믿으며 타인에 대해 만족하려면 사람마다 약간의 선의만 발휘하면 충분하다. 그러나 그것은 두 개의 가면들과 두 공범자들이 만나는 것이지 이웃을 만나는 것은 결코 아니다.

셋째, 도덕주의는 도덕을 자주적 결정 과정으로 만든다. 다시 말해서 도덕이 인간의 손에서 자율성과 완전한 독립성을 공표하기 위한 수단이 되는 것이다. 그 자율성은 사회[197]에 대한 것인 동시에 하나님에 대한 것이다. 도덕주의 덕분에 나는 하나님의 뜻에 합하여서 나에 대한 하나님의 선한 결정을 미리 알게 된다. 그런데 도덕주의의 그런 측면에서, 우리는 거짓 우상들과 일반적인 '양심'을 무너뜨리고 스스로 도덕적 기준들을 세워 선을 재규정하는 인간만이 아니라 집단적인 도덕을 충실하게 복사하는 인간을 찾아볼 수 있다. 도덕주의는 실제로 사회학적인 작용일 뿐만 아니라 완벽한 개인주의의 작용이기도 하다. 개인은 스스로에게 정의를 부여하면서, 남들을 파멸시키는 자신의 체계 안에 스스로를 가두려고 할 수 있다. 그러나 그가 스스로 결정하고 스스로 선악을 분별한다고 표방하여[198] 스스로 전체를 심판하는 존재가 된다는 점에서, 과거의 사람들보다 분명히 더 고양된 도덕주의를 창안한 그 개인은 실제로 정확히 동일한 일을 한 것이다. 그와 같이 스스로 도덕을 체계화하는 것은, 더 섬세하고 더 현명하지만 덜 유용한 것으로서, 다름 아니라 인간이 늘 열망하는 영구적인 자주적 결정권을 표명하는 것이다. 그것은 인간이 주체에게서 전통적인 도덕적 요소들을 제거하면서 무너뜨렸다고 하는 '양심'을 발달하게 한다.

넷째, 끝으로 우리는 아주 간략하게 도덕주의의 효과들을 분석할 수 있

---

197) ▲내가 그 사회의 도덕을 장악하고, 그 사회가 나에 관해 주장할 수 있는 것에 합당한 미덕과 정의의 인증서를 나 스스로 가지게 될 때, 사회는 더 이상 나에 관해 결정할 수 없다.
198) ▲그는 자신의 경험과 영적 여정 등에 따라 선악의 정의를 내린다.

다. 인류 전체에게 도덕주의는 확실히 인격을 파멸시키는 가장 강력한 힘이다. 판단하고 분류하고 인격적인 관계를 거부하고 개인적인 결정론적 요소들을 고려하는 것을 거절함으로써 남들의 인격을 파멸시키는 것이다. 그러나 그 영향은 도덕주의에 빠진 개인에게 곧바로 파급된다. 인격적인 관계를 부정하는 개인은 스스로를 부정하는 것이다. 왜냐하면, 모든 인격은 자신이 맺는 관계들을 통해 대부분 이루어지기 때문이다. 그런데 윤리학자는 설명하고 정당화하는 이론체계 안에 스스로 갇혀서 화석화된다. 결국 그는 스스로를 자기결정권이라는 가치로 변환시킨다. 이 두 가지 사실은 그로 하여금 스스로 재고하거나 남들로부터 문제제기를 받을 수 없게 가로막는다. 그러나 우리가 이 세 가지 사실에 접해서, 과연 무엇을 알게 되는가? 이 세 가지 사실의 지적을 통해서 우리가 말하고자 했던 것이 과연 무엇인가?

그것은 단지, 사실상 도덕주의자는 자신의 고유한 미래를 부정한다는 점에서 스스로를 부인하는 것이다. 왜냐하면, 문제제기를 거부하는 것은 변화의 모든 진지한 가능성을 다 거부하는 것이기 때문이다. 이웃을 배제하고 부정한다면, 그는 자신의 미래를 사라지게 하는 것이다. 왜냐하면, 이웃이 존재해야 비로소 우리는 미래를 가질 수 있기 때문이다. 이웃은 우리에게 삶과 진실을 요구한다. 이웃이 우리에게 우리 자신의 겉모양이 아니라 실상을 우리 스스로 밝히게 함으로써, 이웃은 우리에게 도덕주의적 태도가 배척하는 모든 실제 가능성들을 열어주기 때문이다. 우리는 그리스도인과 관련되는 점에서 도덕주의의 다른 효과를 덧붙일 수 있다. 그것은 특히 신앙을 파괴하는 힘이다. 왜냐하면, 도덕주의는 그리스도인으로 하여금 하나님을 스스로 안에 통합시키도록 유도하기 때문이다. 그가 자주성을 표명하고 판단의 권한을 스스로 부여하여 선을 결정하고 스스로를 의롭게 할 경우에, 그는 오직 하나님만이 담당하게 되어 있는 네 가지 일을 자신이 하는 것이다. 왜냐하면, 오직 하나님만이 자율적이고 심판자이고 선의 결정자이고 의롭게 하는 존재이기 때문이다. 도덕주의자는 하나님에게서 그 속성을 탈취하여 스스로에게 그 속성을 부여하려고 한다. 그와 같은 찬탈은 정확히 신앙과는 정반대되는 것이다. 이것이 간략하게 기술한 도덕주의의 결과들이다.

2. 비도덕주의

도덕주의가 그토록 파국적인 것이라면 비도덕주의가 그 해결책이 될 것이라고 보아야 하는가? 하지만 사실 비도덕주의도 도덕주의만큼이나 타당하지 않다. 대부분의 경우 비도덕주의는 도덕주의의 한 특이한 양상에 지나지 않으며, 인간에게 동일한 결과를 낳는다. 하나의 도덕 체계에 대하여 한 사람이 그것을 부정하고 스스로 비도덕주의자로 말할 때, 그가 말하는 의미는 무엇일까? 우리는 비도덕주의를 세 가지 유형으로 구분해볼 수 있다.

첫째, 어떤 경우 비도덕주의자는 자신의 고유한 정념들과 충동들을 따르는 사람이다. 많은 경우 그 정념들과 충동들은 도덕적인 비판의 대상으로서 멸시되고 억제된다. 그것들을 억제하고 스스로 절제할 수 없기에 비도덕주의자가 된 사람은 현실의 도덕과 대립한다. 현실의 도덕은 그를 고소한다. 그러나 그는 피고소인의 태도를 취하고 아주 불쾌한 그 정죄를 수용하는 것보다는 차라리 그 도덕체계를 벗어나서 그 도덕을 부정한다. 그는 상황을 반전시켜 자신의 충동들을 높이 평가하며 도덕에 대한 심판자로 자처한다.

"나는 고소당하는 것을 거부한다. 그러므로 나는 내가 악하다는 것을 부정한다. 나는 나 자신의 본능이나 욕망을 억제하기를 거부한다. 그러므로 나를 고소하는 것이 악한 것이다. 그래서 이번에는 내가 나를 공격하는 것을 고소한다. 나는 그것을 부정하고 무너뜨린다." 이것은 곧 스스로 자기 자신을 정당화하는 태도이고, 자신을 노출하는 것을 부정하는 태도[199]라는 사실을 금세 알아차릴 수 있다. 그래서 자신을 문제 삼는 도덕을 부정하는 사람은 많은 경우 자신이 자유로운 행동을 한다고 내세운다. 그는 자신이 도덕에서 자유롭다고 주장한다. 그러나 그것은 거짓이다. 그 사람은 전혀 자유롭지 않다. 왜냐하면, 그가 거기서 자유롭게 한 것은 단지 자신의 욕망과 본능과 욕구에 불과한 것이기 때문이다. 그렇게 함으로써 그는 자신이 그것들을 다스리는 주인이 아니라 그것들의 완전한 노예가 된 사실을 보여준다. 도덕에서 자유롭게 된 비도덕주의자는 자신의 욕망의 노예가 되는 것이다. 그가 자유인이 아닌 노예라는 증거는 그 도덕주의자가 남들에게 자신의 정당성을 설명하려는 엄청난 욕구를 드러내고 있다는 사실이다. 지드Gide와 로렌스Lawrence는 살면서 자신들의 비도덕주의에 대한 공적인 사회적 인정을 얻기 위해 모든 작품을 바쳤다.[200] 그것은 그들이 도덕주의와 동일한 내적인 과정을 따랐다는 사실을 보여준다.

둘째, 두 번째 유형의 비도덕주의자는 훨씬 더 많은 경우로서 현재의 풍습과 평균적인 행동양식을 위해서 아직도 유효하지만 약화되고 있는 과거의 도덕을 부인하는 유형이다. 이런 도덕주의자는 시대와 사회의 유행을 따른다. 그는 최신 유행에 맞추고자 하고 사회적 평균치에 속하고자 한다. 이 비도덕주의는 완전한 사회학적 순응주의이다. 그런데 흔히 현존의 도덕이 풍습과 일치하지 않는 경우가 있다. 일치하지 않는 정도가 잠재적이거나 미약할 때는 사람들이 잘 알아차리지 못한다. 그런데 그 정도가 아주 커질 때는 도덕적인 규범보다 사회의 풍습을 따르는 것을 선호하는 비도덕주의자들이 생겨난다. 집단과 갈등을 빚으면서 도덕을 청산하며 개인이 스스로 비

---

199) ▲이것은 도덕주의의 태도이기도 하다.
200) ▲지드의 자기정당화의 노력은 훌륭한 성공을 거두었다. 노벨상으로 그의 작품이 인정을 받은 것은 경탄할 만한 일이다.

도덕주의자임을 선언한다.[201] 그런 경우가 바로 무가치한 사회적 사조를 따르던 파리의 실존주의자들이 벌인 상황이다.

물론 그런 상황에서 도덕을 준수하는 것은 더 큰 용기와 독립성을 필요로 하는 것이다. 예를 들어, 1950년의 프랑스 사회의 상황에서 가톨릭의 도덕을 철저하게 지키는 것은 그것을 공격하는 것보다 더 힘들고 더 진지한 것이었다. 그러나 그것은 시대에 역행하는 이미 패배한 투쟁이었다. 이런 형태의 비도덕주의에서 주목할 것은 근본적으로 그것은 사회의 다른 구성원들과의 관계에서 편의성과 교제의 용이성을 구하는 마음이 표현된 것이라는 사실이다. 도덕은 그 구성원들 간에 불화를 부르는 계기가 된다. 도덕을 부정하는 것은 단순히 사회적 관계를 유지하는 수단이 되는 것이다. 바꾸어 말해서, 그것은 동일한 마음과 동일한 인격성의 결여에 대응하기 위해 도덕주의가 하는 것과 똑같은 작용이다. 그 유일한 차이점은 그것이 각기 다른 사회와 시대를 향한 것이라는 사실이다. 예를 들어 그것은 르네 바쟁과 그 반대 성향의 에르베 바쟁이 동일한 목표로 하나로 합하게 되는 경우와 같은 것이다.[202]

셋째, 마지막으로 비도덕주의자의 세 번째 유형이 있다. 그것은 사실 근본적이고 과학적인 이유로 도덕을 부정하는 무도덕주의 이론가의 유형이라고 할 수 있다. 그 예로서 가장 잘 알려진 두 인물들은 프로이드와 마르크스이다. 그런데 이 경우에 두 가지 사실을 지적해야 한다. 하나는 도덕을 파괴한 이 두 인물들이 자신들이 도덕 자체를 붕괴시켰다고 믿는 것은 스스로

---

201) ▲그러나 그 집단이 이 개인의 선언을 긍정적으로 볼 경우에는 그 모든 구성원들이 일제히 비도덕주의를 선포하게 되기도 한다.

202) [역주] 르네 바쟁(René Bazin, 1853–1932)은 가톨릭과 전통을 고수하며 순종적이어서 부모의 뜻을 따라 법학을 전공했지만 결국 자신이 원하던 소설가가 된다. 그 조카인 에르베 바쟁(Hervé Bazin, 1911–1996)은 반항적이고 불순종적이어서 법학을 전공하라는 부모의 뜻을 거역하고 문학을 전공으로 택하여 가출을 감행한다. 정반대의 성향을 가진 둘은 작가라는 목표를 이룬 점에서 공통점을 가진다.

착각하는 것이다. 왜냐하면, 실제로 그들은 단 한 가지 유형의 도덕만을 공격했을 따름이기 때문이다. 프로이드와 마르크스의 경우, 그것은 19세기 부르주아 도덕이다. 다른 하나는 사실 이 두 비도덕주의 이론가들은 하나의 도덕체계를 붕괴시킨 뒤, 곧바로 그들의 작품에서 그것을 대신하는 또 다른 도덕체계를 내놓았다는 것이다. 그들의 무도덕주의는 하나의 도덕체계에서 또 다른 도덕체계로 넘어가는 과도기적 과정에 불과하다. 그들 자신이 새로운 도덕을 만들어냈다. 그것은 그들에게 불가피했다.

프로이드를 뒤따라서 정상적인 삶의 방식의 실용적인 도덕체계가 탄생했다. 그러나 칼 마르크스의 경우는 훨씬 더 현저했다. 한편으로 소련의 마르크스주의 사회는 현대사회 중에서 가장 도덕적인 사회라는 것은 분명한 사실이었다. 소련은 본질적이고 실제적인 면에서 칼 마르크스가 없었다고 믿었던 과거의 부르주아 도덕을 다시 재개했다. 그것은 사회주의 사회의 생존에 필수적이었다. 그것이 19세기 도덕인 것은 소련의 경제적 단계가 19세기말의 서구사회가 도달한 지점과 거의 같았기 때문이다. 그러나 다른 한편으로, 훨씬 더 중요한 것은 모택동이 마르크스주의 도덕체계를 만들었다는 사실이다. 마르크스주의에서 모택동이 가장 크게 기여한 것은 마르크주의를 도덕으로 전환시켰다는 점이다.

그 이론에는 두 가지 측면이 있다. 하나는 이상적인 사회주의 인간이라는 미리 결정된 틀이 있다는 것이다. 모든 사람은 그 틀에 맞추어야 하고, 이상적인 모범에 더 가까이 도달하도록 끊임없이 그 틀에 맞게 재조정되어야 한다. 왜냐하면, 살아있는 인간은 그 누구도 온전히 사회주의 인간의 완전한 미덕을 구현하지 못하기 때문이다.[203] 다른 하나는 선에는 여섯 가지 기준들이 존재한다는 것이다. 그 기준들을 행동과 사람에게 적용해보면, 우리는 행동과 사람을 명확하게 좋은 쪽과 나쁜 쪽으로 분류할 수 있다는 것

203) ▲이것은 마치 1830년의 낡은 도덕 교본을 보는 것 같다.

이다. 그 여섯 가지 기준들은 '사람들을 하나로 규합하는 것,' '사회주의 건설을 돕는 것,' '프롤레타리아 독재를 강화하는 것,' '민주적 중앙집권제를 강화하는 것,' '공산당의 지도를 공고히 하는 것,' '사회주의 연대를 강화하는 것' 이다. 그런데 그 기준들을 분석해보면 그 목적이 정치적, 사회적 기술을 용이하게 하는 것이라는 사실을 알게 된다. 바꾸어 말하자면, 뒤에 가서 다시 살펴보겠지만, 그것은 특이한 형식으로 기술 도덕의 일부분을 구성하는 것이다.

이처럼 마르크스의 무도덕주의는 하나의 기술 도덕을 산출했다. 그러므로 그것이 정당화의 위선이든, 사회적 순응주의를 감추는 신비주의이든, 또 다른 도덕으로의 회귀이든 간에, 우리는 무도덕주의가 환상에 불과하다는 결론을 내릴 수 있다. 무도덕주의는 그 자체로는 아무 가치가 없고, 인간과 도덕의 갈등 문제를 전혀 해결하지 못한다.

그런데 인간은 불가피하게 두 가지 태도 중에서 하나를 취할 수밖에 없다. 그래서 인간은 도덕주의자이거나 비도덕주의자가 된다. 인간은 단순히 도덕적일 수 없다. 인간은 신성불가침의 도덕이 자기 앞에 존재하는 것을 용납할 수 없다. 그 도덕은 선악을 규정하면서 인간에게 의무적인 것이 된다. 실제로 그런 경우 그 도덕은 철저히 인간을 고소하는 것이 된다. 그것은 문제제기를 유발한다. 그런데 인간은 그 고소와 문제제기를 받아들일 수 없고 그대로 용인할 수 없다. 단순히 도덕을 준수하려는 사람은 자신이 진리로 인정하고 받아들인 도덕의 정죄를 받아들이는 사람이다. 선을 실현하기 위해서 불가능한 일을 하면서, 그 사람은 말할 것이다. "그 진리가 나를 정죄하는 것은, 절대적인 진리와 선에 비하면 아무것도 아니다." 또한, 정말 비도덕적인 사람도 동일한 상황이다. 그 사람은 자신이 진리로 인정하고 받아들인 도덕의 동일한 정죄를 받아들인다. 그 사람은 그러면서 말할 것이다. "나는 이 선과 이 진리를 그대로 인정한다. 그러나 나는 나 자신이 그것들을 실현하는 것을 거부한다." 둘 중 어느 경우나 용납할 수 없고 받아들일 수 없는 상황에서, 인간은 단지 자신이 정당하다는 것, 자신이 옳다는 것을 요구할 뿐이다.

　도덕적인 사람이라면, 그 사람은 도덕 때문에 자신이 옳은 것이고 그래서 도덕주의자가 되는 것이다. 비도덕적인 사람이라면, 그 사람은 도덕에 반해서 자신이 옳은 것이고 그래서 비도덕주의자가 되는 것이다. 인간은 자신이 고소를 당한 상황 가운데 계속 지내고 살아가며 견뎌내는 것을 받아들일 수 없다. 그 상황은 가증스러운 것으로서 당연히 인간은 거기서 벗어나려고 한다. 인간은, 절대적이고 종교적인 도덕에서 용납하지 않는 것을, 제한된 상대적 일시적 도덕에서는 더더욱 용납하지 않는다. 절대적인 도덕이 자신의 뜻을 거스르자마자, 인간은 그 도덕을 버린다. 여기서 우리는 부수적으로 두 가지 사항을 지적하고자 한다. 하나는 그리스도인들이 유념할 것으로 소위 기독교 도덕이 수립되면 그 도덕은 인간을 동일한 막다른 골목으로 몰고 간다는 사실이다. 기독교 도덕이라고 다른 도덕들과 전혀 다르지 않다. 다른 하나는 이 막다른 골목에서 벗어나기 위해서 인간이 제3의 길로서 도덕보다 상위에 있는 법에 의지하는 것이라고 말할 수 있다. 이것은 맞는 말이지만, 하나의 외부 세력을 개입시켜야 하는 것이다. 그러면 우리는 단번에 자율적이고 인간본성적인 자연 도덕의 문제에서 벗어나게 된다.

6장 기술적 도덕[204]

우리 눈앞에서 실천적 도덕에 변화가 일어나고 있다. 하나의 새로운 도덕이 형성되어가고 있는 중이다. 우리는 그것을 기술적 도덕이라고 부를 수 있다. 왜냐하면, 그 도덕은 기술세계에 인간의 행동양식을 맞추어서 기술에 따라 새로운 가치체계를 구성하고 새로운 덕목들을 만들어내기 때문이다.

흔히 부르주아 도덕이라고 부르는 우리사회의 현재의 도덕은 서로 다른 두 개의 요소들로 구성되어 있다. 하나는 중세시대에 만들어진 기독교 도덕의 잔재로서 16, 17세기에 변화를 거쳐서 개인적인 미덕들을 강조하고 자비를 지향하는 것이다. 다른 하나는 기술적인 도덕과 연관되는 것으로서 집단적인 미덕들을 강조하고 노동을 지향하는 것이다. 또한, 이 두 요소들은 상반되는 것이 아니라는 점을 상기할 필요가 있다.

기술적 도덕의 형성을 준비해준 것은 여하간 16세기부터 취해온 형태의 기독교 도덕이다. 실제로 이 기독교 도덕은 부르주아 세계의 형성과 함께

---

204) 우리는 무엇보다 이 기술적 도덕 안에 인간관계론에 의해 미국에서 개발된 도덕과 소련의 도덕을 포함시키고자 한다. 소련의 도덕은 마르크스주의 개념들보다는 기술적 요인들에서 더 많은 영향을 받았다. 참조: Henri Chambre, *Le marxisme en Union sociétique: idéologie et institutions*, Paris, Editions du Seuil, 1955; de Graaf, "Marxismus und Moral in der Sovjetrussischen literatur," *ZEE*, no. 5, 1957; E. Delimars, "L'Ethique marxiste et son enseignement en U.R.S.S.," *Cahiers du Bien politique*, 1958.

그 시대에 부응하는 것이었다. 기독교 도덕은 사유재산의 보호[205]를 강조하고, 노동을 하나의 미덕으로 세우고, 개인주의를 주장하고 하나님이 인간에게 세계를 경영하도록 위임했다는 사실을 강조했다. 그 모든 것은 부르주아계급이 열어놓은 길인 잉여 노동과 생산성과 경제 제일주의 등에 인간이 참여하는 것을 정당화하는 것이었다. 또한, 기술적인 것은, 종교개혁과 함께 16세기부터 예수 그리스도에 의해 자연세계가 신성을 상실하게 된 사실이 강조되면서, 더더욱 정당화되어갔다. 세계는 더 이상 인간이 받들어야 하는 신들이나 악마들의 불확실한 세력들이 사는 곳이 아니었다. 세계는 물질이고 인간은 거기서 원하는 대로 행할 수 있다.

결국 종교개혁은, 구원과 개인적인 미덕이라는 사적인 삶과, 교회의 통제를 피하고 영적인 영역을 벗어나는 경제적이고 정치적인 집단적인 행위를 명확하게 둘로 구분함으로써, 이것을 보완하였다. 그래서 사회적 정치적 문제들에 대한 일종의 영적 무관심주의가 생겨났다.[206] 그래서 이 기독교 도덕은 기술의 도덕적 가치들이 활짝 개화하는 데 도움이 되었다. 그 가치들이 도덕에 포함된 것은 부르주아 도덕이라는 특별한 도덕의 형성으로 이어졌다. 그 사실에 대해서는 여러 곳에서 이미 설명이 된 까닭에 우리는 더 언급하지 않겠다. 이 도덕은 또한, 어느 정도 강력했다. 왜냐하면, 서구 사회가 침투한 곳에서는 어디나, 예컨대 아프리카 국가들 같은 곳에서도 이 도덕이 자리 잡았기 때문이다. 부르주아 도덕을 없앤다고 주장했던 소련은 그 주장과는 반대로 오히려 그 특성들을 강화하여 한층 더 새롭게 적어도 소련 내의 사적인 삶의 영역에서 그 도덕을 다시 도입했다. 간통에 대한 엄격한 잣대와, 알코올중독, 청소년 탈선, 도둑질 등을 규탄하는 일은 모두 다 아주 부르주아적인 것임은 잘 알려져 있다.

---

205) ▲이 도덕의 중요한 동기는 도둑질이었다.
206) ▲가톨릭 교회는 항상 사회적, 정치적인 문제를 영적인 지도에 종속시키려고 했었다.

사실상 이 도덕은 기술사회의 발달에 완벽하게 잘 적응했다. 기술사회는 첫째 단계로서 서구사회에서는 아직 계속되는 부분이 남아 있는 상태이고, 소련에서는 절정을 이루고 있고 아프리카와 아시아에서는 시작되고 있는 중이다. 그러나 기술사회의 둘째 단계로 넘어가기 시작한 서구사회에서 이 도덕은 더 이상 충분하지 않으며 거기에 적응하지 못하고 있다. 그런 까닭에 부르주아 도덕에 담겨있는 기독교 도덕의 요소들을 점차적으로 제거해 나가는 것과 함께 완전히 기술적인 새로운 도덕이 나타나고 있다. 이 기술적 도덕은 아직 총체적으로 완성된 상태로 존재하는 것은 아니고, 형성되어 가고 있는 중이다. 이 도덕은 명백히 내일의 도덕이다.[207]

기술은 새로운 도덕의 탄생을 전제로 한다. 기술은 사적, 직업적, 공적 삶 전체에 관한 정보를 제공한다. 사람들은 단지 기술적 연관성을 따라 행동할 수밖에 없다. 그래서 새로운 유형의 행동양식과 새로운 아이디어와 새로운 미덕들을 개발해야 한다. 그와 동시에 마주할 채비를 갖추지 않은 사람에게 새로운 선택지들이 제시된다. 기술이 정확하고 엄밀하고 효율적이게 될수록, 기술을 실행하는 인간도 역시 효율적이고 정확하고 준비되어야 한다. 필수적인 것은 능력만이 아니라 헌신적 태도이다. 인간은 기술을 이용할 수 있을 뿐만 아니라 기술을 위해 봉사해야 한다. 인간의 도덕적 자질들은 기술이 여는 새로운 세계의 수준에 맞아야 한다.

이미 그 문제를 알아차린 도덕주의자들도 있다. 그러나 이상주의자들인 그들은 그 문제를 정확히 반대로 해결하려고 했다. 그들은 기술은 인간의

---

207) 현대인의 이 새로운 도덕이 기독교 도덕에 상반되는 점과 그 특성들에 관한 니버의 분석은 탁월하다(R. Niebuhr, *The Nature and Destiny of Man*). 이 새로운 도덕은 인간의 선량함을 확신하고, 도덕적 문제들을 해결하기 위해서 미덕이 아닌 사회적인 개편이나 교육 계획을 연구하고, 인간을 인도하는 것은 이성임을 타당한 것으로 받아들이고, 역사적으로 구원이 임한다거나 진보하다고 믿고, 개별적인 악들에 의해서 하나의 근본적인 악이라는 개념을 제거한다. 이 모든 것은 우리가 기술적 도덕이라 부르는 것에 포함된다.

삶에 소용되고, 새로운 도덕이 확립되어야 한다고 주장한다. 그 새로운 도덕은 인간의 삶에 의미를 부여하고 삶의 일체성을 다시 찾아주고 자유의 가치를 인간에 다시 심어주는 것이어야 한다. 그들이 주장하는 도덕은 칭찬할만한 것이지만 부적절하고, 바람직하지만 적합하지 않고 현실과 상반되는 것이다. 왜냐하면, 만약 실제로 수립될 경우 그러한 도덕은 인간으로 하여금 기술을 꺼리게 하여 전문기술적인 일이 가능하지 않게 하고, 진보를 거부하고, 기술과는 다른 데 관심의 초점을 두게 하면서 기술을 가치체계의 하단에 배치할 것이기 때문이다. 그 모든 것은 기술사회에서는 전적으로 용인할 수 없는 것이다. 그러므로 정말 바람직하지만 그런 도덕을 확립하는 일은 결코 이루어질 가능성이 없다. 수립될 개연성이 있는 새로운 도덕은 인간을 기술적 가치들에 종속시켜서 새로운 지배자를 향한 신뢰와 충성과 자발적 봉사정신을 가진 좋은 일꾼으로 만드는 것이다.

기술적 도덕의 두 가지 중요한 특징

기술적 도덕은 두 가지 중요한 특징을 보여준다. 하나는 기술적 도덕은 먼저 하나의 행동 도덕이라는 것이다. 다른 하나는 기술적 도덕은 도덕적 문제제기를 배제한다는 것이다. 행동의 도덕이란 관심이 단지 인간의 행동에 있다는 것이다. 의도, 느낌, 생각, 양심 등은 상관하지 않는다. 이 도덕은, 그와 같은 것들이 내적인 것으로 남아있는 한, 그것들을 그냥 흘려보낸다. 그런데 그 내적인 움직임들이 행여나 밖으로 표출되려고 하면, 기술적 도덕은 그것들과 싸움을 벌이게 된다. 왜냐하면, 행동은, 인간이 살아가고 행동하는 기술 세계에서 인간에게 일관적인 태도를 가지게 하는 외적이고 객관적인 동기들에 의해, 결정되어야 하기 때문이다.

인간에게서 올바르고 정확한 행동양식을 끌어내오는 것이 마땅하다. 그 행동양식은 우리 사회에서 확산되는 모든 차원의 기술 작용에 알맞도록 인간의 행위를 유도한다. 그 삶의 방식은 도덕적 원칙이 아니라, 심리적이고 사회적인 정확한 기술 법칙에 따라 수립되어야 한다. 단지 외적인 행위만이 가치를 지닌다. 외적인 행위는 기술적인 이유로 결정되어야 한다.

그것이 인간 과학들이 낳은 주요한 성과들 중의 하나이다. 인간 과학들은, 그 공표된 주장들에도 불구하고, 기술 세계에 인간을 적응시키려는 목적을 가진 도덕이 침투되어 있는 학문이다. 잘 알다시피, 어떤 기술이든지 그 최대 활용이 가능한 경우는, 그 사용자가 심리적으로 적응되고, 정신적으로나 육체적으로 양심의 가책이나 불편함을 느끼지 않고, 기계의 리듬에 맞추어, 그 작업에 뜻을 같이 하고, 충분한 도덕적 동기를 지니고, 그 기술이 적용되는 데 대해 스스로도 만족감과 자존심을 가지게 하는 가치체계를 소유하는 경우이다. 기술들이 최고의 효율성을 발휘하게 하려는 목적으로 요구되는, 기술에 적합한 인간의 삶의 방식은 도덕적으로 정당화하는 행동양식이어야 한다. 그러므로 그것은 외부에서 부과된 기계적이고 강제적인 삶의 방식이 아니라 인간이 도덕적인 동기에서 동의한 삶의 방식이다.

다만 그 삶의 방식은 그 자체가 도덕적인 동기에서 수립된 것은 아니다. 그것은 조직에 의해서 하나의 계획에 의해서 정해진 것이다. 노동, 국가, 가족, 주거, 교통, 위생, 여가 등등의 조직이 완벽해질수록, 삶의 방식도 더 명확하게 정해지고, 동시에 계획이 도덕적 규범을 대체하게 된다. 의무와 규범으로 구성된 과거의 객관적인 도덕은 폐쇄적인 도덕으로서 점차적으로 조직에 의해서 제거되어간다. 이제 조직이 실제 의무와 실제 사회규범을 결정하고, 거기에 도덕적인 가치를 부여하며 정당성도 제공한다.

그러나 그것은 동시에 선악의 선택 문제와 개인적인 결정과 주관적인 도덕과 개방된 도덕을 다시 검토하게 한다. 현실적으로 할 수 있는 선택은 점점 더 줄어들고 사라진다. 왜냐하면, 좋은 삶의 방식은 기술이 요구하고 규정하며 가능케 하는 것이기 때문이다. 이미 살펴보았듯이, 현재의 윤리학자들에게 도덕은 모호성을 지닌 영역이다. 그들이 그것을 표명하는 것은 전통적인 사회에 관한 성찰과 소망에서 말하는 것이다. 그들은 결코 기술적인 사회에 유익한 도덕에 관해 말하지 않는다. 기술 사회에서 도덕은 모호성을 배제한다. 선은 명확하다.

　기술 세계에서 유용한 삶의 방식은 획일적이다. 그것은 개인에게 명백하게 부과된다. 하나의 목적을 달성하기 위한 하나의 기술을 사용하는 데 수많은 방법들이 존재하지 않는다. 기술은 그 자체가 하나의 행동방법이다. 개인에게 요구되는 삶의 방식을 의심하거나 논의하는 것은 있을 수 없는 일이다. 현대인은 기술이 선이고 인간의 선에 기여하여 인간의 행복을 불러온다는 것을 아주 보편적으로 믿고 있다. 인간이 조금이라도 그런 믿음에서 벗어난다면, 기술문명이 가진 압력수단들을 통해 기술이 선이라는 증거가 확인되고 강화되고 확보된다. 기술의 성공에 대한 명백한 증거, 기술발달의 필요성, 진보의 확신, 기술들의 경이로운 일체성 등과 같은 것들이 어떻게 이 기술적인 선을 증진시키는 일에 참여하도록 인간을 내적으로 설득하지 못하겠는가? 문제가 또 생겨난다면, 심리학적인 기술들이 인간의 마음의 중심을 꿰뚫어서 그 삶의 방식에 관한 객관적 이유들을 개인에 맞게 전달하고, 기술적인 과정을 통해 자발성과 동의를 이끌어내고 의무를 이행하는 기쁨을 얻게 한다. 그 의무는 다른 모든 것과 같이 기술의 안락한 세계에서 힘들고 어렵지 않은 일이 될 것이다.

　한편으로 현대인의 눈에 기술의 진보는 그 자체가 선이다. 다른 한편으로 기술은 그 진보에 유리한 삶의 방식의 필요성을 보증한다. 기술은 인간에게 편하고 효과적이고 이미 정당화된 선의 실현을 제공한다. 인간의 결정은 기술 진보에 대한 인간의 동의에 의해 확보된다. 더 이상 거기에는 논의나 개인적인 결정이 있을 수 없다. 기술의 선은 명백한 것이고 권력과 일치하고 회피할 수 없는 것이다. 인간은 이제까지 도덕에서 결코 다다를 수 없었던 완벽한 순응주의에 도달한다. 이제까지 어떤 도덕이라도 그와 같은 불가침의 권위를 갖춘 적이 없었다. 선이 결코 그와 같이 논의의 여지없이 명백한 적이 없었다. 선과 행복이 결코 그와 같이 혼동된 적이 없었다. 개인적인 도덕적 결정과 사회적인 물질적 발전이 결코 그와 같이 동일시된 적이 없었다. 이 모든 것이 기술에 의해 실현되고 이루어진 것이다. 기술의 선은 의심할 나위없고 부정될 수 없는 것이다. 인간은 더는 악을 선택할 수 없게 되는 상황으로 나아간다. 어떤 의미에서는 그것은 도덕의 종말을 불러오는 것으로 이해될 수 있다.

가치로 변환되는 기술

이 기술적 도덕 안에 인간이 인정하고 개인이 수용하는 하나의 가치체계가 수립된다. 의심의 여지없이 이 영역에서 중요한 사실들 중의 하나는 기술 자체가 가치로 변환된다는 점이다. 오늘날의 인간에게 기술은 하나의 사실인 것만이 아니다. 기술은 이제 단순한 도구나 수단이 아니라, 선악의 기준이고 삶에 의미를 부여하며 언약이 되고 행동의 이유가 되어 우리의 참여를 요구한다.

"지속적이거나 일시적인 우리의 필요에 따라서 세계에 접근하고 세계를 규정짓는 방식"이라는 정의는 무엇에 대한 것일까? 가치에 대한 것일까, 아니면 기술에 대한 것일까? 기술이 가치가 된 것을 이 정의의 양면성을 보여주는 것보다 더 잘 나타낼 수 없을 것이다. 그런데 이 정의는 가치 철학을 대변하는 현대 철학자들 중의 한 사람인 귀스도르프Gusdorf가 말 그대로 가치에 대해 내린 것이다. 그러나 그것은 평범한 사람의 수준에서 훨씬 더 정확한 것이다. 평범한 사람에게 기술은 의심의 여지없이 다양한 방식으로 가치가 된다. 다양한 방식이라는 것은, 기술이 부여한 삶의 의미가 기술에 의한 프롤레타리아의 자유로운 해방과 인류 행복의 증진일 수도 있고 더 큰 안락과 도구의 소유일 수도 있기 때문이다. 그것은 선악의 기준이 된다. 왜냐하면, 아무 의심 없이 모든 사람들은 오늘날 기술을 하나님의 선물과 같은 하나의 선으로 보기 때문이다. 사람들은 그렇게 말하지 않고는 배길 수 없다. 그리고 누군가 기술이 어떤 부정적인 측면을 지니고 있다는 말이라도 하면 그들은 기술을 정당화하기에 급급하다.[208]

사람들은 기술이 선이라는 것을 부인할 수 없는 사실로 제시한다. 기술에 의문을 제기하는 것은 있을 수 없는 일이다. 우리 사회에서는 하나님까지도 포함해서 모든 것에 다 의문을 제기할 수 있지만, 기술만은 그럴 수 없다. 기술은 결정적인 가치를 지닌 것으로 비친다. 기술은 하나의 가치처럼 바람직한 것이다. 기술은 모든 힘들을 다 바칠 만한 것이고 인간이 헌신할 만한 가치가 있는 것이다. 과학의 순교자들이 존재했던 것과 같이 실제로 오늘날에는 기술의 순교자들이 존재하는 것이 정상인 것이다. 가치 철학자들이 가치를 규정하기 위해 주장한 특성 하나하나가 다 현대인의 기술에 대한 신념과 평가, 기술에 대한 태도에 적용할 수 있다는 사실을 우리는 쉽게 도출할 수 있고 입증할 수 있다.

다음으로 우리는 이 기술적 도덕의 두 번째 가치는 정상적인 것을 기준으로 삼는다는 사실을 살펴보아야 한다. 기술사회에서, 정상적인 것은 도덕적인 것을 대체한다. 인간에게 요구되는 것은 이제 선한 행동을 하는 것이 아니고 정상적인 행동을 하는 것이다. 정상의 기준은 더 이상 양심의 명령에 기인하지 않고, 통계적으로나 심리학적인 평가를 통해 결정되는 표준적 행동양식에 기인한다. 이 정상적인 것이 지배적이라는 사실은 모든 면

---

208) ▲기술이 아니라 기술을 잘못 사용한 인간의 잘못이라는 것이다. 여기서 악(잘못)이 인간에게 속하는 것이 사실이라면, 그것은 암묵적으로 기술은 선이라는 의미가 된다.

에서 확인된다. 범죄자는 점차로 악행을 저지른 사람이라기보다는 표준적인 행동양식의 기준을 따를 수 있도록 돌보아야 할 병자나 비정상자로 여겨진다. 마찬가지로 오늘날 인간에게 요구되는 제일의 미덕은 바로 적응성이다. 인간에게 내려지는 최악의 평가는 부적응자로 지칭하는 것이다. 아주 정확히 말해서 기술 사회에 부적응한 사람이라는 것이다. 사회학자들과 심리학자들은 대부분의 경우 기술이 부적응성을 유발하는 원인이라는 점에 동의한다. 오늘날 교육과 교양의 주요 목적은 이 사회에 적응하도록 젊은 세대를 준비시키는 것이다.

사회의 부적응자는 정확히 예전의 부도덕한 사람에 해당한다. 그리고 정상적인 것은 예전의 도덕적인 것과 똑같은 특성들을 나타낸다. 한편으로 그것은 의무적으로 실천해야 하는 선, 표준, 규범 등으로 정의된다. 다른 한편으로 그것은 사실, 인간, 사건 등을 평가하고 판단하는 가치가 된다. 그것은 개인적이고 개별적으로 바라는 것이 된다. 개개인은 오늘날 정상적이 되려고 한다. 그리고 이 정상적인 것은 미덕과 선에 관한 과거의 관념을 축출시킨다. 정상의 기준에 따라 내린 결정을 도덕적으로 판단하는 것은 더 이상 용인되지 않는다. 정상적인 행위로 인정되는 순간부터 도덕의 이름으로 그 행위를 부정하는 것은 있을 수 없다. 정상적인 것으로 평가된 것을 선이나 악으로 말하는 것은 더 이상 타당한 일이 아니다.

그 단적인 예는 킨제이 보고서에서 볼 수 있다. 그 보고서는 전통적인 성도덕을 과학적인 객관성에 의거해서 부정하는 것이 아니고, 사실 정상적인 것에 따른 도덕에 의해서 부정한다. 그런데 여기서 정상적인 것은 관습과 같은 것이 아니다. 거기에는 확실한 지식, 행위의 합리성, 사회의 객관적 조건에 대한 적응성, 심리학과 사회학의 대립적인 인식 등이 부분적으로 섞여 있다. 왜냐하면, 정상을 판정하는 것은 언제나 임상적인 전문가이기 때문이다. 우리는 이제 어떻게 이 가치가 기술에 고착되어 결국 기술적 가치에 종속되고 마는지 살펴볼 것이다. 한편으로 정상적인 것은 아주 정확한 사회인 기술사회에 속한 행동양식에 따라 수립된다. 도덕적인 것이 정상적인 것으로 대치되는 일이 기술사회의 성립에 이어 발생하는 것은 우연적인 일이 아니다. 다른 한편으로 정상적인 것은 기술에 의해서, 오직 기술에 의해서만 제시되고 확인된다.

마지막으로 우리는 이 도덕을 특징짓는 세 번째 가치인 성공을 고찰해야 한다. 선과 악은 결국 성공과 실패의 동의어가 된다. 성서에 대한 해석에서 나온 부르주아식 격언에 따르면, 미덕은 언제나 물질적인 성공에 의해 확인된다. 그러나 시간이 흘러감에 따라 피치 못할 유혹에 넘어가면서, 사람들은 그 격언으로부터 성공은 미덕에 대한 보상인 까닭에 성공은 미덕의 명백한 표징이 된다는 말을 도출했다. 미덕은 눈에 보이지 않지만, 성공은 눈에 보인다. 그러므로 성공은 미덕의 존재를 전제한다. 거기서부터 성공 그 자체가 선이라는 주장에 이르기까지는 그저 간단한 생략법이면 그만이다. 그렇게 해서 사람들은 도덕의 기반을 성공에 두었다. 그래서 "범죄는 결국 비싼 대가를 치르게 된다."는 속담이 입증된다. 범죄를 저지르지 말아야 하는 것은 결국 범죄는 손해를 초래하기 때문이라는 것이다. 그런 방향으로 계속 나아가게 되면 힘이 곧 성공의 근본적인 요인들 중의 하나라는 사실을 인정하게 된다. 그러고 나면 곧 이어서 중요한 것은 선악의 관계가 아니라 힘의 관계라는 사실을 받아들이게 된다. 그래서 승리가 윤리적인 중요성을 가지게 된다. 승리자는 또한, 당연히 선의 대변자가 된다.

또 다른 관점에서 성공과 선을 동일시하는 공산주의자들의 사고방식은 반드시 역사의 흐름을 따라야 한다는 주장에서 발견된다. 역사의 방향은 각각의 단계에서 과업의 성공에 따라 뒤에 나타난다. 과업이 성공한다면 그것이 역사의 방향에 잘 맞았다는 것이다. 선한 것을 결정하는 것은 결국 역사인 까닭에, 역사의 흐름은 성공의 형태로 선을 드러낸다. 사실상, 부르주아나 공산주의자의 윤리적인 표현 안에는 근본적인 신념이 자리 잡고 있다. 그것은 결과에 대해서는 이의를 제기하지 않는다는 것이다. 결과적으로 성공한 행동은 당연히 인정하고 문제 삼지 말아야 한다. 그런데 그것은 본질적으로 기술적인 일과 연관된다. 왜냐하면, 기술은 바로 효율성과 성과를 보장하기 때문이다. 물론 성공의 척도는 다양하다. 부르주아 사회에서는 돈과 훈장과 지위와 사회적 신분상승 등이었다. 전체주의체제에서는 그 중요한 표징들 중의 하나는 당에 가입하는 것이다. 당은 선을 보유하면서 선을 지키는 수호자가 된다. 당에 속하지 않는 것은 곧 선에 참여하지 않는 것을 뜻한다. 당에 반대하는 것은 악이다. 그런데 당은 단지 정치적 효율성, 선전기술, 통치 등의 도구일 뿐이다. 여기서 우리는 기술적 과정과 선의 결정이 연관되는 것을 다시 발견하게 된다. 또한, 우리는 사회정치적 행동이 다른 모든 것에 대해 우월한 미덕으로 높게 평가된다는 사실도 다시 발견하게 된다.

그러나 성공의 도구는 우리 사회에서는 언제나 하나의 기술적 도덕이라는 사실을 잊지 말아야 한다. 사람들은 아주 의식적으로 기술의 궁극적인 목적은 물질적인 성과를 올리는 것만이 아니라 선을 구현하는 것임을 보여주려고 한다. 경제적인 풍요는 인간에게 영적, 도덕적, 문화적 성장을 가져다준다는 것이다. 사회주의체제는, 소외와 자본주의 모순에서 구원받아 선하게 될 새로운 인간상을 준비한다. 그것은 기술 덕분에 실현될 것이다. 그런데 기술의 목적이 그런 것이라면, 모든 기술적 성공은 다 궁극적인 선에 연결되는 것이다. 그 성공에 반대하는 것은 정말 악을 저지르는 것이고 악마적인 것이다.

기술적 도덕과 미덕

기술적 도덕은 인간의 참여를 요구하고, 미덕의 실천을 요구한다. 새로운 미덕들이 나타난 것이라고는 말할 수 없다. 왜냐하면, 그 미덕들은 과거에도 있었지만 예전에는 부수적이었다면 이제는 전적으로 주요한 것으로서 제일 중요한 가치가 부여된 것이기 때문이다. 어떤 의미에서는 노동과 같은 새로운 가치들을 언급할 수도 있다. 전통적인 모든 사회에서 노동은 하찮은 것으로 멸시되고 인간에게는 합당치 않은 동물적인 일로 여겨졌다는 사실을 잊지 말아야 한다. 엄밀히 말해서 노동은 필요하지만 정말 바람직하지 않은 것이었다. 그것은 양을 치는 유목민과 같은 원시 부족들에게만 맞는 사실이 아니라, 중국과 잉카, 인도와 그리스, 이집트와 스칸디나비아 등의 모든 문명사회들에서도 마찬가지였다. 노동은 모두가 다 경멸하는 것이었다.

기독교 사회도 예외는 아니었다. 노동을 권하는 성서의 두세 구절들에도 불구하고, 신학자들은 통상적으로 노동을 정죄의 낙인으로 평가한다는 사실을 기억해야 한다. 노동은 타락의 표지이기에 필연적으로 해야 하는 것이지만, 결코 선이나 미덕은 될 수 없다는 것이다. 종교개혁의 신학자들은 노동에 대한 이 평가를 수정했다. 그들은 노동의 긍정적인 측면을 조명하기 시작했다.

그러나 18, 19세기의 부르주아 사회에 들어서서야 비로소 노동은 주요한 미덕으로 모든 미덕들의 아버지가 되었다. 인간의 역사에서 노동이 하나의 선이 되고 노동자가 고귀한 신분이 된 것은 그때가 처음이었다. 부르주아가 권좌에 오르고 권력을 지니게 된 기반이 노동이었다는 사실을 유념해야 한다. 지배계급이 되고나서 부르주아는 자신의 권위의 기반이 된 노동을 사회 전체에서 하나의 가치로 격상시켰다. 하층계급들이 예전보다 더 많이 노동해야 했던 만큼, 그들에게 사회가 요구한 희생에 대한 도덕적인 보상이 제공되어야 했다. "노동은 기도이다! 부르주아계급의 영화를 위해 그대들에게 강요되는 노동은 가치가 있는 것이다. 그 가치는 도덕적이고 영적인 것이다. 그대들은 노동을 함으로써 선을 행하고 그대들의 구원을 이루어가는 것이다."

그런데 그와 같이 모든 사람들이 노동에 동참할 것을 요구했던 것은 결정적으로 기술 발달이 그 원인이었다. 바로 기술인 노동을 향한 인간의 헌신을 요구하는 동시에 가능하게 했던 것이다. 우리 사회에서 주된 미덕이 된 노동은 바로 기술적 노동이다. 이 도덕 안에서 개발되는 미덕들은 모두가 노동에 연관되어 있다. 과거에도 흔히 있었던 미덕들은 이제 그 목표대상을 바꾼 것이다.

그 미덕들은 규율, 자기 절제, 헌신, 노동에 대한 충성, 성실한 임무수행, 유대감과 노동에 대한 헌신 등의 아주 훌륭한 것들이다. 그 모든 덕목은 "효율적인 수행"이라는 핵심적으로 중요한 단 하나의 미덕에 연결되어 있다. 그 덕목은 모두가 다 기술의 실행과 연관되어 있다. 서구인이 인정받는, 또 일면 타당하기도 한 그 모든 덕목은, 노동의 덕목이다. 그 덕목의 척도가 되는 것은 제일 효과적인 노동의 수행이고, 헌신은 기술을 창의적으로 실행하는 것을 말한다. 그 모든 미덕들의 실제 목적은 기술의 작용과 실행을 용이하게 하는 것이다. 그것은 세 가지 결과를 낳는다.

첫째, 다른 도덕적 가치들과 다른 미덕들이 점차적으로 제거된다. 가정의 미덕, 동료애, 유머, 게임 등의 모든 것은 그 중요성을 점점 더 잃게 된다. 동료들이나 자신의 부인에게 파렴치한 사람이라도 노동에 중요한 가치들을 실천한다면 그 모든 것이 용서된다. 그는 모범적인 사례로 인용된다. 우리 시대의 학자, 비행사 등과 같은 대부분의 위인들이 이와 같은 유형의 사람들이다. 현대인의 관점에서 우리 사회의 핵심 모티브와 관계가 없다는 단순한 이유로 다른 미덕들은 제거되어버린다.

둘째, 사람들은 항상 기술은 인간이 없이는 아무것도 아니라고 말한다. 인간이 언제나 최종적으로 결정을 내리고, 모든 기술의 주인이라는 것이다. 그러나 바로 그 인간이 이미 기술에 이용되도록 틀지어져 있다. 인간에게 생긴 미덕들은 노동의 미덕들이고, 중요한 낱말은 '적응'이다. 인간은 적응되어야 한다. 그래서 도덕은 인간을 기술에 종속시키는 것이다.

셋째, 이 기술적인 도덕에서, 행동의 척도는 객관적이다. 실제로 기술적으로 잘 구성된 조직은 원활하게 작동해야 한다. 기능이 원활하게 작동하지 않고, 기술적인 계산이 정확하다면, 그 이유는 인간의 악덕에 있다. 게으름, 부정직성, 악한 의지 등과 같이 악한 것을 한마디로 요약하면 태업 sabotage이다. 물론 개인의 의도가 어떤 것이었든 간에 객관적으로 태업이 있을 수 있다. 원활하게 작동해야 할 것이 작동하지 않는 것은 인간이 가진 동기가 무엇이었든 간에 인간의 잘못이다. 악은 외적 행동의 영역에 속하는 것이고, 선과 같이 객관적으로 확인되는 것이다. 또한, 사회 전체적으로 그 행동은 총체적으로 징벌을 받아야 한다는 것도 명백하다. 도덕적인 제재가 정치적이거나 사회적인 것이 되어 내면적인 양심의 영역에 속하지 않게 된다.

그런데 이 도덕에는 또 다른 아주 주목할 만한 미덕이 있다. 그것은 미래에 대한 확신으로서 장래를 직면할 힘과 확실한 희망을 가지는 것이다. 이는 불안한 시대에 놀라운 것이다. 그것은 "모든 것이 가능하다"는 미덕이다. 물론 그것은 많은 부분에서 정상적인 것의 가치를 표현하는 것이다. 모든 것이 가능하다. 미리 정해진 한계로서 행동에 대한 도덕적이거나 영적인 한계는 존재하지 않을 뿐만 아니라, 유일하게 인정되는 난관이란 오늘은 가능하지 않지만 내일은 가능하게 되는 것이다. 아무것도 더 놀랄 것이 없다. 핵분열과 스푸트니크와 같은 모든 것들은 정상적인 것이다. 내일은 사람들이 더 잘할 수 있다. 그러나 실제로 이 미덕은 특히 현대인이 완벽하게 적응하게 된 과잉과 무제한의 도덕이다.

　기술적 수단과 성공의 과잉은 거대함과 무제한의 도덕의 조건이 된다. 세계에서 제일 거대한 엄청난 것이라는 말이 이 도덕을 나타내는 표현이다. 인간은 자신이 쟁취하려는 일에서 더 이상 한계를 인정하지 않는다. 기술 개발 과정에 있어서 인간에게 한순간도 멈춰서 아니라고 대답해야 할 하등의 이유가 존재하지 않는다. 기술은 선을 이루고, 성공이 선의 기준이고 도덕은 기술과 밀접하게 연관된다는 확신을 가지고 있기에, 인간은 앞으로 나아가는 이 과정에서 한순간도 멈출 수 없는 것이다.[209] 이제 '더욱 더' 는 하나의 기준이 되었다. 더 크고, 더 높고, 더 강한 것이라면 충분한 이유가 되었다.

　새로운 도덕은 자동적으로 이 '더욱 더' 에 정당성을 부여했다. 이처럼 도덕은 발달과정에서부터 기술과 밀접하게 연관을 맺으며 그것의 정당성을 확립해나갔다. 선은 한계를 뛰어넘는 데에 있다. 오늘 할 수 없는 것을 내일 할 수 있게 된다. 그것이 선이다. 그러나 그것이 무제한의 도덕으로 연결되기에, 우리는 현대사회의 요구에 완벽하게 조정되고 인간의 직업적 활동과 연관되는 하나의 행동규범에 도달하게 된다. 이런 면에서 우리는 앞에서 이미 지적한 이 도덕의 세 가지 특성들을 다시 발견하게 된다. 첫째로 이것은 전체적으로 '잘 행함' 과 직무를 위한 도덕이라는 점이다. 둘째로 이것은 총체적이고 또 전체주의적인 집단적 도덕이라는 점이다. 셋째로 이것은 점차적으로 개인적 미덕들과 도덕을 위축시킨다는 점이다. 그래서 이것은 문제제기의 여지조차 없앨 정도로 개인적인 도덕적 가치를 사라지게 할 것이다.[210] 이와 같은 것이 형성되는 중에 있는 기술적 도덕의 특성들이다. 이것

---

209) ▲이것이 오펜하이머와 원자물리학자들의 문제였다.

210) 마지막으로 우리는 생물학적인 혹은 화학적인 개입이 자동적으로 이루어지게 되는 도덕을 떠올릴 수 있다. 1962년 아카데미 프랑세즈에서 강연하는 가운데 장 로스탕(Jean Rostand)은 말했다. "다른 생명 현상들과 같이 인간의 삶의 방식을 화학적으로 통제하는

은 결국 개인을 집단에 완전히 통합시킴으로써 다른 도덕을 제거하는 것으로 나타날 것이다.

선이라는 문제에 대한 해답은 사회 환경이나 인간본성에 결부시키는 것에 의해서나, 지적인 정확성에 의해서나, 인간에 관한 진실한 고찰에 의해서는 찾을 길이 없고, 오직 그 해답의 근거에 의해서 얻을 수 있다. 그 사실을 인정하는 것으로 우리는 이 모든 것에 대한 결론을 맺는다. "그 해답의 진정성과 적확성은 오직 그 해답이 아주 확실한 근거를 토대로 하는 경우에만 얻게 된다. 그 근거는 너무도 확실해서 인간이 자신의 자유나 연약함을 주장하거나 심지어 자기 자신이 그 해답이라고 여기면서, 즉 문제를 제거함으로써 그 문제를 해결하려는 방식을 통해서, 피해갈 수 없는 것이어야 한다."211)

법을 알아내는 것은 인간이 앞으로 나아갈 당연한 진보의 맥락에 속하는 일이다. 이미 호르몬이나 비타민이나 무기질 요소를 사용함으로써 인간의 용기와 의지와 모성애에 자극이 일어났다. 신경안정제에 이어서 도덕유발제가 예고되고 있다. 질투심을 조절하고 야욕을 진정시키는 약들이 곧 나올 것이라고 한다. 그렇다면 헌신을 위한 정제와 관용을 위한 알약과 자기희생을 위한 약이 나올 때는 언제이겠는가?" 이런 현상은 기술적 도덕의 연장으로서, 개인의 모든 결정과 책임을 벗어나서 좋은 것으로 평가된 집단적 삶의 방식에 적합한 행동만을 도출하려고 할 때 일어난다.

211) ▲K. Barth, *Dogm. II*, 2, 2, p. 57.

제3부 기독교 윤리

1장 기독교 윤리의 불가능성

　기독교 윤리의 불가능성을 천명하는 것은 역설적으로 보일 수 있다.[212)] 대부분의 현대인들에게 기독교는 먼저 하나의 도덕이다. 기독교 역사의 많은 시대가 행위와 삶의 방식에 대한 교회의 주장으로 특징지고 있지 않은 가? 그런 점에서 우리 스스로 제1부에서 기독교 도덕이 존재했다고 지적하면서 두 개의 도덕들을 언급하지 않았던가?[213)] 그러나 기독교 도덕에 대한

---

212) 윤리라는 말은 신약성서에서는 결코 나오지 않는 반면에 동일한 시대의 그리스철학에서는 흔히 사용된다는 것은 주목해야 할 만큼 중요한 사실이다. 의무라는 단어는 신약성서에서는 결코 도덕적인 의무로 사용되지 않는 반면에 '돈의 의무'와 같이 법률적인 의미로 자주 쓰였다. 성서에서 언급하는 도덕은 "법률", "하나님과 동행하는 것, 존재하고 함께하는 것" 등의 의미로 쓰인다. 크레스피가 잘 지적했듯이, 이 단어들은 행동, 실존, 삶 등을 나타내는 것이지, 사변을 말하는 것이 아니다(Georges Crespy, *Christianisme social*, 1957, p. 694). 그것은 도덕을 이론적으로 구성하는 것이 아니다. 거기에 성서의 서신서들에서 도덕적인 부분은 교리적인 부분보다 언제나 덜 명확하고 덜 체계적이라는 지적이 덧붙여진다. 사도 바울의 서신서들에서는 하나의 완전한 교리가 존재하는 반면에, 하나의 완전한 도덕은 존재하지 않는다고 말할 수 있을 것이다. 단지 도덕적인 예들로서 그리스도인의 삶의 몇몇 요소들이 기술될 뿐이다. 그러나 거기에 결코 완전한 하나의 도덕적 교리는 존재하지 않는다.

213) 니버는 정통 신학에서 너무나 쉽게 도출된 윤리에 대해 탁월한 비판을 했다(R. Niebuhr, *An Interpretation of Christian Ethics*). 거기에는 현대인의 문제들을 비껴가는 권위주의적 규범, 현실과 단절된 요청, 아무 관계없는 교훈들이 있다. 또한, 그것은 하나님의 초월적 의지와 교회의 도덕적 규범을 때 아니게 동일시하고, 은총의 역사와 종말론적 언약의 긴장상태를 해소하고, 영원을 위해 인간역사에서 사실성을 제거한다. 더욱이 그것은 죄가 초래할 무정부상태에 대한 두려움으로 권위주의적 질서를 수용하고, 모든 것이 결국 죄에서 비롯된 것이라는 이유로 잘못된 역사적 양상들을 관용하고, 실천이 불가능하여 더 이상 악, 죄, 인간의 무능력 등을 드러나게 하는 역할을 담당하지 않는 사

정직한 성찰은 기독교 윤리란 불가능하며 존재할 수 없고 모든 계시는 그 도덕에 반한다는 점을 인정하는 데서부터 출발해야 한다. 아무리 믿음에 충실한 것이라 할지라도 그런 기독교 도덕을 수립하는 것은 예수 그리스도 안에서 하나님이 계시한 것을 배반하는 것이다. 그것은 결국 사기에 해당한다.

우리가 연구하는 동안 우리는 계속해서 그런 심판을 가슴과 머릿속에 새겨놓고 있어야 한다. 그렇지 않으면 우리의 연구는 당연히 거짓이 되고 말 것이다. 이 연구 자체가 악한 것이고, 기독교 도덕의 수립은 불가능하며, 그리스도인의 모든 삶의 방식의 목록작성은 헛된 것인 동시에 아무 소용도 없는 것이고, 거기서 표명되는 뜻은 하나님의 자유를 침해하는 것이라는 사실을 인정하고, 그 심판을 끊임없이 우리의 지성과 우리의 삶에 떠올릴 때, 그 심판 아래 있는 까닭에 우리는 하나님의 은총 아래 계속 머무르면서, 비로소 우리는 이 연구를 펼쳐나갈 수 있을 것이다. 그렇게 하여 수립될 수 있는 도덕은 심판의 그늘 아래 위치하며 그것을 넘어서지 않을 것이다. 그것은 결코 하나님의 자유로운 결정을 회피하려는 수단이 되지 않을 것이고, 심판과 은총의 변증법을 벗어나는 선과 선한 행동양식을 기술하지 않을 것이다. 다만 우리가 하려는 일이 불가능하고 죄스러운 것이며, 선악의 지식을 가지려고 한 아담의 욕구에 속하고, 사단이 아담에게 제시한 그 욕구의 실현가능성에 속한다는 사실을 우리가 인정할 때214), 하나님의 은총이, 하나님의 뜻이라면, 우리의 일에서 가능하고 진정한 무언가를 이루게 할 수 있을 것이다. 왜냐하면, 기독교 윤리를 규정하려는 우리의 의지는, 하나님을 거역하며 선과 악을 제정하려고 하는 모든 인간들의 의지와 전혀 다를

───────────────

랑의 계명의 적극적인 특성을 제거한다. 그 모든 비판들은 타당하고도 무서운 것이다.
214) ▲이론적이고 선험적인 방식이 아니라, 현실적으로 매 순간 새롭게 승복하는 방식으로 인정하는 것을 말한다.

바가 없다는 사실을 우리는 분명히 인식해야 하기 때문이다.[215] 하나님을 섬기려는 의도의 순수성은 결코 우리가 하는 일을 정당화시켜주지 않는다. 정당성은 의도가 아닌 예수 그리스도 안에 있다. 오직 우리가 미리 예단할 수 없는 하나님의 결정만이 우리가 하는 연구에 정당성과 가능성을 부여할 수 있다. 우리는 다만 순종하는 가운데 기도하면서 하나님의 결정을 기다릴 수밖에 없다.

하나님의 자유로운 뜻과 윤리의 관계

하나님의 뜻이 곧 선이라는 선의 성서적 개념은 우리가 윤리를 제정하는 것을 가로막는다.[216] 윤리는 언제나 본질적인 선을 결정적으로 언명하는 것이다. 선을 규정하지 않으려는 윤리 체계는 있을 수가 없다. 아무것도 미리 결정하지 않는다고 주장하는 사르트르조차도 가능하고 타당한 유일한 행

---

215) 니버가 아주 명확하게 밝히듯이(R. Niebuhr, *The Nature and Destiny of Man*), 많은 도덕들의 존재에서 받아들일 수 없는 것은 그 다양한 내용들이 아니라 궁극적이고 절대적이라는 주장들이다. 그것은 당위의 천명에다가 우상화와 권력의지를 덧붙인 것이고, 상대성과 유한성을 거부한 것이며, 도덕적인 자율성을 내세운 것이다. 그 모든 것은 윤리에서 자신이 결정지어진 수반적인 존재라는 점을 인간이 부인하는 것이고, 바로 아담의 죄를 동일하게 반복하는 것이다. 그러나 그리스도인의 경우에도 그것은 마찬가지이다. 그러므로 기독교 윤리는 우리의 존재가, 우리 안이 아니라 우리를 초월하는 결정인 하나님의 계명과 구체적으로 대면하는 만남을 통해서만 존재하게 된다는 사실을 고려하며 극도로 신중을 기해야 한다(K. Barth, *Dogm. II*, 2, 2, p. 140). 우리 스스로 그 기준을 안다는 모든 주장과, 우리의 활동을 하나님의 역사에 견주려고 하는 모든 시도는 예수 그리스도를 부인하는 것이고, 불순종의 나락에 다시 빠져드는 것이다. 흔히 기독교 윤리의 원리들로 해석되는 십계명과 산상수훈도 또한, 계명들이다. 다시 말해서 일정한 역사적 현실과 관계된 것으로서 결코 보편화된 개념들이 될 수 없다. 힐러달(Hillerdal)도 도덕적 판단의 결의론과 신학성서의 윤리 사이에 존재하는 모순성을 잘 밝혀주고 있다.

216) 힐러달이 강조하듯이(G. Hillerdal, "Unter welchen Bedingungen ist evangelische Ethik möglich?," in *ZEE*, 1957), 이 대립은 성서에는 여러 윤리와 여러 도덕 체계와 모범이 존재한다는 사실에서 이미 드러나 있다. 계명들은 전체적으로, 우리가 하나님의 역사에서 보고자 하는 절묘한 통일성을 띠지 않는다.

동양식의 모범을 제시한다. 다시 말해서 그가 무화néantisation를 통한 존재의 필연성을 규명할 때 그가 규명한 것은 결국 선에 관한 것이다. 그런 것이 바로 선이다. 모든 윤리는 저마다 선을 규정하는 것이고, 선을 점유하는 것이다. 선을 초월적인 것으로 선포할지라도, 선을 보유하는 것은 인간이라는 것이다. 그것은 또한, 어떤 방식217)으로든지 선 그 자체는 인식할 수 있는 것이라고 미리 전제하는 것이다. 인간으로 하여금 선에 관한 지식에 이르게 하는 것은 인간의 노력이다. 언제나 충분한 객관성을 띠는 선을 인식하거나 인식하지 않는 주체는 바로 인간이다. 선이 그런 식으로 인식되는 것이라면 선은 또한, 분석과 분류가 가능한 것이 된다. 현실 상황과 선의 결정의 연관성은 당연히 유형과 기준, 즉 하나의 분류목록을 수립하게 한다. 끝으로 언제나 영원성이 중요하다. 인간이 선의 영원성을 기대할 수 없고, 또 어제와 오늘의 일관성과, 오랫동안 지속될 동일한 가치에 기대할 수 없다면, 인간은 광란의 세계를 살아가게 될 것이다. 그것은 정말이어서 인간은 하나의 도덕을 보편적인 것으로 선포하고 모든 역사를 통한 동일한 가치들의 항구성을 공표하는 것을 결코 멈출 수 없다.

수립된 윤리 체계는 모두 다 세 가지 특성들을 지닐 수밖에 없다. 그런데 정확히 말해서, 선이 하나님의 뜻이라는 말 자체가 이 하나님의 뜻에 합치려는 윤리 속에 있는 이 세 가지 특성들의 가능성을 부인하는 것이 된다.218) 이미 말했듯이, 하나님의 결정보다 더 높은 선이 존재해서 그 선을 따라 하

---

217) ▲선험적인 것이든, 이성적이거나 직관적인 노력에 의한 것이든, 참여활동을 통한 것이든 상관이 없다.
218) 그러나 이 '지금 여기서'는 하나님의 나라의 임재와 불트만의 '마지막 때'에 전혀 부합하지 않는다. 실존적인 현재, 케리그마에 의한 새로운 만남은 의심의 여지없이 맞는 말이지만, 하나님의 뜻의 계속성을 경시하고, 그리스도인의 삶 전체를, 사실은 그게 아닌데, 순종으로 축소시킨다. 하나님의 나라는 매 순간을 마지막 때로 변화시키는 것만이 아니다. 하나님의 나라는 또한, 실제적으로 장엄하게 임하는 것이고, 예수 그리스도가 통치하는 곳이다. 하나님의 나라는 실제 마지막 때에 있을 그리스도의 통치를 나타내는 것이다.

나님의 결정이 이루어져 그 결정이 그 선에 맞추어지는 일은 있을 수가 없다. 그러나 선의 정의를 내리는 것이 하나님의 뜻이라면, 인간은 아니라는 말이다. 선은 윤리체계에 통합되는 한 요소가 될 수 없고, 그 윤리체계의 발단이 될 수도 없다. 이 윤리가 선을 실존적인 가치로 만들려고 한다면, 결국 동일한 문제에 접하게 될 것이다. 왜냐하면, 선은 인간에 내재된 것이 아니라, 단지 인간 너머의 외적인 것으로 인식되거나 경험되는 것이기 때문이다.[219] 어떤 순간에도 인간은 스스로 선을 파악할 수 없고, 자신의 실존에, 사회적 조직에, 어떤 식의 체계에도 선을 유입시킬 수 없다.

하나님의 뜻은 인간이 알 수 없다. 이미 살펴보았듯이, 인간은 하나님의 뜻을 내적으로 알아차릴 수 없고, 다만 자기 자신 너머의 외부에서 오는 것으로 감지할 수 있을 뿐이다. 만약에 인간이 아주 미력이나마 하나님의 뜻에 맞는 윤리를 수립하고 실천할 수 있는 능력이 있다면, 그것은 인간이 하나님보다 더 우월하다는 의미가 된다. 혹은 선이 하나님보다 우월하며 하나님은 사물과 같은 존재가 된다는 말과 같은 의미가 된다. 그런데 하나님의 뜻인 선은 인간이 직접적으로는 알 수 없고 다만 계시에 의해서 알 수 있을 뿐이다.[220]

하나님이 살아있는 하나님인 한, 하나님의 뜻이 살아있는 한, 하나님의 말씀이 낡은 음반이나 덮어놓은 책이 아니라 오로지 하나님 자신이 말하는 말씀으로 존재하는 한, 우리의 현실이 "내 길은 너희 길과 다르다"는 말씀

---

219) "인간이 선택한 것이 어떻게 선이 될 수 있겠는가?... 하나님의 대답 앞에서 우리는 더 이상 선이 무엇인지 어떻게 선을 구현해야 하는지 의문을 지닐 수 없다."(K. Barth, 앞의 책, p. 10.)
220) 칼 바르트는 이를 완벽하게 규명했다(K. Barth, 위의 책, p. 96). "하나님의 계명이 허용하는 명령이 되며 복음적인 율법이 되게 하는 형상을 현실 속에서 발견하게 될 가능성은 전혀 없다. 체계적으로 규정하려는 모든 시도는 율법주의나 혹은 도덕무용론에 다 다르게 될 뿐이다." 다시 말해서 그런 시도는 은총을 벗어난 의무체계를 구성하거나, 혹은 모든 의무와 모든 계명을 부인하는 꼴이 될 것이다. 실제로 우리의 경험이 그 사실을 말해준다. 경험적으로 우리는 기독교 도덕이 성립 불가능하다는 사실을 안다.

과 같은 한, 계시는 언제나 새롭게 주어지는 것이다. 계시는 체계화[221]되거나 분석될 수 없고 살아 역사했던 이전의 과거로 되돌릴 수 없는 것이다. 계시는, 지금 일어나는 일이고, 우리가 원하는 대로 하도록, 우리에게 주어지는 것이고, 우리의 손에 맡겨지는 것이다. 이 계시가 지나간 과거에 멈춘 것이라면, 하나의 체계로 만드는 것도 가능하고, 사람들이 원하는 모든 신학이론과 윤리이론을 수립할 수도 있을 것이다. 다만 하나님이 우리 손에 무언가 맡길 때, 우리는 어떤 일이 뒤따르는지 분명한 사례들을 알고 있다. 아담의 손에 맡겨진 창조세계는 가시덤불로 뒤덮인 황폐한 정원이 되었고, 이스라엘 백성에게 맡겨진 율법은 바리새인들의 도덕론이 되었고, 우리 모두의 손에 맡겨진 예수 그리스도는 십자가에 못 박히게 되었다. 실제로 인간이 이 계시를 자신에게 속한 과거의 것으로 인식할 때, 인간은 이 계시를 거짓말로 만들어버린다. 계시가 살아있는 현재의 말씀이라면, 계시는 하나의 도덕으로 체계화될 수 없다. 계시가 사문화된 문서에 불과하다면, 하나의 윤리를 만들기 위해서 계시보다는 차라리 다른 어떤 것을 활용하는 것이 더 나을 것이다.

하나님의 뜻은 완벽한 자유를 지닌다. 하나님의 뜻은 결코 율법의 제정자와 율법이 따로 분리되는 식의 추상적인 율법이 아니다. 하나님의 뜻은, 우리가 자유롭게 그 결과들을 도출하고 그리스도인의 생각과 행동의 기원이 되는, 철학적, 도덕적 원칙이 결코 되지 않는다. 기독교 원칙들은 존재하지

---

221) 그러나 언제나 개별적인 것이 계명들이지만, 하나님의 계명은, 언제나 다른 개인들을 향한 모순적이고 특별한 지침들로 일관성이 없는 혼돈상태 가운데 와해되는 것이 아니다. 인간은 하나님의 계명 앞에서 서로 전혀 공통점이 없고 계속성이 없는 일련의 상황들을 겪으며 파멸하는 것이 아니다. 왜냐하면, 계명은 하나님에게서 오는 것이고, 하나님은 스스로 일관성을 지니는 존재이기 때문이다. 더욱이 하나님의 선한 결정인 계명은 혼란을 주지 않고 혼돈상태를 낳지 않는다. 정반대로 계명은 인간에게 삶의 진정한 계속성을 부여한다. 칼 바르트가 자주 강조한 계명의 근본적인 통일성은 윤리를 선한 규범들의 집합체나, 도덕적이거나 경제적인 종교적 법규들의 목록으로 만드는 것을 가로막는다. 하나님의 계명을 그렇게 부해하는 것은 계명 자체를 파괴하는 것이다.

않는다.222) 대부분의 이단교리들이 발생할 수 있었던 이유는 하나님의 말씀을 원칙들로 변환시킨 데 있다.223) 그래서 또한, 성서는 결코 철학책이 아니라 역사로 제시되는 것이다. 하나님의 뜻이 법의 형태를 띨 때, 법은 언제나

---

222) 그리스도인의 삶 전체는 그 본질과 기원에 있어서 하나님이 의롭게 하는 주어진 은총의 선물 안에 다 담겨 있다. 그리스도인의 삶은 그렇다. 은총은 그리스도인의 삶의 궁극적 실상이다. 그 은총을 얻거나 보유할 어떤 수단도 존재하지 않는다. 인간이 그것을 근거로 해서 혹은 그 위에 하나의 윤리를 제정할 수 있다는 주장은 정말 주제넘은 것이다 (참조: D. Bonhoeffer, Ethik, p. 75). 그것을 근거로 한다는 말 자체가 의미심장하다. 왜냐하면, 그 말은 이미 출발했다는 걸 전제로 하기 때문이다. 도출될 수 있는 기독교 원리는 존재하지 않는다. 이 은총의 선물을 하나의 문구로 축소시킬 계명은 존재하지 않는다. 하나의 질서는 그것을 실현할 가능성을 전제로 한다. 은총은 인간이 가진 가능성을 떠나서 실현된다. 신학자들처럼 말한다면, 문제는 칭의와 성화의 관계에 다 걸려 있다. 둘을 혼동하는 것은 잘못된 것이다. 그렇지만 지적이고 이론적인 방식을 떠나서 어떻게 그 둘을 연결시키는가? 기독교 원리들의 불가능성에 관해서는 나의 저서 『세상 속 그리스도인』을 참조하라. 하나님의 계명은 보편적인 규범도, 정언적 명령도, 행동 원리도 아니다(K. Barth, 앞의 책, p. 159 및 그 이하).

223) 칼 바르트는 우리가 오로지 하나님의 계명들과 관계가 있다는 점에서 성서 윤리를 위한 원칙들은 있을 수 없다는 사실을 환기했다(K. Barth, 위의 책, p. 173). 성서의 인물들은 하나님의 계명을 통해서 우리는 원칙들이 아니라 하나님 자신과 하나님의 역사를 상대하는 것이라는 사실을 알려준다. 더 정확히 말해서, 유일하게 가능한 성서적 윤리의 원칙은 계명을 내린 존재인 하나님 자신이다.

크레스피도 또한, 기독교 윤리의 내용들은 스피노자나 칸트와 같은 윤리학자들과 같이 보편적 원리나 공리들로 규정될 수 없다고 평가한다(G. Crespy, Christianisme social, p. 827). 그는 그런 원리들은 의무나 선이라는 개념들에 대한 관념에 의해 수립된다고 한다. 그 방식은 그리스도인의 사유방식과는 아주 다른 것이다. 사실 그리스도인의 사유의 중심은 관념과는 정반대로 하나님의 역사적 계시이다. 이 계시에 대하여 원칙들은 그저 말로 만든 현실에 불과한 것이다.

그렇지만 우리가 기독교 원칙들은 존재하지 않는다고 할 때, 우리가 말하고자 하는 것은 문자가 아니고 오직 영이 존재한다는 뜻이 아니다. 우리는 리츨(Ritschl)의 신학과 '신념윤리Gesinnunsgethik'를 말하는 것이 아니다. 그러나 본회퍼가 말한 바와 같이, 그리스도인의 삶의 문제는 우리 안에 그리스도의 역사를 구현하는 문제이다. 그리스도는 표본이나 이상이 아니라, 우리 안에 임하고 우리와 함께하며 십자가에 못 박히고 부활한 존재이다. 예수 그리스도는 인간으로 하여금 하나님이 육화한 인간이 되게 한다. 기독교 원리들이란 존재하지 않는다. 왜냐하면, 성서 어디에도 하나님이 원리가 된다는 말은 없기 때문이다. 단지 하나님이 사람이 된다는 말이 있을 뿐이다. 어디서도 우리는 관념들과 원리들이 제시되는 것을 발견하지 못하고, 다만 하나님이 현실 속에서 역사하는 것을 볼 뿐이다. 윤리는 "기독교 원칙들은 무엇인가?"라는 질문은 제기하지 못한다 할지라도, "어떻게 그리스도는 우리 안에 성육신할 수 있을까?"라는 질문은 던질 수 있다. 그 질문에 대한 공식적이고 총체적이고 이론적인 대답은 불가능하다는 것을 쉽게 이해할 수 있을 것이다. (D. Bonhoeffer, 앞의 책, pp. 27-28.)

계명으로 제시된다. 하나님은 듣는 사람을 늘 "너"라고 호칭한다. 그것은 입법자가 제정한 보편적 법규가 아니고, 관계가 시작되는 개인적 대화와 연관된 것이다. 하나님은 곧장 계명을 통하여 지명된 사람에게 말한다. 그 계명을 하나님의 말씀으로 받아들이면, 그 사람은 그 말씀을 따라 살아가면서 하나님과의 대화를 계속할 것이다. 반대로, 그 계명을 자신을 향한 말씀으로 받아들이는 것을 거부하면, 그 사람은 "너"로 시작되는 그 명령과 아무 관련도 맺을 수 없게 된다. 그 사람은 그 말씀에서 2인칭의 "너"를 3인칭의 "사람들"로 대체할 것이다. 그것은 거짓이다. 거기에 근거해서 수립하는 윤리는 전혀 기독교적인 것이 아니다. 그것은 하나님과 전혀 관계가 없는 것이다. 우리는 뒤에 가서 율법의 존재가 가지는 의미를 더 깊이 살펴볼 것이다.

하나님의 자유로운 뜻은 우리를 뛰어넘는 것으로서, 체계구성의 대상이나 겨냥하는 목표나 실존의 이유로 쓰일 수 없다. 하나님이 아브라함에게 이삭의 희생을 요구한 극단적인 예를 언급한 키르케고르의 말은 타당한 것이다. 우리는, 모든 윤리적 기준들을 넘어서는 초월성을 마주하고 있고, 하나님의 뜻이 가지는 불가해하고 예측불가능하고 제약이 없는 극단적인 특성을 목격하고 있다. 그러나 우리가 선[224]이라고 부르고 실감하는 모든 것과는 외적으로 너무나 상반되는 형태로 그 시점에서 표명된 것이 바로 선이었다. 그러나 그것이 하나님의 뜻이었다. 이런 상황에서 진정한 그리스도인들 중에서 모든 윤리를 거부하고 오직 하나님의 현재 말씀에 대해서만 '지금, 여기서' 순종하고자 시도하는 사람들이 있다는 사실이 이해가 된다. 그러나 그러한 태도 역시 완전히 타당한 것은 아니고 불완전한 것이다. 우리는 뒤에 가서 지속적으로 그렇게 하는 것이 불가능하다는 사실을 살펴볼 것이다. "사건이자 계시로 나타난 은총은 모두가 다 결국 율법으로 제정

---

224) ▲우리가 불가피하게 거스를 수밖에 없는 것이기도 하다.

되는 것으로 끝을 맺는다"[225]는 사실을 유념해야 한다.

윤리의 정지

'윤리의 정지' 라는 문제를 오로지 키르케고르가 택한 아브라함의 극단적인 예를 통해서 파악할 게 아니라 좀 더 일반적으로 파악하도록 노력해보아야 한다. 프뤼네는 말한다. "사도 요한은 윤리의 정지를 통하여 윤리를 완성하는 역설을 최대한 밀고 나간다. 다른 신약성서의 저자들과 함께 사도 요한은 전례가 없는 혁명적인 시도를 하면서 자연인이 진정한 도덕 주체가 될 가능성을 부인한다."[226]

하나님의 뜻이 윤리적 기준들을 뛰어넘을 수 있다는 사실을 밝히거나, 혹은 하나님의 뜻 그 자체가 선이라는 것을 밝히기 위해서, 사람들은 의례히 아브라함이 이삭을 바치는 것을 그 중요한 사례로 제시한다. 그러나 단 하나의 예밖에 없다고 해서 그 사례는 증거가 되지 못한다고 반박하는 것은 너무 안이한 말이다. 그것은 하나의 극단적인 사례로서 보아야 하고, 그래서 전혀 증거로서의 효력이 없다는 것이다. 그런데 반대로 족장들의 일부다처제, 이집트에서 아브라함의 사라에 대한 태도, 시아버지인 유다를 유혹했지만 정당성이 인정된 다말의 행위 등과 같은 많은 다른 사례들은 준거로 삼을 수 있다고 우리는 생각한다.

그러나 무엇보다 가장 극단적인 사례는 다 진멸시키라는 '헤렘Herem' 의 무서운 명령이다. 알다시피 성서적으로 진멸하라는 명령은 하나님의 명백한 뜻으로 주어진다. "사람이 소유한 것 중에서, 하나님께 바친 거룩한 것은, 사람이든 짐승이든 또는 유산으로 물려받은 밭이든, 팔거나 무를 수 없

225) K. Barth, 앞의 책, p. 55.
226) O. Prunet, *La morale chrétienne d'après les écrits johanniques*, p. 51.

다. 그것은 이미 하나님께 온전히 바친 것이기 때문이다. 하나님께 바쳐진 사람은 다시 무르지 못하고 반드시 죽여야 한다."레27:28-29 "이스라엘아 들으라…하나님이 네게 들어가게 한 땅에서…하나님께서 네게 넘긴 민족들을 진멸해야 한다."신6:1,7:2 하나님은 하나님의 백성에게 패배한 민족들을 전부 다 진멸하라는 명백한 명령을 내린다. 남자든 여자든 아이든 모두 다 말살하고, 짐승과 재물과 가옥과 수확물도 역시 다 소멸시켜야 한다. 그런데 그 명령은 이론적인 것이 아니고, 실제로 실행되었다. 우리는 아주 많은 경우 하나님이 진멸을 허용하는 것을 발견한다. 이스라엘 백성은 하나님이 승리하게 하면, 가나안의 아랏 왕과 그 백성을 진멸하겠다는 서원을 했는데, 그 서원대로 이루어져 아랏 왕과 그 백성은 진멸되었다.민21:1-3 헤스본의 왕과 그 백성에 대해서 하나님은 이스라엘에게 "내가 시혼과 그의 땅을 너에게 준다"고 하자 이스라엘은 남자와 여자와 어린 아기에 이르기까지 하나도 남김없이 다 말살했다.신2:31-34 여호수아서에는 이처럼 말살하는 '헤렘'의 사건들이 계속 이어진다.수6:21-11:12,20 그리고 그것이 하나님의 뜻임을 수차례 밝힌다. "이스라엘은, 하나님이 하나님의 종인 모세에게 명령했던 대로, 그들을 진멸했다." "하나님은 그 민족들이 전쟁을 계속 고집하게 하여 이스라엘로 하여금 그 민족들을 무자비하게 말살하게 했다. 이스라엘은 하나님이 모세에게 명령했던 대로 그들을 전멸시켰다." 그리고 알다시피, 사무엘은 하나님의 뜻이라고 하면서 사울에게 아말렉 백성을 진멸하라고 명한다.삼상15:3

하나님은 '헤렘'의 명령이 완전히 이행되지 않으면 이스라엘에게 분노를 나타냈다. 여호수아서 7장의 아간의 이야기를 우리는 기억한다. 거기서 '헤렘'의 규정은 언약을 구성하는 일부분임이 다시 언급된다. 다 없애야 할 대상 중에서 재물을 취하는 사람은 산채로 화형을 당해야 한다. 그러나 사울도 또한, 재물을 챙겼을 뿐만 아니라 아각이라는 사람도 살려두었다. 그의 자비는 강한 책망을 받게 되었다.삼상15장 이스라엘 왕들은 자비가 많아서, 아합 왕은 벤하닷을 살려 주었다.왕상20:31-45 그러나 자비를 베풀지 말아야 했다. "그 예언자는 왕에게 말했다. '하나님은 말씀하십니다. 내가 멸하기로 작정한 사람을 네 손으로 살려주었으니 네 목숨이 그의 목숨을 대신하고 네 백성은 그의 백성을 대신하리라.'"[227]

우리는 이 무서운 사실을 직면해야 한다. 그 사실을 망각하지도 말아야 하고, 모든 민족들에게 있는 유사한 원시적인 야만적 관습들이고 계시와는 무관한 것이라고 하면서 그 사실을 회피하지 말아야 한다. 먼저 '헤렘'이 어느 면에서 모든 민족들에게 있었던 관습이라는 말은 역사적으로 타당하지 않다는 사실을 알아야 한다. 우리가 발견한 완전히 진멸하는 '헤렘'은 다른 데서는 아주 드물게 확인된다. 다른 한편으로 야만적인 관습에 속한다고 할지라도, 헤렘은 여기서 하나님에게 수용되어 영적인 가치가 부여되고 절대화된다. 우리가 어떻게 할 수 없는 일이다. 그 모든 것은 성서에 기록되어 계시의 일부분이 된다. 우리 마음에 들지 않는다고 해서 어떤 구절들을 제거할 수는 없는 노릇이다. 그것이 도덕과 하나님의 자비로운 속성에 관한 우리의 관념과 감성에 충격적인 것은 사실이다. 그렇다고 해서 "그것이 하나님이 원하는 것일 수 없다"고 주장하는 것은 정직하지 않은 일이다. 그런 주장은 성서에 대해 완전히 자의적인 해석을 초래할 것이다. 또한, 그 본문들을 정확히 보아야 한다. 그리고 그 의미를 잘 살펴보아야 한다.

먼저 그것은 희생제사이고, 또 모든 것이 하나님에게 속하고 하나님에게

---

[227] 잘 알다시피 이 구절들은 현대의 역사학적 의미에서 보면 동일한 역사적 가치를 지니지 않는다. 그러나 그 구절 중에서 어떤 구절들이 아주 오래 전에 실제로 집행되었던 관습에 대한 증거가 된다면, 그 모든 구절들은 이 관습에 대한 선민 이스라엘의 입장이 무엇이었는지를 밝혀주고 있다. 그 구절들은 이스라엘이 그 헤렘의 관습을 야훼 하나님의 영역 안에 포함시키고 있다는 사실을 보여준다. 그래서 그것들이 온전한 의미를 지니는 것이다.

서 나온다는 사실을 이스라엘이 인정하는 것이다. 또한, 이스라엘 백성은 선택 받은 백성으로서 거룩하다. 이스라엘은 구별된 백성이기에 계속 구별되어 있어야 한다. 이스라엘이 가진 진리를 변질시키는 거짓 신들의 나쁜 영향은 다 피해야 한다. 그러므로 이 거짓 신들에 속하는 모든 것과 이 거짓 신들에 대해 말하는 모든 존재들을 다 소멸시켜야 한다. 진리와 거짓 사이에서 어중간한 태도는 있을 수 없다. 하나님의 백성과 죄의 세상 사이에 우정의 관계란 있을 수 없다. 악마들에게 자비란 없다. 다른 한편으로 헤렘의 명령을 집행하는 이스라엘 백성의 태도 자체가 주변의 모든 이방민족들로부터 이스라엘 백성을 단절시킨다. 그들은 이스라엘 백성과 관계를 맺지 않으려고 할 것이다. 그런 이유로 해서도 역시 이스라엘은 구별된 백성이 된다. 그러나 이처럼 헤렘의 의미를 분명하게 살펴보아도, 우리는 도덕적으로 여전히 그것을 받아들일 수 없다. 그런데 명백하게 그것은 선이라고 기술되어 있는 것이다. 이는 하나님의 명령이 곧 선이고, 인간의 양심에 의해 비난받는 행위라도 하나님의 명령이라면 선이 된다는 사실을 입증하는 아주 명백한 사례가 된다. 그러므로 모든 인간적 판단들을 훨씬 넘어서는 선의 진리가 존재한다. 그 앞에서 우리는 단지 겸손한 태도를 취할 수밖에 없다.

결의론의 문제

그런데 우리가 앞에서 기술한 모든 것을 반박하는 결의론[228]이라는 난관

---

228) [역주] 결의론(casuistique)이란 용어의 어원은 라틴어로 'casus'로서 '경우'라는 뜻이다. 어원적인 의미에서 드러나듯이 이 결의론은 도덕적인 문제의 개별적인 사례들을 다룬다. 이는 중세 교회의 참회제도에 있어서 죄의 외적인 행위에 대한 징벌을 규정하는 데서 시작된다. 이후로 점차 내적 양심의 문제와 관계된 사례들도 규정하게 된다. 그러한 규정들이 도덕법으로 구성되면서 15, 16세기에 이르러 학문적으로 성립된다. 이는 당시 새로운 사회적 상황에 기독교 윤리를 적용해야 하는 문제에 대한 유력한 대안으로 제

이 고개를 든다. 실제로 어떤 도덕도, 실존주의자들의 도덕[229]이나, 결의론을 비판하는 헤링Häring의 도덕조차도 결의론을 피해갈 수 없다. 그렇지만 신앙의 관점에서 결의론은 받아들일 수 없는 것이다. 이에 대해 소에Soë는 두 가지 주요한 이유를 제시한다. 첫째, 기독교 윤리는 삶의 윤리이며 삶은 역동적이고, 매 상황은 개개인의 인간과 같이 독창성을 지니는데 반해서, 결의론은 필연적으로 정태적이고 하나의 상황을 이루는 구성요소들을 철저히 다 파헤칠 수 없다. 하나님의 계명은 보편적인 법규나 법규들의 총합이 아니고, 언제나 어떤 시간과 장소 속에서 한 인간에게 특별히 내려진 것이다. 계명은 어떤 해석이 필요 없다. 바르트가 지적하듯이[230], 어떤 경우에 있어서 하나님의 뜻에 대해 존재하는 불확실성은 언제나 하나님이 아니라 인간 쪽에 있다. 다시 말해서 각각의 경우에 있어서 밝혀야 할 문제는 계명의 내용이 아니고, 그 계명과 마주한 인간의 상황이다. 우리는 살아있는 존재의 차원으로 돌아간다. 그런데 이는 모든 결의론적인 윤리를 배제하는 것이다.

둘째, 결의론은 교회의 중재적인 역할을 전제로 하면서 정당한 상황들과 결정들을 정립함으로써 하나님 앞에서 인간의 주권을 다시 회복시킨다. 결의론의 도덕주의자는 하나님의 자리를 대신 차지하고 하나님의 계명에 대한 소유권을 행사한다. 성서대로 따르자면, 윤리는 그 상황들을 해결할 수도 없고 타당한 결정을 내릴 수도 없다. 윤리는 그 교훈들을 법으로 제정할 수 없고, 종종 문제들을 분명하게 판가름하지 못한 채로 중단하기도 한다. 여기서 다음과 같은 질문을 던지고 싶은 충동이 일어난다. 그런 상황 속에서 그것을 아직도 윤리라고 할 수 있겠는가? 대체 그것이 무슨 쓸모가 있는

시되었다. 또한, 규정 여부에 따라 도덕성의 가부가 정해지거나 기만적인 수단으로 사용되는 등 여러 문제점을 노출하며 비판을 받기도 했다.
229) ▲시몬느드 보부아르는 끊임없이 일종의 결의론에 빠진다.
230) K. Barth, *Dogm. III*, 4,§52.

가? 사실 복음서에는 윤리적인 문제들은 존재하지 않는다.[231]

결의론은 분석과 구분과 차별에 기반을 둔다. 결국은 그것은 본회퍼가 '분리désunion'라고 부른 것으로서 앞에서 이미 살펴본 바와 같이 타락의 윤리의 속성을 띤다. 은총에 의해 다시 화합하여 하나님과 관계가 맺어진 가운데, 우리는 정반대의 아주 다른 윤리적 정향을 마주하고 있다. 그러나 그것을 거론하는 것이 가능할까? 어쩌면 그것은 단지 그리스도 안에서 삶으로 살아갈 수 있는 것일 수 있다. 왜냐하면, 인간 행동의 가능성과 상황에 따라 하나님의 법을 해석하는 것은 배제되기 때문이다. 칼 바르트가 아주 정확히 지적하듯이[232], 한 인간이 양심의 문제에 접해서 그 문제를 해결하도록 도움을 주는 타인을 만날 수 있는 하나의 실용적인 결의론이 성립할 수 있다. 그러나 결의론적 윤리나, 다양한 상황에 대해서 성서 본문을 적용하는 기술적 방법이나, 성서 본문의 진리에 근거한 선과 악의 연역적인 설정은 가능하지 않다.

선에 대한 인간의 무지와 무능력

인간을 위한 윤리를 거론했을 때, 우리는 성서가 인간이 선을 행할 수 없는 무능력을 천명하고 있다는 사실을 언급했다. 자연인은 참된 선에 관해 전혀 알 수 없다. 설사 인간이 자신이 선이라고 부르는 것을 실천할 수 있는 능력을 가지고 있다고 해도, 인간은 하나님이 요구하는 것을 결코 실현시킬 수 없다. "의인은 없나니 하나도 없도다." 그런데 이런 상황은 하나님의 계시를 받은 인간에게도, 은총을 입은 인간에게도 별로 크게 다를 게 없다. 그리스도인이라고 해도 그가 이제 선한 인간이 되었다고 결코 말할 수

231) D. Bonhoeffer, *Ethik*, p. 136 및 그 이하.
232) K. Barth, 앞의 책.

없는 것이다. 그 점에서 교회사에서 교회 바깥의 사람들은 이방인이고 악한 사람들이라는 이단사설이 자주 등장한다. 그런데 성서 전체가 우리에게 전하는 것은 계시의 빛을 받은 인간 안에 본질적이고 존재론적인 변화는 전혀 없다는 사실이다. 그 인간은 구원과 칭의와 성화를 받았다. 그러나 그는 계속 자기 자신으로 남아 있다. 부활의 부름을 받았지만, 그는 죽을 것이다. 빛을 받았지만 그는 어둠 속에 살아갈 것이다. 천국의 일꾼이지만, 그는 세상 속에서 있다. 선을 알지만 그는 악을 행한다. 성령의 법과 육신의 법의 충돌을 확인하고 나서 사도 바울은 "오호라 나는 곤고한 자로다"라고 부르짖는다. 하나님의 뜻에 대한 계시를 받았기에, 이제 인간은, 죄에 대해 하나님이 치른 값을 전혀 몰랐던 때 느끼지 못했던 심각성을 느낀다. 그는 '죄인인 동시에 의인Simul peccator et justus'인 것이다.

그리스도인이라고 선을 행할 능력이 더 많이 생기는 것이 아니다. 우리가 위에서 이미 확인했듯이, 그리스도인은 성서가 하나님의 말씀을 담고 있다는 사실을 알게 되면서 윤리를 만들 능력이 더 생긴 것이 아니다. 이제 우리는 그리스도인이 그 윤리를 삶으로 실천하고 필요한 일들을 스스로 완수할 능력이 더 생긴 것이 아니라는 사실을 확인하기에 이르렀다. 죄인으로서의 인간 조건에 변화된 것이 하나도 없기에, 그는 이제 자신의 구원을 이룰 수 없는 자신의 무능력을 깨닫게 된다. 그런 까닭에 윤리의 수립이 그에게는 더더욱 불가능한 것이 되고, 성서는 하나님의 선택받은 사람들이 윤리를 제정하는 것에 특별히 엄격한 것이다. 성서는 곧바로 하나님의 종에 의한 모든 도덕이 인간이 스스로 구원을 확보하려고 만든 수단이라는 심판을 내린다. 결국 도덕은, 우리에 대해 오직 하나님이 구원을 주관한다는 하나님의 자유로운 결정에 대항하여, 우리 스스로 대비하려는 수단이 된다. 우리는, 물론 성서에 근거해서, 하나님에 대항하여, 자유로운 뜻이라고 하는 예측치 못할 하나님의 지혜에 대항하여, 우리 스스로를 지키기 위한 기준들을 세운다. 우리가 하나님에게 하나님 자신의 계시에 기인하는 명백한 덕행을 제시할 수 있다면, 우리는 안심할 수 있을 것이다. 하나님은 우리를 정죄할 수 없고, 우리는 하나님의 손에, 하나님의 자유로운 결정에 맡겨지지 않을 것이다.

우리에게는 언제나 가인의 고뇌가 있다. 아벨과 가인은 둘 다 하나님에게 제물을 올렸지만, 하나님은 그 중 하나를 택했다. 그 이유는 대체 무엇일까? 하나님은 다른 하나를 버렸다. 그 이유는 대체 무엇인가? 다른 하나의 제물을 버릴 권리가 하나님에게 없다는 것을 하나님 자신의 말씀에 근거해서 우리가 입증할 수 있다면, 우리는 승리하게 될 것이다.[233] 우리는 하나님을 우리가 만든 체계에 결속시켜서, 우리 앞에 일어날 일들을 확실히 알게 될 것이다. 우리가 이미 알고 대비할 수 있는 까닭에 하나님은 더 이상 아무 것도 우리에게 할 수 없을 것이다. 성서적으로는 언제나 바로 이와 같은 것이 유대교나 기독교의 도덕이 의미하는 것이다.

물론 그런 저주스런 주문이 우리 마음속에, 언제나 분명하게 의식되는 것은 아니지만, 존재하는 것이다. 실제로 그런 것이 의미하는 것을 살펴볼 필요가 있다. 한편으로 그것은 우리가 하나님의 말씀으로 하나님에게 반격한다는 의미를 지닌다. 그것은 사단이 하는 일이다. 사실 우리가 알다시피, 사단이 예수를 시험할 때, 사단은 하나님의 아들을 유혹하기 위해서 하나님의 말씀을 사용했다. 우리가 하나님의 말씀을 이용하여, 하나님을 얽어매고, 하나님에게 대항하여 우리 자신을 지키려는 것도 마찬가지이다. 다른 한편으로, 그런 일은 우리가 하나님이 불의하고 냉혹하고 독재적이라는 의심을 품고 있다는 사실을 의미한다. 하나님 앞에서 제정된 모든 도덕

---

233) 루는 그 점을 정확히 지적한다(H. Roux, *Les epîitres pastorales*). "사람은 하나님의 은총을 뛰어넘지 못한다. 사람은 관습에서 나오는 하나의 법이나 지혜를 하나님의 복음에 덧붙일 수 없다. 더군다나 사람은 도덕으로 신앙을 보완할 수 없다."

은 하나님의 자유로운 뜻에 순종하기를 거부하는 것이다. 그리하여 도덕은, 심지어 특히 하나님의 뜻을 표명하고자 할 때조차도, 하나님의 뜻에 대한 도전이 된다. 왜냐하면, 바로 그 때에 사람들은 하나님의 신성을 거부하기 때문이다. 우리는 하나님의 신성에서 아무 선한 것도 기대하지 않게 된다. 그것은 우리가 하나님을 사랑하지 않는 증거이다. 하나님에 대한 우리의 관계는 사랑의 관계가 아니고 두려움과 힘의 관계이고 서로 구속하는 관계이다.

인간이 수립한 도덕은, 하나님의 뜻에 근접해갈수록, 더욱 더 하나님을 향한 인간의 사랑이 의심되고 입증되는 증거가 된다. 그래서 도덕은 하나님에게서 더 강한 질책을 받게 된다.[234] 그런 까닭에 우리는 복음서에서 예수 그리스도가 서기관들과 바리새인들을 향해 그렇게 혹독한 질책을 하는 장면을 보게 된다. 그렇지만 그들이 오늘날 우리가 단순하게 생각하는 의미의 위선자들이 아니었다는 사실을 결코 잊지 말아야 한다. 그들은 율법의 지식과 실천에 늘 진지한 관심을 기울인 사람들이었다. 그들은 족장들에게 계시된 것을 정말 이루려고 했고, 그래서 하나님과 관계를 바르게 하려고 했다. 그들은 정말 진정한 선의를 가진 사람들이었다. 율법에 따라 살려는 그들의 의도와 생각 가운데는 진리의 일단이 분명 존재했다. 그러나 하나님과 관계를 바르게 하려는 그들의 의지는 하나님에게 거지가 구걸하듯이 요구하지 않고 아무것도 빚지지 않으려는 것인데, 바로 그것이 그들의 삶에 있는 근본적인 악이었다. 그래서 그들이 하나님에게 아무것도 빚지지 않기 위해서 하나님의 율법을 실천한 까닭에, 예수 그리스도는 그들을 아주 가혹하게 정죄하고, 반대로 율법을 실천하지 않는 사람들인 이방인들과 창녀

---

234) 니버는, 어떻게 순수한 역사적인 측면(그 동기가 자유주의이든, 현실과 유리된 초월적 신학이든, 상관없이)을 채택한 기독교가 사실상 스스로의 윤리와 문화의 타락에 이르게 되는지를 잘 규명한다(R. Niebuhr, *An Interpretation of Christian Ethics*, p. 20). 도덕은 결국 교회 내에서 타락을 유발하는 역할을 하고 있다.

들, 즉 부도덕한 사람들을 맞아들인다.

성령의 역사와 기독교 윤리의 관계

성령235)의 역사와 성령의 영감과 성령의 인도함이 없이는 그리스도인의

---

235) 우리는 신학적인 성령론을 정리하려는 욕심은 없다. 거기에 대한 해석들은 수도 없고 그 미묘한 차이점들도 끝이 없다. 여기서 우리는 윤리 문제의 이해에 필요한 요소들로 채택한 것을 제안의 형식으로 제시하는 데 그칠 것이다.

하나님은 교회의 사역이 아니라 성령의 활동에 의해서 세상을 다스리고 그리스도인의 삶을 주관한다. 그러므로 교회는 교회론적인 윤리를 제정하지 말아야 하고, 더군다나 계명들을 수립하지는 말아야 한다(N. H. Soë, Christliche Ethik, §9).

성화는 우리 안에서 성령이 역사하는 것이다(A. de Quervain, Die Heiligung, p. 75). 케스윅 운동(le mouvement de Keswick, 1870년대의 성화 운동)이 그 점을 강조한 것은 타당한 일이다(참조: Jean Cruveillier, La santification par la foi et le mouvement de Keswick, 1932). 심령주의(spritualisme)를 따르지 말아야 하지만, 성령의 특유한 활동을 부정해서도 안 된다. 이는 곧 그리스도인의 삶은 오로지 성령이 부여하는 것으로 이루어진다는 말이다.

성령은 우리 인격에 통합되지 않고 우리의 일부분이 되지 않으면서 우리 안에 역사를 이루어간다. 성령은 우리에게 양도되지 않으며, 성령을 획득하는 방법은 존재하지 않는다. 성령이 우리에게 알게 하는 선은 결코 객관화된 지식이 아니다. 하나님의 계명의 요구에 따라 살아가는 것이 중요하고, 성령은 우리의 삶을 통해서 역사할 수 있다.

성령의 역사에 응답하면서, 오직 신앙만이 우리로 하여금 성령이 요구하는 것(신앙이 없이는 미친 짓이거나 아무 소용없는 일에 해당하는 것)을 수용하고, 성령의 긴급한 인격적인 특성을 수용하게 한다. 그러므로 신앙을 떠나서는, 계명에서 도출되는 윤리는 존재할 수 없고, 받아들여질 수 없다. 그런 의미에서 기독교 윤리는 반드시 신앙의 윤리라고 해야 한다. 그러나 신앙 자체는 여전히 하나님의 선물이다(A. de Quervain, 앞의 책, p. 82).

선은 결코 우리가 개인적으로 한 일이 아니고, 성령이 우리 안에서 역사한 것이다(N. H. Soë, 앞의 책, §20). 성령은 우리로 하여금 선을 알게 하고, 사건 속에서 선을 지각하게 하고, 결정에 긍정적인 의미를 부여하고, 우리에게 있어서 하나님의 계명이 살아 현존하게 한다. 그러므로 독립적인 윤리의 성립은 불가능한 것이다. 어떤 미덕도 본질적인 가치를 지닌 것으로 성서에 기록되어 있지 않다. 모든 미덕은 성령의 활동에 의한 예수 그리스도와의 관계를 통해서만 가치를 지니는 것이다.

성령은 '윤리의 정지'를 초래할 수 있다. 프뤼네가 정확히 지적한다. "요한은 윤리의 정지를 통한 윤리의 완성의 역설을 최대한으로 밀고 나간다."(참조: Olivier Prunet, La morale chrétienne d'après les écrits johanniques에서 요한 신학의 성령 단원을 볼 것.)

그러나 앞선 모든 제안들은 매 순간 성령의 직접적인 영감을 받아 개인적으로 행동한다는 것을 뜻하지도 않고, "성령은 임의로 분다"는 구절 때문에 자주 주장되는 윤리적 비일관성을 뜻하지도 않는다. 그런 의미에서 칼 바르트는 '지금 여기서'의 영감에 조금 지나치게 기울은 소에(Soë)를 비판한다(K. Barth, Dogm. III, 4, §52). 힐러달은 윤리의

삶은 존재하지 않는다. 우리의 삶을 인도하는 하나님의 개입의 필요성은 기독교 도덕을 세우려는 우리의 주장에 종지부를 찍고 우리로 하여금 그 도덕의 불가능성을 깨닫게 한다. 우리는 실제로 우리가 원하는 만큼 하나님의 계명을 밝히 드러낼 수 있다. 그런데 성령이 우리 안에서 역사하지 않으면, 우리가 아는 것은 헛된 것이고 우리는 결코 그것을 실현시킬 수 없게 된다. 그런데 성령은 바람처럼 임의로 분다. 성령의 개입과 그 결과는 예측이 불가능하다. 성령은 얽매일 수도 없고 붙잡힐 수도 없다. 성령은 임의로 오고 간다. 우리가 성령의 빛을 따라 나아갈 때, 우리는 그 빛이 갑자기 사라지지 않는다고 확신할 수 없다. 우리가 성령의 실재를 붙잡았다고 믿을 때, 우리는 돌연히 텅 빈 것을 발견하게 된다. 그래서 우리는, 도덕적 금욕, 영적인 진보, 신비적 여정 등을 지향하는 우리의 의지에서나, 우리의 행동에서나, 우리가 하는 일에서나, 예측 가능하고 연속적이고 일관적인 것을 수립할 수 없다. 왜냐하면, 성령의 개입만이 우리로 하여금 하나님의 계명을

케리그마적 성격을 환기한다(G. Hillerdal, "Unter welchen Bedingungen ist evangelische Ethik möglich?," in *ZEE*, 1957).

성령은 순수한 신비에 그치는 것이 아니다. 우리는 성령이 정의의 영이자, 진리의 영이지 사랑의 영(참조: Olivier Prunet, 앞의 책)인 것을 안다. 성령은 인간에게 예수 그리스도와 다른 진리를 전하지 않는다. 성령은 인간을 인도하는데 있어서 삼위일체로부터 독립된 자주성을 가지지 않는다.

성령은 오직 예수 그리스도의 말씀을 통하여 인간에게 말한다. 성령은 개개인에게 그 말씀이 살아있게 하고, 복음을 현존하게 하고 율법 자체 속에서 복음을 간파하게 한다. 성령은 하나님의 계명을 있는 그대로 받아들이도록 우리의 귀를 열어준다. 그래서 성령은 영원성과 객관성과 사건과 연관되고, 우리로 하여금 끊임없이 그런 것을 향하게 한다(K. Barth, 앞의 책).

성령의 활동은 인간의 개인적인 결정과 독립성과 윤리적 책임을 없애지 않는다. 하나님은 인간의 독립성을 존중하고, 언제나 인간이 사랑 안에서 자발적인 순종의 자유로운 결정을 내리기를 기대한다. 하나님은 결코 성령의 강력한 개입을 통해서 인간을 기계처럼 부리지 않는다. 성화는 영적인 자동장치의 작용과 같은 것일 수도 없고, 성령의 지시에 의한 일련의 거룩한 행동들일 수도 없다. 성화는 성령의 중재를 통하여, 예수 그리스도의 역사에 의해 존재가 갱신되는 것이다. 그러나 그 변화는 우리의 개인적이고 자유로운 결정의 의사표명을 전제로 한다. 그렇게 해서, 칼 바르트가 말하듯이, 윤리의 임무는 하나님과 인간의 관계의 역사를 따르는 데 있다. 그 역사 속에서 윤리적 사건이 일어난다.

듣고 순종하는 능력을 지니게 하기 때문이다.

성령만이 우리로 하여금 하나님의 계명을 실제로 우리 개개인을 향한 말씀으로 듣게 하고, 이어서 우리에게 그 계명을 이행할 힘과 능력을 부여한다. 성령의 빛이 우리에게 하나님의 말씀과 그 명령을 비추기 이전에는, 우리는 그것을 이행하기에 필요한 능력, 우리 자신의 내재적인 힘을 갖지 못한다. 그 능력은 계명에 관한 지식이 우리에게 주어지면서 일어나기 시작할 것이다. 성령의 개입은 말씀을 개개인에게 전하는 것뿐만 아니라, 즉각적으로 그 말씀을 실행하는 능력을 우리 안에 만들어낸다. 우리가 내일로 미루면서 성령의 빛이 비춰준 말씀에 대한 깨달음을 우리 마음속에 감추어둔다면, 내일에 이르러서 우리는 그 말씀을 이해할 수는 있겠지만, 그 말씀을 실행할 능력은 더 이상 갖지 못할 것이다. 왜냐하면, 그 능력은 성령의 임재에 연결되는 것이기 때문이다.

하나님은 우리 안에 '원함과 행함'을 불러일으킨다. 더군다나 성령의 개입은 우리로 하여금 규범과 기준을 뛰어넘어 행동할 수 있게 하고, 새로운 것, 혁신적인 것을 지향할 수 있게 한다. 그 시점에서는 어떤 도덕적 판단도 개입해서는 안 된다. 우리는 성령의 개입을 방해하거나[236] 인간을 기독교 도덕과 성령의 명령 사이에서 갈등하게 하려는 목적으로 도덕을 수립할 권리가 없다. 그렇다면 기독교 윤리를 제정하는 것이 무슨 유익이 있겠는가?[237] 성령이 그 윤리에 반대하여 우리의 선의에도 불구하고 우리를 하나

---

236) ▲이것은 어떤 의미에서는 도스토예프스키의 대심문관이 말하는 역사의 의미가 된다.

237) 칼 바르트는 강력하게 천명한다. "신학적 윤리의 대상은 인간이 붙잡은 하나님의 말씀이 아니라, 인간을 붙잡은 하나님의 말씀이다."(K. Barth, *Dogm. II*, 2, 2, p. 39.) 이는 기독교 도덕을 말하는 것이 불가능하다는 사실을 더 잘 밝혀준다. 기독교 도덕은 성서에 대한 주석조차 될 수 없다. 마찬가지로 우리는 여기서 우리 행동의 기준이 되는 것은 하나님의 결정이라는 사실을 상기해야 한다(K. Barth, 위의 책, p. 148 및 그 이하). 그런데 이 하나님의 결정은 하나의 관념이나 원리나 체계가 아니다. 그것은 언약 안에서 수립되어 예수 그리스도 안에서 내린 진정한 결정이다. 그러므로 그 결정은 우리가 어떻게 다듬을 수 있는 것이 아니고, 단지 우리가 내리는 결정들의 근거가 된다. "윤리적인 성찰은

님의 대적자로 바꿀 수도 있으니, 성령이 없이는 윤리는 아무 유익이 없다. 또한, 양심적으로 신실하게 우리가 율법과 복음이 규정한 것을 우리 자신의 힘으로 실천한 것이라 하더라도, 성서는 우리에게 성령의 인도 가운데 행하지 않은 것은 아무런 가치도 없는 허망한 것이라고 전한다.

　사도 바울이 우리의 기도에 관해 말한 것은 우리의 행위에 대해 말한 것보다 훨씬 더 큰 가치가 있다. 하나님 앞에서 성령이 우리의 두서없는 빈약한 기도의 통역자가 된다면, 더더욱 성령은 우리의 부당한 행위를 정당한 것으로 만들어 하나님 앞에서 자신이 책임을 떠맡는 존재가 되어야 한다.238) 객관적인 사실의 관점에서 동일하고 윤리적인 관점에서 동등한 똑같은 행위들과 똑같은 의결들과 똑같은 결정들도, 실제로 하나님 앞에서는, 성령의 영감을 받거나 받지 않은 데 따라서, 동일한 가치나 동일한 의미를 지닐 수 없다. 이는 기독교 윤리가 완전히 허망한 것임을 말해준다. 모두 다 실천한다 해도 마치 아무것도 하지 않은 것과 같다면, 행위방식을 규정하고, 해야 할 일들과 함양해야 할 덕목들을 제시하는 것은 아무 소용이 없다. 사실 모든 것이 예수 그리스도에 의해 다 성취되었으므로, 우리가 도덕적 규범들을 실행하여 우리가 성취할 것은 당연히 아무것도 없다. 우리가 수립한 도덕은 결코 그 확정된 목적을 이룰 수 없다.

　그 이전의 결정들이나 그 이후의 결정들에 대하여 우리의 결정들 하나하나에 수반되는 깨달음이 될 것이다." 그 이상은 절대 아니다.

238) 어떤 의미에서, 우리는 여기서 리쾨르(Ricoeur)가 강조한 유한한 계명과 무한한 요구의 충돌을 발견한다(K. Barth, 위의 책, p. 58 및 그 이하). 리쾨르가 유대교 윤리의 변증법으로 기술한 것은 기독교 윤리에 있어서도 불가피한 것이라고 나는 생각한다. 계명과 가치는 아주 거룩한 하나님의 요구를 근거로 해야만 건질 수 있다. 이 요구는 하나의 윤리를 통해서만 표명될 수 있다. 그러나 윤리는 끊임없이 표명해야 하는 것을 배반한다.

기독교 윤리의 무익성

하나님의 언약 가운데 있기 위해서는, 무슨 일인가를 이루는 것보다 하나님의 은총을 따라 살아가는 존재가 되는 것이 훨씬 더 중요하다고 계시는 우리에게 선포한다. 행동과 선의 실천과 도덕규범의 준수[239]는 그 자체로는 아무 가치가 없다. 중요한 것은 살아가는 삶이다. 중요한 것은 나날이 어떤 유형의 삶을 좇아가고, 현실의 어떤 영역을 진리로 채워나가는 것이다. 물론 살아가는 삶이라는 점에서 그 삶은 어떤 행위나 행동으로 나타날 것이다. 그러나 행동이 가치가 있는 것은 오로지 그 행동이 어떤 삶을 나타내기 때문이다. 책임이라는 개념이 뜻하는 것도 바로 그것이다. 모든 기독교 윤리가 "어느 정도까지 내가 하나님의 동역자인가?"라는 질문을 공식화한 데 지나지 않는다면, 기독교 윤리는 문자 그대로의 윤리 체계로서는 존재할 수 없게 된다. 인간이 홀로 텅 빈 공간 속에서 사는 존재가 아닌 까닭에, 인간이 예수 그리스도 때문에 필연코 하나님과 마주해야 되고 그 목적에 따라 객관적인 평가를 받아야 하는 까닭에, 인간이 존재하고 행하고 원하는 모든 것은 끊임없이 하나님에 의해 객관적인 심사를 받아야 하는 까닭에, 또 그런 것이 기독교 윤리의 내용인 까닭에, 기독교 윤리는 객관적인 요소들의 체계나 코드가 될 수 없다.

성서 속에서 도덕은 규범들이 아니라 미리 예정된 하나님의 백성이라는 상황에 의해 규정된 특정한 삶의 방식이다. 그것은 자주 나오는 '합당한'이라는 말로 드러난다. 그것은 복음에 합당한, 주에 합당한, 하나님에게 합당한 방식으로 살아가는 것이다. 그런데 그것은 다른 것이 아니라 신앙의 표현이다.[240] 신앙은 새로운 인간의 탄생이고 삶이다. 새로운 인간은 하나님

---

239) ▲주체적으로 실현하고 완수하고 이행하는 도덕규범일지라도, 그 모든 것은 도덕명령의 집행과 똑같은 차원에 속한다.
240) K. Barth, 위의 책, p. 275.

의 눈에 선하고 좋은 일을 할 수 있게 된다. 왜냐하면, 신앙은 하나님이 의롭게 하는 것을 받아들이며 동의하는 것이기 때문이다. 새로운 인간은 선한 일을 할 수밖에 없다. 그렇지만 먼저 선한 일이란 윤리적으로는 어떻게 규정되어 있는 것인가? 그것이 불가능한 것을 확인하면서, 상황을 더욱 복잡하게 하는 것은 구약을 연구하는 전문 학자들이 현재 확인하게 된 사실에 있다. 그 사실은 우리가 보는 개념들과 계명들이 궁극적으로 진정한 의미의 도덕적인 내용을 지니지 않는다는 것이다. 율법은 도덕적인 규범이 아니다. 그리고 율법을 구성하는 계명들은 전혀 다른 정향과 의미를 가진다. 이를테면 어떤 관계의 수립, 어떤 영역의 경계, 어떤 자율성의 여지, 삶이나 죽음을 향한 지향 등에 관한 것들이다. 이는 도덕에 속하지 않는다. 마찬가지로 '정의'는 도덕적인 의미가 아니고, 힘과 구원의 증거와 선물 등과 같은 것이다. 거기에 도덕적인 내용이 존재하지 않는다.241) 그러므로 구약의 계명들과 율법을 도덕의 원천이나 내용으로 삼는 것은 어차피 배제된다. 왜냐하면, 사실은 우리가 우리의 도덕적 관념을 그 계명들과 율법들에 집어넣고, 율법을 우리의 인간적 도덕을 통해서 해석하기 때문이다.

　그러나 앞에서 우리가 언급한 것과 같이 행동에 대한 삶의 우위에도 불구하고, 혹은 그런 까닭에, 끊임없는 새로운 시도와는 달리, 모범적인 사례들을 본받는 윤리란 성립될 수 없는 것이다. 우리는 다른 곳에서 예수 그리스도를 본받는 문제를 살펴볼 것이다. 그러나 여기서 우리가 지적하고자 하는 것은 본받을 모범들로 구성된 윤리를 수립하는 것은 불가능하다는 사실이다. '성인들Saints'은 기독교 윤리의 구성요소가 아니다. 기독교 윤리는 베르그송과 많은 다른 사람들이 표명한 것과 같은 개방적인 윤리로서 창조세계, 가치 등과 같은 범주들에서 나오는 것이다. 거기서 은총은 성서나 교

---

241) 이 모든 주제에 관해서는 폰 라트(G. von Rad)의 *Théologie de l'Ancient Testament*을 참조하라.

회가 우리에게 말하는 인간 개개인의 삶에서 마지막에 가서나 고려하는 실체가 된다. 사도 베드로나 사도 바울의 여정이나 루터나 칼뱅의 여정을 되풀이하는 것은 엄밀히 불가능하다. 성서 인물들과 성인들은 전형적인 모범들이 될 수가 없다. 왜냐하면, 그들의 모든 존재 의미는 하나님이 그들에 관해 한 말씀에 기원하기 때문이다.242) 행동은 그 행동을 한 사람과 분리되면 아무 의미가 없다. 그러므로 행동을 고찰하고 판단하고 나서, 행동한 사람을 찾아 그 행동에 따라 그 사람을 판단하는 것은 있을 수 없는 일이다. 그건 오직 하나님만이 할 수 있는 일이다. 그것은 우리가 밟아야 할 순서와는 정반대가 된다. 사람을 아는 것이 결정적인 것이다. 그리고 행동은 그 사람이 한 행동으로서 평가되어야 한다. 그 행동을 한 사람의 인물됨에 따라 그 행동은 인정을 받거나 폐기되는 것이다. 행동은 더 근원적인 것을 나타내는 하나의 표지에 불과하다.

우리가 어떻게 보든 간에 행동은 그 자체로는 아무 내용이나 실체가 없는 것이다. 바리새인들의 행위는, 선한 행위일지라도, 예수 그리스도의 정죄를 받았다. 왜냐하면, 그 내면의 동기가 사악했기 때문이다. 인물과 그 인물이 한 행위가 완전히 부합하지 않을 수 있다. 그런 경우에 우리는 단지 먼저 그 인물을 파악함으로써 그 사실을 알 수 있다. 그러나 거기서도 오직 심판을 유보하는 하나님만이 그렇게 할 수 있다. 도덕이나 어떤 다른 기준에 따라 판단하는 것은 우리가 할 일이 아니다. 우리는 이 문제에서 객관성이 성립할 가능성이 없는 점을 드러내면서, 단지 도덕적 판단의 불가능성을 강조하고자 했다. 왜냐하면, 행위는 결코 객관적으로 파악될 수 없고 오로지 그 행위를 한 인물과의 관계를 통해서 파악될 수 있기 때문이다. 그러므로 하나님의 뜻에 따르면, 중요한 것은 선을 행하는 것이 아니라 신앙을 구현하는 것이다. 그것은 근본적으로 다른 것이다. 결과를 내는 것이 아니라 열

---

242) D. Bonhoeffer, 앞의 책, p. 75 및 그 이하.

매를 맺는 것이 중요하다. 열매의 문제는 실제로 그 열매를 맺는 나무의 문제이다. 그러므로 도덕을 규정하고 행할 행위들을 기술하는 것이나, 또는 그리스도인의 삶의 방식을 제시하는 것조차도 아무 소용이 없는 일이다. 그런 것은 전부 다 인간에게 무용한 것이다.

실제로 인간이 처한 상황은 두 가지로 볼 수 있다. 하나는 인간이 계시를 받지 못하고 자신에게 주어진 은총을 경험하지 못한 상황이다. 그런 경우 인간이 하나님의 뜻에 따른 명령이 의미하는 것이 무엇인지 어떻게 알 수 있겠는가? 인간이 어떻게 그런 유형의 삶이 필요하다고 진지하게 받아들이며, 무슨 이유로 자신에게 요구되거나 또는 규정지어진 행위와 일을 담당하겠는가? 다른 하나는 인간이 하나님의 사랑과 주어진 구원을 알고 경험한 상황이다. 그 경우 어떤 걸 부과하고 어떤 유형의 삶을 제시하는 것이 무슨 의미가 있겠는가? 그래서 사도 바울은 말한다. "'붙잡지도 말라, 맛보지도 말라, 만지지도 말라' 하는 것들은 모두 다 한때에 쓰이고는 없어질 것으로서, 인간이 정한 규정과 교훈을 따른 것이다."골2:21-22 신앙으로 하나님의 언약 가운데 살아가는 사람은 그리스도인의 삶에 관한 그런 규정과 교훈을 더 이상 필요로 하지 않는다. 그는 자신이 할 일을 알고, 자신이 나아가는 목표를 알고, 누가 자신을 인도하는지를 안다. 그는 스스로 자신이 가진 능력을 통해서 자신의 책임 하에 자신의 길과 할 일을 선택해야 한다.

이처럼 인간이 처한 두 가지 상황 속에서 기독교 윤리는 완전히 헛되고 무익한 것이다. 더 나아가 기독교 윤리가 다른 모든 것보다 훨씬 더 헛되고 무익한 것이라는 말까지도 할 수 있다. 왜냐하면, 어떤 도덕이라도, 모든 사람들에게 가치 있게 보이는 일반적인 어떤 것, 즉 이성, 연대성, 실존, 본능 등과 같은 것에 기반을 둠으로써, 사람들로부터 타당성을 인정받을 수 있기 때문이다. 그래서 그 도덕은 그 자체로 가치를 지닌다. 그 도덕을 실천하는 사람이 아무도 없다 하더라도, 또는 그 도덕이 한 인간의 노력으로 세워진 유일한 기념비에 해당하는 것에 그치더라도, 그 도덕은 인간성에 관한 증언으로 남을 수 있고, 어쩌면 그 도덕을 따르려 하지 않던 사람들을 심판하는 근거가 될 수도 있다. 그러나 기독교 도덕은 그와 같지 않다.

기독교 도덕은 아무도 실천하지 않는다면 아무것도 아니다. 기독교 도덕은 어떤 객관성도 지니지 않고, 스스로 어떤 권위도 보유하지 못한다. 왜냐하면, 기독교 도덕은 하나님의 말씀이 아니기 때문이다. 사람들이 따르지 않고 삶으로 연결되지 않는다면, 기독교 도덕은 인간이 만든 도덕에 관해 인정할 수 있는 증언과 심판의 근거로서의 가치도 가질 수 없다. 왜냐하면, 하나님이 수용하는 유일한 증언은 살아있는 인간이기 때문이다. 유일한 판단은 말씀의 판단이다.[243]

실천을 하게 된다면, 기독교 도덕은 도덕으로서 존재하지 않게 된다. 왜냐하면, 그것을 실천하는 사람은 그것으로 살기 때문이다. 그 사람은 계명을 따르지 않고 목표를 실현하지 않는다. 그는 자신을 먹이고 기르고 인도하는 하나님의 말씀으로 산다. 그 사람의 행위가 신학자가 수립한 기독교 도덕에 부합한다면 그 도덕으로서는 다행이다. 그 사람의 삶은 그 신학자의 일을 정당화한다. 단지 그뿐이다. 왜냐하면, 성령의 역사를 통해서 개개인의 일은 개별적인 것이 되고 그 삶도 마찬가지가 되기 때문이다. 은총에 붙잡힌 사람은 더 이상 어떤 한 사람이 아니며, 많은 사람들 가운데 한 사람이 아니다.[244] 그는 인격체로서의 한 개인이다. 인격체로서의 개인이 성립되는 근거와 이유는 하나님이 2인칭의 '너'라고 호칭하는 인격적 행위 이외

---

243) 본회퍼는 이 점을 강력하게 상기시킨다(위의 책, p. 149 및 그 이하). 기독교 윤리는 실천을 요구한다. 실천되지 않으면 기독교 윤리는 무의미하다. 하나님의 율법은 해석이 아닌 실행을 요구한다. 율법은 실천하지 않으면 망각되고 마는 것이다(약1:25). 인간은 오직 삶으로 실천함으로써 계시를 지킬 수 있다. 하나님의 말씀은 그 구현을 위해 완수한 행동을 통해서만 파악된다.

244) 그 모든 것은 선택에 의한 인간의 예정론에 포함되어 있다는 것은 분명한 사실이다. 그러나 그것이 인간의 자율적인 결정을 가로막지는 못한다(참조: K. Barth, *Dogm. II*, 2, 2, p. 3).

에는 달리 있을 수가 없다.

이 개인적인 인격화는 개개인의 삶이 유일한 개성을 지니게 한다. 단 하나의 그리스도인의 삶이란 존재하지 않는다. 그리스도인들의 숫자만큼 많은 삶들이 존재한다. 그리스도인이 할 일들이 따로 존재하지 않는다. 성령이 한 사람 한 사람으로 하여금 결정을 하고 거룩함을 이루게 하는 일들이 그리스도인에게 존재한다. 이제 사람들은 미리 확정되지 않는 여정에 나서는 가운데 끝없이 새롭게 열리는 길들이 펼쳐지는 세계 속에서 살아가게 된다. 이제 사람들은 언제나 놀라운 새로움 속에서 살아가게 된다. 그 이유는 거기에 연속성이 없고 어제와 오늘이 단절성을 띠기 때문이 아니라, 오늘의 혁신이 어제의 결정에 의해 논리적이고 합리적으로 연역될 수 없기 때문이다. 그것은 인간의 논리와 합리적인 실존 방식에 따르지 않고, 어제와 오늘을 연결하는 더 심오한 진리와, 더 심층적인 논리를 따르지만, 내일 일을 알도록 허용하지 않는다.[245]

그리스도인의 삶은 순종의 삶인 한, 그래서 그리스도인의 도덕적 행동에 대해 가능한 유일한 기준이 외부에서, 자신의 미래에서, 하나님에게서 나오는 한, 그리스도인은 미리 수립된 객관적인 도덕 체계를 포기해야 한다고 볼 수 있다. 왜냐하면, 그 도덕 체계에서 그리스도인은 하나님으로부터 매 순간의 선물로 주어지는 부활의 생명을 누리지 못하게 되기 때문이다. 복음은 결코 우리에게 하나님의 뜻을 실현할 수단들을 주지 않기 때문에 더더욱 그렇다. 예컨대 불트만Bultmann에 따르면, 복음은 어떻게 사랑해야 하는지가 아니라 누구를 사랑해야 하는지를 말한다. 사랑하는 방법은, 하나님이 진정한 사랑을 표현하도록 허락한 우리의 자유의 차원에 맡겨져 있다. 그런데 그 사랑은 우리에게 전한 계명을 통해서 하나님이 말을 건네는 사람의

---

245) 이 혁신의 중요성에 대해서는 무엇보다 크레스피의 글을 참조하라. G. Crespy, *Christianisme social*, 1957, p. 832.

지시에 의해 결정된다.

　새로운 삶을 사는 까닭에 그리스도인은 창의적으로 그 삶을 일궈가야 한다. 그 새로움이 살아가는 방법과 목적에 관련된 것이라면, 그 일은 어떤 규범의 적용이 아니라 어떤 능력을 필요로 한다.[246] 신앙의 혁신은 새로운 윤리적 형식을 계속 창안하는 것이다. 기독교 도덕이 규정하고 예측하고 정리하고 도식화하는 것은 엄청나게 위험한 결과를 초래할 수 있다. 기독교 도덕은 신앙의 창의성을 고갈시킬 수 있고, 성령의 활동을 정체시킬 수 있다. 그것은 진지한 그리스도인을 안일하게 호도하여 다음과 같은 말을 표명하게 할 수 있다. "이 전체가 다 하나님의 말씀에 부합하여 잘 정리되고 규정된 것이다. 내가 이걸 실천한다면… 어째서 내가 이 이외의 다른 데서 찾으려 할 것인가? 어째서 새로운 길에서 헤매고 말 것인가? 교회 전통이나 신학자들의 지성에 의해 확보된, 바로 이것이면 충분하다." 이처럼 기독교 윤리가 제공하는 모델이 예수 그리스도를 향한 신앙에서 창조적인 능력을 떼어놓고, 가장 소중하고 가장 필요한 것을 앗아간다. 창조적인 능력이 없으면 교회는 안주해버리고, 그리스도인의 삶은 계속해서 진화하는 세상에 비해 뒤지게 된다.

　신앙의 윤리적 혁신은 하늘에서 일어나는 것이 아니라, 지상에서, 내가 현재 있는 곳에서 일어나는 것이다. 그것은 어떤 의미에서 성령의 요구와 인간이 처한 구체적 상황이 충돌하는 것에 대한 인간의 응답이기도 하다. 성령의 요구는 불변의 영원한 것인지도 모르지만, 천국이 아닌 곳에서는 변화 없이 인간에 의해 온전히 실행될 수 없다. 지금 이곳에서 성령의 요구는 단지 아주 부분적으로 아주 초보적으로 가변적인 형태로만 실현될 수 있을 뿐이다. 왜냐하면, 인간이 변하고 또 인간이 마주하는 상황들도 변하기 때문이다. 인간의 책임으로서 인간에게 개인적으로 요구되는 일은 성령의 영

---

246) G. Hillerdal, "Unter welchen Bedingungen ist evangelische Ethik möglich?," in *ZEE*, 1957.

원한 요구가 어제가 아닌 오늘의 세계 안에서 현재의 논란과 사건들 가운데 실행될 수 있는 방법을 창의적으로 만들어내는 것이다. 시대가 변하고 상황은 결코 동일하지 않은 만큼, 과거에 한 일들은 우리에게 거의 다 소용이 없다. 그 일들을 계속 반복하는 것은 가당치 않다. 더군다나 성령이 우리에게 실행할 방식과 방법을 가르쳐주리라고 기대하지 말아야 한다. 성령은 하나님의 말씀의 완전한 권위와 진리를 현재화하고 힘을 북돋아주고 우리에게 예수 그리스도의 임재를 보장해주는 것으로 충분하다. 그 이외의 것은 우리가 할 일이고 우리가 맡을 책임이다. 그런데 안타깝게도, 너무나 잘 짜인 기독교 윤리는 이러한 인간의 혁신과 현존을 가로막는 장애가 될 수 있다.

기독교 윤리 체계 확립의 불가능성

물론 그리스도인의 삶은 성서에 따르면 일련의 결정들을 통해 밖으로 표출된다. 그 사실은 윤리의 수립을 부정한다. 그러나 그 결정들의 성격을 파악하게 되면 그와 같은 윤리 수립의 불가능성이 또 나타난다.[247) 그 결정들은 일반적으로 세상과 대립되어, 사도 요한과 사도 바울이 우리에게 알려준 세상의 가치와 원리와 결정들과 대립된다. 그런데 그 대립은 강화되거나 체계화되거나 도식화될 수 없다. 그 대립이 신앙 속에서 택한 윤리적 결정에 따른 것이고 그래서 박해를 받게 되는 것이라면, "박해를 받는 사람들은 복이 있다"는 경우가 된다. 그러나 그 대립이 기존에 수립된 윤리와 원리에 기인한 것이라면, "위선자들은 화가 있다"는 경우가 될 것이다.

또한, 그 결정들은, 신학이 우리에게 익숙하게 한 총체적 일반적 거시적

---

247) K. Barth, *Dogm. III*, 4, §52. R. Niebuhr, *An Interpretation of Christian Ethics*, p. 45, p. 105, p. 166, p. 187.

관점들과 대립된다. 그 결정들은 언제나 산문적이고 미시적인 것들이어서 선행 결정과 명확한 규정의 대상이 될 수 없는 것이다. 그렇지 않으면 우리는 다시 결의론에 빠지고 말 것이다. 결국 이 결정들은 자연인의 자발성과 충동과 욕구에 어긋나는 것들이다. 산상수훈 전체가 우리에게 그것을 입증한다. 예수가 우리에게 요구한 것들은 어떤 윤리적 근거에 의해서도 합리화될 수 없는 것들이다. 그것들은 도덕적인 것이 아니다. 그래서 우리는 그것들에 근거해서 어떤 명백한 윤리도 수립할 수 없다. 우리는, 기독교 도덕의 새롭게 왜곡된 형태인 금욕주의와 다른, 본성과 대립되는 윤리 체계를 제정할 수 없다. 칼 바르트가 말하듯이, 인간이 해야 할 것과 하지 말아야 할 것을 인간에게 정해주는 것은 십계명이나 산상수훈이 아니고, 개개인이 듣게 되는 하나님의 개인적인 명령에서 나오는 것이다.

앞에서 말한 것에 이어서 결국 우리에게 기독교 윤리가 불가능한 것을 입증하는 것은 종말론이다. 신약성서의 '에토스Ethos'는 이 세상에 천국이 임한다는 언약과 하나가 된다고 말할 수 있다.[248] 이 종말의 현존은 우리로 하여금 세상에 대하여 자유롭게 하고 천국에 참여하게 한다. 그리스도인의 삶은 당연히 '마지막 때'의 삶이다. 그리스도인은 이미 세상과 결정적으로 구분된 거리가 있다. 천국에의 참여는 불트만의 '탈세속화'로 이어진다. 그러나 종말의 사건들을 경험한 삶의 윤리를 구축하는 것은 명백히 불가능하다. 마찬가지로 마지막 때에 가서야 현실이 될 일이 이미 현존하는 것을 윤리의 형식으로 옮겨놓는 것도 불가능하다. 우리는 그 문제를 나중에 살펴볼 것이며 여기서는 간단히 언급하는 것으로 그친다.

---

248) G. Hillerdal, 앞의 논문.

기독교 윤리의 위험성

기독교 윤리의 불가능성과 무익성과 아울러서 그 위험성을 상기할 필요가 있다. 왜냐하면, 그리스도인의 삶과 그 삶에 관한 계시가 체계적으로 정립될 때부터, 그 정립된 체계에서, 바리새인들이 보여주듯이, '양심'이 생겨나는 것이 명백하기 때문이다. 선하고 덕 있는 것이 무엇인지 미리 알고 있는 순간부터, 판단하려는 유혹과 더불어 사랑을 경시하는 마음이 지속적으로 일어나는 것이 분명하다. 앞에서 그 사실을 이미 지적했지만 여기서는 더 심층적으로 살펴볼 필요가 있다.

그런 관점에서 남들을 판단하지 말라는 계명이 가지는 중요성을 상기하고자 한다. 특히 판단에 관한 교훈을 반복하는 야고보서의 구절들약4:11-12을 상기하고자 한다. 야고보는 판단은 사랑이 없는 것이고 하나님의 자리를 대신하려는 것이라고 한다. 왜냐하면, 오직 하나님만이 판단할 수 있기 때문이다. 거기에 더해서 그는 아주 중요한 것을 말하는데 그것이 여기서 말하려는 것과 직접적으로 연관된다. 그는 형제를 판단하는 것은 율법을 판단하는 것이라고 말한다. 다시 말해서 이웃에 대한 판단을 가능하게 하는 윤리 체계를 구실로 우리는 하나님의 계시 자체를 판단하는 것이다. 어떻게 그렇게 될 수 있을까?

야고보의 생각은 다음과 같다. 주께로 돌아선 사람은 자신의 삶 안에서, 자신의 마음속에서 주의 계명을 받아들인다. 돌 같이 굳었던 그의 마음은 부드러운 살과 같은 마음으로 바뀐다. 그는 자신 안에 예수 그리스도의 법을 지니며 그 대리인이 된다. 그런데 야고보서 1장이 전하듯이, 이 법은 자유의 법이다. 다시 말해서 그리스도 안에서 자유롭게 된 그 이웃은 그리스도의 자유를 따른다. 그 결과로 그 이웃의 행위는 우리가 관여할 바가 아닌 것이다. 우리는 이웃을 결코 판단할 수 없다. 형제를 판단하는 것은 율법 자체를 판단하는 것이다. 왜냐하면, 하나님의 계명과 율법이 이제 그 형제 안에 있기 때문이다. 율법을 판단하는 것은 율법을 지키지 않는 것이다. 그러므로 판단하는 사람은 스스로 율법을 어기는 것이 된다.

남들을 판단하는 사람은 자신이 그리스도 안에서의 자유를 모른다는 사실을 입증하는 것이다. 그런데 말했다시피, 기독교 윤리의 수립은 거의 불가피하게 이 판단의 위험성을 지니게 된다. 우리는 그것을 영적인 차원과 아울러 역사적 경험 차원에서도 지적할 수 있다. 그리스도인들이나 교회가 객관적인 명확한 윤리를 규정하게 될 때마다, 신학자들이 신학적인 소재들에서 구체적인 결론들을 도출하게 될 때마다, 사람들이 아주 급속하게 서로서로 상대방의 행위들을 판단하게 되어서, 사람들을 선한 쪽과 악한 쪽으로 나누고, 결국 판단이 앞선 탓에 복음을 전하는 모든 행위를 포기하기에 이르렀다. 바로 그런 의미에서 기독교 윤리는 교회에 항구적인 위험을 준다.

그러므로 예수 그리스도의 진리에 의한 기독교 윤리의 성립 가능성을 가로막는 모든 장벽들을 살펴보고, 또한, 하나님의 말씀이 도덕 전체에 대해 내리는 심판을 고려해본다면, 기독교는 근본적으로 반도덕적이라고 말할 수 있다. 기독교는, 계시된 진리를 충실하게 표현하는 것이라 할지라도, 도덕을 탄생시킬 수 없을 뿐만 아니라, 모든 도덕을 무너뜨린다. 기독교에 속하든 아니든 간에, 도덕은 예수 그리스도 안에서 이루어진 하나님의 결정과 반드시 충돌한다. 하나님의 결정은 인간의 삶과 진리를 인간이 수립하고 알고 경험할 수 있는 모든 것을 초월하는 차원에 위치시킨다. 기독교적이든 아니든, 도덕은 시작부터 이 장벽에 충돌하여 무너지고 만다. 물론 도덕은 그걸 무시하고 부정하고 마치 그것이 없었던 것같이 행할 수도 있다. 그러나 믿지 않는 이교도에게는 정상적인 그런 태도는 그리스도인에게는 불가능하다. 그리스도인은 계속해서 갈등을 겪게 된다. 그는 계시된 진리가 반도덕적이라는 사실을 결코 잊지 말아야 한다. 기독교 도덕은 수립되자마

자 출발점과 근거와 이유로 삼았던 살아있는 계시에 의해 문제시되어 머지 않아 붕괴되고 만다.249)

---

249) 기독교 도덕의 근본적인 불가능성을 떠나서, 개신교 안에 존재하는 윤리체계들의 극도의 다양성과 다원성과 모순성의 문제를 고찰해보아야 한다. 그 문제는 여러 가지를 돌아보게 한다. 먼저 '죄를 억압하는 도덕'이 있다. 여기서 죄는 극복할 수 없는 질긴 것으로서 기껏해야 억제시킬 수밖에 없는 것이고, 그래서 인간은 천국에 가서야 구원을 받는다는 것이다. 다음으로 '펠라기우스주의Pélagianisme'가 있다. 율법을 완전히 지키는 것은 인간본성의 능력이면 충분하다는 것이다. 그리고 '완전주의Perfectionnisme'가 있다. 거기에는 로마가톨릭, 아르미니우스주의, 자유주의 등의 여러 형태들이 존재한다. 세례나 개종이나 그리스도의 복음은 하나님을 향해 순종하는 마음을 자라나게 하는 하나의 씨앗이라는 것이다. 중요한 것은 더 이상 이미 격하된 율법이나 행동의 결과가 아니고, 현재의 행위와 진보라는 것이다. 또 웨슬리Wesley가 주장한 죄의 제거와 박멸의 테제가 있다. 그리고 완전의 단계들의 구분이나 행위들에 대하여 무차별적인 윤리적 상대주의의 테제가 있다. 물론 우리는 이 다양한 윤리체계들을 체계적으로 기술하고 또 비판하고자 하는 것은 아니다. 왜냐하면, 여기서 하나의 윤리학 개론을 쓰려는 의도는 전혀 없기 때문이다. 다만 우리는 하나의 비평을 하고자 한다. 신학의 다양성이 결국 '오직 성경Sola Scriptura'과 '성경 내용 전체Tota Scriptura' 사이에 간격을 두는 정도에 기인하는 것으로 설명되는 것과 같이, 기독교 윤리의 다양성은 신학과 윤리 문제를 분리시켜서 윤리를 전면에 내세우려 한다는 사실에 근거하여 설명된다. 윤리적인 사실, 현상, 문제, 가치 그 자체를 고찰하려는 의지는 모든 오류를 불러온다. 그래서 윤리를 원래의 낮은 자리로 되돌리고 그리스도와 그리스도의 사역으로부터 다시 출발해야 한다. 그리스도는 그리스도인의 도덕적 삶의 전부이다. 그리스도인의 법은 다름이 아니라 오로지 그리스도의 존재 그 자체이다. 그리스도 안에서 우리에게 생명이 주어진 것이기에 당연히 그리스도 안에서 우리 생명의 법도 주어진 것이다. 이 다양성은 우리가 뒤에 가서 거론할 일반적인 다양성과는 차원이 다르다. 그리스도인들을 위한 윤리는 장소와 시대와 문화에 따라서 변하는 것은 당연하다. 그런 윤리에 대한 반론은 존재하지 않는다. 그러나 우리가 여기서 지적하려는 것은 도덕 자체의 유혹에 기인한 도덕의 다양성이 지니는 유해성이다. 그것은 하나님과의 신앙적인 관계에서 인간을 분리시켜서, 윤리의 범위를 벗어나서, 도덕과의 관계 안에 두려는 것이다.

2장 기독교 도덕의 역사

다양한 세속적, 이교적 도덕들이 존재한다면, 우리가 위에서 얘기한 바 대로 시대가 바뀜에 따라서, 또한, 신학적 관점들의 차이에 따라서 다양한 기독교 도덕들도 존재한다. 신학이 바뀔 때마다 그리스도인들은 새로운 윤리를 수립할 필요성을 경험해왔다.[250] 그러나 우리의 의도는 다양한 기독교 도덕들을 돌아보거나 그 역사를 살펴보려는 것은 아니다. 또한, 과거의 기독교 도덕 이론가들에게서 추려낸 자료들을 활용하여 하나의 도덕을 수립하려는 의도는 더더욱 없다. 그들은 완전히 시대에 뒤처져있다. 그런데 교의학에서는 상황이 전적으로 다르다. 거기서는 과거의 신학자들을 준거로 삼고 하나님의 계시에 관한 그들의 주장을 이해하는 것이 당연하고 타당한 일이다. 그런데 정반대로 도덕 이론가들의 작품은 우리에게 더 이상 아무 의미가 없다. 그들이 신학자들보다 질적으로 더 못해서 그런 것은 아니다. 그들의 작품이 가치가 덜해서 그런 것도 아니다. 그 진정한 이유는 실제로 그 윤리가 더 이상 우리에게 해당되지 않는 사회적 · 정치적 · 경제적 상황과 연관된 것이기 때문이다. 그러므로 그 결론들은 그 출발점과 방법과

---

250) 여기서 칼 바르트가 정의한 '윤리 문제'를 피해갈 수 없다. 윤리 문제는 "인간 행동의 다양성과 다원성을 지배하는 확정된 원칙, 법, 규범, 관례, 규정 등의 가능성과 존재 이유를 찾으려는 탐구"이다(K. Barth, *Dogm. II*, 2, 2, p. 6).

더불어서 완전히 시대에 맞지 않는다. 그것들을 기독교 전통의 인식을 위해서, 또는 사례들로서 연구하는 것은 흥미로운 일이다. 그러나 그 이상은 아니다.

그러므로 아우구스투스나 암브로시우스나 칼뱅이나 루터의 저작들 속에서 오늘날의 기독교 윤리를 구성하는 요소들을 찾아낸다는 것은 생각조차 할 수 없는 일이다. 우리는 여기서 전혀 다른 관점과 전혀 다른 의도에서 역사의 문제를 제기하는 것이다. 우리는 기독교 윤리가 결국 성립 불가능한 것이라고 확고하게 믿는다. 그런데 어떻게 그리스도인들과 교회는 기독교 윤리를 제정하기에 이르렀을까? 어떻게 교회가 성립되는 초기부터 점차적으로 그 필요성이 인정되었을까? 어떻게 또 무슨 이유로 그 필요성이 증대되었을까? 어떻게 그리스도인들은 행동양식과 행위규범의 문제가 정말 제일 중요한 것이라고 생각하기에 이르렀을까? 이 문제는, 한편으로 신학의 경계를 넘어서서, 행위의 신학과 로마가톨릭의 이단에 이르게 했고, 다른 한편으로 믿지 않는 사람들로 하여금 기독교에 대해서 오직 도덕만을 인정하거나 받아들이게 했다. 여기에 어느 정도 심각한 문제가 있다는 사실을 인식해야 한다.

기독교 초기에 형성된 기독교 도덕의 문제

사도 바울의 서신서들과 히브리서는 초대교회시대부터 도덕적 문제가 구체적으로 제기되었다는 사실을 증언한다. 정경이 아닌 문서들은 그 사실을 더더욱 드러내고 있다.

그리스도를 메시아로 인정했던 유대인들인 그리스도인들은 처음부터 유대교를 통해 성취된 엄청난 과업을 물려받아서 계명들을 통해 표현된 하나님의 뜻을 알고 수용했다. 도덕은 이미 무한한 요구와 정해진 계명리쾨르의 압박 속에, 특히 바리새인들의 행위 문제 속에 이미 경색되어 있었다. 그 유산의 척결은 예수의 저주와 단절 선언으로 충분하지 않았다. 왜냐하면, 그 유산은 전대미문의 최고의 윤리적 경험을 담고 있었기 때문이다. 율법과 은총을 대립시키려는 의지가 있긴 하지만, 인간적 관점에서 하나님의 뜻을 윤리적으로 실천하는데 있어서 제일 가능한 근사치를 나타내는 윤리를 탐구하고 수립하는 것을 사람들이 부인할 수 있었을까? 은총에 의한 구원이라는 유일한 사실에서 출발하면서도, 하나님의 뜻에 따라 살아가야 한다는 성화의 필요성은 끊이지 않았기에 그것은 더더욱 어려운 일이었다.

그 즈음에 사람들은 바로 바리새인들이 시도하고자 했던 일에 접하게 되었다. 그것은 세세한 윤리 규범을 통해서 선지자들의 윤리를 실천하고, 하나님이 정한 규례에 따라 일상적인 삶을 철저하게 살아가는 것이다. 이 극단주의적인 자세는 타율적인 태도를 전적으로 몸과 마음을 다한 순종으로 변환시켰다. 사람들은 해야 할 일이 더 있나 하고 스스로 자문해야 했다. 왜냐하면, 그리스도인들이 자신들의 삶의 방식에 대해서 접하게 되는 문제는 바리새인들이 접하게 되었던 문제와 정확히 일치했기 때문이다. 바리새인들은 세상에서 가장 진지하게 그 문제에 응답하고자 집착했던 사람들이었다. 바리새인들을 문자주의적이고 율법주의적인 측면으로만 평가하는 것은 아주 피상적인 데 불과하다. 그들이 구하는 것은 현실의 삶에서 율법대로 살아가는 것이고, 하나님의 뜻으로서의 율법의 의무와 영혼의 의무[251]와 실천적인 삶을 결합하는 것이다. 아주 급속하게 사람들은, 계명 준수의 걱정과 근심, 도덕적 거룩성의 탐구, 타락한 세상 사람들과의 구별, 공덕 등과 같이 바리새인들이 추구하던 주요사항들을 다시 채택하려는 유혹을 받게 된다. 바리새인은 기독교 내에서 끊임없이 다시 생겨나는 유혹을 나타내는 하나의 표상이다. 율법에서 비롯되는 의에 대한 사도 바울의 비판은,

---

251) ▲Herford.

아주 근본적인 것이지만, 그런 윤리적 가능성에 대해 그리스도인들을 지속적으로 깨우치기에는 충분하지 않은 것이다. 그 윤리적 가능성은 실천하기 가장 힘들고 또 세심한 양심에 가장 유혹적인 것이다.[252]

　시초부터 근본적인 두 개의 문제들이 등장한다. 첫 번째 문제를 보자. 먼저 고린도서와 갈라디아서에 따르면 최초의 그리스도인들은 바른 생활방식을 가진 사람들이 아니었다는 사실을 확인하게 된다. 그들 가운데 음주벽, 방탕, 거짓말, 비방, 질투, 주술 등이 횡행했다. 어떻게 성령의 인도에 따라 살아야 할 그리스도인들이 현실적으로는 그렇게 악행을 저지르며 살아가는가? 이 그리스도인들은 그들이 정상적으로 준수해야 할 행동양식들에 대해 교육을 받을 필요가 있었다. 질책을 받아야할 경우, 그들의 행위가 성령의 인도에 의한 것일 수 없다는 사실을 밝혀주는 것이 마땅했다. 그 시대에 흔했던 통념으로서 교회사를 통해 끊임없이 다시 등장하곤 하던 하나의 사고방식, 즉 "성령이 나를 인도하므로 내가 하는 모든 것은 하나님 앞에서 선하고 정당한 것이다"는 방식을 극복해야 할 필요가 있었다. 그들이 실제로는 다른 사람들이나 이방인들과 같이 행동하고 있고, 그들의 신앙이 그들의 현실적인 삶 속에는 별로 반영되지 않는다는 사실을 그들에게 상기시킬 필요가 있었다.

　한편, 도덕적인 추문들과 잘못들에 대처하는 것 이외에, 사도 바울은 자신에게 제기된 윤리적 질문들에 대해 답해야 했다. 고린도서에서 제시된 사례들은 교회가 세워진 초기부터 신학자들과 '교회의 기둥들'과 같은 사도들에게 질문들을 제기하는 것이 의례적인 것이었음을 잘 보여준다. 아주 진실한 그리스도인들은, 자신들보다 훌륭한 사람들의 조언이 없이는, 자신들이 스스로 자신들에게 제기된 문제들인 도덕적인 문제들을 다 해결할 수

---

252) 우선적으로 리쾨르의 탁월한 분석을 참조하라. P. Ricoeur, *Finitude et culpabilité II*, 2, pp. 119–134.

없다는 사실을 잘 알고 있었다. 이처럼 윤리적인 문제들에 대한 자문은 중세에도 계속 증가하여, 교의론과 고해신부 제도를 탄생시키게 되는데, 당시에도 이미 아주 비중 있게 자리를 잡아가고 있었다.

사도 바울은 이 두 가지 대처 방식을 통해서 그리스도인들을 위한 윤리를 고안하기에 이른다. 거기서 그는 아주 신중하기는 하지만, 조언을 주기도 하고, 때로는 명령을 내리기도 한다. 사도 바울은 자신의 가르침을 늘 예수 그리스도의 존재에 근거하면서, 거기에 유일한 권위를 두고 그런 조언과 명령을 제시한다. 그러나 그가 신중을 기함에도 불구하고, 거기서 하나의 도덕이 성립되기 시작한다는 사실에는 변함이 없다. 특히 그 가르침을 하나의 윤리적 명령으로 인식하는 사람들에게는 더더욱 그렇다. 의심의 여지없이, 사도 바울이 율법과 은총의 상반된 대립을 그렇게 강조한 것은, 고전적인 명확한 해석에 따르면, 모세가 한 일과 예수 그리스도의 사역, 옛 언약과 새 언약이 상반되는 것을 표현하기 위한 것만이 아니다.

사도 바울의 서신서들에는 기독교 초기부터 계속 등장하는 도덕주의[253]를 극복하려는 뜻도 또한, 비치고 있다. 왜냐하면, 자신들의 행동을 염려하는 그리스도인들을 깨우칠 필요가 있었기 때문이다. 그들은 또한, 남들의 행동을 염려했다. 실제로 당시의 기독교 공동체들 안에서 사람들이 남들을 판단하고 또 서로 판단하는 일이 없을 수 없었다. 서신서들은 그런 잘못된 관습에 대한 정보도 우리에게 알려주고 있다. 판단하지 말라는 권고는 계속 반복된다.[254] 그런데 그런 판단은 확실히 남들의 행동에 관한 것이다. 그러므로 도덕적으로 훈계하려는 유혹은, 그리스도인이라 하면서 악행을 하는 사람들과 싸워야 하고, 또 당시 헬레니즘 사회의 퇴폐적인 풍습과도 싸워야 했던 만큼, 더더욱 아주 강력했을 것이다. 하나님의 은총에 의해서 성

---

253) ▲심지어 예수 그리스도에 근거를 두는 것조차 포함해서,
254) ▲로마서 2:1–14, 3:4, 고린도전서 4, 5장, 야고보서 2:4–4:11 등.

도가 되었으니 거룩하게 되어, 주변의 세속적인 사회와 분리되어야 했던 것이다.

두 번째 문제는 "어떻게 성령의 세례를 받고 새롭게 다시 태어난 사람이 죄의 권세 아래로 다시 빠져들 수 있는가?"라는 것이다. 어떻게 예수 그리스도에 의해 자유롭게 된 사람이 다시 사단의 노예가 되는 일이 일어날 수 있는가? 히브리서는 그 문제에 대해 엄격한 논의를 펼친다. 죄를 범한 사람을 다시 그리스인으로 인정할 수 있는가? 악행을 저지른 사람은 그럼에도 아직 믿음을 가진 것인가? "우리가 진리를 아는 지식을 받은 후에 고의로 죄를 지으면, 다시는 속죄하는 제사가 없고, 오직 두려움으로 심판을 기다리는 일과 반역자들을 삼켜버릴 맹렬한 불만이 남아있을 것이다."히10:26-27 알다시피, 그런 논의는 순교자들에 대해서도 이어진다. 고통 가운데 굴복하고 예수 그리스도를 부인한 사람들을 아직도 그리스도인들이라고 할 수 있는가? 그 문제에 대한 신학자들의 의견은 갈라진다.

그러나 히브리서가 상기시키는 문제는 더 애매하다. 왜냐하면, 거기서 나타나는 죄의 개념은 사도 바울의 죄 개념과는 완전히 동일하지 않기 때문이다. 그것은 분명 특정화된 도덕적 잘못과 윤리적인 의무를 어긴 것을 말한다. 그러나 그것은 그리스도인이 해야 할 일과 취할 삶의 방식에 관한 명확한 지식을 전제로 한다. 이는 하나의 규범이 존재하고 그것을 어기는 사람은 죄인이 되고 배척당한다는 것이다. 히브리서가 말하는 것은 바로 그런 의미이다. 그런데 2세기 초엽에 기독교에서 도덕적인 훈계의 뜻을 강조하는 그 무렵의 문서들은 결코 정경으로 받아들여지지 않았다. 그래서 우리는 거기서 도덕적인 것을 구하는 데 대한 어떤 회의감과 교회와 교회지도자들의 어떤 저항의식을 엿볼 수 있다. 도덕적인 문서들은 교육과 경건을 위한 자료로 승인되고 환영받았지만, 결코 정경이 되지 못했다. 그것은 아주 시사적이다.

그런데 그것은 다음 세기에 들어서서는 일반적인 도덕적 문제들을 제기하게 했다. 그리고 교회의 권위자들과 주교들은 그런 문제들에 대해서 결정을 내려야 하게 되었다.[255] 제기된 문제들은 이혼, 재혼, 고리대금, 돈의 용도, 황제에 대한 선서, 특정한 직업들의 금지, 군인이나 관리가 되는 것의 금지, 대중적 공연의 관람 금지 등과 같은 것들이었다. 이제 순전한 사적인 문제들만이 아니라 사회적 정치적 행위에 대한 문제들도 제기되기 시작했다. 권위자들이 권고와 제재와 견책을 하게 되었다. 일종의 도덕적인 틀이 관습과 같이 형성되고, 그리스도인들은 아주 자연스럽게 그 틀에 편입되었다.[256]

이런 모든 것과 함께 2세기에 고해성사가 제정되었다. 고해성사는 히브리서에서 제기된 문제를 해결하는 것이다. 즉, 세례를 받은 이후에 도덕적인 잘못을 저지른 사람은, 잘못한 것을 고백하고 속죄하는 고해성사[257]를 받아야 하며, 그런 후에는 하나님과 다시 관계를 회복하게 된다. 그것은 도덕적인 잘못뿐만이 아니라 관계 회복을 대상으로 했다. 그것은 2세기에 아직 제도로 확립된 것은 아니었고, 더군다나 진정한 보편적 도덕적 교리도 존재하지 않았다. 3세기에 변화가 일어났다. '칼릭스투스 칙령'édit de Calliste' 은 공식적으로 간통과 간음과 같은 도덕적 잘못에 대한 고해성사를 제정하고, 죄를 사면하고 교회 공동체에 복귀시킬 수 있는 권한을 주교들만이 아니라 고해신부들에게도 부여했던 듯하다. 이것은 소위 '고해 문제'를 유발했다.

그와 동시에 신학자들은 기독교 도덕에 직접적인 관심을 보이기 시작했

---

255) '디다케 Didachè'에는 분류하고자 하는 의지가 나타난다. 거기서는 선의 길과 악의 길을 나누고, 미덕의 교훈과 악덕의 목록이 구분된다.
256) 알렉산드리아의 클레멘스가 처음으로 실제 도덕이 존재하는 곳은 어디든지 그리스도가 역사하는 것을 뜻한다는 주장을 한 것으로 보인다. 객관적인 도덕은 하나님의 기준과 표지가 된다는 것이다.
257) ▲경우에 따라 공개적인 참회가 될 수 있다.

고, 기독교에 그리스 철학자들의 문제와 사상을 전파했다. 그 당시까지는, 마르시온Marcion만이 자신의 이단사상을 구성하는 금욕258)의 윤리를 수립했다고 할 수 있었다. 얼마 지나지 않아서 또 다른 이단인 몬타누스Montanus가 철저하게 금욕적인 도덕의 규범들을 수립했다. 또한, 테르툴리아누스Tertullien가 도덕적인 문제로 이단사상에 점차적으로 경도되어갔다는 사실도 주목된다. '칼릭스투스 칙령'에 나타난 그리스도인들의 도덕적 관용주의는 그에게 수치스럽게 보였다. 그리스도인의 삶은 순결한 삶이어야 한다는 것이다. 그는 스스로 하나의 윤리를 수립했지만, 교회의 나약함을 극복하지 못했다. 그렇게 강력하게 이단들과 투쟁했던 테르툴리아누스는 이제 윤리적인 문제에서 그와 일치하는 몬타누스 이단에 빠지게 되었다.

스토아철학의 일부분을 차용한 변증론자들에게 있어서, 구원은 본질적으로 철학적인 관점에서 올바른 도덕을 아는 지식에 있었다. 철학자들은 예언자들과 동등하게 여겨졌다. 도덕은 가장 중요한 것이 되었다. 도덕은 물론 '그리스도인의 덕목'에 근거해서 수립되었고, 그리스도인의 삶의 규범의 총체였다. 변증론자들은 도덕을 통한 이교도들의 설득을 기대했다. 왜냐하면, 도덕은 대다수의 이교도들이 존중하는 스토아철학의 도덕론과 아주 가깝기 때문이었다. 그리스도인의 덕목은 스토아철학자들이 주장했던 덕목과 동일했다. 그 점에서는 변증론자들도 역시 공개적으로 이단들이었다. 이론체계로서 구축된 기독교 도덕이 애초에 오로지 이단들에 의해서 수립되었고, 아주 심각한 신학적 오류를 담고 있었다는 사실을 주목하는 것은 무의미한 일이 아니다. 3세기에 이 분야에서 철학자들의 영향은 계속 확대되어갔다. 그런데 변화가 일어났다. 그때까지의 초기 기독교 윤리는 엄밀하게 성서 본문에 연유한 도덕으로서 오로지 기독교적이고자 했다. 이 전통은 수도자들과 은자들에 의해 계승된다. 그러나 이제 변증론자들을 따

---

258) ▲육체는 원수라고 하고 금식과 절식과 모든 성적 관계의 금지 등을 규정했다.

라서, 교회와 신학자들은 도덕의 주된 기반을 철학에 두게 되었다.

이후로 기독교 도덕은, 대부분 세상적이고 정치적인 것들의 영향을 받는, 신학자들이 내놓은 학설들과 공의회와 교황이 정한 결정들에 근거하여 수립되었다. 특히, 1세기부터 그리스도인이 군복무하는 것을 부정하는 전통이 있었는데, 콘스탄티누스 황제에 의해 기독교가 공인된 뒤에 바로 열린 '아를르 공의회le Concile d'Arles' 는 군복무를 거부하는 그리스도인들을 파문한다는 결정을 내렸다.

당연히 기독교 도덕의 의미와 근원도 수정되었다. 왜냐하면, 교황이라는 외부의 교리적 권위체로부터 기독교 도덕의 형식과 권위가 부여되었기 때문이다. 그러면서 교회의 권위에 의해서 만인에게 적용되는 선이 정립되고, 그에 따른 윤리적 상황의 객관화는 곧바로 신앙과 행위의 관계를 단절시켰다.

기독교 도덕이 확대된 세 가지 이유

위에서 말한 사실들을 기점으로 해서 그 이후로 윤리의 비중은 계속 확대되었다. 이름들과 행위들을 나열할 필요가 더 이상 없었다. 윤리적인 시각에서 접근하지 않는 신학적 문제는 더 이상 없고 도덕적인 영향을 찾지 않는 교리는 더 이상 존재하지 않게 되었다. 결의론이나 철학과 더불어 이처럼 도덕체계가 확대된 사실은 세 가지 이유로 설명될 수 있다.

첫 번째 이유는 의심의 여지없이 영혼의 치유와 영적 지도 때문이었다. 신부들은, 오순절에 초대교회에서 제기된 질문, 즉 사도 베드로의 증언 뒤에 나오는 "우리는 어떻게 해야 합니까?"라는 질문을 끊임없이 받게 되었다. 나는 예수 그리스도를 믿는데, 그 믿음대로 살려면 어떻게 해야 하는가? 이 질문에는 분명 다음과 같은 암묵적인 질문이 뒤따른다. "믿음은 있지만 내 행위는 악하니, 내가 구원받은 것이 확실한가? 믿음으로는 구원을 받고 행위로는 벌을 받아야 하는가?" 그것은 도덕적인 질문이다. 첫 번째 질문에 대해서 신앙은 인간으로 하여금 자신의 개인적인 책임과 결정 앞에 서게 한다. 그에게는 오로지 다음과 같은 사도 베드로가 선포한 말씀만이 주어진다. "회개하고 세례를 받으라. 그러면 성령의 선물을 받을 것이다. 그리고 이 패역한 세대에서 구원을 받으라." 그러므로 개개인은 이 말씀 앞에서 개별적인 결단을 할 것이고, 그것은 대체 불가능한 것이다.

두 번째의 도덕적인 질문에 대해서 신앙은 하나님의 자유로운 은총에 의지하게 한다. 하나님은 어떤 경우라도 너를 구원할 수 있다. 어떤 행위로도 하나님의 결정을 보증할 수 없지만, 예수 그리스도 안에 계시된 하나님의 사랑은 너를 향한 하나님의 선한 뜻을 보증하고 너의 모든 도덕적 잘못들을 넘어설 것이다. 그래서 믿음은 너의 구원을 보증하는 유일한 조건이 된다. 그러나 이 믿음은 너의 전부를 하나님의 손에 맡기고 겸손과 신뢰와 소망과 사랑 가운데 하나님의 결정을 기다리고 그 결정이 어떤 것이든 의롭고 선한 것을 미리 인정하고 받아들이는 것이다.

그런데 두 개의 질문에 대한 그와 같은 대답은 전혀 본성적인 인간을 만족시켜주지 않는다. 본성적인 인간은 보장을 받고 인도를 받고 명확한 확신을 가지고 자신의 책임을 면제받을 필요를 느낀다. 그는 늘 새롭게 제기되는 이 두 개의 질문 앞에서 평생을 보내기를 원하지 않는다. 그는 매번 결정할 때마다 원점에서 다시 시작하고 믿음의 바탕에서 다시 출발하여 자신이 맡을 모든 책임을 담당하는 걸 원하지 않는다. 그는 자신이 소유하기 원하는 이 구원을 불확실한 채로 남겨두기를 원하지 않는다. 그는 결국 자신의 운명에 대한 보장을 받기 원한다. 그는 자신의 의무가 분명하게 명시되기를 요구한다. 그는 자신의 의무와 책무, 구원의 조건들을 정확하게 알기 원한다. 왜냐하면, 하나님의 단순한 은총에 다 맡기는 것은 그에게는 무서운 것이기 때문이다. 그와 같은 것이 교회에서 대중이 요구하는 것이었다.

그리스도인의 숫자가 제한적인 한, 그런 요구들을 억누르고 개인의 책임이라는 맥락을 유지할 수 있었다. 그러나 숫자가 증가함에 따라서, 문제가 확산되었다. 신부들은 수백 가지 도덕적 상황들에 대해 조언을 해야 하기에, 일정한 지침들을 필요로 했다.[259] 잘 마련된 해답들과 답변들에 대한 요구가 신자들의 숫자가 늘어감에 따라 증폭되었다. 사람들이 진정한 회개가 없이 교회 안에 발을 들이고, 국가가 간섭하여 이교도들을 박해하여 기독교로 개종하도록 강요하면서부터, 그 요구는 엄청나게 확대되었다. 그 시점부터 이제 일반적인 행동방식이 중요한 문제가 되었다. 이제 개개인은 더 이상 자신의 행위와 자신의 일이 가지는 영적인 의미를 찾아갈 수 없었다. 그들은 신앙이 없는 사람들이기에, 더 이상 개개인의 신앙적인 결정에 모든 것을 다 맡길 수 없었다. 죽음을 피하기 위해서 스스로 공식적으로 그리스도인이라고 표명한 사람들에게 무엇을 기대할 수 있겠는가? 그들은 기독교 교리에 관해서 전혀 알지 못했고, 은총을 영적으로 경험하지 못했고, 그들의 마음속에는 이교도의 신들에 대한 애착이 있었고, 그들의 풍습에는 조상들의 관습과 신념들이 남아있었다.

기독교 윤리 수립의 첫 번째 동향이 불안한 영혼들을 안심시키기 위한 목회적 의도에 상응하는 것이었다면, 그 두 번째 동향은 기독교적인 것으로 표방되는 고정적 행동방식들을 확정할 필요성에 상응하는 것이었다. 교회는, 양심을 통제하는 것은 불가능하기에 그 행위방식들에 따라서 개인들을 판단하고 규제할 수 있었다. 더욱이 아주 급속하게 외적인 것에서 내적인

---

259) 아주 협소한 의미에서의 도덕은 6세기부터 8세기에 걸쳐서 아일랜드를 시작으로 프랑스와 독일에서 고해성사 규정의 영향 아래 경화되어 갔다. 그 규정은 범한 죄에 따른 속죄의 부과를 위한 지침으로서 고해신부들에게 주어진 것이었다. 모든 죄와 그 벌들에 대한 세부 목록들이 만들어졌다. 암브로시우스 때부터 발전한 결의론은 거기서 절정을 맞았다.

것을 파악할 수 있고 도덕을 통해서 종교를 알 수 있다는 확신이 사람들에게 생겨났다. 기독교적인 방식으로 행동하고 말하고 처신하도록 강제하고, 외적인 조련과 습관을 통해서 도덕적인 양심을 가지게 하면서, 인간으로 하여금 그리스도인이 되게 하고, 강요된 외적인 행위를 통해서 내적인 종교적 동기를 지니게 할 수 있다는 것이다.

그것은 교회가 도덕을 수립하게 된 두 번째 이유로 연결된다. 국가와의 유착과 수많은 이교도들의 교회 유입은 기독교 사회, 기독교 세계를 성립시켰다. 그러면서 기독교는 더 이상 개인적인 차원이 아니라 집단적인 차원의 문제가 되었다. 기독교는 더 이상 적대적이거나 무관심한 사회에 편입된 교회로서 존재하는 것이 아니었다. 교회가 사회와 합쳐졌다. 사회의 모든 제도들은 기독교적인 성격을 띠어야 했다. 그렇다고 모든 제도들을 수정할 수도 없고, 신학적으로 추론할 수도 없고, 계시에 근거해서 다 새로 만들 수도 없는 까닭에[260], 대부분의 경우 기존의 제도들을, 간혹 아주 형식적으로, 기독교화하는 것에 그쳤다. 그래서 기사단, 동업자조합, 평화의 단체, 군주제 등이 기독교화되었다. 그러나 그것은 엄청난 도덕적 문제들을 야기했다. 이전에 사회에서 교회가 조금씩 자리 잡아가고 있었던 때는, 제도와 사건, 성령의 역사와 도덕적 법적 규범 사이에 어느 정도 균형을 유지할 수 있었다. 그런데 이제 사회 전체가 기독교화되고 나니, 그런 균형을 유지하는 것은 더 이상 불가능했다.

사실 기독교화된 사회는 여느 다른 사회와 같이 반응한다. 이미 언급했던 바와 같이, 각각의 인간집단은 도덕을 요구하고 점차적으로 그것을 제정하게 된다. 8세기와 11세기 사이에 성립된 이 기독교 사회는 사회학적인 법칙을 벗어날 수 없었다. 메로빙거 왕조와 카롤링거 왕조 시대의 가혹한 시련 가운데, 로마와 게르만의 모든 도덕체계들이 다 붕괴되었다. 더 이상 아무

260) ▲어느 정도 교회에서 시도되었던 것은 사실이다.

것도 남아있지 않았다. 새로운 제도들이 등장함에 따라서, 새로운 도덕이 수립되어야 했다. 사회 안에서 살아가면서 사람들은 불가피하게 도덕을 제정할 수밖에 없다. 그런데 그 사람들이 스스로 그리스도인임을 표명하고, 교회가 사회를 완전히 뒤덮고, 사회의 주요 관심사[261]가 기독교가 된 까닭에, 아주 다양하고 애매한 출처에서 나온 자료들에 근거해서 수립된 도덕이 기독교 도덕으로 불리어야 했다. 기독교라는 핵심가치를 축으로 하여 성립되었기에, 사회의 도덕은 당연히 인간적인 것이지만 기독교 도덕으로 불리게 되었다. 이제 사람들은 서로 상반되는 두 가지 도덕들, 즉 사회의 도덕과 성령의 영감에 의한 도덕을 통합시키려는 시도를 하게 되었다. 스콜라 신학자들의 모든 도덕적인 저작은 이 통합적인 의도를 나타내고 있다.

마지막으로 기독교가 도덕을 제정한 세 번째 이유는 두 번째 이유에서 비롯되는 것으로서 사회 전체를 명백하게 어쩌면 일방적으로 지배하려는, 지속적이지는 않지만 분명한, 교회의 확실한 의지이다. 특히 경제적, 정치적 영역에서 표명되는 이 지배 의지는 윤리에 영향을 준다. 윤리는 사람들을 지배하는 아주 효과적인 수단이다. 더욱 엄격하고 정확한 행동양식과 행위규범을 부과하고, 종교적·도덕적 의무 이행을 늘 더 엄격하게 점검하는 것은 교회의 권위와 사회의 통일성을 확보하는 수단이었다. 종교재판은 이단에 대처하는 방식이었을 뿐만 아니라 바로 그 일환이었다.

사람들이 다양한 행동양식들을 가질 수 있고 자신들의 개별적인 도덕성을 따르게 되는 한, 사회는 교회 체계에 완전히 통합될 수 없었다. 아주 다양한 사람들에게 공유되는 것으로서, 지역적인 관습과 행동양식의 다양한 특성들을 넘어서는 하나의 통일적인 기독교적 행동양식을 만들어내야 하는 것이 더더욱 필요했다. 그 통일적인 행동양식은, 교회 제도들이 세상 제

---

261) ▲이 주요 관심사는 교회의 아주 탁월한 활동과 국가의 개입과 수도사들의 교육에 의해서 야기된 것이다.

도들의 점차 줄어드는 다양성을 넘어서서 어디서나 동일했던 것처럼, 어디서나 동일한 것이어야 했다. 이처럼 사람들의 행위를 통제하면서, 교회는 사람들의 마음을 통제한다고 주장할 수 있었다. 그러나 그것은 엄청난 교리적 작업과 체계적인 기독교 윤리의 수립을 전제로 했다.262)

기독교 윤리의 확립이 초래한 결과

외적 행위와 내적 사고방식을 교회의 권위로 통제하게 된 그 변화의 결과는 극도로 심각한 것이었다. 모든 개인에게 부과되고 또 모든 개인사를 미리 정하는 전체주의적 · 권위주의적 기독교 윤리의 성립은 하나의 외적인 사건이나 부대적인 현상에 그치지 않았다. 그것은 교회와 그리스도인들의 모든 삶을 바꿔놓았다.

우선적으로 확실히 인식해야 할 것은 사회적인 원인들에 의해 모든 다른 도덕체계들과 동일한 과정을 따라서 수립된 이 기독교 도덕은 사실상 하나의 사회학적 도덕이라는 점이다. 이 도덕은 모든 다른 도덕들 중의 하나로서 세상의 도덕들에 속한 것이고, 또 그렇게 이해되어야 한다. 물론, 그 내용을 내세워서 이 기독교 도덕을 따로 구별하려는 시도도 있을 수 있다. 즉, 정결과 이웃 사랑 등은 기독교 도덕의 고유한 내용이라고 주장하는 것이다. 그러나 이 주장은 쉽게 반박될 수 있다. 즉, 그건 사실이 아니고, 많은 다른 도덕체계들도 그런 가치들을 지니고 있으니 기독교에 고유한 것이 아

---

262) 개연설(probabilisme)과 엄격 개연설(probabiliorisme)에 관한 17세기의 논쟁은 이러한 시도의 특징을 나타낸다. 그것은 불가피한 결의론의 정점이었다. 알퐁스 데 리구오리 (Alphonse de Liguori)는 문제를 해결하기는커녕 교회를 그런 상황에 더 깊이 말려들게 한다. 헤링조차 "진정한 종교적 도덕은 그 비생산적인 논쟁들을 통해서 많은 생명력을 상실하고 말았다."고 인정할 수밖에 없었다(B. Häring, *La loi du Christ I*, p. 78). 그러나 여기서 기독교 도덕을 만인에게 적용하기 원할 때부터 이런 논쟁을 피할 수 없었다는 사실을 주목해야 한다.

니라는 것이다. 교회가 추구하는 가치체계는 다른 도덕들이 지향하는 것과 정확히 일치한다. 4세기와 13세기 사이에 성립된 기독교 도덕이 하나의 사회적 도덕이라는 것은 완전한 사실이다. 기독교 도덕은 다른 모든 인간적 도덕과 같이 다루어져야 하고, 그 도덕적 기원은 반드시 성령의 개입에 기인한 것이 아니다. 이는 언제나 어느 정도는 정확한 사실이다.

우리가 언제나 유념해야 할 사실이 있다. 즉, 하나님의 뜻에 따르고 성령의 자유를 존중하고자 하는 우리의 신실한 마음이 아무리 크다 하더라도, 달리 어쩔 도리 없이 우리가 기독교 윤리를 천명하고, 체계적으로 정립하고, 현실화하자마자, 우리는 심리적이고 사회적인 상황에 좌우되고 마는 하나의 윤리를 세상에 내놓는 셈이 된다. 그래서 기독교 윤리는 자유로운 인간적인 분석의 대상이 되어, 다른 도덕들과 동격인 하나의 도덕으로 평가받게 된다. 종교와는 상반되는 것이라 할지라도, 기독교가 어떤 관점에서는 하나의 종교인 것과 마찬가지로, 반도덕적이라 할지라도, 기독교 도덕은 어떤 관점에서는 하나의 도덕인 것이다. 다른 도덕들과는 아주 차이가 나는 가장 신실한 기독교 윤리라도 역시 하나의 도덕인 것이다.

심각한 문제는 교회가 정립한 기독교 윤리가 먼저 인간적으로 수립된 도덕이었다는 사실이다. 기독교 윤리는 전적으로 도덕을 수립하는 과정을 밟았고, 사회적 규범들과 철학적 경향들을 따랐다. 기독교 윤리는 다른 도덕들과 구분되는 거리를 둘 수 없었고, 계시의 유일성을 표출할 수 없었다. 그러므로 기독교 윤리는 다른 도덕들과 같은 하나의 도덕이 되었다. '기독교'라는 말을 덧붙인 것이 기만이었다고 비난할 이유는 없다. 그리스도인들과 교회는 이 문제에 대해 책임질 능력이 없다고 스스로를 변호할 수 있다. 즉, 신앙적인 요구사항을 윤리적인 용어로 표현하지 못한 것은 당연히 있을 수 있는 일이라고 말할 수 있다. 그래서 그들이 세상의 도덕과 같은 방식을 따르기로 한 것은 안타깝지만 이해할 만한 것이 된다. 그러나 그들이 세상적인 이유로 세상적인 상황에서 세상적인 방식을 따르면서, 기독교라는 명칭의 도덕을 수립했다면, 그것은 기만이다. 도덕과 신앙의 모순이나, 도덕적인 사회적 요구와 신앙적인 실천적 요구의 대립과 모순을 용납할 수 없었기에, 사람들은 기만이라는 말을 썼다. '도덕'이라는 용어에 '기독교'라는 형용사를 붙인 것은 외적으로 문제를 해결하려는 것으로서 쉽지만 기만적인 방법이었다.

　그렇게 수립된 기독교 도덕은 성서가 그리스도인의 삶의 방식으로 제시하는 것과는 완전히 궤를 달리했다. 5, 6세기부터 그것은 더 이상 하나님이 역사 속에서 인간을 위해 인간과 함께 행하는 활동과 관계된 것이 아니었다. 사람들은 더 이상 기독교 윤리의 근거를 직접적으로 성서에서 찾지 않으면서, 신학과 긴밀하게 연관시키지 않았다. 사람들은 기독교 윤리에 대한 다른 근거와 기원을 찾게 되었다. 그래서 우리는 9세기 이후부터 도덕에 관한 저작물들에서 두 개의 커다란 유형들을 발견하게 된다. 하나는 원칙들에 근거한 기독교 도덕론이고, 다른 하나는 인물의 모범들로 구성된 도덕적 유형론이다. 전자의 경우가 철학적인 경향으로 기운다면, 후자의 경우는 역사적인 경향에 더 가깝다. 전자의 경우는 철학에 가까운 신학적 고찰에서 시작했다. 물론 성서에서 출발해서263), 신학적 체계들이 수립되었다. 그 신학적 체계들은 일종의 내적인 논리를 따랐다. 다시 말해서 그 체계들은 성서 본문들에서 원칙들을 도출하여 체계적으로 그 결과들을 연역한 것이었다. 외적으로 그 원칙들은 성서적으로 정확히 맞는 것일 수도 있었고, 직접 성서의 말씀들을 표현한 것일 수도 있었다. 그러나 말씀을 고정된 형식으로, 생생한 현실의 하나님의 역사를 원칙으로 변환시킨 것은 잘못된 것이었다. 거기서부터 아무리 맞는 말이라 할지라도 기독교 윤리는 기만이자 죽음을 향한 것이 되었다.

---

263) ▲그러나 성서에서 출발하면서 성서에서 멀어진다.

그런데 하나님의 말씀과 역사를 존중하는 신학은 찾아볼 수 있는 반면에, 그런 기독교 윤리는 거의 찾아볼 수 없다. 기독교 윤리는 당연히 의무적인 원칙들로 귀결되고, 흔히 윤리적인 필요에 의해서 중세 이래로 기독교적 원칙들이 세워지게 되었다. 그러나 행동양식에 관한 원칙들이 제시되자마자, 그 원칙들에 의한 행동양식이 그리스도인의 행동양식에 관해서 성서가 말하는 총체적인 삶의 모습과는 전혀 다르다는 사실이 확연히 드러났다. 어쨌든 간에 기독교 도덕이 성서와 그리스도인의 삶 사이에서 중간매개 역할과 동시에 칸막이 노릇을 하는 원칙들에 근거하여 세워졌다는 사실은 분명히 인식되어야 한다. 원칙들에 입각한 기독교 도덕은 특히 지적인 욕구와 분명한 지침들을 가질 필요성에 상응하는 것이었다.

또 다른 유형의 기독교 도덕이 같은 시기에 수립되었다. 그것은 무엇보다 경건의 필요에 대한 응답으로서 순교자와 성인과 같은 인물들과 모범들을 근거로 하는 도덕이었다. 그것은 역사적인 특성을 띤 도덕으로서 인간의 삶과 역사가 중요하다는 성서의 사상을 따랐다. 그러나 성서가 인간의 삶과 역사 가운데 행하는 하나님의 활동을 밝혀주고, 이제 모범적인 인물들의 도덕을 통해서 구체적으로 표현되는 훌륭한 행위가 바로 그 사실을 나타낸다면, 그 행위는 그 인물이 행한 것이기에 훌륭한 것은 바로 그 인물이다. 그가 하나님의 뜻을 따랐기에, 그의 행위를 모방하는 것은 하나님의 뜻에 함께하는 것이 된다. 그러므로 이와 같은 유형의 기독교 도덕은 그리스도인들의 과거 행위를 근거로 삼아, 현실의 사건들에 연관시키려고 한다. 역사는 교육적인 것이 되어서, 인간에게 과거의 기록을 통해서 그리스인의 이미지와 자신의 고유한 이미지를 제시해주어야 한다.

원칙들에 근거한 도덕이 고대 철학의 뒤를 잇는 것과 같이, 인물의 모범들로 구성된 도덕은 어떤 역사가들을 계승했다. 그리스시대에는 일부분의 사람들이라면 로마시대에서는 더 많은 사람들이 역사를 기술하면서 교육적인 의도를 지니거나, 혹은 기원전 3세기의 중국 역사가들과 같이 적어도 도덕적인 모범을 제공하기 위한 목적을 가지고서, 도덕을 창안했다는 것은 분명한 사실이다. 서기 3세기부터 그런 경향은 더욱 커졌고, 거기서 성인전도 등장했다. 이처럼 원칙들에 근거한 도덕은 역사를 무시하면서 하나님의 뜻에서 멀어져갔고, 모범들에 근거한 도덕은 역사를 인간에게 귀속시키면서, 즉 기독교 도덕을 타락과 필연성의 질서에 편입시키면서 하나님의 뜻에서 멀어져갔다. 진리의 세계에 들어가는 것은 역사를 재발견하는 것으로 충분치 않다.

또한, 기독교 윤리는 수립과 동시에 독립적인 성향을 억누를 수 없었다. 알다시피 멜랑히톤Melanchton은 벌써 윤리와 교의를 분리시키기 시작했다. 그러나 18세기 계몽주의와 경건주의와 함께 비로소 윤리는 분리된 영역으로 확립되었고, 본성적인 도덕적 양심이나 중생을 거친 인간의 심리를 그 목표로 하였다. 그 독립성은 기독교 윤리의 성립에서 비롯된 거의 불가피한 결과라는 사실을 유념해야 한다. 칸트는 애초에 있었던 것을 극단적으로 발전시킨 것뿐이다. 스토아철학, 아리스토텔레스철학, 합리주의 등의 외부의 기여가 없이는 기독교 윤리는 결코 성립될 수 없었다. 오늘날에 와서는 그 유명한 사회주의적인 기독교 윤리를 수립하는 데 있어서도 다름 아닌 마르크스주의의 기여가 있었다. 그런데 그 사실은 모든 점에서 끔찍한 결과를 초래했다. 그것은 사람들의 눈에 기독교가 이 도덕에 귀결되는 것으로 보이게 하고, 특히 사회의 한 계급에 맞는 도덕을 제공하며[264] 신학적인 이단들을 공고하게 했다. 우리는 이 마지막 사항을 강조하는 것으로 그치려 한다. 어느 쪽이 원조인지 규명하는 것은 정말 힘든 일임이 확실하다.

사도 바울이 여러 번에 걸쳐 전한 바와 같이, 신학적인 오류는 잘못된 악

---

264) ▲그래서 이 기독교 도덕은 부르주아적인 도덕이 되었다.

한 도덕적 행위를 초래한다.265) 앞에서 이미 지적한 바와 같이, 기독교 도덕의 수립에서 이단이 결정적인 역할을 했을 가능성이 있다. 그러나 윤리의 수립과 발달은 신학자들에게도 영향을 끼쳐서 그들이 계시를 이해하는 데 있어서 객관적인 선한 행위를 중시하게 했을 가능성도 있다.

그런 신학적인 영향에서 비롯된 아주 중대한 첫 번째 양상은 바로 인격적인 것이 비인격적인 것으로 변환되었다는 점이다. 하나님과의 관계는 인격적인 관계로서 대화를 필요로 하고, 하나님이 우리를 하나님에게 응답할 수 있고 하나님이 요청하는 것을 행할 수 있는 인격체로 지었다는 것을 전제로 한다. 그러나 이 인격적인 관계는 과도한 혼란을 초래할 가능성이 있기에 개인에게는 두려운 것인 동시에 교회 조직에게는 위험한 것이다. 그래서 그 관계는 인간과 하나님의 관계의 기준과 의미를 정하는 신학자에 의해 수립된 일정한 관계 체계로 변환된다. 거기서 한 개인의 만남은 더 이상 필요하지 않고, 인간과 신성의 만남이 중요한 것이 된다.

---

265) 윤리와 교의의 관계에 대한 문제는 차치하고서라도, 적어도 진리와 윤리의 불가피한 관계는 주목해야 한다. 이미 살펴본 바와 같이, 신약의 서신서들은 대개 이단과 악행의 연관성을 지적했다. 루는 예수 그리스도 안에 있는 진리(에베소서 4장)를 따르는 것과 다른 식으로 사는 삶을 사람들에게 가르치는 것이 불가능하다고 강조한다(M. H. Roux, Les epîtres pastorales, p. 44). 바꾸어 말해서 진리의 기독교적 개념은 교의적인 개념일 뿐만 아니라, 윤리의 근거가 되는 것이다. 진리의 계시를 받은 사람은 자신이 알게 된 것들을 따라 살아가도록 부름을 받았다. 그것들은 그 사람에게는 규범이다. 그래서 서신서들은 계시의 다른 국면들을 따라 다른 윤리적 사항들을 덧붙인다. 루는 그 예로서 디모데전서의 도덕적인 훈계는 성육신의 교리에 따랐다는 점을 지적한다. 디모데후서는 부활한 그리스도의 주권에 근거한 섬김의 윤리를 제시한다. 마지막으로 디도서에서 제시된 윤리는 칭의의 교리에 근거한 세례 문답에 속한다. 또한, 잘 알다시피, 칼 바르트는 그의 교의학 전체를 통해서 각각의 신학적인 명제를 발전해나감에 따라 그 신학적 명제에 함의된 윤리성을 밝혀주었다.
한편 루는 윤리의 선택과 이단 간에 또 다른 관계가 있음을 강조하고 있다(앞의 책, p. 194). 교회 안에서 실제 삶과 무관한 윤리적 문제들에 관한 논의는, 중생한 사람의 자유와 은총에 관한 논의와 같이, 금지되었다고 그는 말한다. 이단은 그 발단이 바로 분열을 일으키는 도덕적, 교리적 선택을 하는 데 있다. 예수 그리스도에 대한 믿음에 의한 칭의에서 비롯된 윤리적 결과들을 인정하지 않는다면, 사람들은 도덕적 삶과 성화에 대한 잘못된 독단에 빠질 수밖에 없다.

하나님의 뜻이 도덕적인 명령으로 규정된 덕분에, 하나님의 뜻을 이루는 것은 그 명령을 완수하는 것으로 충분하게 되면서부터, 그렇게 비인격적인 관계로 체계화하는 일이 가능해진 것이다. 그러므로 하나님의 뜻은 더 이상 개인적으로 전해지거나 받아들여질 필요가 없었다. 그렇게 해서 하나님과의 만남을 피하고 그 만남이 초래할 혼란을 면하게 되었다. 그래서 기독교 교사의 일을 더 용이하게 했다. 왜냐하면, 회개의 과정이 더 이상 필요치 않게 될 것이기 때문이다. 어린아이를 도덕적 질서체계에 편입시키는 것으로 충분하다. 그 도덕체계가 하나님과의 관계를 체계적으로 맺게 해서 그 아이의 미래는 예측할 수 있게 된다.

그러나 하나님에 대한 인식이라는 관점에서 그것은 아주 심각한 변화를 불러온다. 하나님의 자유는 없고, 하나님의 뜻은 인간이 본성적으로 알 수 있는 것이 된다. 우리가 규정한 선이 하나님의 뜻을 영속적으로 나타내는 것이라고 하게 되면, 그것은 하나님을 물적 대상으로 보는 것을 뜻한다. 하나님의 뜻은 살아 움직이는 것이 아니고, 단번에 확정되어 영원히 변치 않고, 우리 모두가 다 아는 것이 된다. 그렇게 되면 하나님과 하나님의 뜻이 대립하는 일이 일어난다. 어떤 면에서 하나님이 선에 구속되는 것이다. 또 다시 율법에 존재하는 객관적인 선이 하나님을 구속하고 우리가 정한 것과 다른 식으로 하나님이 역사하는 것을 가로막는다. 왜냐하면, 최선의 윤리는 결국 우리가 규정한 것이기 때문이다. 그래서 바로 우리가 규정한 그 윤리에 따라 하나님의 역사와 심판이 이루어져야 한다는 것이다. 거기서 하나님은 우리의 사상체계와 신학 안에 중립적인 개체로 들어올 수 있다. 하나님은 이 중립적인 개체로서 우리의 이론체계가 세워지는 기반이자 출발점이 되어야 한다. 그렇지 않으면 모든 윤리 체계의 성립 자체가 불가능하다.

그 반면에 그런 도덕 개념은 그 개념 자체에 대한 문제제기를 거부하는 뜻을 내포하고 있다. 선이 정의되고 규정되었으니, 우리는 우리 자신이 해야 할 일을 정확히 알게 된다. 그것은 더 이상 우리 책임 하에 내리는 결정이 아니라, 교회의 지도자들이 하나님의 계명이라고 인증하면서 우리에게 제시하는 지침이다. 그런데 우리는 그 지침대로 행하면서, 어떻게 계시에 의해 우리 자신에 대해 문제가 제기되는 것을 수용하고, 어떻게 계시에 의해 인증된 지침이 파기되는 것을 용인할 수 있을까? 인간이 해야 할 모든 일을 다 행했다면, 어떻게 자신이 죄인임을 인정할 수 있을까? 인간이 선한 행위와 덕을 쌓을 수 있다면, 어떻게 인간이 스스로 가난한 것을 인정할 수 있을까? 인간이 더 이상 자신이 죄인이고 가난하다는 사실을 인정하지 않는다면, 예수 그리스도 안에서 구원을 받고 은총을 받을 필요가 있을까?

교회 도덕의 수립이 초래하는 가장 심각한 신학적 문제가 바로 이와 같은 것이다. 그것은 필연적으로 은총에 의한 구원과 상반된 행위에 의한 구원의 신학으로 연결된다. 기독교 윤리체계가 수립되고 적용되는 시점부터 사람들은 신학적 딜레마에서 벗어날 도리가 없다. 그 딜레마는 행위는 반드시 필요한 것으로서 구원은 은총만으로 이루어지지 않고 행위와도 관계가 있다는 주장[266]과, 그 반대로 구원은 은총에 의해 주어지는 것이고 행위는 아무 소용이 없다는 주장이 대립되는 데 있다. 그런데 기독교도로 살아가는 데는 행위가 반드시 전적으로 필요하다. 그것은 예수 그리스도의 죽음과 부활의 중요성을 감소시킨다. 행위가 구원에 필수적인 것이라면, 예수 그리스도의 죽음은 헛된 것이 된다. 왜냐하면, 인간이 약간의 도움과 함께 스스로의 힘으로 도덕으로 압축된 하나님의 뜻을 성취할 수 있게 되기 때문이다.[267] 인간이 자신의 행위로서 구원을 이룰 수 있게 된다면, 예수 그리스도의 순종과 대속은 더 이상 아무 의미가 없다. 그러므로 기독교를 구성하는

---

266) ▲협동, 신적 예지 등등의 신학적인 이론들이 주장하는 내용이 무엇이든 간에,
267) ▲그런데 성서에는 예수 그리스도 이외에는 아무도 하나님의 뜻을 이룰 수 없다고 기록되어 있다.

요소가 사실상 아무것도 남아있지 않게 된다.[268]

　우리는 신학적인 전문적 문제들을 더 거론하지 않을 것이다. 우리로서는 기독교 도덕의 발전이 이단사상의 특이한 발전과 어떻게 연관되는지를 간략하게 지적한 것으로 충분하다. 상황이 다르게 전개될 수도 있었는지에 대해서는 우리로서 할 말이 없다. 그러나 믿음과 은총에 의한 구원에 대한 성서적 확증이 새롭게 선포되고 전파되면서, 과거 교회의 도덕체계 전체가 규탄을 당하게 되었다는 사실을 상기하는 것은 중요한 일이다. 기독교 관습과 양심 지도의 통일성의 원칙이 문제로 지적된 것이다. 그것은 또한, 변혁된 교회 개혁의 양태를 지적한 것이기도 했다. 잊지 말아야 할 사실인 바, 루터 이전에 이미 교회 개혁운동들이 진행되고 있었다. 최소한 세 번에 걸쳐서 원대한 변혁과 회복의 운동이 전개되었었다. 그러나 선택된 방식은 언제나 도덕적이고 제도적인 데 그쳤고, 결코 신학적이고 영적인 것이 되지 못했다.

　교회에서 도덕이 가지는 중요성은 6세기에서 16세기에 이르기까지 기독교 내에서 시도된 개혁들의 유형에 의해서 잘 드러난다. 시도된 개혁들은 상당히 많았고 또 성공한 것들도 많았다. 그러나 여기서 개혁의 의미는 우선적으로 사제들의 삶과 또 그리스도인의 삶에서 도덕적인 개선을 도모하고 교회 제도들을 완전하게 하는 데 있었다. 원대한 그레고리우스 개혁은 전형적인 것이다. 이 사실은 우리로 하여금 또다시 도덕의 영향에 의한 전도 현상을 역설하게 한다. 그것은 인간의 내면에 이르러 마음을 변화시키려면 외적인 행위와 행동방식을 변화시키는 것부터 시작해야 한다는 것이다. 외적인 행위의 변화는 권위의 증대와 조직의 개선, 즉 법적인 구조와 법적인 도덕을 필요로 한다. 그래서 그들은 늘 이 법적인 수단을 통해서 사람들

---

268) 그 점에서 정통 기독교가 하나님의 초월적인 의지와 교회의 도덕규범을 동일하다고 표명한 데 대한 니버의 비판은 타당한 것이다(R. Niebuhr, *An Interpretation of Christian Ethics*, p. 9).

이 바라는 교회의 변혁에 착수했다. 본질적인 것이 행동방식과 사회양식이 될 때부터 별다른 도리가 있을 수 없었다. 부도덕한 활력을 지닌 풍습들이 있던 중세의 강박적인 사회도덕과 개인도덕은 교회에 특별한 문제를 제기하게 되었다.

신학을 통해서 본질적인 문제와 영혼의 치유와 영적인 교육을 고치는 것은 거대한 교회 공동체와 기독교 세계의 개혁을 이루는 데는 너무나 불확실하고 오랜 시간이 걸리는 방식으로 여겨졌다. 원하는 목표에 더 적당하고 더 빠르고 더 효과적인 다른 방식이 존재했던 것이다. 그런데 루터가 새로웠던 것은 종교개혁 사상이 아니고, 그 개혁의 유형이었다. 그것은 중심에서부터, 즉 교회의 영적인 삶과 신학에서부터 교회를 개혁하는 것으로서 도덕적인 것이 뒤이을 것으로 상정한다. 다만 중대한 문제가 하나 존재한다. 그것은 종교개혁가들이 계시의 진정한 내용을 재천명하면서, 예상과는 달리 자신들의 신학에 따른 윤리를 수립하지 않았다는 사실이다.[269]

---

269) 19세기의 개신교 신학은 성 토마스(Saint Thomas)가 주었던 방침을 따라서, 예수 그리스도의 주권과 무관하고 성서에서 벗어난 '사변적인 윤리'를 수립했다(참조: Alfred de Quervain, *Die Heiligung*, p. 28 및 그 이하). 또한, 그것은 17세기의 율법주의적인 교리의 계승을 나타내는 것이었다.

3장 기독교 윤리의 필요성[270]

   그렇지만 기독교 윤리는 필수적인 것이다.[271] 개개인의 삶에서 개인적으로 취해야 할 삶의 방식이라는 차원에서만이 아니라, 윤리를 확립하는 것 자체가 필수적인 것이다. 윤리가 전혀 표명되지 않는다면 실제로 무슨 일이 생길까? 우리는 종교개혁가들의 경우에서 그 예를 발견한다. 내 생각에 종교개혁가들은 윤리의 정립에 실패했다. 그래서 그들은 길을 열어놓았다. 신자들과 목사들은, 신학자들이 수립한 기독교 도덕이 없는 까닭에, 직접 성서와 율법에서 근거를 찾았고 구약의 도덕적 구절들과 신약의 서신서들의 교훈을 준거로 삼았다. 그들은 그 모든 것을 텍스트의 문자 그대로 직접적으로 실천하거나 실천하고자 했다. 그것은 의심의 여지없이 참 좋은 것이

---

270) 여기서 우리는 우리 시대의 필요성이 아니라, 기독교 윤리의 근본적이고 영구적인 필요성을 말하는 것이다. 우리 사회에는 기독교 윤리의 거대한 부재가 목격된다는 것은 사실이다. 많은 글들 중에서 무엇보다 본회퍼가 그의 저서 첫 단락에서 지적하는 내용(D. Bonhoeffer, *Ethik*)이나 피퍼의 논문(Piper, "Mittelbarkeit der christlichen Ethik," *ZEE*, 1947)이나 디펠의 논문(Piper, "Mittelbarkeit der christlichen Ethik," *ZEE*, 1947)을 참조하라. 다른 어느 곳보다 프랑스 개신교에 기독교 윤리의 부재는 분명하다.

271) 기독교 도덕의 문제는 다른 도덕들에 의해 제기되는 것만이 아니고, 기독교 신앙 자체의 특성에 의해 제기된다는 크리스피의 지적은 정말 적절한 것이다(G. Crespy, *Christianisme social*, 1957, p. 691). 기독교 신앙은, 거기서 윤리적인 결과들을 제거해 버린다면, 불가피하게 형이상학적 관념론에 빠지고 만다. 루터도 칼뱅도 신앙에서 율법을 분리시키지 않는다. 도덕은 복음의 내용에 부합해야 하다. 기독교 도덕은 사도 바울이 로마서 12장에서 말하는 적절하고 합당한 예배이다.

었으나, 유감스러운 결과를 불러왔다. 성서 본문 하나하나를 곧 하나님의 말씀으로 인식하여 그대로 순종하면서, 사람들은, 개인의 삶과 사회적 변화의 구체적 상황들을 도외시한 채로 유지되는 완전히 고착된 윤리를 가지게 되었다. 그것은 상황의 불변성에 대한 경직된 집착으로 나타나고 변화를 불러올 수 있는 모든 것에 대한 거부로 표현된다.

청교도들의 초인적이고 불가능한 시도는 세상 가운데 진정 수도원적인 삶의 방식을 심어놓는 것이었다. 그러나 그것은 세상은 변하지 않고 일단 확정된 상황은 언제나 동일하게 지속된다는 것을 전제로 한다. 그래서 사람들은 계시의 진리에 관한 신학적 교리의 결정적인 특성과, 그렇지 않은 도덕적 명령을 혼동하게 되었다. 일단 채택된 도덕체계는 신학적 명제와 같이 신성불가침한 것이 되었다. 도덕체계는 갈수록 더 경화되어, 더욱더 부정하고 금지하는 내용으로 채워졌다. 그렇게 될 수밖에 없었던 것은 기독교 도덕의 자각이 없었고, 도덕에 대한 성찰은 존재하지 않았으며, 사람들이 하나님의 계명을 율법과 같이 곧장 삶에서 실천할 수 있는 것으로 믿었기 때문이다.[272] 교회 안에서의 윤리의 수립은 윤리의 상대성을 유지하는 데에 필수적인 것이다.

루터의 직업윤리에서와 같이 은총이나 성령에 항상 의존하는 전적으로 초월적인 신학은 인간으로 하여금 세상에 대해 완전히 무장해제하게 할 수 있고, 일종의 도덕적인 무관심주의에 이르게 할 수 있다는 아주 중대한 사실을 반드시 상기해야 한다. 그것은 또한, 세 가지 방향, 혹은 세 가지 합리화로 기울어질 수 있다. 하나는 인간을 성령의 영원하고 즉각적이고 직접적인 인도 가운데 두고자 하는 영적인 경건주의이고, 다른 하나는 상대적인 것은 중요하지 않기에 세상 문제들에 대해 무관심주의로 일관하는 것이고, 또 다른 하나는 기독교와는 직접적으로는 전혀 상관이 없는 세상 문제들에

---

272) ▲어처구니없게도 그것은 은총의 신학에서 비롯된 것이었다.

대해서 그리스도인이 지나친 관심을 가지고 개입하는 것이다. 그 문제들에 대해서 그리스도인은 도덕, 정치 등의 차원에서 다른 모든 사람들이 확립한 행동방식과 선택과 해결방안들을 따라야 한다.

그리스도에 의해 갱신된 삶과 그 실천적 행동의 연속성을 무너뜨리는 이 세 가지의 이단적인 태도들은 기독교 윤리가 얼마나 필수적인 것인지 명백하게 보여준다. 구체적인 일이나 계시에 관해서 교회의 신자나 회중이 윤리적 행위규범을 제안한다면, 그것은 문제제기와 토론과 대화를 불러온다. 다시 말해서 그것은 어떤 의미에서 윤리적 상황을 초래한다. 여기서 어떤 방안을 택하든 간에, 그 윤리적 행위규범은 상대적인 것으로서 문제제기의 대상이 될 수 있고 오직 하나님만이 거기에 정당성을 부여할 수 있다는 사실은 자명하다. 그 행위규범은 인간의 정의를 나타내는 것이 아니라, 단지 하나님의 축복을 소망하는 것이다. 교회에서 제정한 모든 윤리는 동일한 상대성을 지니고, 계속 갱신되어야 하는 필요성을 가진다. 왜냐하면, 우리는 그것이 인간의 노력으로 얻은 결과임을 잘 알고 있기 때문이다.

그런데 하나님의 명령을 직접 적용한 것이라고 주장하는 윤리는 하나님으로부터 직접 계시를 받았다는 이유로 불변성을 주장한다. 뒤에 가서 다시 살펴볼 것이지만, 윤리는 언제나 변화하는 삶의 구체적인 상황들과 관계가 있고, 그 상황들을 따라가야 한다. 그렇지 않으면 윤리는 윤리가 될 수 없다. 윤리의 명백하고 정확한 수립이 교회와 그리스도인들에게 제공하는 최고의 훌륭한 기능은 언제나 변화하는 윤리도덕의 그 상대적인 성격을 상기시키는 것이다.[273] 그것은 오직 윤리가 명백히 표명되는 순간부터 가능해

---

273) 기독교 윤리의 필요성은 다음과 같은 두 개의 사실에 기인한다고 이 문제에 대해 지적한 힐러달의 말은 맞는 말이다(G. Hillerdal, "Unter welchen Bedingungen ist evangelische Ethik möglich?," in ZEE, 1957). 하나는 성서의 계명들은 아무 명확하지 않고, 특히 분명한 하나의 체계를 이루고 있지 않다. 거기에는 커다란 모호성이 존재한다. 다른 하나는 성서의 언약과 가치와 계명들을 실제의 구체적인 상황들에 적용하기 위한 객관적 기준들을 쉽게 찾을 수 없다는 것이다. 이 주제에 관해서는 소에의 글도 참조하라(N. H. Soë, Christli-

진다. 윤리가 명시되지 않을 때는 그것이 불가능하다.

우리가 방금 지적한 내용에 따라 빚어진 결과도 고찰해보아야 한다. 청교도들의 태도와 그것을 계승한 19세기의 기독교 도덕주의에 대하여, 거세게 반대하는 신학적 이론이 등장했다. "사람들이 기독교를 하나의 도덕으로 축소시키기 원했으나, 그 도덕이란 것은 아무것도 아니다. 중심이자 복음의 핵심인 신학적 진리로 돌아가야 한다. 도덕적 설교는 멈추고 오직 예수 그리스도, 십자가에 못 박힌 예수 그리스도를 전하자." 그 이론은 아주 좋지만, 그리스도인들로 하여금 신앙의 구현과 실천의 중요성을 간과하게 한다. 좋은 신학으로 충분한 것이 아니고 좋은 행위가 이어져야 한다. 그것은 자동적으로 당연히 이루어지는 것이 아니다. 신학은 항상 더 엄격해지고 비타협적이 되지만[274], 구체적인 현실에 개입하는 것은 멀리한다. 그래서 신자들은 또다시 스스로 알아서 해야 하게 되고, 대부분의 경우 주변 사람들이 취한 방식을 좇아가고 소속 집단과 주위 사람들이 이끄는 대로 따라가게 된다. 그들은 자신들이 그리스도인임을 분명히 자각하고 있으면서도 사실상 아무 방비도 갖추지 못한 채 무력하다. 목회자들조차도 같은 상황에 있다. 예를 들자면 1930년 이래로 설교가 진지해지고 신학이 부흥해간 프랑스에서 그리스도인들이 1945년 이래로 불합리하고 모순된 정치적·경제적 정책들을 택한 사례를 들 수 있다. 사실 사람들은 사회학적 사조들을 비판하고 조정할 능력이 전혀 없었고 거기서 벗어날 수 없었던 탓에, 그 사조들을 따라가는 것이 고작이었다.

참된 신학은 그 신학에 접한 사람으로 하여금 세상에서 살아갈 수 있는 능력을 갖추게 한다는 말은 믿지 말아야 한다. 윤리는 거기서 준비하는 기능을 맡는다. 윤리는 문제 하나하나에 대해서 의미심장한 해결방안을 제시

---

che Ethik, 1957, 18).

274) ▲그래서 사람들의 성격이 까다로워지기도 한다.

할 수 없다. 윤리는 그리스도인의 삶의 특정한 방식은 신앙에서 비롯되는 필수적인 산물이라는 점을 상기시킬 수 있을 뿐이다. 동시에 윤리는 신자에게 자신 자신과 자신의 문제들에 대한 이해와 성찰의 도구를 제공해 줄 수 있어야 한다. 끝으로 윤리는 진지한 신학적 앙가주망은 세상에 대한 진지한 앙가주망으로 이어져야 한다는 사실을 환기시켜야 한다. 윤리는 적절한 시기에 그 앙가주망의 조건과 한계를 설정해야 하겠지만 그 선을 넘어서지 말아야 한다. 이 준비하는 기능은 작은 것이지만 필수적인 것이다.

칼 바르트는 이 주제에 대해서 경이로운 말을 했다. 윤리의 임무는 하나님의 계명의 내용을 결정하거나 인간의 행위를 판단하는 데 있지 않고, 하나님의 계명과 거기에 상응하는 인간의 행위의 한정된 범위를 정하는 데 있다.[275] 실제로 윤리의 주요한 기능들 중의 하나는 인간을 향한 명령을 규정하거나 하나님의 뜻을 영구히 확정하는 것이 아니고, 계시의 계속성을 밝혀주면서 인간에게 '지금, 여기서' 주어진 계명이 어디에 적용되는지를 상기시켜주는 것이다. 그것은 신자들과 교회의 역사적, 실제적 상황을 전제로 하는 것이다. 물론 절대성을 애호하는 사람들은 그런 취약성을 상고하지 말고 성령의 권능에 맡겨야 한다고 주장할 것이다.

우리가 하나님의 나라에 있지 않고, 교회도 역시 인간의 사회여서 사회적 법칙을 준수해야 한다는 사실은 수도 없이 언급되었다. 그리스도인은 역사 속에서 살아간다. 자신이 속한 역사 속에서 그리스도인은 말로써 복음을 전할 뿐만 아니라 삶으로 신앙을 증거해야 한다. 이 두 가자 사실에서 우리는 다음과 같은 결론들을 도출할 수 있다. 먼저 교회는 인간 사회이다. 그러므로 앞에서 이미 살펴본 바와 같이, 교회라는 인간 사회는, 원하지 않는다 하더라도, 하나의 도덕을 불러일으키고 산출하며 확산시킨다. 기독교 공동체가 아닌 인간 사회로서의 교회는 하나의 윤리를 통해서 구성원들의 관계

---

275) K. Barth, *Dogm. III*, 4, p. 36.

를 조정하지 않을 수 없다. 교회를 소재로 한 소설들이 수도 없이 밝히듯이, 신자들 간에 윤리적 상황이 벌어진다. 신자들은 윤리적인 주체들로서 행동한다. 그들은 때로는 그리스도인에게 적합하지 않은 행동도 불사한다.

그런데, 앞에서 이미 지적한 바와 같이, 교회가 잘 알려지지 않은 자연발생적인 도덕을 따르는 것은 언제나 훨씬 더 커다란 위험을 부른다. 사회에는 하나의 윤리가 있어야 한다. 기독교 사회에는, 위에서 살펴본 자와 같이 성립 불가능한 기독교의 윤리가 아니라, 양심적이고, 상대적이고, 비판의 대상이 될 수 있고, 신자들에게 유용하면서 강제적이지 않은 윤리가 있어야 한다. 그 윤리가 지닌 이 네 가지 특성들은 결국 그 윤리의 기독교적 고유성을 나타내는 표징이 된다. 그러므로 여기서 놀라운 것은 모든 전통적 윤리가, 선의 정의와 같이 중요하게 고려하는 사항들이 다 배제되어 있다는 점이다.

그리스도인들을 위한 윤리는 선에 관한 탐구에서 비롯될 수 없다. "선과 악의 문제는 하나님의 말씀과 예수 그리스도의 죽음과 부활에 의해서 단번에 다 해결되고 결산되었다. 그러므로 이미 결정되었기에 신학적 윤리는 다시 뒤로 돌아갈 수 없고, 그 결정을 받아들일 수밖에 없다."[276] 우리는 또한, 그리스도인이 역사 속에서 살아간다고 언명했다. 그리스도인이 역사 속의 존재라는 것을 고려하면서 우리는 윤리를 수립해야 한다. 그러나 그것은 윤리가 끊임없이 변화한다는 걸 의미한다. 도덕은 이 세상에서 우리가 살아가는 방식을 표명하는 것이어야 한다. 그러므로 도덕은 이 세상이 변화함에 따라 변화되어야 한다. 오늘날의 그리스도인이 13세기 기독교 윤리에 나오는 규범들을 따라 살아야 한다는 것은 터무니없는 일이다. 도덕은 실재하는 현실에 기인한 것일 수밖에 없다.

본회퍼와 바르트는 그리스도인이 역사 속에서 살아가는 상황 속에서 윤

---

276) K. Barth, *Dogm. II*, 2, 2, p. 29.

리는 필수적이고 가능한 것이 된다고 주장한다. 예컨대 그런 의미에서 본회퍼는 윤리가 경건한 소망의 공표가 아니고 개개인들과 그들의 삶의 여정에 함께하는 삶의 동반 요소라고 밝혀준다.[277] 바르트는 윤리가 대속을 통한 인간과 하나님의 관계의 역사를 따르는 것이라고 한다.[278]

그것은 한편으로 윤리는 반드시 세상의 상황과 관계가 있다는 사실을 뜻한다. 고전적인 기독교의 정통 윤리가 오직 성서만을 참조한 까닭에 실제 현실을 전혀 반영하지 않았다는 니버Niebuhr의 비판은 맞는 말이다. 그러나 진리가 변질됨이 없이, 계시가 역사적 과정의 내재적인 가능성으로 전락함이 없이, 그 관계가 어디서 어떻게 맺어질 수 있는가? 프랑스 사회에서 이루어진 세속문화에의 순응은 특히 현저하다. 그것은 진리를 포기하는 것으로 이어진다. 그걸 모색하는 데서 오류를 범하지 않는 것은 불가능하고, 니버의 시도는 그리 설득적이지 않다. 사실 그 일이 가능하게 되는 것은, 윤리가 의식적으로 경험되고 자발적으로 표명되는 경우에 한정되고, 또한, 윤리가 사람들이 구체적 현실을 통해 알고 있는 사회[279]와 연관되는 경우에 한정된다. 바꾸어 말하자면, 신자들이 과거의 세계나 비현실적 세계가 아닌, 자신들이 살고 있는 세상에 실제로 현존할 수 있도록 윤리가 수립되어야 한다. 그러므로 윤리를 수립하려면, 먼저 이 세계에 관한 구체적인 참된 지식과 그 상황에 관한 이해가 있어야 한다. 그리고 그것은 윤리적 탐구가 없이는 할 수 없는 일이다.

바로 그런 조건 하에서 윤리는 인간의 하나님을 향한 응답을 구성하는 한 요소가 된다. 하나님은 그 거룩함과 절대성 가운데 인간에게 말하고 구원자와 명령자로서 스스로를 계시한다. 하나님은 인간이 말하고 응답할 수

---

277) D. Bonhoeffer, *Ethik*, p. 206.
278) K. Barth, *Dogm. III*, 4, p. 31.
279) ▲사람들 자신이 속해 있는 곳으로서 통제나 자기결정이 없이 일상을 살아가는 사회여야 한다.

있게 하며 책임을 맡게 한다. 하나님이 개시한 대화는 계속 되어야 한다. 그러나 하나님의 말씀이 행동인 것과 마찬가지로, 하나님을 향한 인간의 응답도 단순히 말로 끝나는 것에 그칠 수 없다. 인간의 말은 책임 있는 존재로서의 말이다. 그 말은 앙가주망이고 그 응답 안에 주어진 삶을 전제로 한다. 신앙은 응답이다. 그러나 신앙은 모든 행동방식을 변화시키는 삶의 태도를 내포한다. 이에 대한 헤링의 말은 아주 정확하다. "인간의 응답은 창조된 세계 속에서 개별적인 상황을 통하여 이행되어야 한다."[280] 그와 같이 윤리는 하나님의 부름을 받은 우리의 상황에서 나오는 필연적인 산물로서 나타난다. 우리는 우리의 책임을 피할 수 없다. 도덕적인 노력으로 계속 나아감을 통해서만 우리는 그 책임을 감당할 수 있다.

기독교 윤리의 진정한 역할

인간이 하나님의 말씀을 따라 살아가며 믿음을 실천하고자 할 때, 중요한 것은 삶의 방식이고 특정한 일들의 성취이다. 원하든 원치 않든 간에, 삶의 방식, 삶에 대한 결정, 해야 할 행동, 성취할 일 등이 관련될 때, 중요한 것은 윤리이다. 윤리는 계명과 같이 아주 엄격하거나, 혹은 자기 확신과 타인의 인정과 같이 유연하고 불확정적인 것일 수 있다. 그런데 그것이 또 윤리이다.

물론 우리는 그리스도인의 삶이 도덕이 아니라는 사실을 보게 될 것이다. 그러나 그리스도인의 삶은 규정되어야 한다. 그런 의미에서 그것은 도덕의 대상이 된다. 그런데 그냥 단순하게 그리스도인으로 살 수는 없는 걸까? 신앙의 자발성은 필수적인 것이다. 그것은 사실이다. 그러나 우리는 또 다시 그리스도인이 처한 구체적인 상황을 유념해야 한다. 경험상으로 우리

---

280) ▲B. Häring, *La loi du Christ I*, p. 41.

는 신앙이 행위를 통해서 다 자발적으로 구현되는 것이 아니라는 사실을 알고 있다. 그 점에 대해서 사도 바울의 도덕적인 훈계가 담긴 구절들과 야고보서는 아주 명확하다. 신앙이 행위를 통한 사역으로 구현되도록 사람들을 초대하고 격려할 필요가 있다. 그것은 신앙이 자동적으로 구현되는 완벽한 사역을 제안하는 것이 아니다. 그와 같은 사역을 성취하게 하는 것은, 그 사역을 예비한 하나님의 소관이다.

그러나 여기서 윤리의 역할은 요구하고 요청하고 촉구하는 것이다. 그 것은 신앙에 호소하는 까닭에 받아들여질 수 있는 가능성과 기회가 존재한다. 거기서 도덕의 지속적인 문제, 즉 어떻게 도덕이 권위를 가질 수 있는지, 어떻게 도덕이 사람들에게 받아들여질 수 있는지 등의 문제가 해결된다. 그런 문제에 대해서는, 사회적 비중, 이성, 증인의 권위 등과 같이 다양한 답변들이 세상에 존재한다. 그러나 그리스도의 삶에 관한 경우에 답변은 간단하다. 그것은 기독교 도덕이 신앙에서 비롯되고 하나님의 계시에 준거할 경우 권위를 지닌다는 것이다. 그러나 그 권위는, 기독교 도덕이 신앙을 증언하고 진정으로 계시에 의거한다는 사실을 인정하는 사람에게만, 존재한다. 다시 말해서 신앙의 삶을 사는 사람에게만 그 권위는 존재하는 것이다.

그런 조건 속에서 기독교 도덕은 명령이 아니라 제안이고, 강요가 아니라 권고이다. 기독교 도덕은 중생한 사람의 삶의 태도와 행동방식을 위해서 예수 그리스도를 향한 신앙의 요구와 언약을 그리스도인 개개인의 구체적이고 개별적인 상황에 적용하는 것이다. 사실 중생한 사람은 신앙적인 자유 가운데 살아가는 동시에 자신의 인간조건 가운데 살아가는 법을 늘 배워야 한다.281) 기독교 도덕은 중생한 사람의 신앙에 호소하는 것이기에 수용되고 채택될 수 있다. 중생한 사람의 신앙의 실천을 요청한다는 점에서 기

---

281) M. H. Roux, *Les epîtres pastorales*, p. 80.

독교 도덕은 참된 것이 된다. 교회 안에서는 신앙에 관해 얘기를 나누지 않았고, 분명한 지식은 없었고, 행동으로 옮길 만한 자극이 주어지지 않았다. 그런데 기독교 도덕이 이 신앙의 기대에 응답함으로써 기독교 도덕은 더 이상 공허한 말에 그치지 않게 된다. 이 기독교 윤리의 선언은, 사람이 자신의 신앙을 통해 그것을 진실하게 받아들임으로써, 수용되고 구현될 것이다. 성령은 그 사람의 신앙을 통해 그 윤리를 삶으로 실천할 수 있도록 그에게 충분한 능력을 부어줄 것이다.

그러나 기독교 윤리는 그리스도인들을 촉구하는 차원을 넘어서서 주도성과 창의성이 부족한 부분을 채워주어야 한다. 이미 말한 바와 같이 그리스도인의 삶은 성령의 부요함을 나타내어 넘쳐나도록 풍요로운 새로움을 끊임없이 만들어내고 개발해야 한다. 그런데 이점에 대해서도 또한, 경험상으로 아주 신실한 그리스도인들일지라도 상상력이 부족하고 개인적인 차원에서 자발적으로 어떻게 자신들의 신앙을 새롭게 표현하는지를 알지 못한다. 그들은 아주 쉽게 인습과 관습을 답습할 뿐이다. 그들은 자신들의 아버지들이 취했던 그리스도인의 삶의 방식이면 충분하다. 그들은 한 세대 이전의 신앙의 열매였던 사역과 참여활동을 오늘도 경건하게 계속한다. 그들은 25년 전에 그리스도인의 결단을 생생하게 표명했던 정치적 입장을 오늘도 확고하게 견지하며 다시 표명한다. 회심의 시기에 혹은 청소년기에 시작했던 길이 아직도 바르고 정확한 길로 여겨져서, 그 길을 계속 가는 것으로 만족한다. 그런데 그 모든 것에서 우리는 성령의 영감이 새롭게 주어지는 신선함이나, 신앙적으로 완전히 새롭게 응답해야 하는 상황들의 변화를 경험하지 못한다.

윤리는 개인적인 결정을 대체할 수 없고, 그리스도인의 입장을 대신할 수도 없고, 하나님과 인간의 관계를 가로막을 수도 없다. 그러나 윤리는 부족한 창의성에 하나의 보탬이 될 수 있다. 윤리는 모범들을 제시할 수 있다.

여기서 모범이라는 말은 본받아야 할 사례들이라는 의미가 아니라, 시간과 노력을 절약하기 위한 뜻으로 사용된 것이다. 여기서 모범들은 모든 면에서 완벽한 대책들이 아니라 신앙을 구현할 수 있는 사례들로 제시된 것으로서, 우리는 그 모범들에서 출발하여 다른 일들을 고안하고 만들어낼 수 있다. 그러므로 윤리는 우리의 부족한 신앙을 보완하는 것이 된다. 그런 측면에서 윤리는 결정적으로 중요한 기능을 지니고 있는 것으로 보인다.

실제로 윤리는 우리로 하여금 끊임없이 우리가 정말 율법의 지배에서 벗어났는지 자문하게 한다. 우리는 예수 그리스도를 믿는다는 사실에 의해서 자동적으로 율법의 의무에서 해방된다고 생각해서는 안 된다. 신앙을 가지게 되는 순간부터 더 이상 율법의 지배를 받지 않는다고 말하는 복음서들과 사도 바울의 모든 주장들은 아주 쉽게 인정할 수 있다. 그것은 확실하다. 그러나 우리가 정말 신앙을 가지게 되었다는 것은 확실한 것인가? 그 확실성은 완전히 주관적인 확신이나 이성적인 지식에서 나올 수 없는 것이다. 결정적으로 중요한 요소는 우리가 윤리적인 의무를 직면하는 데 있다. 사실 우리에게 제시된 윤리적인 의무는, 우리로 하여금 믿음의 삶은 율법적인 차원이 아니라 율법을 뛰어넘는 차원에서 실현되는 삶이라는 사실을 늘 새롭게 깨닫게 한다.

"옛 사람들에게 전해진 율법은 그렇다. 그러나 나는 너희에게 말한다"고 예수 그리스도가 산상수훈에서 제시한 내용은 율법을 절대화하거나 영적인 의미로만 보는 것이 아니고, 율법 아래의 삶이 믿음의 삶으로 변화되는 예를 밝혀주는 것이다. 그런데 그것은 율법적인 요구 수준을 더 낮추는 것이 결코 아니라 아주 크게 넘어서는 것이다. 윤리는 자발적인 의지에 맡겨진 그 율법 너머의 삶 전체를 우리에게 규정할 수 없다. 그러나 윤리는 우리가 실제로 율법 아래에 있게 되는 그 한계를 끊임없이 상기시켜야 한다. 그것은 윤리의 비판적인 기능은 끊임없이 믿음의 문제를 제기하는 데 있다는 것을 의미한다.

신앙이 우리를 율법에서 해방시키는 것은 율법을 이행하지 않게 하려는 것이 아니다. 아주 단순한 예로 십일조가 있다. 십일조는 율법의 의무조항이었다. 믿음의 삶이 십일조의 의무에서 우리를 해방시키는 것은 우리로 하여금 십일조를 내지 않게 하려는 것이 아니라, 정반대로 하나님에게 우리 소유 전부를 다 바치는 문제를 우리에게 제기하는 것이다. 그것은 십일조보다 훨씬 더 많은 봉헌을 뜻하는 것이다. 윤리는 우리에게 율법의 단순한 의무조항을 상기시킴으로써[282], 우리로 하여금 우리가 믿음의 삶을 사는지 스스로 자문하게 해야 한다. 우리는 말로는 우리의 소유가 하나님의 것이라고 선언하면서도, 실제로는 율법이 요구하는 것보다 훨씬 더 적게 봉헌하는 것에 그친다. 그리스도인의 삶에 대해서 윤리가 제기하는 비판은 우리로 하여금, 혹시라도 우리 자신이 율법 아래 살고 있는 건 아닌지, 또한, 우리의 삶에서 율법이 유대인들에게 초등 교사 역할을 하며 가르쳐준 대로 다 해야 할 필요가 있는 것은 아닌지, 스스로 자문하게 한다. 그러나 그 비판은 끊임없이 새로운 창의성을 요구하는 것으로서 윤리의 계속성과 항구성을 제거하는 것이 아니라 그 정반대가 된다.

기독교 윤리는 창의적인 것과 관습적인 것을 동시에 지니고 있다는 크레스피Crespy의 주장은 맞는 말이다. 윤리에서 계속성의 중요성은 그리스도인의 삶에서 창의성이 중요하다는 말과 결코 상반되는 것이 아니다. 그리스도인의 삶에 오직 새로운 것만이 있고, 관례나 관습이 전혀 없다면, 그것은 무질서의 혼란에 이르고 말 것이다. 그 혼란은 신비주의와 계시적 신비론을 추구하는 모든 단체들에서 반복적으로 재현되는 현상이다. 이미 보았다시피 하나님의 뜻과 하나님의 역사 사이에는 계속성이 존재한다. 도덕은 계속적인 관습성을 지닐 뿐만 아니라 성령의 영감에서 나오는 창의성으로 늘 새

---

282) ▲물론 윤리는 결코 율법으로 되돌아가는 것이 아니다.

로운 활력과 변화와 갱신을 덧입어야 한다. 윤리가 지녀야 하는 이 항구성과 계속성과 관습성은 윤리의 또 다른 의미를 돌아보게 한다. 윤리는 또한, 신앙을 위한 버팀목인 것이다.

그리스도인은 하나님의 현재적 명령에 따라 살아야 한다는 말은 너무 쉬운 말이다. 그 말은 맞는 말이다. 그러나 영적인 경험을 통해 잘 알려져 있는 하나님의 침묵을 경시하지 말아야 한다. 우리가 하나님의 침묵을 거론하는 것은, 적잖은 의미가 있는 인간의 영적인 경험 때문이 아니라 성서 자체가 그 침묵에 대해 말하고 있기 때문이다. 선지자들은 하나님이 자신들에게 멀리 떠나 있다고 수도 없이 탄식하곤 했다. 구약에서 우리는 "그 시대에 하나님의 말씀은 아주 드물었다"는 구절을 많이 발견한다. 예수도 십자가에서 이 하나님의 침묵을 경험했다. "하나님이 그대에게 지금 여기서 말하는 계명을 따라 살아가는 것으로 충분하다"고 말하는 것은 너무나 쉬운 일이다.

하나님이 말씀을 하지 않을 때는 어떻게 하는가? 하나님이 침묵할 때는 어떻게 하는가? 우리에게 더 이상 아무것도 의미가 없고 하나님은 너무나 멀리 있는 것 같은 그 냉담하고 메마른 상황 속에서 우리는 어떻게 해야 하는가? 하나님은 하늘에 있고 나는 땅위에 있다는 진리의 한 측면만을 절감하고 있을 때는 어떻게 하는가? 그것 때문에 그리스도인이기를 그만두어야 하는가? 그리스도인으로 살아가는 것을 멈춰야 하는가? 아예 살아가는 것 자체를 멈춰야 하는가? 물론 그런 상황 속에서도 계속 살아가야 한다. 그래서 어떻다는 말인가?

그래서 이웃과 교회의 도움이 있어야 한다. 우리에게 하나님의 동일한 은혜를 증언하는 이웃이 있어야 하고, 하나님의 동일한 진리를 증언하는 교회가 있어야 한다. 영적인 조력과 신앙의 고백이 필요한 것이다. 거기에 또한, 하나님이 개입하여 역사할 것이다. 그러나 삶의 방식에 관해서, 내려야 할 결정들에 관해서는 어떻게 하는가? 그 결정들이 신앙적으로 결정해야 될 사항들일지라도 말이다. 의심의 여지없이 교회가 제시하는 윤리가 담당할 몫이 바로 그런 것이다. 그리스도인들이 함께 실천하는 도덕이 도움을 주고, 하나의 본보기이자 길을 제시해줄 것이다. 하나님의 부재와 신앙적인 회의가 감도는 시기에는 그 도덕을 그냥 따르기만 하면 되는 것이다. 그러므로 윤리는 일종의 보완적인 기능을 담당하게 된다. 그러나 결코 그 역할을 넘어서지 말아야 한다. 다시 말해서 하나님의 말씀이 직접 전하는 진리가 다시 신자에게 임했을 때, 결코 간섭하려고 하지 말아야 하고, 살아있는 말씀과 경쟁하려고 하지 말아야 한다.

　윤리는 성서가 우리에게 기술하는 기억의 거대한 장의 일부분이 된다. 인간은 하나님이 침묵하는 때에 기억을 떠올린다. 많은 구절들 중에서 예레미야애가 3장 21절, 24절을 보자. 하나님은 예레미야 선지자에게 더 이상 말씀하지 않는다. 예레미야는 회상하려고 하고 희망하려고 한다. 회상하기로 한 것은 바로 예레미야이다. 왜냐하면, 과거의 하나님의 역사는 지워지지 않기 때문이다. 하나님의 과거의 역사는 진리이다. 하나님이 어제 말했다고 해서 오늘 그 말씀의 진리가 덜해지는 것이 아니다. 오늘 내가 하나님의 임재를 더 이상 느끼지 못한다고 해서 하나님이 바뀐 것은 아니다. 하나님이 역사하지 않는다고 해서 하나님의 사랑이 변한 것은 아니다. 예레미야는 회상하려고 하는 가운데 기억을 떠올린다. 그는 예전에 들었던 하나님의 말씀 때문에 오늘 겪는 모든 경험을 무릅쓰고 하나님은 선하시다고 선포한다. 더 나아가 예레미야는 소망하기 원한다고 선포한다. 그것은 과거를 향한 것일 뿐만 아니라 장래를 향한 것이기도 하다. 그는 모든 예상에도 불구하고 소망한다. 그는 하나님은 언제나 동일한 분으로서 변하지 않는다고 단언한다. 하나님을 바란다는 결단을 한 순간부터 예레미야에게 모든 것은 선한 것이 된다. 하나님의 침묵, 속박, 굴욕, 고독 등의 그 모든 것이 이제 하나님의 사랑 안에 있다.

이 예레미야의 예는 우리로 하여금 기독교 윤리의 역할을 부분적으로 이해할 수 있게 한다. 기독교 윤리는 하나님이 더 이상 말씀하지 않을 때도 인간이 평정을 지키도록 돕는다. 왜냐하면, 기독교 윤리는 어쨌든 이전에 주님이 교회에 말씀으로 전했던 진리를 다 간직하고 있기 때문이다.

앞에서 제시된 것들과 연결되어서, 도덕의 또 다른 역할이 드러나는 것으로 보인다. 도덕은 그리스도인이 성령의 명시적인 분명한 명령을 기다리지 않고 행동해야 할 경우를 상기시킨다. 우리는 사도행전에서 성령이 명확하게 해야 할 일을 지시하지 않았는데 베드로와 바울이 결정해서 활동계획을 수립하여 선교 여행이나 활동을 펼쳐나가는 사실을 보게 된다. 사도 바울은 자신이 아시아로 가기로 결정한 뒤에 성령이 자신을 가로막아 마케도니아로 가게 한 사실을 말한다.[283]

오직 성령의 지시[284]를 따라서 행동한다는 태도는 위험한 것이다. 왜냐하면, 그 태도는 성령의 말씀이 없다는 것을 구실로 삼아 아무것도 하지 않는 쪽으로 쉽게 이어질 수 있기 때문이다. 또한, 그 태도는 우리 자신의 욕망을 실현하는 쪽으로 이어질 수도 있다. 왜냐하면, 성령의 말씀은 우리에게 아주 은밀하게 전해지기에 형제들과 교회의 통제를 받을 수 없기 때문이다. 우리가 어떻게 그 말씀이 성령에게서 나온 것인지 우리 잠재의식에서 나온 것인지 분별할 수 있겠는가?

사도 바울은 성령의 은사들을 교회공동체의 통제와 봉사에 맞게 사용할 것을 권고한다. 도덕은 바로 그 통제의 수단이 된다. 동시에 도덕은 성령의 명령에 따르는 것이 아닌 경우에도 복음 구현의 정당성, 실천 가능성, 행동의 필요성 등을 상기시킨다. 왜냐하면, 여러 차례 환기된 바와 같이, 성령

---

283) ▲사도행전 16:1−10.
284) ▲명확하게 전달되는 지시로서 우리가 분명하게 인식하게 되는 것을 의미한다.

은 우리가 알지 못하는 가운데 우리 안에서 은밀하게 역사하기 때문이다. 물론 성령이 우리에게 그 도덕의 필요성과 가능성을 부여해야지만 그 도덕이 존재하게 되고 또 우리가 그 도덕을 삶으로 실천할 수 있게 된다. 그래서 오늘 우리가 하나님의 명령을 정말 바르게 구현시키는 것으로 여겨지는 일을 성취한 것은 성령의 권능과 조명에 의한 것이라는 사실을, 성령의 임재와 성령의 인도를 확실하게 알지 못한다 하더라도, 우리는 확신할 수 있게 된다.

그러므로 윤리는, 인간의 행함은 하나님의 행함에 순복하는 것이어야 하고, 또 그렇게 되어야 하고, 계속 그래야 한다는 것을 단순히 상기시키는 역할을 넘어서서는 안 된다. 그러나 그것이 결코 동등성을 의미하는 것일 수는 없다. 다시 말해서 윤리적 명령이나 권면에 따른 인간의 행동은 하나님의 역사를 증언하거나 확인하는 것에 그치며, 결코 하나님의 역사를 계속하거나 재현하는 것일 수 없다.[285]

그것은 프랑스의 개혁 교회 안에서 하나님의 역사를 재현하려고 하는 윤리적 주장들이 확산되는 이 시기에 특별히 더 중요하다. "인간이 하나님의 자리를 대신하거나 하나님의 일에 간섭하는 것은 허용되지 않는다. 제자는 독자적으로나 다른 사람들을 위해서나 예수 그리스도가 성취한 일을 성취할 수 없다."[286] 윤리는 임계점과 같은 것이다. 즉, 하나님의 뜻에 관한 지식과는 거리가 먼 것으로서, 윤리는 매 순간 우리가 그리스도인으로서 과거에 이미 시도할 수 있었던 모든 행위와 하나님을 향한 모든 응답을 문제시하며 재검토하는 것이다.[287] 그러므로 먼저 주어진 응답이란 있을 수 없다. 윤리는 선행적인 응답을 금지해야 한다. 오늘 우리가 하는 응답이 어제 내린 응

---

285) K. Barth, *Dogm. II*, 2, 2, p. 70.
286) 위의 책.
287) 위의 책, p. 140.

답과 다를 수 있도록 전적인 자유를 허용해야 한다. 그것은 어제의 응답이 나쁘다는 의미는 아니다. 칼 바르트는 윤리에서의 반복과 갱신은 하나님의 항구성과 인내성에 상응하는 것이라고 한다. 그러나 그것은 확고한 기독교 윤리의 수립이 정말 불가능하다는 걸 나타낸다.

그리스도인의 삶은 택한 결정들을 통해서 발현되는 것이기에 그리스도인의 삶은 체계화될 수 없고 법문화될 수 없고, 그래서 윤리는 불가능하다고 앞에서 언급한 바 있다. 그러나 그 동일한 현상의 이면을 볼 필요가 있다. 그 결정들은 결국 하나님이 행한 것이다. 그 결정들은 불일치하는 것이 아니다. 하나님의 계명은 단편적이고 모순적인 계시들의 모음이 아니다. 왜냐하면, 명령을 내리는 분이 영원하고 유일한 하나님이기 때문이다. 각각의 지시는 다른 지시들과 연결되어 있다. 왜냐하면, 모든 지시들은 하나님의 명령을 구성하는 부분들이어서 분리될 수 없기 때문이다. 각각의 지시는 하나의 숨겨진 연관성을 통해서 다른 것들과 연결되어 있다. 그 숨겨진 연관성은 곧 하나님의 계획이다. 마찬가지로 인간의 행위가 분리된 단편적인 결정들을 통해 이행된다고 하더라도, 인간의 행위는 흩어져 와해되지 않는다.

인간이 취한 결정들은 하나님의 역사의 계속성에 편입된다. 그러므로 그 계속적인 항구성이 윤리를 가능하게 한다. 그러나 더 나아가 그것은 윤리를 필요로 하게 한다. 왜냐하면, 그 관점에서 보면 윤리의 역할은 두 가지가 되기 때문이다. 하나는 그것은 윤리적 사건의 과정을 밝혀주면서 그 사건에 대비하게 한다. 이는 인간에게는 필수적인 것이다.[288] 다른 하나는 성령이 정확한 지시를 통해 우리를 인도하면서, 그 충분한 근거에 대한 지식은 우리에게 전혀 알려주지 않는다 해도, 성령이 다녀간 뒤에 그 지식의 흔적이 우리 안에 남아 있게 된다. 지워지지 않는 적지 않은 체험으로서 성령의 인

---

288) K. Barth, *Dogm. III*, 4, p. 11 및 그 이하.

도에 대한 기억이 존재한다. 소에가 분명하게 지적하듯이, 그 기억은 긍정적인 가치로서 성령이 우리에게 새롭게 다시 말할 때 선행지식이 있으므로 그 이해를 돕고, 부정적인 가치로서 그 지식은 교만과 나태를 야기할 수 있다.[289] 그러나 그 지식은, 하나님의 섭리의 계속성 안에 설정되고, 하나님이 우리에게 하나님의 뜻을 더 깊이 알게 할 때까지 진리로 받아들여지도록, 적절하게 정립되고 인식되어야 한다. 우리가 분별과 정립을 위한 노력을 하지 않는다면, 그것은 하나님의 계획의 계속성을 우리가 진정으로 받아들이지 않는다는 걸 의미하게 된다.

기독교 윤리의 필요성과 불가능성

기독교 윤리는 또한, 세상의 상대성에 중요성을 다시 부여하는 기능을 한다. 유일하게 중요한 것은 결국 계시의 절대성이라고 여기면서 상대적인 세상을 경시하고 회피하려는 것은 모든 그리스도인들이 겪는 유혹이다. 어떻게 하나님의 절대적인 계명이 우리에게서 세상을 떼어놓는지 완벽하게 밝혀주었던 키르케고르는 어떤 시점에서 그런 까닭에 인간의 세계는 거의 중요성이 없다고 여기기에 이른다. 새로운 중생의 경험은 우리를 변화시킨다. 그것은 외적으로 나타나지 않는다 하더라도 사실이다. 세상은 진정성이 없는 어린아이들의 장난과 같은 것이 된다. 1846년 이후로 키르케고르는 그런 자신의 생각이 전적으로 맞지 않다고 인정하게 된다. 그는 계시는 세상과 새로운 관계를 맺도록 우리를 인도한다고 한다. 그것은 소극적일 수 없는 또 다른 사랑의 관계로서 윤리적인 형식으로 구현되어야 한다는 것이다. 그것이 없다면 신앙적인 모든 실천은 재고되어야 한다. 니버Niebuhr가 말하다시피, 계시는 우리에게 불가능한 절대적인 것을 요구한다. 그것은

---

289) N. H. Soë, *Christliche Ethik*, 17.

인간적인 방법들을 소홀히 여기게 하여, 달성해야 할 일을 완전하게 실현시키지 못한 사람들에게 정상에 도달하기 위한 루트를 구축하는 일을 맡게 한다. 바로 그 부분에서 윤리가 개입하여 그리스도인으로 하여금 자신 안에서 느끼는 절대적인 것의 요청을 구체적인 문제들에 관한 차원으로 돌리게 하고, 인간의 상대적인 상황을 진지하게 받아들이게 한다. 계시가 우리에게 부여하는 구체적인 책임은 우리로 하여금 세상에 대해 무관심하지 못하게 한다.[290]

끝으로 윤리는 기독교 계시에서 실천과 행동의 필요성을 상기시키면서 불가피한 결정적 역할을 다한다. 반석 위에 지은 집과 모래 위에 지은 집의 비유를 더 자세히 살펴보면 근본적인 차이가 '실천'에 있다는 사실을 발견하게 된다. 실천과 행동은 결정적으로 중요하다. 본회퍼의 뛰어난 분석은 율법적인 의미와 기독교 윤리의 의미 사이에 행동이 얼마나 커다란 차이가 있는지 밝혀주었다.[291] 바리새인의 율법적 의미에서 행동은 존재의 자기 자신과의 분리와 대립, 삶과 행동의 대립, 늘 더 정교해지는 선악의 구분, 이것이냐 저것이냐의 선택 등을 나타내고, 궁극적으로 판단을 드러낸다.

예수와 예수에게 속한 사람들에게는, 분리라는 것은 존재하지 않고, 존재의 완전한 일치, 즉 세상과 인간이 하나님 안에서 다시 통합되어 하나가 된 것만이 존재할 뿐이다. 그러므로 선과 악의 선택이 존재하지 않는다. 왜냐하면, 선택은 죄 자체인 선악의 지식을 통해서만 일어나기 때문이다.[292] 더군다나 판단은 존재하지 않는다.[293] 단지 행동이 있을 뿐이다. 그 행동은 존재의 뿌리에서 나와서 존재와 일치를 이루는 행동이다. 예수는 행동하고

---

290) D. Bonhoeffer, *Ethik*, p. 176 및 그 이하.
291) 위의 책, p. 136 및 그 이하, p. 149 및 그 이하.
292) ▲그런 까닭에 그리스도인은 유일한 윤리적 상황은 선택의 상황이라는 말을 절대적으로 받아들일 수 없다.
293) ▲본회퍼는 선악의 지식을 전제하기 때문에 판단 자체가 죄가 되는 것을 완벽하게 설명한다.

판단하지 않는다. 예수의 지식은 언제나 행동으로 귀결된다. 그리스도인의 행동은 어떤 목적성을 띠고 고의적으로 하는 계산된 것이 아니고 순수한 행동이다. 그리스도인의 행동은, 왼손이 모르게 하는 것과 같이, 알리지 않고 하는 것이다. 그것은 순결한 비둘기의 순수성인 동시에 조심성이다. 여기서 윤리는, 그리스도인의 삶은 순수성과 조심성 사이에, 활동과 지식 사이에 늘 생겨나는 갈등에 대응하는 삶이라는 점을 끊임없이 상기시키는 것이다.

더욱이 그리스도인들을 위한 윤리의 필요성과 시급성은 우리로 하여금 그것이 불가능했던 점을 보다 더 잘 이해하게 한다. 그러한 윤리는 하나님의 뜻과 세상이 말하는 도덕 간에 갈등을 분출시키고 불거지게 할 수 있고 또 그래야 한다. 인간이 인간본성적인 자연 도덕을 과신하여 그것을 최상의 도덕으로 여기게 되면 의무적인 것들의 대립이 일어날 수 있다. 그러나 자연 도덕을 제자리에 돌려놓으면 그런 대립은 일어나지 않는다. 또한, 기독교 윤리의 역할은 기독교적 의무들이 표면적으로 대립되는 문제들을 해결하는 데 있을 수 없다. 그렇게 되면 우리는 결의론에 다시 빠지게 될 것이다. 또한, 그리스도인에게 진정한 대립은 있을 수 없다. 왜냐하면, 하나님의 뜻에는 모순이 없기 때문이다.

하나님의 뜻은 하나이고 완전한 것이다. 그러나 그것이 언제나 분명하거나 체계적이지 않다. 새로운 중생에서 시작해서, 그 뜻을 찾는 데는 노력이 필요하다. 여러 가능성을 인식하게 되지만, 그것이 양심에 갈등을 일으키지는 않는다. 왜냐하면, 우리의 선택이 어떤 것이든 우리는 그것을 예수 그리스도의 은총과 사랑에 맡기게 되기 때문이다. 어쨌든 간에 우리로 하여금 은총에 맡기는 것을 피하게 하는 어떤 해결책도 결코 있을 수가 없다. 하나님의 뜻을 따라 우리에게 열리는 가능성들 중에서 우리가 선택한 것에서 비롯된 어떤 비극적인 결과도 은총에 맡기는 신뢰에 의해서 무마된다.294) 설사 우리가 한 선택이 해로운 결과를 낳는다 하더라도, 결국 하나님이 그 결과를 떠맡는다. 그렇다고 그것이 우리가 아무것이나 해도 된다는 의미는 아니다. 아무튼 우리는 성서를 연구하고 기도하는 가운데 하나님의 뜻을 정직하고 진실하게 추구해야 하는 것이다.

우리는 하나님의 뜻과 말씀을 계시하는 하나님의 자유와 성령의 자유를 강조했다. 그것은 전적으로 사실이다. 그러나 우리는 자유의 의미를 일관성이 없고 자의적이고 사리에 어긋나는 것으로 해석해서는 안 된다.295) 두말할 나위 없이, 하나님은 무엇이든 원하고 결정할 수 있다. 하나님은 맘대로 자신의 행동을 바꿀 수 있다. 그러나 하나님은 그렇게 하지 않는다. 바로 하나님이 우리에게 준 계시 자체가 하나님이 내리는 결정들의 연속성을 보여준다. 하나님의 역사에는 단 하나의 계획이 존재한다는 말은 아주 정확한 것이다. 하나님이 스스로 그 계획을 세우고 이행한다. 이는 하나님이 맺은 언약을 이행하는 것과 똑같다. 하나님의 역사에는 서로 관계없는 모순적인 연이은 결정들은 있을 수가 없다. 정반대로, 그 결정들은 정말 경이롭게 서로서로 일치를 이룬다. 어떤 시점에서 그 결정들이 우리에게 어처구니없게 보인다면, 그것은 단지 우리가 그 결정들을 잘못 이해했기 때문이다.

하나님은 어제나 오늘이나 영원히 동일한 분이다. 하나님은 어느 때든지 자신에 관해서 우리를 속이지 않는다. 하나님이 과거에 계시한 것은 언제나 온전히 유효하다. 그래서 우리는 하나님의 항구성과 계속성을 신뢰할 수 있다. 우리는 결코 우리를 갖고 노는 독재군주의 손아귀에 내맡겨진 것이

---

294) 위의 책, p 147 및 그 이하, p. 182 및 그 이하.
295) "하나님이 인간에게 무언가를 바라고 하나님의 뜻을 주장한다면, 그것은 궁극적으로 하나님을 넘어서는 존재나 결행할 수 있는, 자의적이고 일관성이 없는 명령을 내리려는 것이 결코 아니다. 하나님이 인간에게 바라는 것은 우리를 위해 하나님이 원하고 이미 행한 것을 통해서 계시된다."(K. Barth, *Dogm. II*, 2, 2, p. 55.)

아니다. "하나님은 사랑이시라"는 말씀이 하나님이 스스로를 밝힌 계시의 핵심이 되는 순간부터 하나님이 결코 우리를 갖고 노는 독재군주가 될 수 없다는 사실을 우리는 알고 있다. 그것은 하나님이 우리를 멸시하지 않고 기만하지 않는다는 뜻이다. 하나님은 자신과 우리를 위해, 자의적이거나 변덕스럽지 않게, 의롭고 합당한 길로 인도하는 분이다. 그래서 우리가 성서에 기록된 객관적 증언인 계시된 말씀을 따를 때 거기에는 모순이 없다.

성서에 근거해서 우리가 이 시대에 하나님의 뜻을 알려고 할 때, 우리는 하나님의 자유를 침범하는 것이 아니다. 왜냐하면, 하나님이 스스로 하나님의 뜻을 우리가 알 수 있도록 객관화된 그 말씀에 따르게 했기 때문이다.296) 그러므로 우리가 과거의 계시에서 오늘의 윤리적인 교훈을 찾는 것은 합당하고, 또 당연한 일이기도 하다.297) 그런 까닭에 우리는, 객관적인 계시와 '지금 여기서'의 계시 사이에, 기록된 말씀과 성령 사이에, 하나님의 영원한 뜻과 개개인을 향한 '지금 여기서'의 하나님의 뜻 사이에, 아무런 모순성도 존재하지 않는다는 사실을 확실히 받아들여야 한다.

성령은 스스로 과거에 선지자들과 사도들에게 전했던 말씀을 조명하여 현재에 나타나게 한다. 성령은 우리에게 새로 말하거나 덧붙일 다른 아무것도 없다. 그래서 현재 임한 것이라고 주장하는 모든 계시는 성서에 계시된 말씀에 의해 걸러져야 한다. 역으로 성서의 말씀에 대한 모든 해석은 모순되지 않도록 성령의 '지금 여기서'의 계시에 적합해야 한다. 그런 전제 하

296) 윤리적인 담론의 권위와 가능성은 하나님이 자신의 뜻을 계명이라는 형식으로 표현했다는 사실에서 나온다는 본회퍼의 말은 의심의 여지없이 맞는 말이다. 그러나 그 말이 오직 기독교 윤리에 국한된 것인지, 아니면 첫 단락이 가리키듯이 윤리 전체를 대상으로 한 것인지는 명확해 보이지 않는다(D. Bonhoeffer, *Ethik*, pp. 204-222).
297) "각각의 개별적인 상황에 대해서 선, 정의, 진리 등의 심판자인 주를 기쁘게 하는 대안을 찾는 것이 중요하다. 주어진 상황에 대해서 아무리 통찰력 있는 체계적이고 직관적인 분석이라도 그런 대안을 찾는 노력을 대체할 수 없다."(K. Barth, 앞의 책, p. 133.) 이 말이 우리에게 상기시키는 것은, 윤리는 선행적으로 규정될 수 없고, 또 윤리를 구상할 때는 우리가 처한 상황들에 대해 주어진 구체적인 방안이 아니라 하나님의 뜻을 먼저 고려해야 한다는 사실이다.

에서 우리는 하나님의 말씀에 근거해서 윤리를 말할 수 있다. 하나님의 말씀은 영원한 것으로 성서에 있는 객관적이고 항구적이고 불변적인 말씀이지만, 직접적인 윤리적 의미는 없다. 하나님의 말씀은 신자가 실제로 살아가는 삶을 통해서 해석된다. 다만 이 영원한 말씀이 인간에게 하나님의 말씀이 되는 것은 성령을 통해서 그 말씀이 현실화해야 한다.

난관은 살아있는 말씀이 윤리 체계로 통합될 수가 없다는 데 있다. 그러나 우리의 지식이 된 하나님의 말씀은 윤리적 규범을 낳는다. 그런 우리의 해석을 거쳐 나온 그 규범은, 이미 살펴본 바와 같이, 그 효력과 적용이 제한적이다. 그러나 하나님의 말씀은 당연히 현실화되어야 하는 것이기 때문에, 그 현실화가 신학적 영적인 면에 그치지 않고 윤리적 내용도 담아야 한다는 사실을 알아야 한다. 그것은 동일하게 중요한 문제이다. 그러나 지난 반세기 동안 사람들은 윤리적 내용을 담아야 하는 문제를 너무나 자주 망각해버렸다. 은총의 복음은 하나님의 명령의 복음, 즉 하나님의 질투의 복음이기도 하다.[298]

우리가 앞에서 말한 바와 같이, 하나님의 뜻은 오직 '지금 여기서' 경험되고 의미를 가질 수밖에 없는 것으로서, 도덕에 합쳐질 수도 없고 도덕을 세울 수도 없다. 이제 우리는 여기서 우리가 알게 된 바대로 그리스도인들을 위한 도덕의 다른 한 가지 특성을 덧붙일 필요가 있다. 그것은 기독교 도덕이 현실과 밀접한 연관성을 가진다는 점이다.[299] 우리가 영원하고 항구적이

---

298) 성서에서 율법과 복음을 구분할 필요가 없다. 케르뱅이 말하듯이 모든 것이 율법이고 (Alfred de Quervain, *Die Heiligung*, p. 225 및 그 이하), 또 칼 바르트가 말하듯이 모든 것이 복음이다. 그래서 윤리는 도덕적으로 보이는 부분적인 구절들이 아니라 성서 전체를 근거로 해야 한다.

299) 윤리에 세 가지 임무가 있다는 힐러달의 지적은 맞는 말이다(G. Hillerdal, *ZEE*, 1957, 6). 하나는 신약의 에토스를 규정하는 것이다. 다른 하나는 현실적 전도를 위해서 성서적 윤리를 해석하는 방법을 제시하는 것이다. 또 다른 하나는 신앙의 삶을 살아야 하는 그리스도인이 처한 현시대에 대해 분석하는 것이다. 이 세 가지 임무에 임하는 것이 실제로 윤리에 진정성과 현실성을 부여한다.

하나의 윤리의 가치는 초월적인 것과 역사적인 것 사이에 그 윤리가 설정하는 긴장상

고 자연적인 단 하나의 도덕, 즉 선에 대한 단 하나의 정의가 존재한다는 수많은 윤리학자들과 그리스도인들의 주장에 함께한다면, 하나님의 뜻과 윤리가 대립한다는 것은 완전히 타당한 말이 된다. 그러나 주의 말씀이 유동적인 정치적 경제적 관계와 상황에 접하게 됨에 따라서 윤리는 근본적으로 변화할 수밖에 없는 것이고 그래서 안정적인 상황이 지속되는 기간 동안에만 유효하다는 점을 인정하게 되면서, 우리는 '지금 여기서' 실재하는 하나님의 말씀과 '지금 여기서' 인간에게 맞는 실효적인 참된 윤리가 서로 일치할 수 있는 가능성[300]을 발견하게 된다. 왜냐하면, 개별적인 계시를 받은 신자만을 위한 것으로 너무나 자주 해석되는 하나님의 말씀의 실재성은 교회에도 유효한 것인 까닭에, 한 영혼의 어두운 밤을 밝히는 번쩍이는 섬광일 뿐만 아니라, 역사의 진행에서 시간적으로 한 요소로 작용하기 때문이다. 그러나 그 모든 것이 정확한 사실이라면, 결론적으로 기독교 도덕에 일련의 금지규정들이 성립된다. 즉, 기독교 도덕은 객관적으로 선의 정의를 내린다고 결코 주장할 수 없다. 기독교 도덕은 선을 소유한다거나 안다고 결코 주장할 수 없다.

기독교 윤리의 존재를 수긍하는 것은 그 자체가 "선악의 지식을 독립적으로 추구하는 것은 다 배제된다."고 천명하는 것이다.[301] 기독교 윤리는 결코 하나님과 바른 관계를 맺는 방식이나 하나님으로부터 우리를 지키는 방식으로 규정될 수 없다. "기독교 윤리는 윤리의 근원이 되는 하나님의 말씀이라는 실재를 증언하지 않을 수 없다. 어떤 경우에도, 기독교 윤리는 방향

황의 성격에 달려 있다는 니버의 지적은 정말 맞는 말이다(R. Neibuhr, *An Interpretation of Christian Ethics*, p. 19 및 그 이하). 그가 정확히 밝혀준 바와 같이, 그것은 초월적인 것의 존재를 사실로 확인해주는 것일 수밖에 없다. 종교적 유토피아와 자연주의는 역사 속에 종말을 다시 통합시키는 순간부터 도덕적 방임에 이르게 된다.
300) ▲필연성이나 지속성이 아니고 단지 가능성일 뿐이다.
301) K. Barth, 앞의 책, p. 31.

을 바꿀 수 없다. 다시 말해서 기독교 윤리는 암암리에 그리스도인[302])이 현재 어떤 모습이고 또 어떤 존재가 되어야 하는지를 기술하고 그리스도인의 삶에 관한 실천적 이상적 규정을 세울 권한이 없다. 하나님의 말씀을 받은 인간이 어떻게 되는지 또는 어떻게 될 수 있는지 알아보기 위해서 하나님의 말씀을 외면하는 것은 기독교 윤리에 허용되어 있지 않다."[303])

　　기독교 윤리는 결코 절대적으로 필요한 것은 아니다. 왜냐하면, 우리가 지금까지 불가피하게 필요한 기독교 도덕의 속성에 관해 언급한 모든 것은 기독교 도덕의 불가능성을 폐기시키거나 철회시키지 못하기 때문이다. 우리는 두 번째 속성이 첫 번째 속성을 폐기하도록 연속적으로 두 가지 속성들을 제시한 것이 아니었다. 그 둘은 마주하면서 서로를 폐기하지 않는다. 우리가 그 두 가지 속성들을 받아들인다면, 우리는 먼저 창조세계의 질서에 근거해서 기독교 윤리를 수립할 수 없다는 사실을 확인하게 될 것이다. 더더욱 하나님의 나라에 근거하여 기독교 윤리를 수립할 수는 없다. 기독교 윤리는 타락과 예수 그리스도의 재림 사이의 중간계의 시대eon에 속하는 것이다. 그러므로 기독교 윤리는, 마치 타락이 없었던 것처럼 여기고서, 아담이 안다는 하나님의 뜻에 관한 지식에 준거할 수도 없고, 또 마치 그리스도에 의한 회복이 이미 완전히 이루어진 것처럼 여기고서, 그리스도 안에서의 모든 만물의 회복에 준거할 수도 없는 것이다. 다른 한편, 이미 언급한 바와 같이, 하나의 기독교 윤리란 있을 수가 없다. 우리가 시도할 수 있는 모든 것은 그리스도인들을 위한 하나의 윤리를 기술하는 것 뿐이다. 그 윤리는 십자가 아래에서 용서를 바라는 섬기는 자의 역할에 전체적으로 국한될 것이다.

---

302) 규범적이지 않은 서술적인 기독교 윤리에 관해서는 다음의 책을 참조하라. Piper, "Mittelbarkeit der christlichen Ethik," *ZEE*, 1947, p. 125 및 그 이하.
303) K. Barth, 앞의 책, p. 31.

기독교 윤리의 실천 가능성과 불가능성

하나의 기독교 윤리 수립의 불가능성과 함께 그 필요성에 관해서 우리가 언급한 내용은 기독교 윤리의 실천 가능성과 불가능성이라는 측면에서 다시 나온다. 니버Niebuhr가 지적한 바대로, 기독교는, 인간을 막바지 상황에 몰아넣음으로써, 윤리적인 문제들에 대해 응답하고자 하는 인간의 상황을 몹시 복잡하게 만든다. 예수의 명령이 실천 불가능한 것은 확실하다. 예수의 윤리는, 경제적, 정치적 조정이나 세력 균형 등의 상대적인 일들에 관계되는 즉각적인 도덕적 문제들과는 전혀 상관이 없다. 완전한 사랑의 명령을 구체적으로 실천할 수 없는 것도 확실하고, 하나님의 나라를 우리 가운데 현존하는 것으로 경험할 수 없는 것도 확실하다. 그러나 진리를 실천 가능하게 하려고 윤리를 제정한다는 것은 있을 수 없는 일이다. 그것은 윤리의 역할이 아니다. 예수가 요구한 비정상적인 것을 정상적인 것으로 만들려고 구분하여 타협하거나 절충점을 찾는 것이 중요한 것이 아니다. 그런데 윤리를 정립하려고 했던 거의 모든 사람들이 그와 같이 하려고 했다. 니버도 마찬가지로서, 사랑의 계명은 가능한 것이면서도 불가능한 것이라고 말하면서 사랑을 하나의 원칙으로 세웠다.

원칙과 가치라는 명목으로 하나님의 명령을 인간 수준으로 낮추려는 모든 시도는 도덕이 초래하는 전형적인 반역이다. 그러나 도덕은 완전히 불가능한 것은 아니다. 도덕은 마리아의 믿음의 결단Fiat에 포함되어 있다. 그래서 도덕은 인간이 실현시키는 것으로서, 성자 예수의 유일하고 완전한 성취에만 그치지 않고 계속 이어진다. 그리스도인의 윤리적 상황을 '불가능한 가능성'으로 규정한 니버의 말은 타당하다. 동일한 맥락에서 그 유한성과 의무에 대한 연구가 현재 존재한다. 결국 윤리는 실천 가능한 것이거나 실천 불가능한 것이 아니고, 실천 가능한 것인 동시에 실천 불가능한 것이다. 왜냐하면, 인간적인 척도만으로 본다면 윤리는 이유도 근거도 의미도 없기 때문이다. 그리스도 안에서의 삶을 고려할 때, 실천 가능성의 여부는 더 이상 중요하지 않다. 왜냐하면, 실천 가능성은 더 이상 우리에게 속한 문제가 아니기 때문이다.

기독교 윤리의 절박한 필요성

결론적으로 말해서, 하나의 기독교 윤리의 절박한 필요성에 관한 모든 분석과 지금까지 제시한 모든 근거들이 아무 의미가 없다 하더라도, 우리는 그 윤리를 찾고 구하려는 노력을 그만둘 수 없을 것이다. 왜냐하면, 우리는 다음의 질문들에 응답해야 할 필요성을 피해갈 수 없기 때문이다. 예수 그리스도에 의해서 인간이 피조물들로부터 자유롭게 해방되어서 피조물들에 복속되지 않고 그것들을 이용하는 능력을 회복하게 되었다는 사실이 의미하는 것은 무엇인가? 예수 그리스도에 의해서 인간이 타인들을 진정으로 만나게 되고 타인들을 사랑하면서 섬기는 능력을 회복하게 되었다는 사실이 의미하는 것은 무엇인가? 예수 그리스도에 의해서 인간이 세상의 운명에 대해 알게 되고 온 마음과 영혼과 뜻을 다해서 하나님을 사랑하며 섬기는 능력을 회복하게 되었다는 사실이 의미하는 것은 무엇인가?[304]

---

304) 참조: F. J. Leenhardt, "Existe-t-il un système chrétien?," *Le Semeur*, juin 1950.

엘륄의 저서_{연대기순} 및 연구서

· *Étude sur l'évolution et la nature juridique du Mancipium*. Bordeaux: Delmas, 1936.
· *Le fondement théologique du droit*. Neuchâtel: Delachaux & Niestlé, 1946.
  →『자연법의 신학적 의미』, 강만원 옮김(대장간, 2013)
· *Présence au monde moderne: Problèmes de la civilisation post-chrétienne*. Geneva: Roulet, 1948.
  →『세상 속의 그리스도인』, 박동열 옮김(대장간, 1992, 2010(불어완역))
· *Le Livre de Jonas*. Paris: Cahiers Bibliques de Foi et Vie, 1952.
  →『요나의 심판과 구원』, 신기호 옮김(대장간, 2010)
· *L'homme et l'argent* (Nova et vetera). Neuchâtel: Delachaux & Niestlé, 1954.
  →『하나님이냐 돈이냐』, 양명수 옮김(대장간. 1991, 2011)
· *La technique ou l'enjeu du siècle*. Paris: Armand Colin, 1954. Paris: Économica, 1990.
· (E)*The Technological Society*. New York: Knopf, 1964.
  →『기술 또는 세기의 쟁점』(대장간 출간 예정)
· *Histoire des institutions*. Paris: Presses Universitaires de France, plusieurs éditions (dates données pour les premières éditions);. Tomes 1−2, L' Antiquité (1955); Tome 3, Le Moyen Age (1956); Tome 4, Les XVIe−XVIIIe siècle (1956); Tome 5, Le XIXe siècle (1789−1914) (1956).
  →『제도의 역사』, (대장간, 출간 예정)
· *Propagandes*. Paris: A. Colin, 1962. Paris: Économica, 1990
  →『선전』하태환 옮김(대장간, 2012)
· *Fausse présence au monde moderne*. Paris: Les Bergers et Les Mages, 1963.
  → (대장간 출간 예정)
· *Le vouloir et le faire: Recherches éthiques pour les chrétiens*: Introduction (première partie). Geneva: Labor et Fides, 1964.
  →『원함과 행함』, 김치수 옮김(대장간 2018)
· *L'illusion politique*. Paris: Robert Laffont, 1965. Rev. ed.: Paris: Librairie Générale Française, 1977.
  →『정치적 착각』, 하태환 옮김(대장간, 2011)

- *Exégèse des nouveaux lieux communs*. Paris: Calmann-Lévy, 1966. Paris: La Table Ronde, 1994.
  → (대장간, 출간 예정)
- *Politique de Dieu, politiques de l'homme*. Paris: Éditions Universitaires, 1966.
  →『하나님의 정치와 인간의 정치』, 김은경 옮김(대장간, 2012)
- *Histoire de la propagande*. Paris: Presses Universitaires de France, 1967, 1976.
  →『선전의 역사』(대장간, 출간 예정)
- *Métamorphose du bourgeois*. Paris: Calmann-Lévy, 1967. Paris: La Table Ronde, 1998.
  →『부르주아와 변신』(대장간, 출간 예정)
- *Autopsie de la révolution*. Paris: Calmann-Lévy, 1969.
  →『혁명의 해부』, 황종대 옮김(대장간, 2013)
- *Contre les violents*. Paris: Centurion, 1972.
  →『폭력에 맞서』, 이창헌 옮김(대장간, 2012)
- *Sans feu ni lieu: Signification biblique de la Grande Ville*. Paris: Gallimard, 1975.
  →『머리 둘 곳 없던 예수-대도시의 성서적 의미』, 황종대 옮김(대장간, 2013).
- *L'impossible prière*. Paris: Centurion, 1971, 1977.
  →『우리의 기도』, 김치수 옮김(대장간, 2015)
- *Jeunesse délinquante: Une expérience en province*. Avec Yves Charrier. Paris: Mercure de France, 1971.
- *De la révolution aux révoltes*. Paris: Calmann-Lévy, 1972.
  →『혁명에서 반란으로』, (대장간, 출간예정)
- *L'espérance oubliée, Paris*: Gallimard, 1972.
  →『잊혀진 소망』, 이상민 옮김(대장간, 2009)
- *Éthique de la liberté*,. 2 vols. Geneva: Labor et Fides, I:1973, II:1974.
  →『자유의 윤리』, (대장간, 2018)
- *Les nouveaux possédés*, Paris: Arthème Fayard, 1973.
- (E)*The New Demons*. New York: Seabury, 1975. London: Mowbrays, 1975.
  →『우리시대의 새로운 악령들』(대장간, 출간 예정)
- *L'Apocalypse: Architecture en mouvement*, Paris. Desclée 1975.
- (E)*Apocalypse: The Book of Revelation*. New York: Seabury, 1977.
  →『요한계시록』(대장간, 출간 예정)
- *Trahison de l'Occident*. Paris: Calmann-Lévy, 1975.
- (E)*The Betrayal of the West*. New York: Seabury,1978.
  →『서구의 배반』, (대장간, 출간 예정)
- *Le système technicien*. Paris: Calmann-Lévy, 1977.
  →『기술 체계』, 이상민 옮김(대장간, 2013)
- *L'idéologie marxiste chrétienne*. Paris: Centurion, 1979.

→『기독교와 마르크스주의』, 곽노경 옮김(대장간, 2011)

· *L'empire du non-sens: L'art et la société technicienne*. Paris: Press Universitaires de France, 1980.

→『무의미의 제국』, 하태환 옮김(대장간, 2013년 출간)

· *La foi au prix du doute: "Encore quarante jours.."*. Paris: Hachette, 1980.

→『의심을 거친 믿음』, 임형권 옮김 (대장간, 2013)

· *La Parole humiliée*. Paris: Seuil, 1981.

→『굴욕당한 말』, 박동열 이상민 공역(대장간, 2014년)

· *Changer de révolution: L'inéluctable prolétariat*. Paris: Seuil, 1982.

→『인간을 위한 혁명』, 하태환 옮김(대장간, 2012)

· *Les combats de la liberté*. (Tome 3, L'Ethique de la Liberté) Geneva: Labor et Fides, 1984. Paris: Centurion, 1984.

→『자유의 투쟁』(솔로몬, 2009)

· *La subversion du christianisme*. Paris: Seuil, 1984, 1994. [réédition en 2001, La Table Ronde]

→『뒤틀려진 기독교』, 박동열 이상민 옮김(대장간, 1990 초판, 2012년 불어 완역판 출간)

· *Conférence sur l'Apocalypse de Jean*. Nantes: AREFPPI, 1985.

· *Un chrétien pour Israël*. Monaco: Éditions du Rocher, 1986.

→『이스라엘을 위한 그리스도인』(대장간, 출간 예정)

· *Ce que je crois*. Paris: Grasset and Fasquelle, 1987.

→『개인과 역사와 하나님』, 김치수 옮김(대장간. 2015)

· *La raison d'être: Méditation sur l'Ecclésiaste*. Paris: Seuil, 1987

→『존재의 이유』(대장간. 2016)

· *Anarchie et christianisme*. Lyon: Atelier de Création Libertaire, 1988. Paris: La Table Ronde, 1998

→『무정부주의와 기독교』, 이창헌 옮김(대장간, 2011)

· *Le bluff technologique*. Paris: Hachette, 1988.

· (E)*The Technological Bluff*. Grand Rapids: Eerdmans, 1990.

→『기술담론의 허세』(대장간, 출간 예정)

· *Ce Dieu injuste..?: Théologie chrétienne pour le peuple d'Israël*. Paris: Arléa, 1991, 1999.

→『하나님은 불의한가?』, 이상민 옮김(대장간, 2010)

· *Si tu es le Fils de Dieu: Souffrances et tentations de Jésus*. Paris: Centurion, 1991.

→『네가 하나님의 아들이라면』, 김은경 옮김(대장간, 2010)

· *Déviances et déviants dans notre societé intolérante*. Toulouse: Érés, 1992.

· *Silences: Poèmes*. Bordeaux: Opales, 1995. → (대장간, 출간 예정)

· *Oratorio: Les quatre cavaliers de l'Apocalypse*. Bordeaux: Opales, 1997.

· (E)*Sources and Trajectories: Eight Early Articles by Jacques Ellul that Set the*

Stage. Grand Rapids: Eerdmans, 1997.

· *Islam et judéo-christianisme*. Paris: Presses universitaires de France, 2004.
→『이슬람과 기독교』, 이상민 옮김(대장간, 2009)

· *La pensée marxiste*: Cours professé à l' Institut d' études politiques de Bordeaux de 1947 à 1979 Edited by Michel Hourcade, Jean-Pierre Jézéuel and Gérard Paul. Paris: La Table Ronde, 2003.
→『마르크스 사상』, 안성헌 옮김(대장간, 2013)

· *Les successeurs de Marx*: Cours professé à l' Institut d' études politiques de Bordeaux Edited by Michel Hourcade, Jean-Pierre Jézéquel and Gérard Paul. Paris: La Table Ronde, 2007.
→『마르크스의 후계자』 안성헌 옮김(대장간,2014)

기타 연구서

· 『세계적으로 사고하고 지역적으로 행동하라』(*Perspectives on Our Age*: *Jacques Ellul Speaks on His Life and Work*), 빌렘 반더버그, 김재현, 신광은 옮김(대장간, 1995, 2010)

· 『자끄 엘륄 ―대화의 사상』(Jacques Ellul, *une pensée en dialogue*. Genève), 프레데릭 호농(Frédéric Rognon)저, 임형권 옮김(대장간, 2011)

· 『자끄 엘륄입문』신광은 저(대장간, 2010)

· *A temps et à contretemps: Entretiens avec Madeleine Garrigou-Lagrange*. Paris: Centurion, 1981.

· *In Season, Out of Season: An Introduction to the Thought of Jacques Ellul*: Interviews by Madeleine Garrigou-Lagrange. Trans. Lani K. Niles. San Francisco: Harper and Row, 1982.

· *L'homme à lui-même: Correspondance*. Avec Didier Nordon. Paris: Félin, 1992.

· *Entretiens avec Jacques Ellul*. Patrick Chastenet. Paris: Table Ronde, 1994

대장간 **자끄 엘륄 총서**는 중역(영어번역)으로 인한 오류를 가능한 줄이려고, 프랑스어에서 직접 번역을 하거나, 영역을 하더라도 원서 대조 감수를 원칙으로 하고 있습니다.
이 일은 한국자끄엘륄협회(회장 박동열)의 협력으로 이루어지고 있으며, 총서를 통해서 엘륄의 사상이 굴절되거나 왜곡되지 않고 그의 삶처럼 철저하고 급진적으로 전해지길 바라는 마음 가득합니다.